CAMPAGNE DE 1812

DOCUMENTS RELATIFS A L'AILE GAUCHE

20 Août—4 Décembre

IIe, VIe, IXe CORPS

Publiés par G. FABRY

CAPITAINE AU 104e RÉGIMENT D'INFANTERIE

PARIS

LIBRAIRIE MILITAIRE R. CHAPELOT & Cie

IMPRIMEURS-ÉDITEURS

30, Rue et Passage Dauphine, 30

1912

CAMPAGNE DE 1812

DOCUMENTS RELATIFS A L'AILE GAUCHE

20 Août—4 Décembre

IIe, VIe, IXe CORPS

CAMPAGNE DE 1812

DOCUMENTS RELATIFS A L'AILE GAUCHE

20 Août—4 Décembre

IIe, VIe, IXe CORPS

Publiés par G. FABRY

CAPITAINE AU 101e RÉGIMENT D'INFANTERIE

PARIS

LIBRAIRIE MILITAIRE R. CHAPELOT & Cie

IMPRIMEURS-ÉDITEURS

30, Rue et Passage Dauphine, 30

1912

CAMPAGNE DE 1812

DOCUMENTS RELATIFS A L'AILE GAUCHE [1]

(20 août-4 décembre)
IIe-VIe-IXe CORPS

Victor à Berthier

Tilsit, 20 août [Reg. Victor.]

« Si Votre Altesse Sérénissime a reçu les lettres que j'ai eu l'honneur de lui écrire depuis mon départ de Berlin, elle doit être instruite de la réunion du IXe corps à Tilsit et connaître ce qui lui manque encore pour le mettre en état d'entrer en campagne. Il est impatient ainsi que moi de recevoir l'ordre de nous porter en avant et de trouver l'occasion de prouver notre dévouement à l'Empereur. J'espère que, arrivé sur le théâtre des opérations, ce corps d'armée sera pourvu de tout ce qui lui est nécessaire et que Votre Altesse Sérénissime m'accordera sa bienveillance à ce sujet, comme elle me l'a accordée en tant d'autres occasions.

Ne pouvant aujourd'hui donner une situation détaillée de ce corps, j'ai l'honneur d'adresser à Votre Altesse Sérénissime l'état sommaire des forces qui le composent avec les observations et les demandes qui l'intéressent.

Nous sommes très mal ici sous le rapport des subsistances malgré les démarches que je ne cesse de faire de tous côtés pour en obtenir. L'administration française qui a de grandes provisions à Königsberg et à Elbing, etc.., répond qu'elle ne peut les faire transporter faute d'argent. L'administration prussienne refuse tout net de nourrir nos troupes sous le prétexte que les engagements envers la France sont remplis et qu'elle ne nous doit plus rien. Toutes ces raisons rendent notre position très fâcheuse et il en résulte de plus que je ne sais où prendre les subsistances dont nous aurons besoin pendant la marche que nous allons vraisemblablement faire bientôt. Je désire bien vivement que M. l'intendant général puisse enfin s'occuper du IXe corps. »

Victor à Bassano

Tilsit, 20 août [Reg. Victor.]

« Votre lettre du 18 m'a été remise ce matin. Les nouvelles qu'elle contient sont très intéressantes. Elles sont le présage d'un grand événement auquel je voudrais participer, mais l'éloignement où je suis encore de l'armée me privera de cet honneur.

L'état du IXe corps est le même que celui que j'ai donné à Votre Excellence par ma lettre du 18. J'ai l'honneur de lui en adresser une situation sommaire par laquelle Votre Majesté pourra connaître les forces qui composent aujourd'hui ce corps d'armée en même temps qu'elle verra ce qui lui manque pour être mis en état d'entrer en campagne. Pareille situation a été adressée au prince Alexandre. »

[1] Ce premier volume de documents sert de base à un travail d'ensemble sur les opérations qui aboutirent au passage de la Bérézina.

1

Victor à Augereau

Tilsit, 22 août [Reg. Victor.]

« J'ai l'honneur de vous adresser ci-joint deux lettres qui concernent le gouvernement de Berlin.

L'Empereur est en marche depuis le 12 de ce mois sur Smolensk pour livrer bataille à l'armée russe qui s'est réunie sur ce point. On présume que l'action a dû s'engager le 16 ou le 17. Sa Majesté était le 14 à Krasnoï peu distant de Smolensk. Le prince de Schwarzenberg et le général Reynier ont battu le 12 près de Kobrin le corps russe commandé par le général Tormasof, lui ont tué ou blessé grièvement 3.000 hommes restés sur le champ de bataille. Ils lui ont de plus pris 500 hommes et huit pièces de canon. L'avant-garde de la Grande Armée a écrasé la 27e division russe sur la route de Smolensk, lui a fait 1.500 prisonniers et pris plusieurs pièces de canon. Le duc de Reggio avait précédemment battu le corps du prince Wittgenstein sur la Drissa et lui avait fait 4.000 prisonniers et pris dix-sept pièces de canon. Voilà toutes les nouvelles intéressantes que je puis donner à Votre Excellence.

J'attends des ordres pour me mettre en ligne avec le IXe corps. »

Victor à M. le capitaine de marine, commandant le port de Tilsit

22 août [Reg. Victor.]

« Le pays dans lequel le IXe corps est cantonné ne pouvant pas de l'avis des autorités locales suffire avec ses propres ressources aux consommations de ce corps d'armée et à celles des troupes de passage, cette insuffisance ayant été constatée a déterminé la mesure suivante :

Le commissaire ordonnateur du IXe corps a été autorisé à prendre connaissance de la nature et de la quantité des cargaisons des différents convois de bateaux expédiés de Königsberg pour Kowno, à retenir sur ces cargaisons les denrées nécessaires à la subsistance des troupes et à faire débarquer ces denrées dans les magasins de Tilsit.

Mais comme il est important que cette mesure, toute indispensable qu'elle est, n'entrave pas la marche des convois destinés à alimenter les magasins de l'armée à Kowno, il est enjoint à M. le capitaine de marine chargé du commandement du port à Tilsit de veiller avec attention à ce que les bateaux soient déchargés avec le plus de promptitude possible et qu'ils ne soient retenus que le temps nécessaire à ce déchargement, de donner des ordres pour que ces bateaux continuent sans perdre de temps leur marche sur Kowno, dans le cas où les denrées mises en magasin pour le IXe corps ne seraient qu'une partie de leur cargaison, ou pour les renvoyer à Labiau et Königsberg s'ils sont entièrement déchargés. »

Victor à Berthier

24 août [Reg. Victor.]

« Votre Altesse Sérénissime trouvera ci-joint la situation détaillée du IXe corps de la Grande Armée. Ce corps est dans un très bon état ; il a acquis depuis deux mois assez d'instruction pour manœuvrer devant les ennemis et pour les combattre avec avantage. Le bon esprit qui l'anime ajoute aux espérances qu'il me donne de mériter la bienveillance de l'Empereur, si Sa Majesté daigne lui fournir les occasions de la servir.

C'est avec joie que nous avons appris les premiers succès de l'armée. Puis-

sions-nous bientôt la rejoindre et partager avec elle la gloire et les travaux
de cette guerre ! »

Victor à Bassano

Tilsit, 24 août, 2 heures après-midi [Reg. Victor.]

« La lettre que Votre Excellence m'a fait l'honneur de m'écrire le 22 vient
de m'être remise. J'ai lu avec une vive satisfaction la nouvelle du brillant
succès que l'Empereur vient d'obtenir à Smolensk. Je remercie Votre Excellence de la complaisance qu'elle a eue de me la donner.

Nous attendons toujours avec impatience l'ordre de nous porter en avant
et de concourir aux exploits de cette campagne. Le IXe corps bien composé
est en état de faire la guerre. Les chevaux d'artillerie qu'il attendait sont
arrivés, ses équipages sont maintenant assez bien attelés. »

Victor (Ordre du jour)

Tilsit, 25 août [Reg. Victor.]

« Les exercices militaires ayant été faits jusqu'aujourd'hui dans le
IXe corps sans que le soldat soit chargé de son sac, il en résulte, qu'il sait
passablement manier ses armes et marcher en troupe, mais qu'il éprouverait
des difficultés pour se mouvoir devant les ennemis, ayant dans ce cas un
poids qu'il n'aurait pas l'habitude de porter. Il est donc nécessaire qu'il soit
désormais exercé, surtout pour les feux, ayant armes et bagages. J'invite en
conséquence messieurs les généraux de division à donner des ordres pour cet
objet et à prescrire que l'on profite de cette occasion pour examiner si les
sacs sont bien placés et s'ils ne gênent point le soldat dans ses mouvements
afin de remédier aux inconvénients qu'on aurait remarqués dans cette partie
essentielle de l'équipement de la troupe. »

Victor (Ordre du jour)

Tilsit, 25 août [Reg. Victor.]

« La régence de Tilsit fait connaître les désordres auxquels les troupes se
livrent dans leurs cantonnements de tous côtés. Les paysans se plaignent
des vexations qu'on leur fait éprouver. Les Prussiens sont nos alliés. La
volonté de l'Empereur est qu'on agisse avec eux, comme avec des Français.
D'ailleurs dans aucun cas, des désordres ne doivent être tolérés ; l'indiscipline
en est bientôt le résultat.

Le soldat recevant régulièrement sa ration doit se contenter des choses
que le paysan est naturellement porté à lui accorder et ne rien exiger par
force, sans cela il détruit en peu de temps les ressources d'une armée.

Messieurs les généraux commandant les divisions ordonneront à messieurs
les chefs de corps de faire exercer une police sévère dans leurs cantonnements.

Il sera mis à l'ordre des régiments que les commandants de cantonnements
sont responsables de la mauvaise conduite de leurs soldats et qu'eux seuls
en seront punis, puisque leur négligence en est la seule cause. »

Victor à Campredon

Tilsit, 26 août [Reg. Victor]

« M. le général Daendels m'a communiqué la lettre que vous lui avez écrite
le 22 pour lui annoncer la sortie de la garnison de Riga sur le corps prussien qui est devant cette place, et la nécessité où l'on s'est trouvé de décou-

vrir Bauske où les équipages de siège doivent se réunir. La demande que
vous faites d'un corps de cavalerie pour remédier à cet inconvénient serait
admise sur-le-champ s'il y avait possibilité de faire arriver ce corps sur
Bauske assez à temps pour empêcher l'ennemi d'y entrer ; mais il y a déjà
quatre jours que son attaque a eu lieu. il en faudrait au moins six à ce corps
de cavalerie pour arriver à Bauske. C'est donc dix jours que les ennemis
peuvent employer à y faire leur incursion si tel est leur projet. Ainsi les
secours que vous demandez seraient tardifs et par conséquent inutiles. La
précaution que vous avez prise de faire arrêter nos convois d'artillerie à
Janischky et à Linkow est sage ; ils doivent y rester et ne pas passer outre
avant que les ennemis ne soient rentrés dans Riga et que le corps prussien
n'ait fait ses dispositions pour les empêcher d'en sortir une seconde fois ou
du moins d'étendre leurs courses aussi loin qu'ils viennent de le faire. L'objet
principal de ce corps dans cette circonstance est de couvrir et de protéger
les équipages de siège. Mandez-moi, je vous prie, par le retour de l'officier
que je vous expédie, la suite de l'événement que vous avez annoncé afin que
je puisse prendre les mesures qu'elle commanderait et faire marcher quelques forces vers Chavli si elles étaient nécessaires. »

Victor à Fournier

Tilsit, 27 août [Reg. Victor.

« Les Russes sont sortis de Riga avec de grandes forces le 22 de ce mois
et ont attaqué dans toutes ses positions le corps prussien qui est devant cette
place ; le combat ne nous a pas été désavantageux, mais il a fallu abandonner
le poste de Dalenkirchen et laisser la route de Bauske ouverte aux ennemis.
M. le général de division Campredon, en m'instruisant de cet événement,
témoigne quelques craintes pour les convois d'artillerie dirigés sur Bauske ;
des mesures ont été prises pour arrêter ces convois et pour les retenir jusqu'à
ce qu'on connaisse les suites de cette affaire dont j'attends d'autres nouvelles.
L'incertitude où je suis à ce sujet commande quelques précautions qu'il ne
faut pas négliger. Envoyez un détachement de cinquante chevaux à deux ou
trois milles dans la direction de Rossiena, un de même force et à une égale
distance de vous dans la direction de Chavli, et un troisième sur la route
de Gavrouï tant pour nous éclairer que pour demander et nous envoyer des
nouvelles. »

Victor à Loison

Tilsit, 28 août [Reg. Victor.]

« Selon votre lettre du 23 de ce mois, j'ai dû croire que les détachements
du IXe corps arrivés à Königsberg avaient été immédiatement dirigés sur
Tilsit et qu'ils rejoindraient leurs régiments du 25 au 27, mais ils ne paraissent point et rien n'annonce que les ordres que vous avez donnés à ce sujet
aient reçu leur exécution. Vous savez aussi bien que moi, monsieur le général, les inconvénients qui résultent de la dispersion des troupes et combien
il importe au bien du service et à celui des soldats de tenir les régiments
réunis. Informez-vous donc, je vous prie, qui peut arrêter les détachements
dont il s'agit et faites punir celui qui contrevient ainsi à vos ordres.
Le IXe corps doit avoir dans ce moment à Kœnigsberg de forts détachements des troupes de Bade, de celles de Berg, des 10e et 29e régiments d'infanterie légère, des 44e, 123e et 126e régiments de ligne. Ayez, je vous prie,
la complaisance d'en former un bataillon de marche et de me l'envoyer
promptement. Il y a aussi à Kœnigsberg le 3e bataillon du 4e régiment polonais, ceux des 7e et 9e régiments ne tarderont pas à y arriver. Faites-les filer

sur Tilsit après un jour de repos et ne permettez pas qu'on les retienne plus longtemps. »

Victor à Bassano

Tilsit, 28 août [Reg. Victor.]

« Depuis le 22 juillet dernier je n'ai reçu ni lettre ni ordres du prince de Neuchatel ; je crains qu'ils n'aient été retenus quelque part. car il n'est pas vraisemblable que l'Empereur laisse inactif un corps aussi nombreux que le IXᵉ tandis que Sa Majesté opère sur toute la ligne de l'armée russe. Il serait très fâcheux pour moi et pour ce corps d'armée que mes craintes se trouvassent fondées et qu'un pareil contre-temps ait privé l'Empereur de nos services. Je ne puis trop prier Votre Excellence d'avoir la bonté de faire connaître mes inquiétudes soit à Sa Majesté, soit au prince Alexandre. Le IXᵉ corps est entièrement réuni et il attend, comme moi avec impatience les ordres de marcher. »

Victor à Berthier

Tilsit, 28 août [Reg. Victor.]

« Je suis inquiet de ne pas recevoir d'ordres. Je crains que ceux que Votre Altesse Sérénissime a pu m'adresser ne soient retenus ou égarés. Sa dernière lettre pour moi est du 22 juillet. Le IXᵉ corps est réuni depuis le 16 août à Tilsit : il est aussi impatient que moi de marcher aux ennemis.

J'espère que nous serons bientôt satisfaits et que l'Empereur ne nous laissera pas plus longtemps inactifs. Votre Altesse Sérénissime doit connaître la force de ce corps d'armée si elle a reçu celles de mes dépêches qui en font mention J'ai eu l'honneur de lui en adresser un état sommaire le 20 et un autre très détaillé le 24 de ce mois, le IXᵉ corps est animé d'un bon esprit, et j'ai lieu de croire qu'il remplira ses devoirs dans toutes les circonstances.

Les troisièmes bataillons polonais formés à Posen en sont partis pour me rejoindre, l'un le 13, les deux autres le 18 de ce mois ; je les attends les 1er et 5 du mois prochain.

Les 200 chevaux d'artillerie que j'ai demandés à la Poméranie suédoise pour la division Partouneaux viennent d'arriver. Ils ont été bien choisis. On en espère un bon service. »

Victor à Berthier

Tilsit, 28 août [Reg. Victor].

« M. le général du génie Campredon me mande par une lettre datée de Mittau le 22, que j'ai reçue le 26, que la garnison de Riga a fait une très forte sortie sur le corps prussien établi devant cette place, le matin du même jour 22, et que cette attaque ne nous a pas été désavantageuse si ce n'est que deux bataillons prussiens placés à Dalenkirchen y ont été forcés et que, par les événements, la route de Bauske où le parc de siège doit se rendre se trouve découverte ; M. le général Campredon ajoute qu'il a envoyé des ordres pour faire arrêter les convois d'artillerie à Janischki et à Linkow jusqu'à ce que les suites de l'attaque des Russes soient mieux connues. Il pense que le corps prussien, étant très affaibli par les pertes fréquentes qu'il éprouve depuis son séjour devant Riga, n'est plus suffisant pour s'y maintenir, attendu que la garnison de cette place a été considérablement augmentée et il voudrait que je lui envoyasse des secours. Je lui ai répondu que j'étais trop éloigné pour soutenir le corps prussien dans cette circonstance, mais que si les Russes faisaient de nouvelles tentatives en forces supérieures sur le corps prussien, il devait m'en prévenir promptement, et qu'alors je me mettrais en marche pour joindre ce corps et l'aider à faire rentrer l'ennemi dans Riga. J'attends la réponse de M. le général Campredon.

Le corps prussien a dû recevoir un renfort de 2.000 hommes qui ont passé il y a peu de jours par le Kurisch Nehrung et Memel pour se rendre à Mittau. »

Victor (Ordre)

Tilsit, 29 août [Reg. Victor].

« Le IXe corps devant se mettre en marche demain 30 du courant, MM. les généraux de division feront des préparatifs en conséquence et conformément aux dispositions qui leur ont été recommandées pour faire transporter les vivres nécessaires à la troupe pendant quinze jours indépendamment de ceux qui seront pris pour cinq jours avant le départ, ils presseront donc la réunion des moyens de transport et organiseront les sections, donneront un chef à chacune d'elles et un vaguemestre pour la direction de toutes ; ils les feront ensuite conduire sous la direction de ce vaguemestre et sous l'escorte de 200 hommes commandés par un chef de bataillon au lieu du chargement.

M. l'adjudant-commandant Passinges de Préchamps et M. l'ordonnateur donneront des instructions pour que le chargement des voitures puisse être fait promptement et sans confusion. De nouveaux ordres seront donnés dans la journée, tant pour la marche des convois que pour celle du corps d'armée. »

Victor à Berthier

Tilsit, 29 août [Reg. Victor].

« Je reçois à l'instant, 9 heures du matin, le duplicata de l'ordre que Votre Altesse Sérénissime m'a fait l'honneur de m'adresser le 23, de me rendre avec le IXe corps à Kowno. Ce mouvement sera commencé demain et le IXe corps sera réuni en totalité à Kowno le 4 septembre. »

Victor à Bassano

Tilsit, 29 août [Reg. Victor].

« J'ai reçu aujourd'hui à 9 heures du matin les heureuses nouvelles que Votre Excellence a eu la bonté de m'adresser le 26 ainsi que l'ordre du IXe corps de se rendre à Kowno. Nous partirons demain pour cette destination où nous arriverons le 4 septembre. »

Victor (Ordre de marche)

Tilsit, 29 août [Reg. Victor].

« Le IXe corps quittera demain 30 les cantonnements qu'il occupe et se mettra en marche en quatre colonnes pour se diriger sur Kowno par les deux rives du Niemen en se conformant aux dispositions suivantes :

La division de cavalerie légère aux ordres de M. le général Fournier se réunira dans la matinée à Schreitlaugken et en partira à 11 heures précises avant midi pour aller coucher à Wischwill.

Elle se rendra le 31 : une brigade à Zviry.

L'autre à Skirsteman.

Le 1er septembre à Strednik.

Le 2 à Kowno.

La 26e division commandée par M. le général Daendels marchera le 30 par deux routes.

La brigade Berg ira le même jour à Stolbowken.

La brigade de Bade à Sockaiten et Battupöhnen.

Le 31 toute la division se réunira à Géorgenbourg.

Elle ira le 1er septembre à Viliona.

Le 2 à Vilki.

Le 3 à Kowno.

La 28e division se réunira le 30 à Lenken.

Elle ira le 31 à Johansburg.

Le 1er septembre à Blagoslawienstwo.

Le 2 Mikiti.

Le 3 à Kowno.

La 12e division se réunira le 30 à Ragnitz. Elle ira le 31 à Trapöhnen. Le 1ers eptembre à Gelgoudichki. Le 2 à Jogeniszki, le 3 à Piple et Sapiezy szki.

Le 4 elle arrivera de bonne heure à Kowno.

Les équipages d'artillerie suivront leurs divisions respectives.

L'artillerie réglementaire sera réunie et marchera en tête de l'artillerie divisionnaire.

Les équipages des officiers généraux et supérieurs ainsi que ceux des régiments suivront immédiatement l'artillerie. On n'en souffrira aucun dans les colonnes d'infanterie.

Il sera nommé un vaguemestre par division pour ordonner et diriger la marche des équipages d'après les ordres qu'il recevra chaque jour du chef d'état-major de sa division.

Un bataillon dans chaque division fermera la marche en suivant les équipages, on ne permettra à aucun soldat de quitter la colonne et de rester en arrière.

La moitié de ce bataillon sera établie, avec son chef, pour escorter et suivre les convois de vivres appartenant à sa division.

MM. les généraux de division prendront des mesures pour que ces convois de vivres puissent suivre immédiatement leur arrière-garde ; ils en prendront également pour protéger leur conservation et qu'il n'en soit rien détourné sans ordre.

Il leur est expressément ordonné de maintenir dans leur division la plus exacte discipline et de s'opposer à ce que qui que ce soit ne s'écarte des rangs, ne se livre au moindre excès. Ils préviendront les troupes qu'il y a peine de mort contre tout homme qui s'abandonnerait au pillage.

Le quartier général sera le 30 à Trapœhnen ;

Le 31 à Gelgoudichki ;

Le 1er septembre à Blagoslawienstwo ;

Le 2 à Mikiti ;

et le 3 à Kowno. »

Victor à Clarke

Tilsit, 29 août [Reg. Victor].

« A mon départ de Paris la publicité de la nouvelle carte de Russie n'était pas encore permise et cette raison m'a empêché de l'acheter. MM. les généraux de division du IXe corps sont dans le même cas Le besoin pressant que nous en avons m'engage à vous prier, monsieur le duc, d'avoir la bonté de m'en faire expédier cinq exemplaires le plus promptement possible par l'estafette du gouvernement. Des fonds seront faits comme le prescrira Votre Excellence soit à Paris, soit à l'armée pour en payer le montant. J'aurai une obligation infinie à Votre Excellence si elle veut bien me rendre ce service. »

Victor à Loison

Tilsit, 29 août [Reg. Victor].

« J'ai reçu les lettres dont M. votre aide de camp était porteur. Je vous prie de recevoir mes remerciements de l'empressement que vous avez mis à me les envoyer.

Le IXᵉ corps va se mettre en mouvement demain pour Kowno dans l'état de dénuement que je redoutais. Il n'a pas un grain d'avoine à emporter malgré les demandes que je n'ai cessé de faire pour lui en procurer. Cette circonstance me peine beaucoup. Le service de Sa Majesté exigeait que l'administration à Kœnigsberg mit plus d'empressement à nous pourvoir. Son indifférence sera très onéreuse au IXᵉ corps et par conséquent à l'Empereur. »

Victor à Berthier

Gelgoudichki, 31 août [Reg. Vict.]

« Ma lettre du 29 de ce mois annonce à Votre Altesse Sénérissime que, conformément à ses ordres du 23, j'ai mis le IXᵉ corps d'armée en marche de Tilsit le 30 pour se rendre à Kowno où il arrivera le 4 septembre. J'ai reçu le nouvel ordre que Votre Altesse Sénérissime m'a fait l'honneur de m'adresser le 26, par lequel elle me prescrit de me rendre de ma personne à Vilna pour conférer avec M le duc de Bassano et prendre connaissance des affaires, de l'état des choses afin de me conduire en conséquence des renseignements qui me seront donnés, et selon les circonstances, je serai à Vilna après-demain 2 septembre.

Le IXᵉ corps étant obligé de prendre un séjour à Kowno en partira le 6 pour se diriger sur Smolensk par Minsk et Orcha conformément aux intentions de l'Empereur.

Ne prévoyant pas d'ici les opérations que je serai dans le cas de faire, attendu qu'elles dépendent des circonstances, je n'entrerai dans aucun détail à ce sujet. J'aurai l'honneur d'écrire journellement à Votre Altesse Sérénissime pour lui rendre compte de tout ce que j'apprendrai et des dispositions que je ferai.

J'ai prévenu Votre Altesse Sérénissime que le IXᵉ corps n'était pas suffisamment pourvu en munitions de guerre et qu'il n'a point de parc de réserve ni pour l'artillerie ni pour l'infanterie, et je l'ai priée d'ordonner au général en chef d'artillerie de former et de m'envoyer cette réserve, dans les proportions établies pour les autres corps d'armée. J'ai l'honneur de lui réitérer mes instances à ce sujet. »

Victor à Bassano

Gelgoudichki, 31 août [Reg. Victor].

« J'ai reçu la lettre que Votre Excellence m'a fait l'honneur de m'écrire le 30 août ainsi que les ordres qui y étaient joints. Je compte être à Vilna le 2 septembre et de voir Votre Excellence aussitôt mon arrivée dans cette ville. Un de mes aides de camp va me précéder pour préparer mon logement. J'emporterai avec moi, d'après le conseil que Votre Excellence a la bonté de me donner, les effets dont j'aurai besoin.

Le IXᵉ corps est en marche et arrivera à Kowno le 4 septembre ainsi que j'ai eu l'honneur de le mander à Votre Excellence. Il ne s'arrêtera qu'un jour dans cette ville et se dirigera immédiatement sur Smolensk par Minsk et Orcha selon les intentions de l'Empereur, à moins que les circonstances ne l'obligent à prendre une autre direction. »

Victor à Loison

Kowno, 2 septembre [Reg. Victor].

« Vous avez dû recevoir de son Altesse Sérénissime le prince Alexandre l'ordre de diriger sur Minsk les troisièmes bataillons des 4e, 7e et 9e régiments polonais, deux bataillons du 8e régiment westphalien et quatre bataillons saxons qui étaient dans votre gouvernement. Son Altesse Sérénissime me charge de vous réitérer cet ordre et de presser la marche de ces troupes sur Minsk où leur présence est nécessaire. »

Victor à Taraire

Kowno, 2 septembre [Reg. Vict.]

« L'intention de l'Empereur est que les hommes et les chevaux disponibles du dépôt de cavalerie établi à Kowno soient formés en escadron de marche et dirigés aussitôt sur Smolensk. Veuillez, conformément à cette disposition, passer la revue de ce dépôt pour reconnaitre ce qui est en état de servir et le diriger ainsi qu'il est déjà dit sur Smolensk.

Le prince Alexandre a appelé à Smolensk quatre bataillons illyriens, deux bataillons du 129e régiment et deux autres bataillons du 33e léger. Je vous prie de donner vos ordres pour que tous les détachements appartenant à ce régiment soient aussi dirigés sur Smolensk. »

Circulaire aux généraux Loison, Lagrange, Baillet Latour, Vedel

Kowno, 2 septembre [Reg. Victor]

« L'Empereur me charge de vous écrire que son intention est que tout régiment de marche, soit d'infanterie, soit de cavalerie, qui aurait été retenu sous des prétextes quelconques, ait à continuer sa marche et soit incessamment dirigé sur l'armée. Ce qui appartient aux IIe et VIe corps sera envoyé à Polotsk, ce qui appartient au Xe corps sera envoyé sur Riga et le reste de ces régiments de marche devra être envoyé sur Smolensk Je vous prie, monsieur le général, de donner des ordres pour que ces dispositions soient exécutées dans votre gouvernement. »

Victor à l'ordonnateur Sartelon

Kowno, 2 septembre [Reg. Victor]

« Les troupes du IXe corps n'ont pas reçu les distributions ordonnées en partant de Tilsit. La 12e division d'infanterie manquait de pain et de viande à son arrivée à Trapöhnen. Elle s'est présentée pour les recevoir et on lui a répondu qu'il n'y en avait pas. Ce rapport m'a été fait par M. le général Partouneaux. Il m'a d'autant plus surpris que c'est le commissaire des guerres de cette division qui a été chargé de faire les approvisionnements du corps d'armée, que c'est le même commissaire qui m'a assuré que 60.000 rations de pain étaient prêtes à être distribuées aux troupes, qu'il avait un parc considérable de bestiaux, une grande quantité de biscuit, etc... et que le service des vivres était parfaitement assuré. Quel est donc le motif qui a privé la 12e division de ses subsistances ? Il ne peut y en avoir d'autres que la négligence de son commissaire et de son état-major. De pareilles fautes font un grand mal aux troupes et je désire bien vivement qu'elles ne se renouvellent plus. Chaque commissaire de division ne devait pas quitter Tilsit sans avoir complètement rempli ses devoirs et sans s'être assuré que sa division était servie non seulement pour les quatre jours de marche jusqu'à Kowno, mais encore pour les 15 jours suivants. Cela n'a point été fait, et je ne puis que désapprouver cet oubli.

Nous allons marcher sur Smolensk. Prenez bien, je vous prie, toutes vos mesures :

1º Pour que tous les chariots chargés à Tilsit suivent le corps d'armée. Si on ne peut pas remplacer les chevaux qui les traînent, il faudra qu'ils continuent à les conduire.

2º Pour que les troupes prennent à Kowno des vivres pour 4 jours jusqu'à Vilna.

3º Pour qu'indépendamment de ces trois jours de vivres, chaque soldat emporte dans son sac à toile 10 livres de riz et cela conformément aux ordres de l'Empereur.

4º Enfin pour réunir à Kowno et faire marcher à la suite du corps le plus grand nombre possible de voitures chargées de farine et autres denrées nécessaires à la nourriture des troupes, ce convoi est indépendant de celui qui vient de Tilsit. Je compte beaucoup sur vous, monsieur l'ordonnateur, pour l'entretien des troupes du IXe corps. J'attache le plus grand prix à ce qu'elles reçoivent régulièrement ce qui leur est nécessaire et j'espère que vous partagerez ma sollicitude.

Augmentez autant que vous pourrez votre parc de bestiaux et donnez à chaque division le nombre de bœufs qu'il lui faut pendant sa route. »

Victor (ordre de marche)

Kowno, 2 septembre [Reg. Victor]

« Le IXe corps de la Grande Armée continuera sa marche sur Vilna selon les dispositions suivantes :

La cavalerie légère aux ordres de M. le général Fournier arrivant le 2 septembre et se cantonnant aux environs de Kowno, séjournera le 3.

Elle se mettra en marche le 4 pour se rendre le même jour à Roumchichki ; le 5 à Jebertony ; le 6 à Rouikontouï ; le 7 à Vilna.

La 28e division d'infanterie aux ordres de M. le général Girard arrivant le 3 à Kowno, y séjournera le 4. Elle en partira le 5 pour se rendre le même jour à Rusany, le 6 à Jebertoni, le 7 à Rouikontouï, le 8 à Vilna.

La 26e division aux ordres de M. le général Daendels arrivant le 3 à Kowno, y séjournera le 4. Elle en partira le 5, et suivra la 28e division et le même itinéraire.

La 12e division aux ordres de M. le général Partouneaux arrivant le 4 à Kowno, y séjournera le 5. Elle en partira le 6 pour se rendre le même jour à Rusany, le 7 à Jebertony, le 8 à Rouikontoui, le 9 à Vilna.

Les équipages d'artillerie, ceux de messieurs les officiers généraux et supérieurs ainsi que ceux des troupes marcheront selon l'ordre du 29 août. Les troupes bivouaqueront dans les endroits les plus sains et les plus commodes. Les faisceaux d'armes seront établis avec soin et le service sera fait comme en présence de l'ennemi. Tous les officiers sans exception bivouaqueront avec leurs troupes.

Les convois de vivres seront réunis à Kowno par les soins de M. l'ordonnateur pour marcher après la 12e division d'infanterie, mais les vaguemestres particuliers des divisions resteront avec eux pour en surveiller la marche d'après les instructions que leur donnera M. l'ordonnateur. Chaque division d'infanterie fournira deux compagnies pour l'escorte de ce convoi. M. le général Partouneaux nommera un chef de bataillon pour les commander ; cet officier prendra et exécutera les instructions de M. l'ordonnateur.

Il ne sera distrait du convoi que les chariots portant l'avoine, chaque division se fera suivre par les siens.

Les troupes prendront à Kowno et emporteront pour quatre jours de vivres.

M. l'ordonnateur donnera à chaque division la viande sur pied nécessaire pour vingt jours de marche.

Indépendamment de cette provision, chaque soldat devrait avoir par ordre de l'Empereur un sac de toile contenant dix livres de riz. Mais comme il sera déjà chargé de vivres pour quatre jours et de ses cartouches, il ne prendra que cinq livres de riz, et M. l'ordonnateur prendra ses mesures pour faire transporter le reste équivalant à 125 milliers. L'Empereur recommande cette provision, et il ordonne que MM. les colonels tiennent la main à ce qu'il n'en soit consommé qu'une *once* par jour.

Les distributions n'ont pas été faites à Tilsit selon les ordres donnés, on ne peut attribuer la cause qu'à l'indifférence des chefs d'État-Major des divisions et des commissaires des guerres, attendu que les subsistances étaient préparées. Ils ont en cela négligé le plus essentiel de leurs devoirs. MM. les généraux de division sont priés de ne plus souffrir à l'avenir un pareil oubli et de s'assurer eux-mêmes que leurs troupes sont servies.

MM. les généraux de division feront remplacer à Kowno toutes les munitions de guerre avariées et compléter le chargement de tous leurs caissons. Ils feront également remplacer les cartouches avariées qui sont dans les gibernes et ordonneront que chaque soldat en ait 40 avec 3 pierres à feu, en partant de Kowno.

Le quartier général sera à Vilna le 3. »

Victor à Berthier

Vilna, 3 septembre [Reg. Victor]

« Je n'ai pu arriver qu'aujourd'hui à Vilna ; les chemins sont très mauvais et les postes mal servies. J'aurai l'honneur de voir demain M. le duc de Bassano pour recevoir tous les renseignements qui sont à sa connaissance. Je verrai également M. le général Hogendorp et je profiterai des avis qu'ils me donneront.

J'ai écrit aux divers gouverneurs entre le Niemen et la Vistule pour leur prescrire de la part de l'Empereur de diriger sur l'armée les régiments de marche, cavalerie et infanterie, qui sont dans ce moment et qui arriveraient dans leur gouvernement. Ce qui appartient aux IIe et VIe corps ira à Polotsk, tout le reste se réunira à Smolensk. J'ai récidivé à M. le général Loison l'ordre de faire marcher sur Minsk les deux régiments saxons, le 8e régiment westphalien et les troisièmes bataillons des 4e, 7e et 9e régiments polonais qui étaient à Königsberg. Lorsque ces troupes seront arrivées à leur destination, je ne laisserai à Minsk que quelques bataillons, notamment les Polonais, pour maintenir la communication avec M. le général Dombrowski avec Vilna et Smolensk par Orcha. Le surplus ira à Smolensk où je réunirai le plus de forces possibles. Le général Dombrowski continuera à manœuvrer entre Minsk, Mohilew et Bobruisk pour observer le corps ennemi aux ordres du général Hertel. Je vais lui écrire pour l'engager à m'adresser de fréquents rapports afin que je puisse le diriger selon les circonstances Je vais prescrire à MM. les gouverneurs de réunir tous les hommes isolés de toute arme, d'en former des escadrons et bataillons de marche, de pourvoir à tous leurs besoins et de les envoyer immédiatement à Smolensk.

A mon arrivée dans cette ville, je m'occuperai de l'objet essentiel du commandement qui m'est confié, j'entrerai en correspondance avec M. le maréchal de Gouvion Saint-Cyr, pour connaître sa position et pouvoir le soutenir au besoin, je me préparerai à agir selon les événements et, si les ennemis tentent d'intercepter la communication du quartier général impérial avec Smolensk, je m'y opposerai quelles que soient les forces qu'ils emploient pour cet objet.

Le IX⁰ corps arrivant à Kowno les 3 et 4 du courant partira en trois colonnes les 5 et 6 pour Vilna où il arrivera les 8 et 9. Je les laisserai reposer un jour et les ferai marcher ensuite sur Smolensk conformément aux ordres de l'Empereur. J'ai fait des dispositions pour faire suivre des subsistances. J'ai lieu de croire que nous aurons pour quinze ou vingt jours d'avance. Je donnerai des ordres pour qu'il soit fait des approvisionnements sur la route de Vilna à Smolensk.

Je vais me mettre en communication avec MM. les gouverneurs de Vilna, Vitebsk, de Smolensk et de Mohilew. J'entretiendrai avec eux une correspondance très active et j'aurai l'honneur de transmettre les rapports qu'ils me feront à Votre Altesse Sérénissime, en l'informant de toutes les dispositions que je serai dans le cas de faire en exécution des instructions que j'ai reçues et selon les événements. »

Victor à l'Empereur

Vilna, 3 septembre [Reg. Victor]

« J'ai reçu les ordres de Sa Majesté. Elle peut être tranquille sur leur exécution. Je ne négligerai rien pour en remplir l'objet. Je serai très heureux de trouver les occasions de témoigner à Votre Majesté le prix que j'attache à la bien servir.

Les instructions de Son Altesse Sérénissime le prince Alexandre me sont également parvenues. Je m'en suis assez pénétré pour garantir qu'elles seront ponctuellement exécutées. Le rapport que j'ai l'honneur d'adresser aujourd'hui à Son Altesse Sérénissime contient quelques détails relatifs au commandement qui m'est confié. Je lui écrirai journellement ce que j'apprendrai et ce que je ferai. ·

Pendant que le IX⁰ corps marchera sur Smolensk, je ferai réunir dans cette ville tous les détachements et hommes isolés ; je ne laisserai sur les derrières que les bataillons qui devront y servir pour faire la police du pays et maintenir nos communications. Smolensk sera aussi le point de rassemblement de tous les régiments de marche ; on n'en séparera que ce qui appartient aux II⁰, VI⁰ et X⁰ corps pour le leur envoyer. Enfin, je réunirai à Smolensk le plus de moyens possibles pour m'en servir contre les ennemis, soit qu'ils veuillent intercepter la communication du quartier général impérial, soit qu'ils attaquent avec des forces supérieures M. le maréchal Gouvion Saint-Cyr et M. le général Dombrowski.

Le IX⁰ corps ne pourra guère être rendu à Smolensk avant le 22 du courant, encore faudra-t-il qu'il fasse de longues marches pour y arriver à cette époque. Il ne partira de Vilna que le 9 et il aura encore 115 lieues à faire pour aller à sa destination. J'ai pris des mesures pour qu'il ne manque pas de subsistances. J'ai lieu d'espérer qu'elles auront un bon résultat.

Les troupes venant de Kœnigsberg, en supposant qu'elles aient quitté cette ville le 1er de ce mois, comme cela est vraisemblable, arriveront à Minsk du 15 au 17. Je partirai pour Smolensk dès que le travail dont je dois m'occuper sera terminé. ▪

Victor à Hogendorp, gouverneur de la Lithuanie

Vilna, 4 septembre [Reg. Victor].

« L'Empereur m'ordonne de faire former des escadrons et bataillons de marche des hommes isolés et des détachements de toutes armes qui sont sur les derrières de l'armée, et de ne laisser dans les divers gouvernements que les troupes destinées à y faire la police et à maintenir les communications. Je vous prie, monsieur le général, en conformité de ces dispositions, de faire réunir à Minsk tous ceux des hommes et détachements dont il s'agit qui peuvent se trouver dans votre gouvernement, après toutefois les avoir formés en bataillons ou escadrons de marche, et d'en faire dresser un état détaillé que vous m'adresserez afin que je puisse donner des ordres pour leur destination ultérieure. Il est entendu que l'on ne doit comprendre dans les bataillons ou escadrons que les hommes armés, équipés et habillés dans un dépôt sous la surveillance de quelques officiers, soit à Vilna, soit à Kowno ; et il faudra s'occuper de leur réparation pour les envoyer ensuite comme les premiers à Minsk, où ils recevront de nouveaux ordres, sur l'avis que vous me donnerez de leur arrivée successive en cette ville ».

Victor à Hogendorp

Vilna, 4 septembre [Reg. Victor]

« Des dépôts de cavalerie ont été établis à Kowno, à Meretsch, à Minsk, à Ghloubokoë et à Lepel. Sa Majesté ordonne que vous en fassiez passer la revue pour remarquer les hommes et les chevaux qui sont en état de servir, de former des escadrons de marche et les diriger sur Smolensk. Je vous prie de donner des ordres en conséquence de cette disposition et de m'adresser l'état des cavaliers que vous aurez mis en route comme il vient d'être dit pour Smolensk.

Tout ce qui appartient aux IIe, VIe, et X^e corps doit être séparé des escadrons, bataillons de marche que vous serez dans le cas de diriger sur Smolensk, pour le leur envoyer. La direction à donner aux IIe et VIe corps est Polotsk, celle du Xe corps est Mittau. »

Victor (Circulaire)

Vilna, 4 septembre [Reg. Vict.]

« A MM. les généraux Hogendorp, gouverneur de la Lithuanie, Charpentier, gouverneur de Vitebsk, marquis d'Alorna, gouverneur à Mohilew, Baraguey d'Hilliers commandant à Smolensk.

J'ai l'honneur de vous prévenir que, conformément aux ordres de l'Empereur, je viens prendre le commandement de toutes les troupes laissées sur les derrières de l'armée pour les diriger selon les circonstances. Celles de votre gouvernement en faisant partie, je vous prie de m'en adresser l'état de situation et leur emplacement en même temps que vous m'informerez de tout ce qui peut intéresser le service de Sa Majesté.

Je resterai quelques jours à Vilna où j'attends le IXe corps. Je me rendrai ensuite à Smolensk avec ce corps d'armée auquel je réunirai d'autres troupes venant de l'intérieur de l'Allemagne pour agir contre les ennemis selon les événements. Ayez l'attention, monsieur le général, de m'envoyer un rapport journalier et de m'instruire de tout ce que vous apprendrez sur les mouvements et les desseins des ennemis. »

Victor à Dombrowski

Vilna, 5 septembre [Reg. Victor]

« Selon les dispositions arrêtées par l'Empereur, votre division se trouve sous mes ordres et est destinée à observer le corps russe commandé par le général Hertel qui manœuvre entre Bobruisk et Mozouir. J'arrive à Vilna où je resterai quelques jours pour attendre le IXe corps de la Grande Armée. Je pense devoir y séjourner jusqu'au 10 du courant. Passé ce temps je me rendrai à Smolensk par Minsk. Je réunirai à Smolensk, indépendamment du IXe corps fort de 26.000 hommes, plusieurs régiments venant de l'intérieur de l'Allemagne, et je compte d'ici à quinze jours que je pourrai disposer de 36.000 à 40.000 hommes, non compris votre division. J'attends à Smolensk les informations qui doivent m'être données sur les mouvements des ennemis par M. le maréchal Saint-Cyr commandant les IIe et VIe corps à Polotsk, par MM. les gouverneurs de Vitebsk, de Smolensk, de Mohilew et par vous pour agir selon les événements et de manière à atteindre le but général.

Jusqu'au moment où je serai à Smolensk, vous m'enverrez vos situations et vos rapports à Minsk ou à Vilna. Je vous prie, M. le général de m'instruire fréquemment de votre position et des mouvements des ennemis qui sont devant vous, ainsi que de tout ce que vous apprendrez qui intéresse le service de l'Empereur.

Si des forces supérieures aux vôtres se présentaient pour vous attaquer, ne vous engagez point, évitez de perdre des hommes et reployez-vous sur Minsk où vous réunirez à votre division les corps qui se trouveraient dans cette ville. Dans ce cas, vous aurez l'attention de me prevenir par courrier extraordinaire afin que je puisse prendre des mesures pour marcher à l'ennemi et le repousser. »

Victor à Hogendorp

Vilna, 5 septembre [Reg. Victor]

« Le IXe corps de la Grande Armée arrivant à Vilna, ainsi que j'ai eu l'honneur de vous le mander hier, en trois colonnes les 7, 8 et 9 du courant, ne fera qu'un séjour après lequel il continuera sa marche sur Smolensk par Minsk et Orcha. Il ne suffirait pas de préparer des subsistances pour ce corps d'armée à Vilna seulement, il est aussi nécessaire qu'il en trouve à Minsk, à Borisov, à Orcha pour autant de journées qu'il aura à marcher d'un endroit à l'autre jusqu'à Smolensk ; ayez donc je vous prie, la bonté de prendre à ce sujet les mesures les plus positives pour assurer ce service et faire en sorte que les troupes reçoivent les vivres qui leur sont nécessaires.

J'ai l'honneur de vous prévenir que le 8e régiment vestphalien fort de 1.700 hommes, le régiment saxon de Low, fort également de 1.700 hommes, le régiment saxon de Rechten, fort de 1.200 hommes, le 3e régiment de marche enfin, fort de 1.000 hommes, le 8e régiment de marche cavalerie, fort de 460 chevaux, le 9e régiment de marche cavalerie fort de 400 chevaux, le 10e régiment de marche cavalerie, fort de 800 chevaux et le 11e aussi de cavalerie, fort de 1.100, sont en marche de Kœnigsberg pour se rendre à Smolensk et qu'ils suivent le IXe corps d'armée à quelques journées de marche. Je vous engage, monsieur le général, à prendre, pour ces troupes les mêmes mesures que pour le IXe corps pour qu'elles trouvent pendant leur marche dans votre gouvernement jusqu'à leur destination les subsistances dont elles auront besoin. Je dois vous recommander à ce sujet de ne point laisser de repos aux autorités locales jusqu'à ce qu'elles aient complété les approvisionnements qui font l'objet de cette lettre. »

Victor à Berthier

Vilna, 5 septembre [Reg. Victor].

« Ma lettre du 3 informe Votre Altesse Sérénissime de mon arrivée à Vilna, de la marche du IX corps d'armée et des premières dispositions que j'ai faites pour l'exécution des ordres que j'ai reçus.

Le IXe corps continue son mouvement sur Vilna d'où il partira après un séjour et en trois colonnes les 9, 10 et 11 pour se rendre à sa destination.

Les régiments de marche dénommés ci-après suivent le IXe corps à quelques journées d'intervalle ; ils arriveront à Minsk du 15 au 17.

Ces régiments sont :

Le 8e westphalien, fort de. . . .	1.700	hommes
Le régiment saxon de Low, fort de .	1.700	—
Le régiment saxon Rechten, fort de .	1.200	—
Le 3e régiment de marche infanterie, fort de	1.000	—
Les troisièmes bataillons des 4e, 7e et 9e régiments polonais, forts de.	2.800	—
Le 8e régiment de marche cavalerie, fort de	456	—
Le 9e régiment de marche cavalerie, fort de	365	—
Le 10e régiment de marche cavalerie, fort de	813	—
Le 11e régiment de marche cavalerie, fort de	1.103	—
Total. . . .	11.137	hommes

J'ai demandé aux gouverneurs de Vilna, de Minsk, de Vitebsk, de Smolensk, de Mohilew et à M. le général Dombrowski la situation des troupes qui sont sous leurs ordres ; lorsque je l'aurai reçue, je les comprendrai dans un état avec les troupes ci-dessus mentionnées. Je formerai deux divisions mobiles outre celle du général Dombrowski, pour agir avec les trois du IXe corps d'armée, et je répartirai le reste selon les besoins dans les places où il faut des garnisons notamment à Vilna, Minsk, Vitebsk, Smolensk et Mohilew. Les villes de Smolensk et Vitebsk seront les mieux partagées. Je ferai en sorte d'établir une division de 6.000 hommes dans la première et une de 4.000 dans la seconde. Je laisserai à Minsk les trois bataillons polonais pour se former et s'instruire. Enfin je tâcherai d'organiser les troupes restées sur les derrières de la manière la plus avantageuse au service de l'Empereur.

J'ai peu de généraux à ma disposition, je prie Votre Altesse Sérénissime de me permettre d'employer provisoirement ceux qui pourraient arriver de France et qui passeraient dans les lieux où je me trouverai.

Il est de mon devoir d'entretenir un instant Votre Altesse Sérénissime de l'état des hôpitaux de l'armée. Il est tel que, si on n'y remédie pas promptement, les soldats de l'Empereur périront par milliers dans les lieux infects et abandonnés. Tous les gouverneurs se plaignent amèrement de l'oubli de l'administration à ce sujet. Le tableau qu'ils font de la misère qu'éprouvent dans les hôpitaux les malades et les blessés est effrayant et révolte l'humanité Votre Altesse Sérénissime obtiendra sans doute de Sa Majesté, les secours nécessaires à améliorer le sort de nos malades, elle prescrira même leur devoir aux administrations pour leur donner les soins qu'elles leur doivent,

Je dois aussi prévenir Votre Altesse Sérénissime qu'il existe sur les derrières un grand nombre de soldats qui ne peuvent pas rejoindre leurs corps
faute de vêtements, notamment de souliers, les gouverneurs n'ayant rien à
leur fournir sont obligés de les arrêter et de former des dépôts. La plupart
sont de vieux soldats qui rendraient de bons services. Je pense qu'il conviendrait que M. l'intendant général fit mettre à la disposition de MM. les
gouverneurs certaines quantités de vêtements et de souliers pour les faire
donner à ces soldats et à tous ceux qui à l'avenir se trouveraient dans le
même cas ».

Victor à Hogendorp

Vilna, 6 septembre [Reg. Victor.]

« Je suis instruit que les autorités locales ne s'occupent que faiblement des
approvisionnements qu'elles doivent faire pour fournir des subsistances aux
troupes du IXe corps ; la quantité nécessaire de fourrage n'est pas encore
réunie, et il est vraisemblable qu'elle ne le sera point, si l'administration ne
s'y intéresse pas plus qu'elle a fait jusqu'à ce moment, cette indifférence
peut avoir des résultats fâcheux que je voudrais prévenir. Si la troupe ne
reçoit pas les vivres elle se plaindra avec raison, elle se livrera peut-être à
des excès difficiles à empêcher et la ville de Vilna souffrira assurément beaucoup de cet état de choses. Veuillez, monsieur le gouverneur, appeler les
chefs de l'administration locale pour les inviter à presser l'approvisionnement dont il s'agit, surtout celui des fourrages. Dites-leur que ce moyen est
le seul qui puisse faire respecter leur ville et que, s'ils n'en font pas usage,
elle pourra éprouver des dommages que je verrais commettre avec-peine. »

Victor à Baraguey d'Hilliers

Vilna, 6 septembre [Reg. Victor.]

« Les intentions de l'Empereur sont que je réunisse à Smolensk, outre le
IXe corps dont la force actuelle est de 26.000 hommes, les régiments de marche et autres venant de l'intérieur de l'Allemagne, de même que toutes les
troupes qui sont en Lithuanie, à l'exception de la division Dombrowski qui a
une destination, et des bataillons qui doivent former les garnisons de quelques places comme Vilna, Mohilew, Minsk, Vitebsk, etc. Ce rassemblement
de troupes à Smolensk, dont le nombre ne fera pas moins de 40.000 hommes,
exige que l'on prenne sur-le-champ les mesures les plus propres à former les
approvisionnements de vivres pour assurer la nourriture de cette armée pendant le séjour indéterminé qu'elle fera dans cette ville.

Je viens en conséquence vous prier, monsieur le général, en votre qualité
de gouverneur de Smolensk, de donner vos ordres aux administrations locales
et à l'administration française de s'occuper sans délai de cet approvisionnement indispensable. Le IXe corps et les autres troupes dont je viens de parler arriveront à Smolensk du 18 au 22 de ce mois. »

Victor aux gouverneurs de Minsk, de Borisov et d'Orcha

6 septembre [Reg. Victor.]

« J'ai l'honneur de vous prévenir que le IXe corps d'armée réuni à d'autres
troupes venant d'Allemagne et formant ensemble une force de 40.000 hommes
sont en marche pour se rendre à Smolensk où ils arriveront du 18 au 22 de
ce mois. Veuillez, je vous prie, prendre de concert avec les administrations
les mesures convenables pour assurer la subsistance de ces troupes pendant
leur passage et leur séjour dans votre commandement. »

Victor à Pellegrin (1)

Vilna, 6 septembre [Reg. Victor.]

« Instruit que vous avez sous vos ordres deux bataillons des équipages du train qui, par suite des pertes que l'armée a éprouvées en entrant en campagne, se trouvent démontés, je vous invite à en mettre quatre compagnies à ma disposition pour conduire les équipages d'artillerie du IXe corps dont l'organisation va être complétée à Vilna en conformité des ordres de M. l'inspecteur général Lariboisière. De ces quatre compagnies, deux seront employées dans la 12e division d'infanterie en remplacement d'une portion du 14e bataillon du train dont les hommes sont reconnus incapables de bien servir. Ces hommes resteront au parc de l'armée, la 3e compagnie sera appelée à une batterie d'artillerie à cheval et la 4e conduira la batterie de la 28e division d'infanterie ; l'exécution de ces dispositions utilisera une partie de ces deux bataillons en même temps qu'elle donnera les moyens d'employer un grand nombre de bouches à feu qui, sans cela, ne pourraient pas servir. Je me charge, monsieur le colonel, d'en rendre compte à Son Altesse Sérénissime, le prince vice-connétable, et de lui en démontrer la nécessité. »

Victor à Berthier

Vilna, 6 septembre [Reg. Victor.]

« Mes lettres des 3 et 5 de ce mois informent Votre Altesse Sérénissime de ce que j'ai fait aujourd'hui, en exécution de ses ordres, la première colonne du IXe corps arrive ici demain, la deuxième le 8, et la troisième et dernière le 9, elles continueront leur mouvement sur Smolensk ainsi que je l'ai mandé à Votre Altesse. Le IXe corps est précédé et suivi de plusieurs régiments de marche, cavalerie et infanterie et des régiments saxon, westphalien, polonais qui étaient à Königsberg ; lorsque tout ce monde sera arrivé à Minsk, je l'organiserai et j'en disposerai de la manière la plus favorable au service de l'Empereur. L'on s'occupe dans ce moment de la réunion des hommes isolés et de ceux des dépôts qui sont en état de servir pour les envoyer à Smolensk.

Je ne partirai pas de Vilna sans avoir organisé et complété les équipages d'artillerie du IXe corps.

Victor (Ordre)

Vilna, le 7 septembre [Reg. Victor.]

Le IXe corps de la Grande Armée sera établi au bivouac dans le bois de Vilna près le château Benigsen ; l'emplacement qu'occupera chaque division sera marqué et désigné par M. le colonel Chataux. Il séjournera et profitera de ce moment de repos pour réparer ses armes et remettre en état toutes les parties d'équipement.

MM. les généraux de division mettront tous leurs boulangers à la disposition de M. l'ordonnateur Sartelon afin de faire le pain nécessaire aux troupes pour leur marche sur Minsk qui sera de cinq jours. Ils feront prendre cette provision pendant leur séjour et recommanderont à MM. les colonels de veiller à ce qu'elle soit conservée et employée selon sa destination.

M. l'ordonnateur Sartelon s'entendra avec M. l'ordonnateur de la Lithuanie pour faire fabriquer la quantité de pain nécessaire aux troupes du IXe corps et aux conducteurs de ses convois, tant pour le jour de l'arrivée à Vilna et le séjour, que pour la marche jusqu'à Minsk.

---

(1) Commandant l'artillerie de la garde à Vilna.

MM. les généraux de division passeront la revue de leurs troupes le jour
de séjour à 4 heures après-midi pour s'assurer de leur état. »

Victor à Berthier

Vilna, 7 septembre [Reg. Victor].

« Je n'ai rien à ajouter à ce que j'ai eu l'honneur de mander à Votre
Altesse par mes dernières lettres, il me tarde beaucoup d'arriver avec le
IXe corps où il me sera peut-être possible de servir Sa Majesté. Nous mar-
chons pour cela aussi vite que les forces du soldat le permettent. »

Ordre de marche

Vilna, 8 septembre [Reg. Victor].

« Le IXe corps continuera sa marche sur Minsk et Orcha ainsi qu'il suit .
La cavalerie légère partira de Vilna demain 9 du courant, pour aller le
même jour à Miedniki.
Le 10 à Ochmiana ; le 11 à Smorgoni ; le 12 à Molodetschno ; le 13 à
Radochkovitschi ; le 14 à Minsk ; le 15, séjour ; le 16 à Smolévitschi ; le 17
à Borisow ; le 18 à Natscha ; le 19 à Bobr ; le 20 à Kokanov ; le 21 à Orcha
où elle recevra de nouveaux ordres.
La 26e division d'infanterie et la 28e partiront de Vilna et suivront la
cavalerie légère par le même itinéaire à une journée d'intervalle ; la 26e précédera la 28e.
La 12e division partira de Vilna le 11 et marchera selon le même itinéraire
à une journée des 26e et 28e.
L'ordre de marche des équipages et des convois de vivres est réglé par les
dispositions du 2 de ce mois.
Les troupes bivouaqueront en lieux sains dans le meilleur ordre possible,
le service continuera à être fait comme en présence de l'ennemi avec exacti_
tude et vigilance. MM. les généraux de division feront commander les officiers supérieurs et particuliers de jour pour surveiller les gardes et les sentinelles et les tenir dans le devoir, chacun dans leurs divisions respectives.
Les vivres seront pris à Vilna pour cinq jours et on ajoutera une demi-
livre de riz par homme pour augmenter la provision faite à Kowno. On
prendra également les vivres pour cinq jours à Minsk pour aller jusqu'à
Orcha. M. l'ordonnateur Sartelon fera ses dispositions pour que ces distributions, de même que celles qui devront être faites à l'arrivée et au séjour
de Minsk, et à Orcha n'éprouvent pas de difficultés. MM. les adjudants
commandants et commissaires des guerres veilleront à ce qu'elles soient
faites régulièrement.
M. l'ordonnateur prendra en outre les mesures qu'il croira convenables
pour faire arriver les convois de vivres à Orcha, l'escorte qui lui a été fournie à Kowno reste à sa disposition. »

Victor au gouverneur de Minsk

Vilna, 9 septembre [Reg. Victor].

« M. le général Dombrowski étant chargé d'investir la place de Bobruisk
avait besoin des renforts que vous lui avez envoyés, le régiment de marche
commandé par M. le major Bersan et les deux bataillons du 33e léger forment un corps de plus de 3.000 hommes qui me paraît suffisant pour garder
le point de Ghlousk où vous me mandez que le général Dombrowski doit
s'établir. Il serait bon qu'il ait un peu de cavalerie ; dans quelques jours, je
désignerai le détachement de cette arme qui devra joindre ce corps qui doit

.être commandé par M. le major Hersan afin de lui donner l'ensemble convenable. Ecrivez de ma part à cet officier supérieur et annoncez-lui qu'outre son régiment de marche il commande les deux bataillons du 33e léger sous les ordres de M. le général Dombrowski avec qui il doit correspondre directement comme faisant partie de sa division.

Je sens comme vous la nécessité d'établir un corps de 1.500 à 2.000 hommes à Nesvij pour garder le pays entre Sloutsk et Lachkwa, mais je ne puis encore les y envoyer. Un régiment de marche infanterie de 1.600 hommes est parti de Grodno pour Minsk. Lorsqu'il sera arrivé à sa destination, M. le général Dombrowski pourra en disposer et faire occuper Nesvij. Je lui écrirai à ce sujet.

Le 129e régiment tiendra garnison à Minsk ainsi que les troisièmes bataillons des 4e, 7e et 9e régiments polonais qui sont en marche pour s'y rendre. Ces bataillons composés de conscrits doivent rester réunis à Minsk pour s'instruire, il ne faut pas les détacher.

Tout autre régiment, soit de cavalerie, soit d'infanterie, tout détachement, enfin toutes autres troupes que celles que je viens d'indiquer et qui passeront par Minsk doivent être dirigées sur Smolensk ; donnez des ordres pour que cette disposition ordonnée par l'Empereur ait son exécution. »

Victor à Berthier

Vilna, 10 septembre [Reg. Victor].

« J'ai l'honneur d'adresser à Votre Excellence les réclamations qui me sont faites par M. le comte de Hochberg, commandant la brigade badoise et par M. le général Damas, commandant la brigade de Berg, ces réclamations sont relatives à la prééminence que chacun de ces généraux prétend pour les troupes à leurs ordres.

Le comte de Hochberg réclame la droite pour sa brigade en s'appuyant de l'acte de la confédération d'après lequel le rang des cours grand-ducales est fixé, et qui place celle de Bade avant celle de Berg. Il croit en conséquence que les troupes badoises doivent passer avant celles du grand-duché de Berg. Il cite de plus en sa faveur les exemples de différentes campagnes où les troupes des deux cours s'étant trouvées ensemble, la droite a toujours été donnée à celles de Bade.

Le général Damas pense que les habitants du grand-duché de Berg ayant prêté le serment de fidélité à l'Empereur même, et que les officiers français au service de Berg conservent dans l'armée française, d'après les décrets de Sa Majesté, les grades auxquels ils sont promus dans les troupes de Berg, celles-ci doivent se regarder comme étant directement au service de l'Empereur et prétendre qu'elles soient à la droite des troupes alliées.

J'ai cru devoir juger provisoirement cette contestation de prééminence en faveur des Badois, d'après l'acte précité de la confédération du Rhin ; je m'empresse d'ailleurs de soumettre cette décision à l'approbation de Votre Altesse Sérénissime, je la prie de prendre les ordres de Sa Majesté et de me faire connaître ce qu'elle daignera prononcer à cet égard. »

Victor au gouverneur de Minsk

Vilna, 10 septembre [Reg. Victor].

« En vous écrivant hier que le régiment de marche commandé par M. le major Hersan et les deux bataillons du 33e régiment d'infanterie légère devaient être réunis en un corps sous les ordres de ce major pour faire partie de la division Dombrowski et pour garder le point de Ghlousk, j'ignorais qu'il y eût dans ce régiment beaucoup de soldats appartenant au IIe corps et je pense que Son Altesse le prince Alexandre l'ignorait également lorsqu'il vous a ordonné de renforcer le général Dombrowski par ce régiment. L'intention de l'Empereur est que tout ce qui appartient au IIe et VIe corps, commandés par M. le maréchal Saint-Cyr leur soit envoyé ; ainsi vous devez, au reçu de la présente, ordonner que tous les officiers, sous-officiers et soldats appartenant à ces deux corps d'armée qui font en ce moment partie du régiment de marche aux ordres de M. le major Hersan, soient réunis en un bataillon de marche, et que ce bataillon se dirige promptement sur Polotsk où est le quartier général de M. le maréchal Gouvion Saint-Cyr. Veuillez, monsieur le général, donner des ordres pour que cette disposition soit exécutée.

M. le major Hersan, ayant rempli cette obligation formera son régiment de marche comme il vient d'être dit, de la manière qu'il jugera la plus convenable au service, et son commandement s'étendra, comme je l'ai dit hier, sur ce régiment et sur les deux bataillons du 33e léger, sous les ordres de M. le général Dombrowski.

Le régiment de marche venant de Grodno pourra servir, ainsi que je vous l'ai marqué, mais avant que d'en disposer, je dois en connaître la composition ; retenez-le à Minsk jusqu'à mon arrivée dans cette ville. »

Victor à Hogendorp

Vilna, 10 septembre [Reg. Victor].

« Selon les lettres que j'ai eu l'honneur de vous adresser le 4 de ce mois, il ne doit rester dans votre gouvernement que les troupes destinées par ordre supérieur à y faire la police et le protéger. Ces troupes sont : le régiment de Mecklembourg pour tenir garnison à Vilna, le 129e régiment et les troisièmes bataillons des 4e, 7e et 9e régiments polonais qui seront établis à Minsk, plus les dépôts formés précédemment en divers lieux, excepté les soldats de ces dépôts qui peuvent servir, et qui, après avoir été organisés en bataillon de marche, doivent être dirigés sur Minsk où ils recevront mes ordres sur l'avis que vous me donnerez de leur arrivée successive dans cette ville ; d'après ces dispositions, tout régiment de marche ou autres, tout détachement, enfin toute troupe de la Grande Armée qui est actuellement et qui passera dans votre gouvernement doit être dirigé sur Smolensk. J'en excepte seulement la division de marche venant de Kœnigsberg qui est destinée à rester à Kowno jusqu'à nouvel ordre, et les troupes appartenant aux IIe et VIe corps qui, ainsi que je vous l'ai marqué, doivent être envoyées à Polotsk, quartier général de M. le général Gouvion Saint-Cyr.

Ayez je vous prie l'attention, monsieur le gouverneur, de faire exécuter ces mesures que l'Empereur a prescrites et de me faire connaître la marche des troupes que vous dirigez sur Minsk et sur Polotsk afin que je puisse en informer le prince Alexandre et donner à celles de Minsk et de Smolensk les ordres pour leur nouvelle destination.

Les troupes à diriger sur Minsk sont les hommes isolés ou sortant des dépôts que vous formerez en bataillons de marche ; celles à diriger sur Smolensk sont les régiments de marche, les régiments réguliers, les détachements de toute arme venant de l'intérieur de l'Allemagne.

Il reste aussi dans votre gouvernement la division Dombrowski composée dans ce moment, d'après l'augmentation qu'elle a reçue, de douze bataillons polonais, de deux régiments de cavalerie, de deux bataillons du 33e léger et du régiment provisoire commandé par M. le major Hersan ; mais cette division étant en opération sous les ordres immédiats de son général elle ne doit pas être considérée comme faisant partie des troupes de ce gouvernement,

M. le général Dombrowski vous préviendra néanmoins de tout ce qui peut vous intéresser.

Un régiment de marche infanterie parti le 27 août de Grodno pour se rendre à Minsk y restera jusqu'à mon arrivée dans cette ville, je le verrai pour en connaître la composition et l'utiliser, je vous instruirai de sa destination.

Vous m'avez dit qu'un assez grand nombre de soldats des dépôts n'avait pas d'armes ; il est nécessaire de leur en faire délivrer ; aucun de ceux qui sont en état de servir ne doit rester oisif et inutile dans les circonstances actuelles.

Le 8º régiment westphalien, les régiments saxons de Low et de Rechten devant faire partie du IXº corps, dirigez-les sur Smolensk après un jour de repos à Vilna.

Un régiment de marche venant de Kowno et escortant un trésor doit arriver incessamment à Vilna, incorporez-y les hommes disponibles de vos dépôts ; joignez au trésor qu'il conduit celui qui est resté ici et faites-lui continuer sa marche sur Smolensk en faisant à son chef les recommandations nécessaires pour la conservation de ce trésor ; augmentez pour plus de sûreté l'escorte de ce trésor du 11º régiment de cavalerie de marche et donnez le commandement du tout à M. le général Everts. »

Lorencez à Doumerc

Polotsk, 11 septembre [Doc. X.].

« On a avis que l'ennemi a porté de la cavalerie sur sa gauche, qu'il en a réuni à Nevel dans l'intention, à ce que l'on croit, de pousser quelques escadrons sur Ghorodok, ce qui annoncerait le projet de tenter un coup de main sur les postes détachés pour fourrager et faire des vivres. Afin de s'en garantir, l'intention de M. le maréchal comte Gouvion Saint-Cyr est que vous portiez demain 12 du courant le 3º régiment de chevau-légers à Kozianouï sur la rive gauche de l'Obol où il prendra position jusqu'à nouvel ordre. Le colonel de ce régiment aura pour instruction de s'éclairer avec soin et d'avoir toujours des partis dehors dans la direction de Nevel et de Ghorodok et de ne pas souffrir qu'aucun maraudeur dépasse les avant-postes. Il rendra compte fréquemment de tout ce qu'il apprendra sur les mouvements et les desseins de l'ennemi.

Dans cette position ce régiment subsistera pour son propre compte et tirera des vivres du pays situé en avant de lui et sur sa droite, sans empiéter sur les arrondissements assignés aux autres troupes.

P. S. — La carte indique un chemin qui, partant de Piroutina, passe par Ravno et conduit à Kozianouï. »

Lorencez à Doumerc

Polotsk, 13 septembre [Doc. X.].

« M. le maréchal comte Gouvion Saint-Cyr a lu le rapport de M. le colonel Lebrun et me charge d'avoir l'honneur de vous faire connaître qu'il ne tient pas absolument à ce que ce colonel tienne précisément la position de Kozianouï s'il en trouve à portée une meilleure plus découverte et qui remplisse le même objet ; que jusqu'à présent il ne paraît pas que l'ennemi ait plus de deux escadrons à Nevel ; qu'on ne croit pas qu'il ait personne à Ghorodok, et qu'enfin M. le général Maison a ordre de mettre à la disposition de M. le colonel Lebrun 50 hommes d'infanterie.

Le général Maison a de plus 300 hommes dans les environs de Sirotino et sur la gauche le pays est éclairé par les brigades Castex et Corbineau jusqu'à Sitna. Ainsi avec un peu de surveillance le colonel Lebrun est moins aventuré qu'il ne se l'imagine. »

Victor à Dombrowski

Minsk, 14 septembre [Reg. Vict.]

« J'ai reçu votre rapport du 8 septembre avec l'état des troupes qui composent votre division. J'ai ordonné que le régiment de marche commandé par M. le major Hersan, deux bataillons du 33e régiment d'infanterie légère soient réunis à Ghlousk pour servir directement sous vos ordres pendant la durée de l'expédition dont vous êtes chargé. J'en ai excepté les détachements appartenant aux IIe et VIe corps lesquels doivent être dirigés sans délai sur Polotsk. Si cette dernière mesure n'était pas exécutée lorsque vous recevrez la présente, je vous prie d'ordonner qu'elle le soit sur-le-champ attendu que les IIe et VIe corps ont besoin de tous leurs soldats.

Ce corps que je fais réunir à Ghlousk devra être de quatre bataillons présentant une force d'environ 2.000 hommes dont vous donnerez le commandement à un de vos généraux de brigade.

Le bataillon polonais que vous attendez de Grodno est en ce moment dans les environs de Nesvij, il est composé de divers détachements appartenant aux régiments de votre division, il convient que vous le fassiez remplacer par un bataillon régulier dont le chef soit expérimenté et que vous fassiez rentrer les détachements du bataillon de marche dans leurs régiments respectifs. Donnez, je vous prie, des ordres à ce sujet.

Nesvij est un point qui doit être occupé par 1.000 hommes d'infanterie et une centaine de chevaux, envoyez-y par conséquent le plus fort de vos bataillons en choisissant néanmoins celui dont le chef vous paraîtra le plus propre au service qui devra s'y faire et mettez sous ses ordres le parti de cavalerie qui y est. L'objet de ce chef de bataillon sera de couvrir la route de Pinsk, d'entretenir les communications de Sloutsk et Ghlousk et d'éloigner les partis ennemis qui passeraient le Pripet, de protéger le pays compris entre cette rivière et la Sloutsk et à vous prévenir de tout ce qui s'y passera.

Je vais me rendre à Smolensk où vous continuerez à m'envoyer vos rapports.

Le IXe corps et d'autres troupes vont passer par Minsk pour aller à Smolensk. Je pense que vers la fin de ce mois j'aurai réuni dans cette ville environ 40.000 hommes que je porterai partout où le service de l'Empereur exigera leur présence.

Les dispositions que vous faites pour investir Bobruisk et pour vous opposer à ce qu'on n'y introduise aucuns secours me paraissent judicieuses. Il me semble néanmoins que les partis que vous avez poussés jusque sur Petricovo sont un peu éloignés et qu'ils courent les risques d'être entamés par les garnisons de Mozouir et de Tourovo. Ils ne sont pas assez forts pour occuper Petricovo où nous ne devrons nous établir que quand nous pourrons disposer pour cela de 4.000 ou 5.000 hommes. Une force moindre y serait exposée et je pense que les partis que vous envoyez dans cette direction ne doivent pas dépasser Koseisk. Il me paraît aussi que le point de Roghatschev est celui par lequel les ennemis peuvent tenter de secourir Bobruisk avec le plus de facilité. Sans doute il aura fixé votre attention ainsi que Ghlousk de même que le village de Ghlébova Roudnia sur la petite rivière de Broja.

L'ennemi fera sans doute quelques tentatives pour dégager Bobruisk ; vous devez vous y attendre et, tout en tenant la place bien investie, disposer vos forces de manière à pouvoir les réunir promptement sur le point où l'ennemi se présenterait avec les siennes pour le combattre et le repousser. Cette supposition doit vous engager à ne pas trop vous disséminer. »

Victor à Berthier

Minsk, 14 septembre [Reg. Victor.]

« J'arrive à Minsk en même temps que la première colonne du IXe corps les deux autres la suivent à une journée d'intervalle. Le mouvement de ce corps d'armée sera continué sur Smolensk avec toute la célérité possible.

Les régiments saxons de Low et de Rechten ainsi que le 8° régiment westphalien sont en marche de Vilna sur Minsk où ils arriveront les 17 et 18 courant. Ils continueront également leur marche sur Smolensk.

Je donne la même direction aux 10e et 11e régiments de marche, cavalerie, et au 3e régiment de marche, infanterie, qui sont partis de Vilna, escortant un convoi d'argent pour l'armée. J'ai fait réunir à ce régiment d'infanterie tous les hommes disponibles des dépôts de Vilna. J'en ai fait séparer deux bataillons qui appartiennent aux IIe et VIe corps et ils ont été dirigés sur Polotsk.

Le 2e régiment de marche infanterie commandé par M. le major Hersan a été envoyé à Ghlousk par M. le gouverneur de Minsk pour servir sous les ordres du général Dombrowski. Ce régiment avait plus de 1.200 hommes appartenant au IIe corps. J'ai ordonné qu'ils lui fussent envoyés sur-le-champ et je les ai fait remplacer à Ghlousk par deux bataillons du 33e léger ; le reste du régiment de marche de ces deux bataillons formait deux mille et quelques cents hommes qui suffisaient pour garder le point de Ghlousk. J'ai invité M. le général Dombrowski à en donner le commandement à un de ses généraux de brigade.

Un bataillon de marche, infanterie polonaise, appartenant à la division Dombrowski ; est arrivé de Grodno à Nesvij ; j'ai ordonné que tous les détachements qui le composent entrassent dans leurs régiments respectifs et que M. le général Dombrowski envoyât mille hommes d'infanterie et cent chevaux à Nesvij tant pour maintenir la communication de Minsk avec Pinsk, que pour empêcher les coureurs de l'ennemi d'inquiéter les pays. Il paraît que le général russe Hertel montre quelques forces du côté de Pinsk ; il en envoie aussi à Lenino et dans tout le pays entre la Sloutsk et la Ptitsch où elles causent des dommages et effraient les habitants. Pour s'opposer à ces courses, il faudrait que M. le général Dombrowski occupât Petricovo par trois ou quatre mille hommes. mais il n'a pas assez de forces pour cela et celles dont il dispose doivent être employées à l'objet essentiel de sa mission, celui d'investir Bobruisk de très près et d'en éloigner tout secours.

La garnison de Vilna et celle de Minsk sont réglées ; le régiment de Mecklembourg restera dans cette première ville, le 129e régiment dans la seconde. Toutes les troupes qui viennent de l'intérieur de l'Allemagne passeront dans la Lithuanie, n'y séjourneront que le temps nécessaire au repos, elles continueront leur marche sur Smolensk ; des ordres ont été donnés en conséquence.

Le régiment illyrien avait beaucoup de détachements sur les derrières. j'ai ordonné qu'ils lui fussent envoyés à Smolensk.

Les troisièmes bataillons des 4e, 7e et 9e régiments polonais arriveront ici dans cinq à six jours. J'ai engagé M. le général de Minsk à ne les occuper que de leur instruction. Ces bataillons sont nombreux et très beaux, il conviendra, je pense, de les envoyer bientôt à leurs régiments, attendu qu'ils sont faibles et que ces bataillons y trouveraient plus de moyens de s'instruire. Le général Girard dont la division n'offre pas plus de 3.600 combattants, réclame ces trois bataillons avec instance et il promet de les rendre en état de servir dans peu de semaines. »

Victor à Bassano

14 septembre [A N.]

« L'heureuse nouvelle que Votre Excellence a eu la bonté de m'adresser, m'est parvenue le jour même de mon départ de Vilna. Elle en présage une plus importante encore. qui sans doute ne tardera pas à vous arriver. La bataille décisive n'a pas été livrée, et nous devons croire que les ennemis se disposent à la recevoir près de Moscou et que c'est là où Sa Majesté la leur présentera.

Je viens d'écrire, par ordre de l'Empereur, à M. le gouverneur de la Lithuanie de faire marcher sur Minsk et Smolensk toutes les troupes qui sont maintenant et qui passeront dans son gouvernement. Sa Majesté veut réunir à Smolensk un corps très considérable, il sera de 50.000 hommes au moins dans une quinzaine de jours, c'est un très beau renfort; il pourra aider puissamment l'Empereur à décider avantageusement ses affaires. »

Victor à Hogendorp

Minsk, 15 septembre [Reg. Victor]

« L'Empereur ordonne que le régiment de marche commandé par M. le major Hersan soit rappelé de Ghlousk où il a été envoyé et qu'il soit dirigé, savoir : la partie de ce régiment qui appartient au IIe corps et au VIe, sur Polotsk où est le quartier général de M. le maréchal Saint-Cyr, et le reste de ce régiment sur Smolensk ; que les deux bataillons du 33e régiment d'infanterie légère qui sont restés dans votre gouvernement en partent sur-le-champ pour se rendre à Smolensk ; que le 129e régiment, le 8e régiment d'infanterie westphalien, les régiments d'infanterie saxons de Rechten et de Low, les troisièmes bataillons des 4e, 7e et 9e régiments d'infanterie polonais soient également dirigés sur Smolensk, de même que les quatre demi-brigades composant la division de marche qui passera incessamment par Minsk. Sa Majesté ordonne également que les régiments, bataillons et escadrons de marche d'infanterie et de cavalerie, caissons d'ambulances, munitions de guerre, etc., se dirigent sur Smolensk ainsi que tous les hommes disponibles des différents dépôts d'infanterie et tous les hommes montés des dépôts de cavalerie.

Ces dispositions devront être exécutées sur-le-champ. Vous voudrez bien, monsieur le général, donner vos ordres en conséquence. Je vous observe seulement que le XIe corps et une grande partie des troupes dont je viens de parler étant en marche, il convient pour éviter l'encombrement et les difficultés de faire vivre le soldat sur la route, que les bataillons du 33e régiment d'infanterie légère et le 129e régiment ne quittent votre gouvernement qu'au moment où la tête de la division de marche arrivera à Minsk ; mais il faut les rapprocher de Minsk et les tenir prêts à partir. Envoyez donc l'ordre aux deux bataillons du 33e léger d'aller s'établir à Smolowitschi et réunissez dans cette ville tout ce qui appartient à ces bataillons. Réunissez également à Minsk tout ce qui appartient au 129e régiment. Ces deux corps, comme je viens de le dire, seront mis en marche sur Smolensk aussitôt que vous apprendrez que la division de marche arrive à Minsk. Quant au régiment de marche du major Hersan, vous devez l'envoyer sans délai à sa destination, partie sur Smolensk et partie sur Polotsk, ainsi que je l'ai expliqué au commencement de cette lettre. Toutes les autres troupes dont il est fait mention dans la présente continueront leur marche sur Smolensk à mesure qu'elles arriveront à Minsk. Vous garderez près de vous le cadre d'un régiment illyrien que vous avez dû envoyer à Smolensk, et le dépôt du 129ᵉ régiment pour recevoir des recrues polonaises. Mettez, monsieur le général, la plus grande attention à exécuter toutes ces dispositions que l'Empereur recommande fortement. Ne perdez pas de vue la précaution déjà recommandée d'envoyer aux IIᵉ et VIᵉ corps les détachements qui leur appartiennent. La 3ᵉ division de cuirassiers fait partie de ces corps d'armée. »

Victor à Dombrowski

Minsk, 15 septembre [Reg. Victor]

« Monsieur le général, je reçois à l'instant une lettre de Son Altesse Sérénissime le prince major général, datée de Mojaisk, le 11 du courant, conçue en ces termes :

« Je vous préviens, monsieur le maréchal, que j'ai donné l'ordre au général « Dombrowski de partir avec sa division et sa cavalerie pour rejoindre « l'armée, s'il ne voit aucun danger pour Minsk de la part de la garnison de « Bobruisk, et du corps d'Hertel que l'on assure s'être porté sur la Grande « Armée Je lui recommande d'amener avec lui le plus de munitions d'artille-« rie qu'il lui sera possible ; il faut que le gouverneur de Minsk emploie les « gardes nationales et les bataillons de gardes-chasses pour protéger la pro-« vince. »

Telle est, monsieur le général, la teneur de cette lettre qui vous laisse la faculté de continuer votre opération sur Bobruisk ou de rejoindre la Grande Armée avec toutes ses troupes. Etant sur les lieux, et à portée de connaître les mouvements du général Hertel et la force de la garnison de Bobruisk, c'est à vous seul de juger de l'effet que produirait votre mouvement sur la Grande Armée, et des dangers auxquels il exposerait le gouvernement de Minsk, qui, dans ce cas, se trouverait tout à fait découvert. L'Empereur pense que le général Hertel n'est plus devant vous, et qu'il est en marche pour se réunir à la Grande Armée et ce n'est que dans cette supposition que Sa Majesté vous a ordonné de la joindre ; du moins c'est ainsi que je le conçois, d'après la lettre que je viens de rapporter. Assurez-vous donc bien positivement de la marche du général Hertel et conduisez-vous en conséquence des renseignements que vous recevrez à ce sujet. Dans tous les cas je vous prie de m'instruire du parti que vous prendrez.

J'ai l'honneur de vous prévenir que le gouverneur de Minsk a reçu l'ordre de diriger sur Smolensk le régiment de marche commandé par M. le major Hersan, à l'exception de la portion de ce régiment qui appartient aux IIᵉ et VIᵉ corps qu'il enverra à Polotsk ; que le même gouverneur a aussi reçu l'ordre de réunir à Ighoumen les deux bataillons du 33ᵉ régiment d'infanterie légère qui vous ont été envoyés, et de les diriger également sur Smolensk. Je vous prie, monsieur le général, de favoriser l'exécution de ces ordres, soit que vous restiez devant Bobruisk, soit que vous vous rendiez à l'armée. Dans l'un ou l'autre cas, vous devez appeler dans ces régiments les détachements qui vous appartiennent, arrivés récemment de Grodno à Nesvij, dont je vous ai parlé dans ma lettre d'hier. »

Victor à Berthier

Minsk, 15 septembre [Reg. Victor]

« J'ai reçu les lettres de Votre Altesse Sérénissime datées de Mojaisk, les 10 et 14 du courant, et je me suis empressé d'exécuter les ordres qu'elles renferment.

Le gouverneur de Minsk qui avait envoyé au général Dombrowski le régiment de marche commandé par le major Hersan et deux bataillons du 33e régiment d'infanterie légère va les rappeler et les diriger sur Smolensk, à l'exception de la portion de ce régiment de marche qui appartient au IIe corps et qu'il enverra à Polotsk.

Il dirigera sur Smolensk le 129e régiment et ne gardera à Minsk qu'un dépôt de ce régiment et des Illyriens pour recevoir des recrues polonaises. Le 8e régiment d'infanterie westphalien, les régiments saxons de Low et de Rechten, les quatre demi-brigades formant la division de marche, les troisièmes bataillons des 4e, 7e et 9e régiments polonais, les sixièmes bataillons des 19e, 46e, 37e et 56e régiments d'infanterie, le régiment des flanqueurs de la garde impériale et deux bataillons de marche qui sont à Vitebsk, enfin tous les régiments, bataillons et escadrons de marche, ainsi que les détachements d'artillerie, les caissons d'ambulance, de munitions de guerre, etc., de même que tous les hommes disponibles des différents dépôts d'infanterie, et tous les hommes montés des dépôts de cavalerie seront dirigés sur Smolensk.

J'ai donné des ordres en conséquence à M. le gouverneur général de la Lithuanie et à celui de Minsk. J'ai recommandé très expressément de ne retenir aucun homme en état de servir sur les derrières, sous quelque prétexte que ce soit, d'envoyer tout sur Smolensk, à l'exception des détachements appartenant aux IIe et VIe corps, et à la 3e division de cuirassiers, qui doivent être envoyés à Polotsk.

J'ai aussi donné l'ordre positif à M. le gouverneur général de la Lithuanie de supprimer la communication de Vilna à Kamen et d'envoyer à Smolensk M. le général Gomez Freyre, commandant à Gloubokoë, tous les commandants de cette ligne de communication, ainsi que les troupes qui sont avec eux. J'ai invité ce gouverneur à s'assurer de l'exécution de cette mesure en envoyant sur cette ligne un de ses officiers avec l'ordre de faire tout filer sur Smolensk, à l'exception toujours de ce qui appartient à M. le maréchal Saint-Cyr. »

Victor à Charpentier

Minsk, 15 septembre [Reg. Victor]

« Monsieur le maréchal, l'intention de l'Empereur est que vous dirigiez sur-le-champ sur Smolensk le régiment des flanqueurs de la garde et les deux bataillons de marche formés avec les détachements et militaires isolés qui se trouvent actuellement à Vitebsk. L'Empereur veut que cette disposition soit exécutée sans délai. Je vous prie de m'instruire, monsieur le général, de l'époque du départ de ces troupes pour Smolensk où je compte être arrivé le 22 de ce mois. »

Victor à Hogendorp

Minsk, 15 septembre [Reg. Victor]

« L'intention de l'Empereur est que le général Gomez Freire qui commande à Gloubokoé en parte et que la ligne de troupes et de commandants de Vilna à Kamen soit retirée. Tout doit se rendre à Smolensk. Il est nécessaire que vous fassiez parcourir cette ligne par un officier, muni de vos instructions, pour faire exécuter cette mesure. Vous aurez toujours soin que tout ce qui se trouverait sur cette route et qui appartiendrait aux IIe et VIe corps et à la 3e division de cuirassiers soit dirigé sur Polotsk. Je vous prie de m'envoyer le plus promptement possible l'état des commandants et de toutes les troupes de la ligne de Vilna à Kamen qui auront été dirigés sur Smolensk. »

Victor à Bassano

Minsk, 16 septembre [A N.]

« J'ai reçu avec les détails que Votre Excellence a la bonté de me donner sur la bataille de la Moskowa, l'extrait d'une lettre que M. le prince de Schwarzenberg lui a écrite. J'étais déjà instruit du mouvement que le général Hertel a opéré sur Pinsk, et j'avais ordonné à M. le gouverneur de Minsk de disposer de 1.500 Polonais venant de Grodno, et de 130 chevaux, pour les porter de Klestk où ils étaient sur Khotinitsouï et même à Loghichin, pour reconnaître la force du corps ennemi, et en rendre compte. Ce mouvement a été fait hier, et M. le gouverneur de Minsk en attend des nouvelles sous 24 heures. Si ce corps russe n'est pas considérable, il est probable qu'il se reployera sur Lakwa, et repassera la Pripet à l'approche de notre colonne, attendu qu'il craindra pour sa retraite qui serait très difficile pour peu qu'il fût pressé. Si ce corps persiste à vouloir se maintenir à Pinsk pour donner de l'inquiétude à M. le prince de Schwarzenberg, des mesures seront prises pour l'en chasser.

L'Empereur m'a ordonné de diriger sur Smolensk toutes les troupes qui sont, et qui arrivent dans la Lithuanie, et sur l'armée, la division Dombrowski, si comme on le suppose le général Hertel a été appelé à la grande armée russe. J'ai donné l'ordre de faire marcher toutes ces troupes, à l'exception du régiment de Mecklembourg qui doit tenir garnison à Vilna et des hommes du dépôt hors d'état de servir. J'ai écrit à M. le général Dombrowski que Sa Majesté lui laissant la faculté de joindre l'armée ou de continuer son opération selon les renseignements qu'il recevra du corps d'Hertel, c'était à lui à régler la conduite qu'il doit tenir dans cette circonstance, lui seul pouvant connaître jusqu'à quel point est fondé le rapport qui a été fait à l'Empereur sur le mouvement du général Hertel. »

Victor à Hogendorp

16 septembre [Reg. Victor]

« Monsieur le général, j'ai reçu votre rapport du mouvement d'un corps russe sur Pinsk ; j'en étais déjà instruit et j'ai donné l'ordre à M. le gouverneur de Minsk de disposer de 1.500 Polonais venant de Grodno, et de 130 chevaux pour les porter de Klestk où ils étaient, sur Khotinitsouï et même à Loghichin, pour reconnaître la force du corps ennemi et en rendre compte ; ce mouvement a été fait hier et M. le gouverneur de Minsk en attend des nouvelles sous 24 heures. Si ce corps russe n'est pas considérable, il est probable qu'il se reploiera sur Lakhva, et repassera le Pripet à l'approche de notre colonne, attendu qu'il craindra pour sa retraite qui serait très difficile pour peu qu'il fût poussé. Si ce corps persiste à vouloir se maintenir à Pinsk pour donner de l'inquiétude à M. le prince de Schwarzenberg, des mesures seront prises pour l'en chasser.

Outre les troupes dont je vous ai parlé dans ma lettre d'hier, vous dirigerez sur Smolensk le 6e bataillon du 93e régiment qui a aussi reçu l'ordre de partir de Dantzig, et qui passera nécessairement par Vilna.

Voici la dénomination de ces troupes :

8e régiment d'infanterie westphalien.

Régiment saxon de Low, infanterie.

Régiment saxon de Rechten, infanterie.

3e régiment de marche, infanterie.

3e bataillon des 4e 7e et 9e régiments polonais.

3e et 4e bataillons du 33e léger.

129e régiment d'infanterie.

6es bataillons des 19e, 37e, 46e, 56e et 93e régiments, 1re, 2e, 3e et 4e demi-brigades formant la division de marche, tous les détachements du régiment illyrien.

8e, 9e, 10e et 11e régiments de marche, cavalerie, et tous les hommes isolés et des dépôts d'infanterie en état de servir, enfin tous les hommes montés des dépôts de cavalerie.

Plus les commandants et les troupes de la ligne de communication de Vilna à Kamen.

Je vous recommande de nouveau de m'adresser la situation et l'itinéraire que vous donnerez à ces troupes pour Smolensk. »

Victor à Berthier

Minsk, 16 septembre [Reg. Victor]

« J'ai eu l'honneur d'informer Votre Altesse Sérénissime par ma lettre d'hier des ordres que j'ai donnés, en conformité de ses lettres des 10 et 11 de ce mois, pour diriger sur Smolensk tous les corps, détachements et soldats isolés qui sont sur les derrières de l'armée.

Voici la désignation de ceux que je connais, telle que je l'ai adressée à M. le général Hogendorp et au gouverneur de Minsk, en leur prescrivant de ne point permettre qu'aucun homme soit retenu ou détourné de sa destination.

8e régiment d'infanterie westphalien.

Régiment saxon de Low.

Régiment saxon de Rechten.

3e régiment de marche infanterie.

3es bataillons des 4e, 7e et 9e régiments polonais.

3e et 4e bataillons du 33e léger.

129e régiment d'infanterie.

6es bataillons des 19e, 37e, 46e, 56e et 93e régiments d'infanterie.

1re, 2e, 3e et 4e demi-brigades formant la division de marche.

Tous les détachements du régiment illyrien.

8e, 9e, 10e et 11e régiments de marche cavalerie.

Les détachements d'artillerie, d'ambulance, de munitions de guerre, les hommes isolés et des dépôts d'infanterie en état de servir, enfin tous les hommes montés des dépôts de cavalerie.

Je leur ai en outre recommandé de donner la même direction à tout autre corps ou détachement qui viendrait de l'intérieur de l'Allemagne.

Les troupes ci-dessus désignées sont en marche pour Smolensk où elles arriveront successivement quelques jours après le IXe corps, leur situation et leur itinéraire me seront adressés par MM. les gouverneurs de Vilna et de Minsk, j'aurai l'honneur de les transmettre à Votre Altesse Sérénissime à mesure que je les recevrai.

La première colonne (la cavalerie) du IXe corps est partie ce matin de Minsk, les deux autres la suivront à une marche d'intervalle, les 17 et 18. Ce corps d'armée pressera son mouvement autant que possible pour arriver à Smolensk. Il regrette beaucoup ainsi que moi d'être encore si éloigné des ennemis.

Les rapports qui me sont parvenus sur la division russe aux ordres du général Hertel ne s'accordent point avec ceux qui ont été faits à l'Empereur. Le gouverneur de Grodno et M. le prince Schwarzenberg mandent qu'Hertel a fait marcher 4.000 hommes sur Pinsk et que le reste de ses troupes est à Mezonir et à Tourovo. Le général Dombrowski annonce de son côté que le

— 29 —

même général Hertel fait avancer un corps de 2.000 à 3.000 hommes sur
Roghatschev dans le dessein de jeter quelques renforts à Bobruisk et, il me
prévient qu'il fait des dispositions pour s'opposer à ce mouvement.

Pour m'assurer jusqu'à quel point ces avis sont fondés, j'ai fait marcher de
Nesvij où il arrivait, un régiment de marche polonais venant de Grodno,
fort de 1.200 hommes et une centaine de chevaux sur la route de Pinsk jusqu'à Kholinitsoui et même jusqu'à Loghichin s'il le faut, à l'effet d'avoir des
nouvelles de Pinsk et du général autrichien Mohr qui doit être dans les environs de cette ville avec 2.000 ou 3.000 hommes. J'ai recommandé au chef de
ce parti de borner d'abord sa course à prendre des renseignements et à tâcher
de communiquer avec le général Mohr pour concerter ensuite une attaque sur
le corps russe ; s'il est vrai qu'il soit à Pinsk ou environs. Ce mouvement
s'exécute à cette heure et M. le gouverneur de Minsk en apprendra bientôt le
résultat qu'il m'adressera à Orcha où je vais me rendre.

J'ai écrit à M. le général Dombrowski, en lui adressant copie de la lettre
par laquelle Votre Altesse lui ordonne de rejoindre l'armée avec sa division,
qu'il devait s'assurer très positivement des mouvements d'Hertel avant de
faire le sien, puisque l'Empereur ne le fait appeler à l'armée que dans la supposition que ce général ennemi n'est plus devant lui et que le gouvernement
de Minsk n'a plus rien à en craindre. J'attends le rapport qu'il me fera à ce
sujet. Si Hertel est venu, comme on le dit, à Mozouir et aux environs de
Pinsk, il conviendra sans doute que le général Dombrowski continue à l'observer ; autrement, le gouvernement de Minsk étant entièrement découvert
serait aussitôt occupé par les ennemis, et le gouverneur serait obligé d'arrêter
et de se servir des troupes qui passeraient par Minsk pour repousser cette
invasion, les troupes de la Lithuanie sur lesquelles l'Empereur compte
n'existant encore qu'en projet ; du reste j'ai laissé à M. le général Dombrowski la liberté de se conduire comme il le jugera convenable. J'aurais
craint de contrarier les dispositions de l'Empereur au sujet de cet officier
général en lui prescrivant une résolution. »

Oudinot à Berthier

Vilna, 16 septembre [A G.]

« Ma guérison fait sensiblement des progrès et je me trouve même à la
veille d'être en état de reprendre de l'activité, pourvu toutefois que je ne sois
pas de suite tenu à l'exercice du cheval. Je prie Votre Altesse Sérénissime
de prendre les ordres de Sa Majesté à mon égard et de lui dire que, si je
n'avais pas appris la nomination (par décret) du général Gouvion Saint-Cyr au
commandement du IIe corps, je me serais disposé à le reprendre sans attendre
ses ordres. »

Gouvion Saint-Cyr à Bassano

Polotsk, 16 septembre [A N.]

« Je viens de recevoir la lettre que Votre Excellence m'a fait l'honneur de
m'écrire, et qui nous annonce la brillante victoire que Sa Majesté vient de
remporter sur la grande armée russe, nous espérons qu'elle aura les résultats
les plus avantageux pour ses intérêts et sa gloire. Ici, pendant que les maladies nous affaiblissent tous les jours d'une manière effrayante, et que les
commandants de place, grands ou petits, nous gardent sous les prétextes les
plus légers et les plus spécieux les détachements qui pourraient couvrir une
partie de nos pertes journalières, détournent ou arrêtent nos moyens de
transports, M. de Wittgenstein reçoit des renforts considérables de l'intérieur
de la Russie ; je compte que depuis le 18 août il lui est arrivé 9.000 à

10.000 hommes de toutes armes, mais à la vérité parmi lesquels il se trouve environ 7.000 recrues de douze à quinze mois qu'il a fait entrer en grande partie dans les cadres de ses régiments Mais j'espère que Sa Majesté qui remédie à tout nous mettra à même de déjouer tous les projets que l'ennemi pourrait former sur la Dvina ».

Victor à Hogendorp

Minsk, Vilna, 17 septembre [Reg. Victor]

« Le rapport que vous a adressé M. le gouverneur de Grodno, par lequel il annonce d'une manière positive que le général russe Hertel marche sur Slonim avec 8.000 hommes et six pièces d'artillerie me semble exagéré et je ne puis y croire, par la raison que ce corps russe ne peut se diriger sur Slonim qu'après avoir défait 3.000 Autrichiens établis près de Pinsk sous le commandement du général Mohr et que d'un autre côté, il droit craindre les troupes qui marchent dans ce moment de Nesvij dans la direction de Pinsk. J'attends des nouvelles de ces troupes ; il a été recommandé à leur chef de tâcher d'obtenir le plus promptement possible des renseignements sûrs des mouvements et de la force d'Hertel pour les envoyer à Minsk. Il n'est pas vraisemblable, je le répète, que cet ennemi se soit décidé à se porter sur Slonim. Dans le cas cependant où il aurait pris ce parti, ce que vous saurez bientôt, vous seriez en mesure d'aller à lui et de concerter une attaque avec le gouverneur de Minsk pour le repousser, la division de marche partie les 8, 9 et 10 de Königsberg doit arriver dans ce moment à Kowno ; elle sera par conséquent à Vilna sous quatre ou cinq jours.

Dans le cas donc où le général Hertel aurait marché, comme on le suppose, sur Slonim, il faudrait, monsieur le général, réunir la division de marche et la diriger sur cette ville par Lida et Biélitsa, prescrire à M. le gouverneur de Minsk de faire avancer sa colonne polonaise qui est sur la route de Pinsk, jusqu'à Loghichin pour s'emparer des ponts de Télékhanoui et d'Ozaritschi sur le canal Oginski menacer ainsi les derrières d'Hertel et intercepter sa communication de retraite, ordonner au gouverneur de Grodno de se porter sur Volkovisk avec ce qu'il pourrait réunir de monde pour inquiéter l'ennemi par sa gauche, et s'entendre avec le général commandant la division de marche afin de marcher ensemble sur cet ennemi, écrire enfin au général Mohr toutes ces dispositions et l'engager à marcher aussi sur Slonim et concourir avec les autres colonnes au châtiment que l'audace téméraire d'Hertel lui aurait attiré.

Telles sont, monsieur le général, les dispositions que vous devrez faire si Hertel marche sur Slonim. Ce mouvement a besoin d'être continué, ne précipitez rien, et si la nouvelle que l'on vous en a donnée est fausse ou exagórée, comme je le crois, faites continuer le mouvement de la division de marche sur Smolensk, ainsi que celui de toutes les autres troupes conformément aux ordres que vous avez reçus. »

Victor (Ordre du jour)

Minsk, 17 septembre [Reg. Victor]

« Plusieurs plaintes ayant été portées contre les excès condamnables auxquels les soldats se livraient pendant les premiers jours de marche du IXe corps depuis son départ de Tilsit, messieurs les officiers ont tenté de les faire cesser, mais sans succès. Ces désordres continuent et prennent journellement un caractère qui exige des mesures capables de ramener les perturbateurs à leur devoir.

J'ai, en conséquence, ordonné à messieurs les généraux de division du IX⁰ corps de nommer une commission militaire en vertu des décrets impériaux dans leur division respective, à l'effet de juger et de punir selon la loi, tout sous-officier et soldat qui manquera à la subordination ou qui s'abandonnera à des excès contre les habitants du pays que l'armée parcourt ou occupe.

Cette commission nommée ainsi sera proclamée par un ordre du jour dans chaque division et de manière que chacun connaisse sa formation et son objet.

Tout sous-officier et soldat convaincu d'insubordination, de vols et de voies de fait envers les habitants du pays, que le IXᵉ corps parcourra ou occupera, sera à l'instant même de son arrestation, traduit devant la commission, jugé et puni conformément aux lois.

Ces dispositions seront exécutées jusqu'à l'établissement de la commission prévôtale ordonnée par décret impérial. »

Victor à Bassano

Minsk, 18 septembre [A N.]

« Je profite de vos offres obligeantes et je me permets de vous adresser une lettre pour ma femme.

Le corps d'Hertel continue à rôder derrière la Pripet et d'inquiéter le général Dombrowski, Pinsk et une partie du gouvernement de Minsk ; il a jeté hier un renfort dans Bobruisk. Le général Dombrowski le guette, une colonne que j'ai envoyée sur Pinsk fait la même chose et doit me donner des nouvelles. On dit que les démonstrations d'Hertel ont pour objet de dérober un mouvement qu'il fait du côté de Kiew. Cela est possible, nous en saurons davantage sous vingt-quatre heures.

Je partirai cette nuit pour Smolensk. J'ai adressé à M. le général Hogendorp des instructions pour diriger sa conduite dans le cas où ce que l'on a dit des mouvements de l'ennemi serait vrai, ce que je ne crois pas. Cet officier ne doit rien précipiter. Les troupes qui passent à Vilna et qui y passeront successivement pendant plus de quinze jours en grand nombre, lui offrent des ressources surabondantes. »

Victor à Dombrowski

Minsk, 18 septembre [Reg. Victor]

« J'ai reçu votre rapport du 17 de ce mois, il est fâcheux que l'on n'ait pas pu empêcher l'ennemi de rafraîchir et d'augmenter la garnison de Bobruisk. Il est vraisemblable que si messieurs les majors Hersan et Everst eussent été établis à Ghlousk avec le régiment de marche et les deux bataillons du 33ᵉ léger lorsque les Russes s'y sont présentés, ceux-ci n'auraient pas pu exécuter leur projet de secourir Bobruisk comme ils l'ont fait, mais la marche de ces deux officiers a été tardive et par là, favorable à l'ennemi.

Je pense comme vous, monsieur le général, que vous devez rester avec votre division devant Bobruisk tant pour contenir la garnison de cette place que pour couvrir les gouvernements de Minsk et de Mohilew jusqu'à ce que vous soyez remplacé par d'autres troupes ou que celles que l'on forme en Lithuanie puissent servir. Celles-ci sont loin d'être organisées et, si l'on doit en croire les rapports de messieurs les gouverneurs de Vilna et de Minsk, il se passera encore bien du temps avant que ces nouvelles levées soient faites et en état d'agir.

La guerre de chicane que l'ennemi se propose de vous faire ne doit pas vous causer d'inquiétude. Placé au centre du pays qu'ils veulent inquiéter par plusieurs endroits, vous aurez toujours l'initiative sur eux en tenant votre infanterie réunie et en faisant servir votre cavalerie de manière à connaître toujours les mouvements de leurs colonnes. Par ce moyen, vous pourrez en contenir plusieurs avec peu de monde, tandis que vous marcherez sur celle qui sera le plus à votre portée avec le gros de vos forces.

On dit qu'Hertel se réunit à Mozouir, qu'il se dispose à passer le Dnieper. Vous devez en savoir plus que nous à ce sujet. Ce général a fait, il y a quelques jours, une expédition sur Pinsk avec 4.000 hommes ; j'ai envoyé un parti dans la direction de cette ville par Nesvij pour avoir des nouvelles. Le gouverneur de Minsk vous les donnera, je partirai demain pour Smolensk où je vous prie de m'écrire. »

Victor à Berthier

Minsk, 18 septembre [Reg. Victor]

« J'ai reçu la lettre de Votre Altesse Sérénissime du 12 de ce mois avec l'état des nouvelles troupes qui ont ordre de se diriger sur Smolensk, je vais transmettre cet état à messieurs les gouverneurs de Kœnigsberg, de Varsovie, de Kowno et de Vilna et je les inviterai à me prévenir régulièrement du mouvement de ces troupes à mesure qu'elles arriveront dans leurs gouvernements afin que je puisse en aviser Votre Altesse Sérénissime.

J'ai l'honneur de lui adresser ci-joint l'état des corps et détachements qui sont maintenant en marche pour Smolensk, indépendamment du IX⁰ corps. Votre Altesse remarquera leur force, le jour et le lieu de leur départ et l'époque de leur arrivée à Smolensk ; je n'ai pas compris dans cet état le 129⁰ régiment, les deux bataillons du 33⁰ léger et le 2⁰ régiment de marche qui sont encore dans le gouvernement de Minsk près du général Dombrowski ou à Minsk, ils ont ordre de le quitter pour se rendre à Smolensk, le gouverneur de Minsk attend leur réunion à Ighounem pour leur expédier leur itinéraire.

Le général Dombrowski a été attaqué sur le point de Ghlousk par 4.000 Russes dont une partie est parvenue à se jeter dans Bobruisk. Votre Altesse Sérénissime trouvera ci-joint le rapport de cet officier général et la copie de la réponse que je lui ai faite.

Je n'ai pas encore reçu les renseignements que j'ai renvoyé prendre du côté de Pinsk sur le mouvement d'un autre corps russe qui, dit-on, s'est porté sur cette ville et s'y est établi, ils arriveront probablement aujourd'hui au gouverneur de Minsk et il me les enverra à Orcha où je serai demain.

L'Empereur ne doit pas compter pour le moment sur le service des troupes dont la formation est ordonnée en Lithuanie ; il paraît, d'après ce que m'en ont dit les gouverneurs, que l'organisation de ces troupes éprouve de grandes difficultés et qu'elle sera lente ; ils prétendent que le défaut d'argent cause ces difficultés et ce retard. »

Victor à Hogendorp

Minsk, 18 septembre [Reg. Victor.]

« Monsieur le général, l'armée ayant fait une très grande consommation de munitions de guerre il est de la plus grande importance de pourvoir promptement à leur remplacement. L'intention de l'Empereur est qu'on exige des administrations du pays des chevaux et des voitures de réquisition pour transporter successivement les munitions en caisses ou en barils, de Kowno à Vilna, Minsk et Orcha ; de là les chevaux des équipages de pont qui s'y trouvent, les transporteront jusqu'à Smolensk où il sera fait un grand dépôt.

On pourrait tirer un grand parti des convois de bœufs destinés à l'armée pour le transport de ces munitions, il faudrait donner des ordres pour faire faire un nombre considérable de jougs dans les différentes villes de votre gouvernement. Ce moyen sera, je crois le plus sûr. Ces bœufs supporteront mieux la fatigue et se nourriront plus facilement que les chevaux du pays. Je vous prie, monsieur le gouverneur général, de me faire connaître la quantité des munitions de guerre de toute espèce qui existent dans les différents dépôts de votre gouvernement, et de donner des ordres précis pour qu'elles puissent être transportées sans retard et qu'aucun obstacle n'en retarde la marche ; entendez-vous à ce sujet avec M. le colonel d'artillerie Marion.

Vous pourrez vous servir des différents détachements de marche pour escorter ces transports. »

— Même lettre que la précédente à M. le colonel d'artillerie Marion ; il lui est expressément recommandé de mettre la plus grande activité dans l'organisation de ces convois de munitions, à l'arrivée prompte desquels l'Empereur attache la plus grande importance attendu le besoin pressant qu'on a l'armée. »

Victor à Dutaillis, Loison et Hogendorp

18 septembre [Reg. Victor]

« Monsieur le général, j'ai l'honneur de vous adresser ci-joint l'état des nouvelles troupes que l'Empereur appelle à l'armée. Sa Majesté me charge de vous inviter à accélérer leur marche lorsqu'elles passeront dans votre gouvernement, à ne pas permettre qu'elle soit retardée sous quelque prétexte que ce soit. Je vous prie, Monsieur le général, de m'adresser leur état de situation et leur itinéraire, afin que je puisse rendre compte de leur mouvement.

Vous remarquerez dans l'état que, partie de ces troupes restera à Kowno, partie à Varsovie, et l'autre partie continuera sa marche sur Smolensk. »

Lorencez à Doumerc

Polotsk, 19 septembre, 7 heures du soir [Doc. X.]

« M. le maréchal comte Gouvion Saint Cyr a lu avec intérêt vos deux rapports de ce jour. Quelques avis porteraient à croire que l'ennemi manœuvre pour s'éloigner de la Drissa ; il semblerait, d'après d'autres renseignements, qu'il a en vue de revenir sur Polotsk. Dans cette incertitude Son Excellence désirerait que M. le colonel Lebrun jetât un parti qui fît une reconnaissance à fond sur Ghorodok. Il me charge de vous prier de donner des ordres en conséquence.

Le général du génie a ordre de faire réparer les ponts entre Polotsk et Sosnitza. »

Note de Doumerc. — Ecrit au colonel Lebrun à 10 heures du soir le même jour.

Gouvion Saint-Cyr à Bassano

Polotsk, 20 septembre [A. N.]

« J'ai reçu la lettre que Votre Excellence m'a fait l'honneur de m'écrire en date du 17 septembre, et je m'empresse de lui répondre que depuis quelque temps je présumais que les mouvements et les victoires brillantes de Sa Majesté feraient peut-être rétrograder M. de Witgenstein ou exécuter un mouvement de flanc pour se rapprocher de Sa Majesté. Je me proposais alors de le suivre, je l'ai écrit il y a quelque temps à Son Altesse le major général, et

ayant cette idée vous jugez que je fais tout ce que je puis pour être informé
de ce mouvement assez à temps s'il doit avoir lieu.

Un de mes émissaires revenu hier au soir m'a assuré que l'ordre était
arrivé il y a quatre jours pour le départ, mais que le lendemain on avait eu
contre-ordre. Le bruit court dans l'armée de Wittgenstein que l'on n'attend
plus que quelques renforts pour nous attaquer de nouveau, et nous faire
repasser la Dwina. J'ai envoyé un officier d'état-major au maréchal Macdonald pour lui proposer d'attaquer de concert. La réussite de ce projet
déconcerterait, je pense, pour longtemps tous ceux que l'ennemi peut avoir
formés. Je désire que M. le duc de Tarente accepte l'une ou l'autre de mes
propositions. Nous attendons avec bien de l'impatience les convois de vivres
qui nous sont annoncés de Vilna et autres lieux. Nous voyons avec peine
qu'on ne nous parle point de viande, et nous ne savons plus où en trouver.

Si Votre Excellence pouvait faire délivrer à Vilna à notre employé des
postes, le paquet destiné pour le IIe corps, elle nous rendrait un très grand
service, pendant tout le temps que nous serons aussi éloignés du grand quartier général. »

Lorencez à Doumerc

Polotsk, 21 septembre [Doc. X.].

« La lettre que vous m'avez fait l'honneur de m'adresser ce soir à 6 heures et que je reçois à 10 heures ne change rien aux premières dispositions
arrêtées par M. le maréchal comte Gouvion Saint-Cyr, son intention est toujours que vous vous portiez demain matin à Ravno et que vous poussiez un
régiment jusqu'à Kozianouï. Son Excellence est bien persuadée que si l'ennemi a pris la route de Ghodorok c'est pour remonter vers Nevel, cependant,
comme cela est incertain, elle espère que vous obtiendrez à Kozianouï des
renseignements positifs sur la marche qu'il a tenue.

M. le maréchal attendra demain votre rapport pour se fixer sur les mesures à prendre ultérieurement, il est probable qu'à moins de circonstances
qui l'en détournent, il enverra le 3e régiment de chevau-légers à Ravno
après-demain 23. Il désire qu'en attendant vous laissiez prendre du repos à
ce régiment pour se rallier.

Il reste toujours entendu qu'un régiment de cuirassiers demeurera en position à Sosnitza. »

Note du général Doumerc. — Ecrit le 22 à 2 heures du matin au général Lhéritier de se porter à Kozianouï, et de pousser une reconnaissance sur
Ghorodock, aussi loin que possible. On le prévient en même temps du mouvement que je fais moi-même et de celui du 8e de chevau-légers sur Svino
avec lequel il doit se lier.

Lorencez à Doumerc

Polotsk, 21 septembre, 9 heures du soir [Doc. X.].

« J'ai l'honneur de vous informer que le 8e régiment de chevau-légers a
ordre de partir de Sasno demain au jour pour se porter sur Svino où il sera
à votre disposition.

M. le maréchal comte Gouvion Saint-Cyr attendra vos rapports pour adopter d'autres mesures s'il y a lieu ; en attendant, il persiste dans l'intention
que vous vous portiez demain sur Ravno et que vous poussiez une brigade sur
Kozianouï, il est toujours bien entendu que vous ferez appuyer ce mouvement par le bataillon suisse. »

P. S. — « L'intention de M. le maréchal est que vous laissiez un régiment
de cuirassiers à votre position de Sosnitza. »

Note du général Doumerc. — Écrit au colonel du 8° de chevau-légers à 8 heures du matin pour qu'à son arrivée à Svino il pousse une reconnaissance sur Kholomierovo et une autre sur Zaghorïanoui, on lui donne en même temps toutes les instructions nécessaires pour cet objet et la manière de se garder.

Victor (Ordre de marche)

Orcha, 21 septembre.

« La ville d'Orcha n'offrant pas d'abri pour les chevaux, le séjour que devait y faire le IX° corps n'aura pas lieu. Il sera fait à Doubrowna. La cavalerie et les trois divisions du IX° corps continueront en conséquence leur marche jusqu'à cet endroit.

La cavalerie séjournera à Doubrovna le 24, elle en partira le 25 pour se rendre à Liadouï.

Le 26 à un mille et demi en avant de Krasnoï.

Le 27 à Smolensk.

Les 26° et 28° divisions d'infanterie séjourneront le 25 à Doubrovna, elles en partiront le 26 et suivront le même itinéraire que la cavalerie.

La 12° division d'infanterie séjournera le 26 à Doubrovna et en partira le 27 pour Smolensk selon l'itinéraire précité.

Il sera distribué aux troupes de toute arme au IX° corps pour trois jours de vivres à leur passage à Orcha, pour un jour à Doubrovna et pour un autre jour à Krasnoï. Messieurs les chefs d'état-major et commissaires des guerres tiendront la main à ce que les distributions soient faites exactement.

Messieurs les généraux de division sont prévenus qu'il n'existe pas d'approvisionnement d'avoine jusqu'à Smolensk et qu'ils doivent prendre leurs mesures en route pour qu'elle ne manque pas à leur cavalerie. »

Victor à Baraguay d'Hilliers

Orcha, 21 septembre [Reg. Victor].

« J'ai eu l'honneur de vous prévenir par une lettre que je vous ai écrite le 6 du courant, de l'arrivée prochaine du IX° corps de la Grande Armée à Smolensk ainsi que de celle de plusieurs régiments venant de l'intérieur de l'Allemagne, formant ensemble un corps de troupes d'environ 40.000 hommes.

La première colonne du IX° corps arrivera à Smolensk le 27. Elle est composée de 2.500 chevaux.

La deuxième colonne, forte de 12.000 hommes d'infanterie arrivera à Smolensk le 28.

La troisième colonne de même force en infanterie y arrivera le 29.

Ce corps d'armée est suivi immédiatement des 8°, 9°, 10° et 11° régiments de cavalerie de marche formant environ 2.600 chevaux, des 2° et 3° régiments de marche infanterie d'environ 1.500 hommes chacun, du 8° régiment d'infanterie westphalien fort de 1.600 hommes ; des régiments saxons de Low et de Rechten forts chacun de 1.600 à 1.700 hommes, de trois bataillons polonais forts de 900 hommes chacun ; de deux bataillons du 33° régiment d'infanterie légère forts de 800 à 900 hommes, du 129° régiment d'infanterie fort de 1.100 hommes, du régiment de Mecklembourg fort de 1.100 hommes, enfin de la division de marche d'infanterie forte de 9.000 hommes.

Je vous prie, monsieur le général, de donner vos ordres pour que les subsistances nécessaires à ces troupes soient préparées à Smolensk. »

Victor à Berthier

Orcha, 21 septembre [Reg. Victor]

« La première colonne du IXe corps arrive aujourd'hui à Orcha ; les deux autres y seront rendues les 22 et 23. Elles y feront un séjour et continueront ensuite leur marche sur Smolensk. Tout le IXe corps sera réuni dans cette ville le 28 du courant.

Toutes les troupes dénommées dans l'état que j'ai eu l'honneur d'adresser à Votre Majesté le 18 de ce mois continuent leur marche sur Smolensk où elles arriveront aux époques marquées par le même état.

J'ai écrit à messieurs les gouverneurs de Kœnigsberg, de Kowno et de la Lithuanie pour les inviter à presser la marche sur Smolensk des nouvelles troupes qui y sont appelées par l'Empereur et à ne pas permettre qu'elles soient détournées un instant de leur destination. Je leur en ai envoyé l'état.

D'après les ordres de Votre Altesse Sérénissime j'ai fait les recommandations les plus sérieuses à M. le général Hogendorp et à M. le colonel directeur du parc d'artillerie de Vilna de presser l'envoi à Orcha de toutes les munitions de guerre qui sont dans les divers dépôts et pour en accélérer le transport. Je lui ai conseillé de faire fabriquer la plus grande quantité possible de jougs à bœufs et de faire atteler aux chariots de munitions les bœufs destinés à la nourriture de l'armée. L'épreuve qu'on a faite de ce moyen a très bien réussi. »

Lorencez à Doumerc

Polotsk, 23 septembre [Doc. X.]

« J'ai remis sous les yeux de M. le maréchal comte Gouvion Saint-Cyr la lettre que vous m'avez fait l'honneur de m'écrire hier 22 au soir ; l'intention de Son Excellence est que le 3e régiment de chevau-légers revienne à son bivouac de Kozianouï, elle me charge de vous répéter qu'elle n'entend pas lui donner une position fixe et qu'il lui est indifférent que ce régiment soit en partie à Kozianouï et en partie à Ravno, si vous jugez à propos de le diviser, enfin il vous prie de l'établir vous-même d'après la connaissance que vous avez acquise des localités, en lui laissant des instructions détaillées et en laissant au colonel la faculté de changer de position lorsqu'il le jugera nécessaire en lui désignant les points sur lesquels il peut alternativement se porter.

M. le colonel Lebrun ne doit point perdre de vue qu'il a pour objet d'éclairer les mouvements de l'ennemi, d'avertir les fourrageurs établis derrière et autour de lui de la présence de ses partis, de se tenir en communication avec le 8e de chevau-légers qui aura les mêmes instructions et qui variera sa position selon l'occurrence entre Sasno, Jiltsouï et Svino.

M. le maréchal reste persuadé qu'avec une vigilance sur laquelle un commandant de troupes légères surtout ne doit jamais se négliger, ces troupes qui n'ont qu'à se garantir des surprises et qui doivent éviter tout engagement sérieux, n'ont aucun danger à courir. Son Excellence aurait donné de l'infanterie à M. le colonel Lebrun s'il s'agissait d'un poste fixe à défendre et si elle ne pensait que cela ne contribuât à rendre encore cette cavalerie moins attentive et moins vigilante ; elle veut que la cavalerie légère apprenne à se garder elle-même et les autres, puisque c'est pour cela qu'elle est faite.

L'intention de M. le maréchal est que ce soir vous rentriez à votre bivouac de Sosnitsa avec une de vos brigades ; le général Lhéritier qui restera en position ce soir à Ravno vous rejoindra demain.

Je vous prie d'ordonner au 8e régiment de chevau-légers de rentrer à son

bivouac de Sasno demain ; il y recevra de nouveaux ordres du général Corbineau ».

Note du général Doumerc. — Reçu la lettre à 4 h. 1/2 du soir.

Lebrun à Doumerc

Sosnitsa, 23 septembre [Doc X.]

« Le 20 à 11 heures du soir étant dans la position de Kozianouï qui
m'avait été indiquée, on vint me prévenir que l'ennemi venait de faire un
houra sur un moulin appelé Svino où j'avais établi un poste pour faire
moudre du grain. J'ordonnai de faire monter à cheval les deux escadrons, ce
qui fut fait de suite ; présumant d'après cette attaque que l'ennemi n'avait
d'autre intention que celle de m'enlever le poste et prendre de la farine qui
s'y trouvait, j'ordonnai à M. le commandant Devaux de se porter avec la première compagnie à l'embranchement des routes de Nevel et Ghorodok et
d'envoyer à ce moulin une partie de cette même compagnie pour chasser les
cosaques, je fis porter en même temps la troisième compagnie de l'autre côté
du pont pour le soutenir ; ces mouvements étant exécutés, nous restâmes tranquilles le 2e escadron toujours en bataille dans la plaine.

Entre une heure et deux heures nous entendimes un coup de carabine qui
partit de la gauche sur une petite route qui conduit à la grande route de
Nevel à Polotsk : dans ce même moment une nuée de cosaques et dragons
sortant des bois qui nous entouraient vint fondre sur nous de toutes parts. Je
voulus d'abord faire face ne connaissant pas la force qui nous attaquait : j'envoyais de suite sur ma gauche qui était débordée M. Langlois avec son
peloton de tirailleurs pour arrêter l'ennemi qui en effet fut contenu un instant, mais le nombre devint si considérable qu'il nous fut impossible de
résister plus longtemps ; nous fûmes alors obligés de songer à la retraite qui
nous était déjà coupée ; ce qui l'occupait fut culbuté et nous passâmes en
perdant du monde. Pendant ce temps le 1er escadron qui se trouvait de
l'autre côté du pont et qui ne fut pas attaqué, l'ennemi n'ayant pu connaître
son mouvement, jugea que les forces que nous avions à combattre étaient
trop considérables pour pouvoir espérer de nous secourir avec succès, il prit
le seul parti qu'il avait à prendre et le meilleur pour sauver cette partie du
régiment, se jeta de suite à travers champs dans la direction de Sirotino et
parvint par ce moyen au camp de Sosnitsa sans avoir éprouvé de pertes, ce
qui était tout ce que je pouvais espérer. L'ennemi étant parfaitement instruit
de notre force était venu en nombre plus que suffisant pour enlever les
300 hommes que j'avais avec moi. On a estimé sa force à 1.000 à 1.200 chevaux, guidés à travers les bois par les gens du pays pour nous envelopper.
Un habitant du château a dit lui-même avoir vu deux régiments. l'un de
dragons et l'autre de cosaques.

Voilà, mon général, tous les détails que je puis vous donner sur cette
affaire où mon régiment n'a d'autres reproches à se faire que de s'être conduit avec trop de bravoure, comme vous le verrez par l'état de mes pertes
que je joins au présent.

J'ajouterai, mon général, qu'il n'y a pas eu de charge du 2e escadron
comme on vous l'avait dit, mais seulement une faite par M. Langlois avec
son peloton de tirailleurs et une par M. Hinzelin qui était de grand'garde ;
les personnes qui vous ont fait ce premier rapport, ne s'étant pas trouvées à
cette affaire, n'ont pu vous donner que de faux renseignements.

P. S. — J'ai l'honneur de vous annoncer, mon général, que l'on vient de
me prévenir qu'il m'arrivait une compagnie venant de France. »

Gouvion Saint-Cyr à Bassano

Polotsk, 24 septembre [A N.]

« Je m'empresse de vous répondre que le comte de Wittgenstein n'a point fait de mouvement tendant à se rapprocher de la Grande-Armée, il a reçu au contraire il y a quelques jours un renfort venant des environs de Toropetz fort de 6.000 hommes tant infanterie que cavalerie, plus quatre pulks de cosaques. commandés dit-on par un des généraux Essen.

Il me paraît évident que l'ennemi ne tardera pas à m'attaquer, et je suis fort affaibli par les maladies. La manière dont nous nous procurons des vivres et fourrages nous emploie aussi beaucoup de monde loin de l'armée.

Si Votre Excellence pouvait faire exécuter les dispositions du prince de Neuchâtel en nous envoyant des farines et du riz de Vilna et autres lieux, désignés dans son ordre ; cette seule disposition nous mettrait déjà beaucoup plus en mesure contre l'ennemi et nous éviterait la perte journalière de beaucoup d'hommes. Il nous faudrait en outre un renfort d'une bonne division d'infanterie pour remplacer une partie de la perte que la défection du corps bavarois nous occasionne. Quoi qu'il en soit et quelque faibles que nous soyons, je suis décidé à défendre la position de Polotsk jusqu'à la dernière extrémité, si les troupes, comme je l'espère, font leur devoir.

On m'a dit qu'il y avait maintenant à Vilna et aux environs une grande quantité de bœufs ; Votre Excellence nous tirerait bien d'embarras si elle pouvait en envoyer une partie aux IIe et VIe corps qui en manquent totalement, comme j'ai déjà eu l'honneur de lui en faire part.

Je joins à ce paquet une lettre que j'écris à Son Altesse le major-général et je prie Votre Excellence de vouloir bien la faire remettre à l'estafette ; ce moyen est le plus sûr et plus court, nos officiers ayant beaucoup de peines à se procurer des chevaux sur la route de Moscou outre que cette longue course est très pénible. »

Victor à Berthier

24 septembre [Reg. Victor].

« Monseigneur, j'ai l'honneur d'instruire Votre Altesse de mon arrivée à Smolensk, le IXe corps sera réuni le 28 ainsi que j'en ai rendu compte par ma lettre du 21 de ce mois. Les troupes qui le suivent continuent leur mouvement sur cette ville ; elles y arriveront comme je l'ai marqué dans l'état joint à ma lettre du 18.

Ce rassemblement d'un grand nombre de troupes à Smolensk et les événements qui ont eu lieu depuis mon départ de Tilsit ayant sans doute nécessité quelques modifications à mes premières intentions, je demande les ordres de l'Empereur Je prie Votre Altesse Sérénissime de les provoquer et de me faire connaître si je dois envoyer à l'armée les régiments, bataillons et détachements qui n'appartiennent pas au IXe corps à mesure qu'ils arriveront à Smolensk ou si je dois en former des divisions pour marcher avec le IXe corps ; je dois aussi demander des ordres pour ce corps d'armée et représenter que la division Girard qui en fait partie a besoin d'être augmentée. Elle se compose de trois régiments polonais, de deux bataillons chacun, qui ne présente pas plus de 3.000 combattants. Les troisièmes bataillons de ces régiments sont trop jeunes et n'ont aucune instruction et sont plus propres au service d'une place qu'à faire la guerre. Je pense qu'il conviendrait de les laisser à Smolensk jusqu'à ce qu'ils soient instruits, mais jusque-là la 28e division devra sans doute faire la guerre avec ses six faibles bataillons, je voudrais qu'elle en eut douze comme les divisions ordinaires et que Sa

Majesté me permit pour cela de lui donner les six bataillons westphaliens qui sont arrivés à Smolensk.

Il y a ici des bataillons de Hesse-Darmstadt venant de Vitebsk. Votre Altesse Sérénissime se rappellera qu'ils appartiennent à la 26e division d'infanterie. Sa Majesté permet-elle qu'ils y rentrent ?

Si Sa Majesté m'autorisait à disposer des premières troupes attendues à Smolensk. je formerais la garnison de cette place du régiment illyrien, du 129e régiment et des troisièmes bataillons des 4e, 7e et 9e régiments polonais parce qu'ils ont besoin d'instruction, la garnison de Wïasma, du régiment de Mecklembourg et du bataillon du prince de Neuchâtel. J'attacherais, ainsi que je l'ai dit plus haut, les six bataillons westphaliens et saxons à la 28e division d'infanterie, je ferai rentrer la brigade de Hesse dans la 28e; et tout le reste composé de détachements appartenant aux divers régiments de l'armée irait les rejoindre par la raison que ces détachements se ruinent, se conduisent et servent mal tant qu'ils restent éloignés de leurs corps.

Depuis mon départ de Minsk, je n'ai pas reçu de rapport sur les mouvements du général russe Hertel, le silence de M. le général Dombrowski à ce sujet me fait croire que cet ennemi n'a rien entrepris contre lui. On dit ici qu'il se reploie sur Kiew, ainsi que toutes les troupes russes qui étaient dans la Volhynie. Personne ne peut être mieux instruit de la position de ces troupes que M. le prince Schwarzenberg et M. le général Dombrowski. »

Victor à Gouvion Saint-Cyr

Smolensk, 25 septembre [Reg. Victor].

« J'ai l'honneur de vous prévenir que le IXe corps de la Grande Armée sera réuni à Smolensk le 28 de ce mois et prêt à se porter où le service de l'Empereur exigerait sa présence. Sa Majesté m'a fait recommander de correspondre avec M. le maréchal, pour être informé de votre situation et pour aller à votre secours s'il était nécessaire. J'attendrai en conséquence ici les renseignements que vous voudrez me donner. »

Victor à Berthier

Smolensk, 26 septembre [Reg. Victor].

« J'ai l'honneur d'adresser à Votre Altesse Sérénissime les rapports de M. le général Dombrowski et de M. le major Hersan sur les combats qu'ils ont livré aux troupes russes commandées par le général Hertel les 15 et 16 de ce mois, j'y joins un autre rapport d'une reconnaissance que le général Dombrowski a faite de la place de Bobruisk.

Cet officier général mande qu'il est continuellement inquiété par son adversaire dont les forces sont très supérieures aux siennes et il demande des renforts sans lesquels il ne croit pas pouvoir tenir Bobruisk investi et empêcher en même temps les ennemis de se répandre dans le gouvernement de Minsk. Ces deux objets seraient en effet difficiles à remplir avec la 17e division seulement ; mais elle suffit pour faire respecter le pays et obliger les ennemis à se tenir derrière le Pripet.

Le corps qu'Hertel avait fait avancer sur Pinsk s'est reployé sur Stolin derrière le Ghorouin. On n'a pas de nouvelles du général autrichien Mohr qui s'est retiré de Pinsk au moment où les ennemis y entraient. j'écris au gouverneur de Minsk de tâcher de s'instruire de sa position pour l'engager à rentrer à Pinsk et de s'entendre avec le général Dombrowski contre Hertel.

J'attends ici les ordres que j'ai demandés à Votre Altesse par une lettre d'hier. »

Victor à Dombrowski

Smolensk, 26 septembre [Reg. Victor].

« Je conçois que la 17e division que vous commandez ne suffit pas pour tenir Bobruisk aussi bien qu'il le faudrait, et en même temps s'opposer aux diverses incursions des ennemis dans les gouvernements de Minsk et de Mohilev, mais il ne dépend pas de moi d'ajouter à ses forces, attendu que l'Empereur m'a ordonné de diriger sur Smolensk toutes celles de ses troupes qui sont sur les derrières de l'armée Dans cet état de choses, vous devez vous attacher à remplir l'objet essentiel, celui de protéger les gouvernements précités et empêcher, autant qu'il vous sera possible, que l'ennemi ne s'y montre. On prétend qu'Hertel et Tormasof se sont reployés sur Kiew depuis qu'ils savent les suites de la bataille de Majaisk. Si cela était, vous n'auriez plus rien à craindre pour le pays, et vous pourriez facilement maintenir l'investissement de Bobruisk : la colonne russe qui s'était avancée jusqu'à Pinsk s'est reployée derrière le Pripet par Stolin, le major Szimenowski couvre la route de Pinsk à Minsk avec environ 1.000 hommes ; il est établi à Klestk et a l'ordre de communiquer avec vous. Le général Mohr doit être rentré à Pinsk ; je l'ai fait prier de s'entendre avec vous contre Hertel. »

Victor à Bronikowski, gouverneur de Minsk

Smolensk, 27 septembre [Reg. Victor].

« M. le major général Szimanowski doit continuer à observer la route de Pinsk par Kletsk avec les troupes qu'il commande. ainsi que les débouchés de Starobin et ds Sloutsk pour vous couvrir de ce côté, et pour s'opposer aux courses des partis ennemis dans votre gouvernement ; il doit vous tenir instruit de tout ce qu'il apprendra et se mettre en communication avec MM. les généraux Dombrowski et Mohr afin d'agir de concert contre Hertel s'il passe le Pripet. Ecrivez à l'un et à l'autre de ces officiers généraux et engagez-les à s'entendre à ce sujet ; invitez en même temps M. le général Mohr à rentrer à Pinsk afin d'être plus à portée de remplir l'objet dont il s'agit. »

Victor à Barbanègre

Smolensk, 27 septembre [Reg. Victor].

« D'après les ordres de l'Empereur, aucun convoi ne doit partir de Smolensk pour se rendre à l'armée s'il n'est escorté par 1.500 hommes d'infanterie et cavalerie et ne comprend point dans ce nombre les soldats du train soit d'artillerie, soit du génie, des équipages militaires. Sa Majesté ordonne en outre que ces convois et leurs escortes marchent constamment ensemble et dans le meilleur ordre, qu'ils bivouaquent en bataillons carrés, tous les officiers à leurs postes et le commandant au centre afin de prévenir toute attaque et être en mesure de se défendre au besoin.

Le commandant de l'escorte de ce convoi doit être d'un grade supérieur et exécuter ces diverses mesures dans toute leur rigueur.

En conséquence de ces ordres de Sa Majesté, vous ne ferez partir désormais de Smolensk aucun convoi pour l'armée sans lui donner l'escorte précitée et sans remettre à son commandant copie de l'ordre du jour dont vous trouverez ci-joint un exemplaire.

Le prince de Neuchâtel se plaint qu'on ne lui fait pas connaître d'une manière assez précise la composition des convois qui partent de Smolensk et celle de leur escorte. Son Altesse fait la même plainte relativement aux bataillons et escadrons de marche en ce qu'on ne lui fait pas connaître les détachements qui les composent. Il convient, monsieur le général, de faire cesser les irrégularités, et que toutes les fois qu'il partira un convoi ou des troupes de marche il en soit dressé des états détaillés pour en remettre une copie à leur commandant et en envoyer une autre au prince de Neu- châtel.

Ayez, je vous prie, monsieur le général, l'attention d'observer à faire exé- cuter toutes les dispositions contenues dans la présente, elles sont expressé- ment recommandées par l'Empereur. »

Victor à Barbanègre

Smolensk. 27 septembre [Reg. Victor].

« L'Empereur ordonne que toutes les troupes westphaliennes tant infante- rie que cavalerie et artillerie qui ont été laissées dans les divers postes sur la route depuis Smolensk jusqu'à Mojaisk soient remplacées par les trois troi- sièmes bataillons des régiments de la Vistule, partis récemment de Smolensk et qu'elles rejoignent leurs corps d'armée à Mojaisk.

En conséquence de cette disposition. celui de ces bataillons parti le dernier de Smolensk laissera 100 hommes dans chaque relai de poste depuis Smolensk jusqu'à Dorogobouj, où le fond du bataillon tiendra garnison. Celui de ces bataillons parti l'avant-dernier de Smolensk laissera 100 hommes dans cha- que relai de poste depuis Doroghobouj jusqu'à Viasma où le restant du bataillon tiendra garnison, enfin celui de ces bataillons parti le premier de Smolensk laissera 100 hommes dans chaque relai de poste depuis Viasma jusqu'à Mojaisk où le fond du bataillon tiendra garnison. Les détachements westphaliens qui seront ainsi successivement remplacés attendront le premier convoi qui passera et s'y joindront aussi successivement pour se rendre à Mojaisk, lieu de leur destination.

Pour exécuter ces ordres, faites-en un pour chacun des bataillons de la Vistule, en l'expliquant comme il vient d'être dit. Chargez-en un de vos officiers qui ira jusqu'au plus éloigné de ces bataillons pour remettre à leur chef l'ordre qui concerne chacun d'eux. Chargez-le en outre d'autant d'or- dres qu'il y a de détachements westphaliens depuis Smolensk jusqu'à Mojaisk, pour leur prescrire de se joindre au premier convoi qui passera lors- qu'ils seront remplacés et de se rendre ainsi à leur corps à Mojaisk. Donnez en outre l'ordre au commandant du premier convoi d'exécuter les mesures concernant les détachements westphaliens qu'il devra prendre et conduire jusqu'à Mojaisk.

Donnez avis de toutes les dispositions contenues dans cette lettre à M. le général Baraguay-d'Hilliers. »

Victor à Barbanègre

Smolensk. 27 septembre [Reg. Victor].

« Vous ferez partir demain, pour ajouter à la force de l'escorte des convois que vous devez diriger le même jour sur Moscou : le régiment des flanqueurs de la garde, en donnant le commandement de ce convoi au colonel de ce régiment. Vous lui en remettrez l'état, celui des troupes qui devaient mar- cher avec eux et copie des instructions que je vous ai adressées ce matin.

Les bataillons de Hesse Darmstadt qui sont dans ce moment à Smolensk en partiront pour se rendre à Moscou dès qu'un nouveau convoi sera prêt à marcher afin de lui servir d'escorte.

Ordonnez au commandant d'artillerie et à celui des équipages militaires de préparer un convoi le plus promptement possible pour ne pas retarder la marche de cette troupe que l'Empereur attend.

Le bataillon de marche de la légion de la Vistule parti d'ici le 23 du courant doit continuer son mouvement sur Moscou ; les mesures que j'ai prescrites ce matin pour les troisièmes bataillons de la même légion ne le concernent pas. »

Victor à Berthier

27 septembre [Reg. Victor].

« Les lettres que Votre Altesse Sérénissime m'a fait l'honneur de m'écrire de Moscou les 21, 22 et 23 du courant m'ont été remises ce matin et je me suis empressé d'ordonner l'exécution des mesures qu'elles renferment. J'ai prescrit à M. le général gouverneur de Smolensk de ne faire partir de convoi pour l'armée qu'avec une escorte de 1.500 hommes au moins, infanterie et cavalerie, commandés par un officier supérieur ; je lui ai dressé l'ordre du jour relatif à la police et à la marche des convois avec l'instruction expresse de le transmettre à chacun des officiers supérieurs qui les commanderont. Je lui ai recommandé de mettre désormais plus de régularité dans l'envoi qu'il doit faire à Votre Altesse Sérénissime de l'état des troupes et des convois qui se rendaient à l'armée, d'en marquer la situation détaillée au bas de laquelle sera l'itinéraire.

J'ai l'honneur d'observer à Votre Altesse Sérénissime, au sujet des convois, que si pour les garantir d'ici à Moscou il faut de fortes escortes, la même précaution sera peut-être nécessaire de Minsk à Smolensk, attendu que Vitebsk doit être évacué et que les cosaques, né voyant personne sur ce point pour s'opposer à leurs courses, pourront les étendre sans difficultés jusque sur la grande route en arrière d'Orcha. J'écris à cette occasion à M. le gouverneur de Minsk pour lui recommander les mêmes mesures qu'à celui de Smolensk.

Le régiment des flanqueurs de la garde partira demain 28 du courant de Smolensk avec quelques troupes de marche dont M. le général Barbanègre enverra l'état à Votre Altesse, pour se rendre à Moscou. Le colonel de ce régiment aura le commandement de cette colonne avec laquelle il escortera un convoi d'artillerie.

Les bataillons de Hesse Darmstadt qui viennent de Vitebsk partiront avec le deuxième convoi que l'on prépare à Smolensk pour l'escorter jusqu'à Moscou.

J'ai transmis aux trois troisièmes bataillons de la légion de la Vistule l'ordre de Votre Altesse de remplacer les troupes westphaliennes laissées en route depuis Smolensk jusqu'à Mojaisk, et à ces troupes celui d'entrer dans la première colonne qui passera où elles se trouvent, pour rejoindre leurs corps, à Mojaïsk.

Le bataillon de marche de la même légion continuera son mouvement sur Moscou.

J'ai expressément recommandé à M. le gouverneur de Smolensk de diriger sur Moscou les régiments, bataillons, escadrons et détachements de marche cavalerie et infanterie à mesure qu'ils arriveront à Smolensk en les faisant toutefois servir à l'escorte des convois.

J'ai écrit aux divers gouverneurs sur les derrières de diriger sur Moscou tous les détachements des hommes isolés en état de servir, qu'ils aient ou qu'ils n'aient pas d'armes.

Le régiment qui est à Smolensk a été réduit à un petit nombre d'hommes par les détachements qu'on lui a demandés lorsqu'il était dans le gouverne-

ment de Vilna. Ces détachements ont ordre de le rejoindre, ne conviendrait-
il pas qu'il les attendit avant de quitter Smolensk pour se rendre à Moscou ?
Je prie Votre Altesse Sérénissime de me faire connaître la volonté de l'Empereur à ce sujet.

Le 129e régiment était également dispersé dans le gouvernement de Minsk,
j'ai donné l'ordre de le réunir et de le mettre en marche pour Smolensk.
Dès qu'il sera arrivé, il continuera son mouvement pour se rendre à Moscou.

Ces deux régiments, ainsi que je l'ai observé dans ma dépêche du 25, me
paraîtraient plus propres pour le moment à tenir garnison à Smolensk qu'à
faire la guerre ; ils ont peu d'instruction et reçoivent en outre beaucoup de
déserteurs russes qui ne sont point encore habillés. Ces motifs militent pour
mon opinion, et s'il m'était permis de la soutenir, je préférerais faire servir
les deux régiments à Smolensk jusqu'à l'arrivée des 6e bataillons venant de
Spandau, et faire entrer en ligne les régiments saxons de Low et de Rechten
qui sont instruits, bien armés et bien équipés, au lieu de les laisser dans
cette place. Je demanderais en outre que ces mêmes régiments saxons fussent
donnés à M. le général Girard dont la division de 3.000 combattants au plus
me paraît trop faible.

Le 8e régiment westphalien d'infanterie arrivera à Smolensk le 1er octobre
et en partira le 3 pour rejoindre M. le duc d'Abrantès à Mojaisk.

Lorsque les 3e bataillons des 4e, 7e et 9e régiments polonais seront arrivés
à Smolensk, ils y tiendront garnison.

Le IXe corps sera en totalité dans cette ville le 28 du courant ainsi que
j'ai eu l'honneur d'en instruire Votre Altesse Sérénissime. J'attends les nouveaux ordres qui le concernent. »

Victor (aux gouverneurs de Minsk et de Vilna)

Smolensk, 27 septembre [Reg. Victor]

« Les cosaques commencent à se montrer sur la grande communication
de l'armée. Cette circonstance exige que vous preniez les précautions les
plus propres, si ce n'est à éloigner les ennemis, au moins les empêcher qu'ils
ne s'emparent de nos convois et des hommes isolés que vous dirigerez sur
Smolensk. En conséquence, à dater de la réception de la présente, vous ferez
les dispositions pour que les convois d'artillerie et autres soient le plus nombreux possible afin de ne pas trop multiplier les escortes ; vous formerez
celles-ci de 800 à 1.000 hommes au moins, infanterie et cavalerie sans comprendre dans le nombre les soldats du train soit de l'artillerie, soit du génie,
des équipages militaires. Vous vous servirez pour cela des troupes régulières
et de marche qui passeront à Minsk et vous ferez commander les convois et
leurs escortes par un officier supérieur à qui vous remettrez également copie
de l'ordre du jour dont vous trouverez ci-joint un exemplaire. Ayez l'attention de faire organiser les convois assez promptement pour ne pas retarder
la marche des troupes, et de prescrire aux officiers supérieurs qui les commanderont de se conformer strictement aux dispositions de l'ordre du jour
dont il s'agit. Elles sont de rigueur.

L'Empereur réitère ses ordres de diriger sur l'armée tous les hommes
isolés, de les armer s'il y a des armes et, dans le cas où il n'y en aurait pas,
de les envoyer également à l'armée, attendu qu'on pourra les armer à
Moscou.

Veuillez, Monsieur le général, en m'accusant la réception de cette lettre,
m'instruire des mesures que vous prendrez pour assurer l'exécution des dispositions qu'elle renferme.

Ces hommes isolés doivent être incorporés provisoirement dans les régiments qui passeront, pour rejoindre leurs corps en arrivant à l'armée. »

Victor (Circulaire aux gouverneurs de Vilna, Smolensk, Vitepsk et Mohilev)

Smolensk, 27 septembre [Reg. Victor]

« L'Empereur ordonne que les hommes isolés en état de servir et appartenant aux corps d'armée qui sont à Moscou, qu'ils aient ou qu'ils n'aient pas d'armes, soient dirigés sur cette ville par Smolensk. Conformez-vous donc, monsieur le gouverneur, à cette disposition, et faites incorporer les hommes isolés dans les troupes régulières ou de marche qui passeront par votre gouvernement pour les conduire jusqu'à Moscou où ils entreront dans leurs régiments respectifs. Sa Majesté recommande de ne garder sur les derrières aucun homme en état de service, si ce n'est les régiments dont la formation en a été ordonnée en Lithuanie. »

Victor à Dombrowski

Smolensk, 27 septembre [Reg. Victor]

« Vous avez fait judicieusement en vous maintenant dans Bobruisk malgré l'ordre qui vous a été donné de rejoindre l'armée avec votre division. Une lettre que je viens de recevoir du prince de Neuchatel s'exprime à ce sujet en ces termes :

« La division du général Dombrowski par sa position doit couvrir le pays
« et tenir en respect le corps russe qu'elle a devant elle, il faut que le géné-
« ral Dombrowski ne vienne en avant qu'autant que le général Hertel se
« porterait sur Moscou et évacuerait sa position. »

Continuez donc, monsieur le général, à observer de près le corps d'Hertel et à l'empêcher de faire des excursions dans les gouvernements de Minsk et de Mohilow, même s'il se peut du côté de Pinsk ; tâchez de vous entendre, comme je vous l'ai marqué, avec M. le général autrichien Mohr et avec M. le général polonais Szimanowski contre Hertel. »

Victor au gouverneur de Minsk

Smolensk, 27 septembre [Reg. Victor]

« Le 129e régiment et les deux bataillons du 33e léger pour lesquels je vous ai donné des ordres avant mon départ de Minsk, doivent être maintenant rassemblés, faites-les partir pour se rendre à Smolensk où ils recevront de nouveaux ordres. Si vous avez un convoi prêt, mettez-le sous escorte. »

Victor (Ordre)

Smolensk, 27 septembre [Reg. Victor]

« Conformément aux ordres de l'Empereur, toutes les troupes westphaliennes, cavalerie, infanterie et artillerie restées sur la route de Smolensk à Mojaisk doivent être remplacées par les troisièmes bataillons de la légion de la Vistule, suivant l'ordre qu'en a reçu M. le gouverneur de Smolensk, et rejoindre leur corps à Mojaisk. Il est ordonné à M. le colonel commandant les flanqueurs de la garde de faire entrer toutes ces troupes westphaliennes dans sa colonne à mesure qu'il en rencontrera sur la route de Smolensk à Mojaisk, pour les conduire dans cette ville et les mettre à la disposition de M. le duc d'Abrantès commandant le corps westphalien. »

Maison à Oudinot

Pololsk, 27 septembre [A N.]

« Je prends la liberté, pour plus grande sûreté, d'adresser sous le couvert de Votre Excellence, une lettre pour le ministre de la Guerre et une pour Son Altesse le major général. Je la prie d'avoir la bonté de les faire mettre à l'estafette par un de ses aides de camp.

Nous sommes toujours ici dans la même position ; on a pensé ces jours-ci que M. de Wittgenstein qui a reçu de Toropets quatre vieux régiments d'infanterie et quatre de cosaques, se porterait sur Pololsk et nous y attaquerait ; je ne crois pas qu'il fasse cette faute ; s'il veut vous déposter d'ici et qu'il soit aussi fort qu'on le croit, il n'a rien de mieux à faire pour atteindre ce but, qu'à jeter un pont entre Disna et Pololsk, et à venir se placer derrière nous, devant nos ponts, avec 20.000 hommes.

Les positions de Valéintsouï, de Bieloés et de la Drissa, ont été fortement retranchées par l'armée russe, depuis un mois ; n'y laissa-t-elle que 12.000 à 15.000 hommes, nous ne saurions, comme on le dit, les y aller battre ; les Bavarois ne sont plus de ce monde, et nous ne sommes ni nombreux, ni bien vigoureux. Il est plus probable que les événements sur la Volga attireront l'attention de Wittgenstein et qu'il recevra ordre de se retirer sur Pleskow, où il a une réserve et une belle et bonne position. De là, suivant les circonstances, je pourrai agir sur la gauche de la Grande Armée. Quand on ne sait que faire, monsieur le maréchal, du moins s'amuse-t-on à faire des rêves, en voilà un de ma façon ; mais ce qui n'est pas un rêve, c'est le désir que nous avons tous de vous savoir bien rétabli et de vous voir revenir. »

Victor à Barbanègre

Smolensk, 28 septembre [Reg. Victor]

« Vous trouverez ci-joint l'état des troupes qui sont en marche pour rejoindre l'armée par Smolensk. Vous remarquerez dans la colonne d'observations les lieux où une partie de ces troupes doivent être dirigées, la portion qui doit rester à Smolensk pour y tenir garnison et une troisième partie qui doit attendre de nouveaux ordres à Smolensk.

Vous aurez l'attention, monsieur le général, de diriger la première partie de ces troupes sur les lieux de leur destination à mesure qu'elles arriveront à Smolensk en les employant toutefois à l'escorte des convois, conformément aux règles prescrites par ma lettre d'hier. Vous établirez à Smolensk celles qui doivent y tenir garnison et vous attendrez pour le reste de nouveaux ordres.

Je dois encore vous recommander d'adresser à Son Altesse Sérénissime le prince Alexandre la situation détaillée de tous les corps, détachements et convois que vous mettrez en route de Smolensk pour l'armée et d'inscrire au bas de cette situation l'itinéraire. Pareil état sera remis aux commandants des colonnes. »

Victor (Ordre de cantonnement)

Smolensk, 28 septembre [Reg. Vic or]

« Le IXᵉ corps de la Grande Armée sera cantonné jusqu'à nouvel ordre de la manière suivante :

La cavalerie légère occupera les villages dont l'état a été remis à M. le général Fournier.

La 12ᵉ division d'infanterie sera établie dans toutes les maisons situées sur la rive droite du Dnieper, à droite et à gauche de la route de Moscou.

La 26ᵉ division sera placée dans toutes les maisons qui sont à la gauche de la route de Vilna en entrant en ville jusque sur le bord du Dnieper. Elle occupera le faubourg en descendant le fleuve depuis la grande boucle, jusqu'au couvent, ainsi que le village situé à une demi-lieue de l'extrémité de ce faubourg.

La 28ᵉ division occupera le faubourg à droite de la route de Vilna et s'il ne suffit pas, un partie du faubourg en dessus de la ville en remontant le fleuve.

MM. les généraux de division d'infanterie feront établir leurs troupes de manière que les bataillons tiennent leur rang de bataille en commençant par la droite, et ils feront distribuer les logements de la manière la plus commode aux soldats. Les faisceaux d'armes seront élevés devant chaque logement comme dans un camp régulier. Chaque bataillon aura une garde pour les surveiller.

Ils feront marquer des logements pour MM. les officiers supérieurs et particuliers près de leurs troupes.

Le matériel de l'artillerie de la 12ᵉ division sera parqué sur la rive droite du Dnieper, dans l'emplacement qui sera jugé le plus convenable.

Le matériel de l'artillerie de la 26ᵉ division sera parqué à gauche de la route de Vilna sur les glacis de la 28ᵉ division, à droite, aussi sur les glacis. Chaque division établira une garde à son parc.

Le service se fera par divisions sur la ligne de leurs cantonnements respectifs, les postes à garder seront reconnus et marqués par les généraux de division pour être indiqués au chef de bataillon de brigade que chacun devra nommer pour régler le service des gardes avec les adjudants des régiments ; ils lui feront remettre ou même tenir la composition des gardes.

Les gardes de tous les régiments de chaque division seront réunies en avant de leurs cantonnements par le chef de bataillon de brigade, l'adjudant, les officiers et sous-officiers de service à 6 heures précises du matin au lieu qui sera désigné par le général de division, pour être inspectées par l'officier supérieur du jour, recevoir les consignes et le mot d'ordre et défiler en parade avant de se rendre à leur poste.

Le service du lendemain sera commandé au cercle immédiatement après la parade.

Chaque division aura un colonel, un lieutenant-colonel et deux capitaines de jour qui seront commandés à l'ordre par le chef d'état-major divisionnaire.

Il y aura un général de brigade de jour pour tout le corps d'armée et il sera nommé à l'ordre.

Tous les officiers de jour prendront les ordres de cet officier général et lui rendront compte des événements des 24 heures pour qu'il en fasse son rapport au maréchal.

Cet officier général aura l'attention d'exiger que les rondes et le service soient faits avec toute l'exactitude prescrite par les règlements.

MM. les généraux de division défendront que qui que ce soit s'écarte des cantonnements. Ils feront faire de fréquents appels et exigeront que chacun s'y trouve sous peine d'être puni sévèrement. Ils recommanderont protection envers tous les habitants.

Les fourrages manquant tout à fait à Smolensk, les chevaux de troupes et des équipages des trois divisions d'infanterie seront cantonnés dans les villages dont l'état sera remis à M. le colonel Caron.

Tous les chevaux seront réunis sous le commandement du colonel, chaque général de division lui donnera un bataillon dont il disposera pour se garder dans ces cantonnements. Chaque général de division mettra aussi à sa disposition le nombre de chariots qui lui seront nécessaires pour envoyer prendre ses vivres à Smolensk.

La distribution des vivres aura lieu tous les jours à Smolensk par division à commencer par la 12ᵉ.

MM. les généraux sont invités à y envoyer les corvées en ordre avec des officiers à leur tête et de prescrire que cette distribution soit faite par rang de régiment et de bataillon.

Ce qui restera de chariots sera parqué et conservé par division pour aller chercher des vivres à la campagne d'après les ordres qui seront donnés à ce sujet.

M. l'ordonnateur Sartelon prendra ses mesures pour que les subsistances soient assurées aux troupes du IXᵉ corps. Il en réglera la répartition et la fera connaître à MM. les chefs d'état-major par la voie des commissaires des guerres. »

Victor à Junot

Smolensk, 29 septembre [Reg. Victor]

« A la réception de la lettre par laquelle Son Altesse Sérénissime le prince Alexandre ordonne le retour à leur corps des détachements westphaliens de toute arme laissés sur la route de Smolensk à Mojaïsk, je me suis empressé de les faire remplacer dans les divers postes qu'ils occupaient par les troi-sièmes bataillons de la légion de la Vistule et j'ai chargé M. le colonel des flanqueurs de la garde qui se rend à Moscou avec son régiment, de faire entrer ces détachements dans sa colonne pour vous les remettre à son pas-sage à Mojaisk.

J'ai l'honneur de vous prévenir que le 4ᵉ régiment d'infanterie westpha-lien arrivant à Smolensk le 1ᵉʳ octobre en partira le 3 pour se rendre près de vous. Des ordres ont été donnés de diriger sur Mojaïsk tout ce qui appar-tient à votre corps d'armée. »

Victor à Hógendorp

Smolensk, 29 septembre [Reg. Victor]

« Son Altesse Sérénissime le prince Alexandre ordonne que les détache-ments appartenant aux 1ᵉʳ, 2ᵉ, 3ᵉ et 4ᵉ régiments suisses, faisant partie du bataillon étranger arrivé à Vilna, soient dirigés sur Smolensk, attendu qu'ils appartiennent au IIᵉ corps, et que le détachement illyrien qui fait également partie de ce bataillon soit dirigé sur Smolensk où est son régiment. Je vous prie de faire exécuter ces ordres. »

Victor à Hogendorp

Smolensk, 29 septembre [Reg. Victor]

« Conformément aux dispositions arrêtées par l'Empereur, vous devez, ainsi que Son Altesse Sérénissime le prince Alexandre vous l'a prescrit, com-poser la 3ᵉ demi-brigade de marche des compagnies appartenant au IIᵉ corps d'armée et l'envoyer ensuite à Polotsk. Cette opération consiste à faire pas-ser trois compagnies du 24ᵉ léger et deux compagnies du 93ᵉ de ligne dans la 4ᵉ demi-brigade qui donnera en échange à la 3ᵉ, deux compagnies du 19ᵉ et deux compagnies du 56ᵉ, il en résultera que la 3ᵉ demi-brigade sera compo-sée des détachements appartenant tous au IIᵉ corps. Cet échange ainsi fait, vous mettrez la 3ᵉ demi-brigade en marche pour Polotsk et les 1ʳᵉ, 2ᵉ et 4ᵉ pour Smolensk. Veuillez, monsieur le général, m'instruire de l'exécution de ces dispositions. »

Victor à Hogendorp, Barbanègre et Bronikowski

Smolensk, 29 septembre [Reg. Victor]

« L'intention de l'Empereur est qu'il ne soit retenu sur les derrières aucune voiture des équipages militaires et Sa Majesté ordonne qu'elles soient toutes dirigées sur l'armée. Assurez-vous de l'exécution de cet ordre et ayez l'attention d'adresser à Son Altesse Sérénissime le prince Alexandre, les états exacts de la composition des convois que vous ferez partir pour Moscou. »

Victor à Partouneau et Daendels

Smolensk, 29 septembre [Reg. Victor]

« Il y a une erreur dans l'ordre d'hier, ce n'est pas un colonel par division qui doit être de jour ; mais un pour le corps d'armée. Il est nommé ainsi que le général de jour par l'état major général. »

Victor à Fournier

Smolensk, 29 septembre [Reg. Victor]

« Plusieurs chemins carrossables aboutissent à Smolensk ; tels sont ceux de Porietché qui a une branche sur Doukhovchtchina, de Roslovt, de Mstislawl et de Krasnoë.

La position d'une armée ennemie sur le Dnieper du côté de Kiew, celle d'une autre armée sur la Dvina et d'un troisième corps que l'on suppose exister en arrière de Doukhovchtchina, exigent que vous détachiez le nombre d'escadrons suffisants pour observer à une distance de deux mille au moins de Smolensk ces différentes routes, et par ce moyen couvrir cette ville et nous prévenir de tout ce qui se passerait. Veuillez donc prendre et ordonner les mesures nécessaires à ce sujet et me les faire connaître. »

Victor à Berthier

Smolensk, 29 septembre [Reg. Victor]

« J'ai invité M. le général Hogendorp à exécuter les dispositions concernant la 3e demi-brigade de marche et le bataillon de marche étranger. Il en enverra au IIe corps ce qui lui appartient, le reste viendra à Smolensk.

Des ordres ont été donnés de ne retenir aucune voiture des équipages militaires et de les diriger toutes sur l'armée. Je dois observer à ce sujet que l'administration de la guerre n'ayant pas fait construire ni atteler ces voitures de manière à pouvoir servir dans les pays où elles devaient aller, il en est bien peu qui puissent arriver.

Suivant une lettre que je viens de recevoir de M. le duc de Bassano, les forces du général Tormasof auraient été augmentées de 25.000 hommes dont 15.000 seraient venus de l'armée russe de Moldavie, 5.000 de Zitomir et 5.000 du corps d'Hertel. M. le prince Schwartzenberg, s'attendant à être attaqué, doit se reployer derrière la Touria entre Kowel et Turisk, pour attendre l'ennemi et lui livrer bataille au moment où il passera cette rivière.

J'ai écrit à M. le général Dombrowski de se maintenir devant Bobruisk et de continuer à couvrir les gouvernements de Mohilev, de Minsk et de Vilna, ses forces doivent être suffisantes, aujourd'hui qu'Hertel est réduit de 5.000 hommes envoyés à Tormasof.

Il règne, sur les derrières de l'armée, de très grands désordres causés par le départ d'approvisionnements de vivres dans les lieux d'étapes. Il en résulte le pillage des villages tout le long de la route à sept et huit lieues de rayon, le désespoir des habitants qui s'arment contre nous, ce qu'ils ne feraient pas si on les laissait en repos, et enfin la perte d'un nombre considérable de soldats, qui, séparés de leur troupe, n'y reparaissent plus ; le pays en général offre de très grandes ressources, et si l'administration de l'armée pouvait organiser dans chaque lieu d'étape un nombre suffisant de voitures et que chaque commandant pût fournir des escortes, dans moins d'un mois, tous les magasins pourraient être remplis et présenter pour l'hiver des approvisionnements sans lesquels aucune troupe, aucun convoi, ne peut rejoindre l'armée.

Les hôpitaux sont dans un état tellement horrible qu'il n'est pas possible d'y passer sans souffrir extrêmement ; il m'est pénible d'entretenir Votre Altesse de pareilles choses, mais elles font un si grand mal à l'Empereur que je ne puis les taire. »

Lorencez à Doumerc

Polotsk, 29 septembre [Doc. X.]

« M. le maréchal comte Gouvion Saint-Cyr a été informé indirectement que, sur l'opinion que l'ennemi avait reparu à Kozianouï le 26 de ce mois, le 3ᵉ régiment de chevau-légers s'était retiré de Ravno. Son Excellence pense que cela étant vous n'eussiez pas manqué de lui en rendre compte ainsi que des motifs de ce mouvement.

Comme il paraît toutefois que l'ennemi a conservé quelques partis aux environs, l'intention de M. le maréchal, afin d'être en sécurité sur cette partie, est d'y former un petit corps d'observation qui sera composé : du 3ᵉ régiment de chevau-légers, du bataillon suisse qui se trouve à Sosnitza et de 400 hommes d'infanterie de la 2ᵉ division qui sont à Sirotino sous les ordres de M. le capitaine Rouch aide de camp de M. le général Maison.

M. le maréchal désire que M. le général Berckheim se charge du commandement de ce corps, qu'il s'établisse de sa personne avec le 3ᵉ régiment de chevau-légers et le bataillon suisse à Kozianouï, qu'il ordonne à M. le capitaine Rouch de placer un poste de 50 hommes à Skatitsa et un autre d'égale force à Michnevitschi. Son Excellence désire que M. le général Berckheim s'éclaire avec soin particulièrement dans les directions de Nevel et de Ghorodok, ayant un bon poste au moulin de Svino et communiquant par ses partis avec la brigade Corbineau qui tient position à Sasno.

Le but dans lequel ce corps est détaché sera de couvrir le pays d'où les troupes du corps d'armée tirent leurs vivres, d'observer tous les mouvements que l'ennemi pourrait faire pour y pénétrer et de changer successivement de position, et enfin de se replier en cas qu'il y fût contraint par une force majeure en ralliant tout ce qui se trouve sur cette ligne.

Cette mission n'étant que de circonstance, M. le général Berckheim n'en conserve pas moins le commandement de sa brigade, mais tant qu'il restera à la tête du corps d'observation ci-dessus, il devra correspondre journellement et directement avec M. le maréchal. Son Excellence me charge de vous inviter, mon général, à donner les ordres les plus prompts afin que ces dispositions puissent dès demain recevoir leur exécution. »

P. S. — « M. le maréchal me charge de vous prier de donner des ordres afin que les troupes vivent à Kozianouï et ne prennent point des vivres dans les autres endroits appartenant à la 2ᵉ division. »

Note du général Doumerc. — Reçu à 9 heures 1/2 du soir. Donné les ordres à 10 heures du soir de partir le 30 septembre :

au général Berckheim,
au colonel Lebrun,
au chef de bataillon suisse,
au commandant de ce qui reste à Sesnitza du 3e régiment de chevau-
légers.

Lorencez à Doumerc

Polotsk, 29 septembre [Doc. X.]

« M. le maréchal comte Gouvion Saint-Cyr m'ordonne de vous adresser
copie d'une lettre qui m'a été adressé par M. le général Maison avec extrait
du rapport de son commissaire des guerres. Son Excellence souhaite que
vous preniez des mesures pour faire cesser les désordres dont on s'y plaint,
elle voudrait surtout que les auteurs de l'incendie d'un des villages de la
baronie de Ravno fussent recherchés et qu'un crime aussi grave ne demeurât
pas impuni. »

Note du général Doumerc. — Répondu le 30 septembre à M. le maréchal lui-même à tous les articles de la plainte.

Maison à Lorencez

Polotsk, 27 septembre [Doc. X.]

« J'ai l'honneur de vous adresser ci-joint, mon cher général, une lettre
de mon commissaire des guerres, vous verrez par son contenu que les cuirassiers, non contents de m'avoir enlevé tout ce que j'avais fait réunir avec bien
de la peine, en eau-de-vie et bestiaux à Ravno, ont encore en brûlant un des
villages de cette baronie détruit des ressources précieuses en grains et
avoine qui étaient aussi destinées à ma division ; ce n'est pas la première
fois que j'ai à me plaindre de leur voisinage. Le général Doumerc m'avait
fait espérer la restitution des grains enlevés de vive force à Laroche en
violant mes sauvegardes, mais je n'en ai jamais plus entendu parler ; je
vous prie de prendre les ordres de M. le maréchal pour faire connaître à
M. le général Doumerc qu'il doit respecter les ressources des autres et ne
pas ainsi abuser de la force pour les leur enlever. »

Coffin à Maison

Ravno, 25 septembre [Doc. X.]

« La baronie de Ravno a singulièrement souffert depuis qu'elle a été occupée par la 2e division de cuirassiers ; 19 bœufs et vaches et près de 500 litres
d'eau-de-vie qui étaient sur le point de vous être expédiés ont été enlevés par
cette troupe. Ce dommage considérable qu'éprouve votre division est peu
de chose en comparaison de la perte d'un village entier où l'on avait réuni
3.000 scheffels de seigle et 1.000 scheffels d'avoine, il a été incendié parce
que des cuirassiers, pour se procurer quelques livres de miel, ont mis le feu
à des ruches d'abeilles.

Malgré tout ce désastre, Ravno présente encore quelques ressources que
je me propose bien de ne pas laisser échapper ; je me suis déjà occupé de
rappeler les paysans que les mauvais traitements de la grosse cavalerie
avaient fait évader ; j'ai donné des ordres pour la reprise de la fabrication de
l'eau-de-vie, la docilité avec laquelle ils ont été reçus, me fait croire qu'il y
a bonne intention et des moyens de les exécuter. »

Victor aux généraux de division du IX° corps d'armée

Smolensk, 30 septembre [Reg. Victor]

« Son Altesse Sérénissime le prince Alexandre demande par sa lettre du 22 de ce mois que je lui adresse le plus tôt possible un état complet du personnel du IX° corps, en officiers généraux, adjudants-commandants, officiers d'état-major, d'artillerie et du génie, inspecteurs aux revues et commissaires des guerres.

Son Altesse demande aussi l'état nominatif de tous les colonels et commandants des régiments ou des officiers qui remplacent momentanément ceux qui sont absents ; il faut, dans ce cas, indiquer le motif de l'absence des colonels. Les noms et grades de tous les officiers à la suite des corps devront suivre ceux des commandants de chaque régiment et il sera nécessaire de faire connaître les emplois supérieurs qui sont vacants et par quels motifs.

Le premier état devra indiquer les officiers présents et ceux qui sont absents pour quelque raison que ce soit avec les motifs de l'absence ; les officiers qui sont annoncés, mais qui ne sont point encore arrivés, devront y être portés avec une observation.

L'un et l'autre de ces états seront dressés conformément au modèle que vous trouverez ci-joint. Je vous prie d'y travailler, et de m'adresser ceux qui concernent votre administration pour que je les transmette à Son Altesse Sérénissime à qui je dois les envoyer dans le plus court délai possible. »

Victor à Dombrowski

Smolensk, 30 septembre [Reg. Victor]

« J'ai reçu votre rapport du 24 courant. Il est en contradiction évidente avec celui de M. le prince Schwarzenberg qui m'a été adressé de Vilna par M. le duc de Bassano. M. le prince Schwarzenberg mande que Tormasof, a reçu 25.000 hommes de renfort dont 15.000 de l'armée de Moldavie, 5.000 de Zitomir et 5.000 du corps d'Hertel commandés par le général Zapolski, qu'il s'attend à être attaqué d'un moment à l'autre et que, pour recevoir la bataille, il s'établira derrière la Touria entre Kovel et Tourisk. Ces renseignements s'accordent avec le mouvement qu'a fait le général Zapolski de Pinsk où il était entré sur Stolin. C'est de ce dernier endroit sans doute qu'il a joint Tormasof, derrière le Styr. Vous ne devez donc plus avoir devant vous qu'une portion du corps d'Hertel dont la force ne peut nous causer d'inquiétudes pour le moment. Les partis que vous avez envoyés sur plusieurs points vous rapporteront sans doute des nouvelles qui confirmeront celles que je vous donne. »

Victor à Bassano

Smolensk, 30 septembre [Reg. Victor]

« J'ai reçu la lettre par laquelle Votre Excellence me fait connaître la position de l'armée du prince de Schwarzenberg et de celle du général Tormasof. Celui-ci me paraît avoir reçu des renforts considérables qu'il fera sans doute agir incessamment contre le prince Schwartzenberg. Le projet de ce dernier d'attendre la bataille derrière la Touria me paraît très judicieux. Cette position lui offre des avantages qui suppléeront au nombre. Je n'ai rien appris de l'armée qui mérite votre attention. »

Victor à Barbanègre

Smolensk, 1er octobre [Reg. Victor]

« Je vous adresse la copie d'une lettre du prince Alexandre par laquelle Son Altesse se plaint de plusieurs irrégularités qui se commettent dans le service de la place de Smolensk ; prenez, je vous prie, vos mesures pour ne plus donner lieu à de pareils reproches. »

Lorencez à Doumerc

Polotsk, 1er octobre [Doc. X.]

« M. le capitaine ingénieur-géographe Berlier ayant reçu l'ordre de M. le maréchal comte Gouvion Saint-Cyr de faire la reconnaissance militaire d'une partie du pays compris entre Sosnitza. Kozianouï, Orleïa et Sitna qu'occupe votre division ; les intentions de Son Excellence sont que vous protégiez cet officier de tous les moyens qui sont en votre pouvoir, en donnant des ordres pour qu'il lui soit fourni les escortes qui lui sont nécessaires ainsi que les guides et interprètes dont il pourra avoir besoin afin qu'il puisse remplir avec sûreté et célérité la mission dont il est chargé. »

Note du général Doumerc. — M. le général Saint-Hilaire voudra bien faire exécuter les instructions contenues dans la présente.

Lorencez à Doumerc

Polotsk, 1er octobre [Doc. X.]

« M. Brandicourt, lieutenant au 7e régiment de cuirassiers, ayant le 30 septembre fait un enlèvement de fourrage dans un des villages appartenant à la réserve d'artillerie, malgré l'opposition d'un brigadier du train qui était préposé par M. le major Lavoy pour les garder, M. le maréchal ordonne que cet officier soit envoyé au quartier général pour y garder jusqu'à nouvel ordre les arrêts de rigueur.

Son Excellence désire aussi, mon général, que vous vous rendiez près d'elle pour affaires de service. »

Victor à Berthier

Smolensk, 2 octobre [Reg. Victor.]

« J'ai eu l'honneur d'écrire à Votre Altesse Sérénissime que les ordres contenus dans ses lettres des 21, 22, 23 du courant avaient été fortement recommandés à ceux qu'ils concernent ; les convois n'iront désormais à l'armée que sous bonne escorte et avec précaution ; les états en seront détaillés et adressés régulièrement à Votre Altesse. Toutes les troupes appelées à l'armée continuent leur marche sur Smolensk d'où elles se rendront à Moscou. Le 8e régiment westphalien est parti aujourd'hui pour Mojaïsk, le 10e régiment de cavalerie de marche partira demain pour Moscou. Les 9e et 11e régiments de marche, cavalerie, et le 3e régiment de marche, infanterie, ainsi que les compagnies de sapeurs qui sont à Smolensk partiront dans deux jours avec un convoi d'argent sous le commandement du général Heverts pour se rendre à Moscou.

Lorsque le bataillon de Neuchatel arrivera à Smolensk, je le ferai soigner ; il en partira après quelques jours de repos pour Moscou. Le 3e bataillon du 4e régiment polonais et le régiment saxon de Low sont arrivés ici où ils tiendront garnison, à moins que Sa Majesté n'admette les propositions que je lui ai faites d'augmenter la division Girard des régiments saxons qui, ainsi que je lui marque, est beaucoup trop faible.

M. le général Barbanègre est chargé de faire connaître en détail à Votre Altesse Sérénissime toutes les troupes qui marchent sur Moscou ainsi que les convois. J'attends incessamment les régiments de marche commandés par le major Hersan et le 129ᵉ régiment de ligne. Le régiment illyrien serait déjà parti pour Moscou, mais il y a tant de détachements qui sont en route pour le rejoindre qu'il paraît convenable qu'il les attende. »

Gouvion Saint-Cyr à Bassano

Polotsk, 3 octobre [A N.]

« Il n'y a rien de nouveau dans l'arrondissement de mon commandement ; l'ennemi continue à tourmenter nos flancs avec ses cosaques, mais il reste toujours très concentré sur la Drissa près de Sakolitschi, où se trouve le quartier général du comte de Villgenstein.

Les pluies ayant fortement endommagé les chemins et grossi le Dvina, les cosaques ne peuvent plus passer cette rivière presque partout, comme ils le faisaient, les eaux étant extrêmement basses. Je vais faire occuper Disna et garder le gué qui est vis-à-vis par 600 hommes d'infanterie, un peu de cavalerie et deux pièces de canon ; ce sont les Bavarois qui fourniront ce poste, et quelques petits échelons pour observer la Dvina depuis Disna jusqu'à Polostk. Je vais même être obligé de faire repasser sur la rive gauche le restant du VIᵉ corps qui se réduit presque à rien. Voilà déjà deux fois que sur leur demande je les change de position, et, malgré que le général Wrede ait choisi avec moi les meilleurs emplacements des environs pour camper, on trouve aujourd'hui qu'il est impossible d'y tenir plus longtemps à cause de l'humidité.

Comme le peu de cette troupe qui sera disponible ne s'éloignera pas beaucoup de Polotsk, et y serait bientôt réunie, je ne vois pas grand inconvénient à leur accorder un couple de mauvais villages qu'ils demandent et aperçoivent de leur camp, et où ils trouveront des abris un peu meilleurs que leurs baraques.

Les maladies continuent à en enlever beaucoup, mais le général commandant à Gloubokoé m'a prévenu qu'une partie a profité des circonstances pour paraître plus malades qu'ils n'étaient, et ont filé sur les dernières, espérant probablement pouvoir rentrer en Bavière.

J'ai écrit au gouverneur de Vilna, pour le prier de les faire visiter de nouveau et arrêter ceux qui feignent d'être malades et, sous aucuns prétextes, de n'en laisser évacuer aucun au delà du Niemen. »

Gouvion Saint-Cyr à Bassano

Polotsk, 3 octobre [A. N.]

« Depuis ma dernière lettre, il ne s'est rien passé de nouveau ni d'intéressant dans mon commandement, les cosaques tourmentent toujours nos flancs pour enlever nos fourrageurs, nos sauvegardes et les maraudeurs, dont notre disette de vivres augmente la multiplicité.

Je renouvelle mes prières à Votre Excellence afin qu'elle veuille bien employer ses bons offices pour parvenir à nous faire expédier des bœufs et au moins une bonne partie de ce que Son Altesse le prince de Neuchâtel a ordonné qui nous fût envoyé de Vilna, Kowno, et autres lieux ; car dans notre manière de vivre actuelle, la moitié de l'armée est employée à aller si loin chercher les vivres et fourrages, que, s'il survenait une attaque, nous aurions peu de monde en ligne et peu de chevaux à nos pièces.

Je prie donc Votre Excellence de prendre en considération la position où

les II⁰ et VI⁰ corps se trouvent, et de faire son possible pour qu'il nous soit
envoyé de prompts secours. »

Lorencez à Oudinot

Polotsk, 3 octobre [Doc. H.]

« Nous sommes toujours ici sans événements, faisant des redoutes, vivant
avec beaucoup de difficultés, et perdant des hommes et des chevaux par les
maladies. Nous envoyons 600 Bavarois à Disna, pour mettre un peu le pays
à 'abri des incursions des cosaques, mais si la Dvina ne grossit pas, les
cosaques passeront toujours et joueront peut-être quelque mauvais tour à ce
détachement.

Nous recevons toujours bien rarement des nouvelles de France. La nouvelle circule depuis deux jours que vous allez rassembler à Hambourg une
armée de réserve ; j'espère qu'il n'en est rien, et que ce ne pourrait être
que dans le cas où les Anglais et les Suédois menaceraient ce pays ou la Hol-
lande, et je crois bien que ces contrées auront besoin d'être surveillées au
printemps prochain. L'événement de Moscou, qu'on ne peut attribuer qu'au
parti anglais, éloigne l'espoir de tout accommodement, et les amateurs de la
guerre ne manqueront sûrement pas de besogne ; l'incendie s'étendra partout, ainsi il est indifférent de la faire ici ou ailleurs ; mais ceux qui ont l'habitude de la faire avec vous ne s'habitueront pas facilement, moi surtout, à la
faire avec d'autres.

Albert est toujours malade : Viviez va à Gloubokoé attendre la décision de
son affaire ; nous ne recevons aucune nomination, celle de Grandleu est la
seule qui soit encore arrivée.

Les Russes ont répandu aux avant-postes des relations des affaires d'Es-
pagne. »

Victor à Barbanègre

Smolensk, 3 octobre [Reg. Victor]

« Je reçois beaucoup de plaintes contre les maraudeurs qui sortent des
camps de la place de Smolensk. Ils vont tous les jours en troupes, piller les
campagnes, maltraiter les habitants et s'opposent par ces désordres à l'approvisionnement de la place. Si ces excès continuaient, les paysans n'oseraient
plus se montrer et nous serions bientôt privés des ressources qu'ils peuvent
nous fournir. Les troupes qui sont particulièrement accusées sont le régiment illyrien, les soldats légèrement blessés et ceux qui sont isolés. Tâchez,
monsieur le général, de vous opposer à ces violences. Consignez aux portes
tous les soldats qui sont dans la place et défendez qu'aucun ne puisse en
sortir sans une autorisation ; que les corvées du camp n'y entrent et n'en sortent qu'en ayant un officier à leur tête. Ne permettez pas que les hommes
isolés restent plus longtemps dans cette ville. Formez des détachements pour
les incorporer dans les régiments qui passent ; faites-les soigneusement
chercher dans toute la ville pour les obliger à partir, ordonnez que les subsistances ne leur soient délivrées qu'autant qu'ils seront organisés en détachements ; ayez les mêmes précautions pour renvoyer à l'armée tous les
hommes légèrement blessés, qu'ils aient ou qu'ils n'aient pas d'armes. Enfin
prenez les mesures les plus efficaces pour qu'il n'y ait désormais dans la
place de Smolensk que les troupes destinées à y tenir garnison et les officiers,
sous-officiers et soldats véritablement malades, encore ceux-ci doivent-ils
avoir des locaux séparés et soignés par l'administration des hôpitaux.

On se plaint en outre du désordre qui règne dans la distribution des logements. Les soldats s'établissent d'autorité, chassent les propriétaires de chez

eux. Veillez aussi à ce que cette partie de la police soit faite désormais avec plus d'attention.

La garnison de Smolensk commençant à se former, il est temps d'y établir un service régulier. Selon les règlements militaires concernant les places de guerre, faites dresser un état de tous les postes, rédigez-en les consignes, marquez à chaque bataillon le poste qu'il doit occuper en cas d'alerte, enfin exigez que ce service soit comme si la place était menacée par l'ennemi, et qu'il n'y entre et n'en sorte personne sans les connaître et sans que le rapport vous en soit fait.

Je désire, monsieur le général, que vous m'instruisiez exactement des troupes, détachements, etc., qui entrent et sortent de la place, ainsi que leur situation. »

Coutard à Bassano

Widzopt, 3 octobre, 8 heures du soir [A. N.]

« J'ai reçu par M. de Bournonville, la lettre que vous me fîtes l'honneur de m'écrire hier, et je tiendrai Votre Excellence parfaitement au courant de tout ce qui se passera : le mal n'est pas aussi grand qu'on le faisait et que je le crus moi-même, aux rapports dont je fus assailli hier à mon arrivée ; voici le résultat des renseignements que j'ai pu me procurer depuis.

Deux escadrons de hussards et quarante cosaques du Don passèrent la Dvina, à Drouïa, dans la nuit du dimanche au lundi, et se répandirent dans les campagnes, par petits détachements avec des listes des propriétaires qu'ils devaient piller, saccager et dont ils devaient prendre tout le bétail : ces différents détachements occupèrent en même temps Braslav, Belemonte, Rafalow et Kazni et répandirent l'alarme dans tout le district. J'ai ce matin envoyé une petite patrouille de gendarmes jusqu'à Braslaw, il paraîtrait que tous ces petits partis se sont retirés ; demain j'enverrai des émissaires jusqu'à Drouïa pour avoir d'autres détails.

Un sous-officier des cosaques du Don est déserté avec armes et bagages. Il dit le corps de Wittgenstein fort de 33.000 hommes y compris les 8.000 de renfort qu'il a reçus. Il en attend encore 30.000 venant, dit-il, de Pétersbourg. Ce sous-officier est déserté pour mauvais traitements de son capitaine.

Il serait bien nécessaire que j'eusse ici une cinquantaine de cavaliers pour m'éclairer ; ma garnison est trop faible, je ne puis rien envoyer en reconnaissance ; que l'on m'envoie les chasseurs du comte Plater, j en tirerai parti. »

Gouvion Saint-Cyr à Bassano

Polotsk, 4 octobre [A. N.]

« J'étais, avant même la réception de la lettre que Votre Excellence m'a fait l'honneur de m'écrire, dans la persuasion que l'ennemi se dispose à m'attaquer, car j'ai avis qu'il lui est encore arrivé huit bataillons de renfort qui sont venus de Twer en poste sur des charrettes. Ma position va devenir très malheureuse si je suis obligé de me concentrer autour de Polotsk, où je ne puis pas être réuni deux fois vingt-quatre heures sans y manquer totalement de pain et de fourrages, que nous sommes déjà obligés d'aller chercher à plus de dix lieues avec les mêmes chevaux qu'il faut atteler aux pièces de canon et que la présence de l'ennemi ne nous permettra plus d'employer. Je recommande donc de nouveau à la sollicitude de Votre Excellence la subsistance de ces corps d'armée, et je la prie de vouloir bien interposer son autorité pour faire hâter l'envoi des moyens qui nous ont été promis au nom de l'Empereur.

Veuillez trouver bon que je joigne ici une lettre pour le prince de Neuchâtel, avec prière de la réunir à vos dépêches. »

Gouvion Saint-Cyr à Berthier

Polotsk, 4 octobre [A N.]

« J'ai reçu dans le courant de la journée plusieurs avis qui tous s'accordent à confirmer que les Russes reçoivent en ce moment un nouveau détachement venant en poste de Twer et composé de huit bataillons.

Toutes les charrettes de la contrée avaient été mises en réquisition pour aller à Nevel au-devant de ces troupes et relever celles qui les ont amenées jusque dans cette ville.

De sorte qu'il me paraît bien évident que je serai attaqué au premier jour par des forces très supérieures, et, ce qui sera le plus embarrassant pour moi, c'est que dès l'instant que nous serons réunis je me trouverai sans vivres et surtout sans fourrages que nous sommes obligés d'aller chercher à plus de dix lieues. Je ne sais comment je pourrai parvenir à avoir des chevaux d'artillerie et de cavalerie réunis, surtout si l'ennemi m'attaque par les points d'où je me procure encore quelques subsistances et fourrages, c'est-à-dire de Kozianouï, Sirotino et Obol.

Cette lettre parviendra à Votre Altesse Sérénissime par M. le duc de Bassano, ce moyen sera bien plus prompt au moyen de l'estafette que l'envoi d'un officier qui ne trouverait point de chevaux. »

Radziwill au duc de Bassano

Dinabourg, 4 octobre après-midi [A N.]

« Je m'empresse de vous accuser réception de la lettre que Votre Excellence a bien voulu m'honorer par le retour de M. de Bournouville, aide de camp de Son Excellence le duc de Tarente. Je me ferais un devoir de vous informer de tout ce que j'aurais d'officiel et d'important sur la position de nos troupes ainsi que les mouvements de l'ennemi. Votre Excellence est sûrement prévenue que la pointe que l'ennemi avait poussée sur Braslaw et qui avait pour but d'y brûler un magasin qu'il croyait considérable, a repassé la Dwina après avoir commis des dégâts dans plusieurs propriétés et molesté les habitants.

Les dernières nouvelles que j'ai eues de Son Excellence le duc de Tarente sont des environs de Nerff en date du 2 courant, il continuait sa marche sur Eckau.

Je n'ai eu de nouvelles de l'armée du maréchal Saint-Cyr que par un officier bavarois porteur de dépêches pour le duc de Tarente, qui m'a appris que le général Wittgenstein avait reçu des renforts. Cet officier a repassé hier matin et était chargé d'une lettre du duc de Tarente pour Votre Excellence, qui devait vous être expédiée de Polotsk.

La rive droite de la Dwina depuis Kreutzburg jusqu'à Kreslav, et la rive gauche depuis Jacobstadt jusqu'à Drouïa d'où j'ai journellement des rapports par mes émissaires et les déserteurs, est parfaitement tranquille.

Je remercie Votre Excellence pour les nouvelles intéressantes qu'elle a bien voulu me communiquer, j'ose même la supplier de m'accorder cette faveur toutes les fois que l'occasion s'en présentera. »

Coutard à Bassano

Widzouï, 4 octobre, 5 heures du soir [A N.]

« J'ai l'honneur d'écrire à Votre Excellence pour lui confirmer ma lettre d'hier et que le parti que Wittgenstein avait jeté de ce côté du fleuve a repassé la Douina, emmenant avec lui beaucoup de bétail.

Demain j'aurai des nouvelles de Drouïa par les différents émissaires que j'y ai envoyés ; je m'empresserai d'adresser à Votre Excellence tous les renseignements que j'aurai recueillis.

J'ai l'honneur de vous adresser, monseigneur, le tarif des prix des denrées qui se vendent aujourd'hui au marché de Widzouï ; il est si abondamment approvisionné, qu'une très grande partie des paysans remmèneront ce qu'ils avaient apporté, sans avoir trouvé à qui vendre, vu la rareté du numéraire. Votre Excellence se convaincra de la grande facilité qu'on aurait à approvisionner l'armée, si on pouvait acheter et payer ; j'estime qu'il y avait aujourd'hui huit à neuf cents voitures au marché.

J'ai fait partir ce matin le sous-officier cosaque dont j'eus l'honneur de vous annoncer hier la désertion.

J'ose supplier Votre Excellence de me permettre d'insérer ici une lettre pour ma femme. »

Victor à Berthier

Smolensk, 5 octobre [Reg. Vict.]

« J'ai l'honneur d'adresser à Votre Altesse Sérénissime les états nominatifs qu'elle me demande par sa lettre du 22 septembre. Ces états seront renouvelés tous les mois ainsi que le prescrit Votre Altesse.

Le convoi d'argent qui devait partir de Smolensk le 2 de ce mois n'a pu se mettre en route faute d'attelages, ceux avec lesquels il est venu étant ruinés. On cherche à remédier à ces inconvénients et, dès qu'on aura pu se procurer de nouveaux attelages, ce convoi sera mis en marche sous bonne escorte pour se rendre à Moscou.

Le 3e régiment de marche d'infanterie, les 8e et 9e régiments de marche de cavalerie sont partis de Smolensk pour Moscou escortant un convoi d'artillerie. M. le général Barbanègre a dû en envoyer l'état et l'itinéraire à Votre Altesse Sérénissime.

Le 11e régiment de marche cavalerie attend ici le moment du départ du convoi d'argent pour faire partie de son escorte.

Le régiment illyrien et les sapeurs qui sont à Smolensk partiront demain pour Moscou.

Le régiment saxon de Rechten est arrivé hier à Smolensk pour y tenir garnison. »

Lorencez à Doumerc

Polotsk, 5 octobre [Doc. X.].

« M. le maréchal comte Gouvion Saint-Cyr me charge d'avoir l'honneur de vous prévenir que vous devez vous attendre à faire un mouvement prochain. Son Excellence vous invite en conséquence à tenir du fourrage ficelé en réserve au moins pour quatre jours et à faire en sorte que chacun ait son sachet rempli de farine. »

Note du général Doumerc. — Au reçu de cet avis, j'ai écrit de suite au général Lorencez pour lui dire l'incertitude dans laquelle me mettaient les fourrages, vu qu'il faut 48 heures pour aller en chercher, etc. Je lui renouvelle tout ce que je dis à Son Excellence par ma lettre du 3 septembre et qu'il me faut au moins 24 heures pour pouvoir rassembler les fourrageurs.

Radziwill à Bassano

Dinaburg, 5 octobre, 4 heures du matin [A. N.]

« J'ai l'honneur d'annoncer à Votre Excellence la bonne nouvelle que je viens de recevoir de Son Excellence le duc de Tarente. Les Prussiens ont complètement battu les Russes le 30 septembre et leur ont fait 2.000 prisonniers en les poursuivant.

Le général de division Grandjean m'écrit en date du 3 octobre de Herbergen que l'ennemi, après avoir considérablement perdu, est rentré à Riga. Le général Grandjean vient de rétablir la communication sur la Dvina. De mon côté, je n'ai rien à annoncer à Votre Excellence, l'ennemi n'a fait aucune démonstration. »

Victor à Berthier

Smolensk, 5 octobre [Reg. Victor].

« J'ai l'honneur d'adresser à Votre Altesse Sérénissime la situation de la dernière quinzaine de septembre du IXe corps de la Grande Armée. Votre Altesse Sérénissime remarquera une diminution considérable, elle est de près de 4.000 hommes, occasionnée par les maladies et les fatigues de la marche que vient de faire le corps d'armée. J'espère qu'une partie de cette perte sera incessamment réparée par la rentrée des soldats restés en arrière, éclopés ou malades. »

Lorencez à Doumerc

Polotsk, 5 octobre [Doc. X.].

« L'avis que M. le maréchal comte Gouvion Saint-Cyr m'a chargé d'avoir l'honneur de vous adresser ne doit pas vous empêcher d'envoyer au fourrage. C'est au contraire un motif de plus pour augmenter s'il se peut vos approvisionnements et, en cas de mouvement, ça a bien toujours été l'intention de Son Excellence de prévenir les troupes le plus à l'avance que les circonstances le permettront. »

Coutard à Bassano

Vidzouï, 5 octobre, à midi [A. N.]

« Je profite du passage d'un officier envoyé en dépêche auprès de Votre Excellence par le général prince Michel Radziwil, avec lequel je me suis mis en communication, pour vous dire, monseigneur, que nous n'avons rien de nouveau et vous prier d'accueillir avec bonté l'hommage du très profond respect, etc. »

Coutard à Bassano

Vidzouï, 5 octobre, 1 heure après midi [A. N.]

« On me fait en ce moment le rapport que l'ennemi est occupé depuis vendredi à construire trois ponts sur la Dvina, le premier entre Braslav et Droufa ; le second entre Droufa et Drissa, à peu près à l'embouchure de la Meritsa et le troisième entre Drissa et Disna. J'ignore encore quel degré de confiance je dois y avoir, mais je vais chercher de plus grands renseignements et j'aurai l'honneur de vous les communiquer. »

Coutard à Bassano

Vidzouï, 6 octobre [A. N.]

« J'ai l'honneur de vous envoyer un officier en courrier, vous porter l'heureuse nouvelle des avantages que les Prussiens ont remportés sur les Russes, à qui ils ont fait 2.000 prisonniers et tué beaucoup de monde. La communication de la ligne sur la Dvina est maintenant rétablie.

Il est 6 heures du matin, il n'y a rien de nouveau de notre côté, et je n'ai encore rien de confirmatif sur l'existence des trois ponts dont j'eus l'honneur de vous parler hier. Pour m'en assurer, j'ai envoyé des émissaires sur ces différents points ; mais j'aurai l'honneur d'observer à Votre Excellence que M. le gouverneur général de la Lithuanie ne m'a point fait de fonds pour ce service, quoique ce soit le seul que je puisse employer pour avoir des nouvelles à cette distance, lorsque je suis dans la pénible position de ne pouvoir m'éclairer moi-même faute de troupes. »

Gouvion Saint-Cyr à Berthier

Polotsk, 7 octobre [A. G.]

« Je profite de l'occasion qui envoie M. le prince d'Aetingen au quartier impérial pour annoncer à Votre Altesse que, depuis ma dernière lettre, il ne s'est rien passé de nouveau dans l'arrondissement de mon commandement.

L'ennemi n'a pas bougé de sa position, je n'ai pas encore la certitude qu'il ait reçu le second renfort que l'on m'a annoncé de toutes parts, et pour le transport duquel il a levé une grande quantité de charettes qui peuvent être destinées à un autre usage. S'il tarde encore quelques jours avant de m'attaquer sur la Polotka, j'espère d'être plus en mesure de recevoir le combat.

Mais un ennemi contre lequel la meilleure volonté ne sert de rien, c'est la disette en fourrages que nous allons chercher à douze et quinze lieues d'ici. Tout ce qui nous environne étant totalement épuisé, et cet éloignement s'augmentant tous les jours, je ne sais plus comment faire subsister nos chevaux d'ici à très peu de temps. 500 bœufs et quelques convois de farine me sont annoncés de Vilna par M. le duc de Bassano. Je les attends avec grande impatience, ainsi que quelques renforts d'infanterie. Hier il est arrivé un petit bataillon de marche de 400 et tant d'hommes ; l'état de situation que j'ai l'honneur d'envoyer à Votre Altesse fait mention de ce que j'ai reçu précédemment. »

Victor à Berthier

Smolensk, 7 octobre [Reg. Victor]

« Si Votre Altesse Sérénissime a reçu les lettres que j'ai eu l'honneur de lui écrire depuis mon arrivée à Smolensk, notamment celle du 27 septembre, elle sera convaincue que les mesures prescrites par Sa Majesté pour la sûreté des convois reçoivent leur exécution. Il n'en est pas parti depuis mon séjour ici qui n'aient 1.500, même 2.000 hommes d'escorte, et leur composition a dû en être adressée régulièrement à Votre Altesse ainsi que leur itinéraire par M. le général Barbanègre.

Demain 8 du courant, un convoi d'artillerie de la garde partira de Smolensk pour Moscou sous l'escorte du 2e régiment de marche, de trois compagnies de sapeurs et d'une compagnie de meuniers, le tout sous le commandement de M. le colonel d'artillerie Pellegrin.

Le bataillon de Neuchâtel est arrivé ce matin dans cette place. Il y restera

deux jours pour se reposer et continuera sa route pour Moscou avec quelques
autres troupes qui sont attendues.

Le 3e bataillon du 7e régiment polonais est arrivé le 5 à Smolensk pour y
tenir garnison. Il ne manque plus pour compléter cette garnison que le
3e bataillon du 9e régiment polonais, lequel doit arriver le 11 de ce
mois. »

Lorencez à Doumerc

Polotsk, 7 octobre [Doc X.]

« Les sapeurs ayant peine à suffire aux travaux ordonnés pour la défense
de la position de Polotsk, M. le maréchal comte Gouvion-Saint Cyr me
charge d'avoir l'honneur de vous faire connaître qu'il ne peut en ce moment
en être détachés. Son Excellence vous invite à faire rétablir le pont sur l'Obol
ou par vos troupes ou par les paysans et de prendre en général des mesures
pour la conservation des ponts qui se dégradent partout par la négligence
des troupes mêmes à qui l'usage en est le plus utile. »

Note du général Doumerc. — Répondu le 10 septembre qu'il faut
envoyer un officier du génie pour aviser au moyen de passer l'Obol au
moment des grandes eaux, et qu'on ne peut ni faire, ni raccommoder ce qui
existe déjà pour cet objet.

Victor (Ordre)

Smolensk, 8 octobre [Reg. Victor]

« La ville et les environs de Smolensk étant infestés par un grand nombre
de cadavres dont les exhalaisons compromettent la santé et même la vie des
troupes et des habitants, le maréchal duc de Bellune ordonne que les dispositions suivantes soient exécutées dans les 24 heures.

M. le gouverneur de Smolensk partagera la ville en 24 quartiers et com-
mandera autant d'officiers et de détachements des troupes de la garnison
auxquels il adjoindra les habitants, qu'il distribuera dans chacun de ces quartiers pour faire la recherche des cadavres qui peuvent se trouver soit dans
les maisons soit dans les rues pour les enlever, les enterrer ou les brûler. Il
fera mettre à cet effet à la disposition de chaque commandant de détachements les instruments aratoires nécessaires et, s'il le faut, ceux des sapeurs
de ces régiments.

Il ordonnera à MM. les colonels et chefs de bataillons de surveiller ce travail et d'exiger qu'il soit fait le plus promptement possible. Il fera la défense
aux directeurs des hôpitaux de faire inhumer les morts près des habitations
occupées par les troupes, il ordonnera qu'ils soient transportés et enterrés à
un quart de lieue au moins des cantonnements et que les fosses aient au
moins six pieds de profondeur. La même précaution aura lieu pour les corps
qui seront enterrés dans l'intérieur de la ville; il nommera des commissaires
pour surveiller journellement l'exécution de cette mesure.

MM. les généraux de division du IXe corps commanderont dans leurs cantonnements respectifs le nombre d'hommes de corvée nécessaires pour faire
enterrer ou brûler les cadavres qui se trouveront aux environs de ces cantonnements, et prendront toutes les mesures qui leur paraîtront propres à y
rétablir et entretenir la salubrité.

La municipalité sera chargée et obligée d'entretenir la propreté de la ville
de Smolensk.

En conséquence des ordres de l'Empereur en date du 22 juin dernier, qui
créent à la suite de tous les corps d'armée une commission prévôtale composée de cinq officiers, devant laquelle seront traduits, condamnés à mort et

exécutés dans les 24 heures, tout soldat ou individu à la suite de l'armée qui se sera absenté de son corps sans cause légitime, tout maraudeur et tout individu qui serait pris soit pillant. soit molestant les habitants du pays.

Vu la lettre de Son Altesse Sérénissime le prince Alexandre qui ordonne la formation des commissions prévôtales en vertu de l'ordre impérial précité, le maréchal duc de Bellune commandant le IX° corps d'armée arrête :

Article premier. — Il sera formé à la suite du quartier général du IX° corps, une commission prévôtale présidée par M. le colonel Bizot-Charmoi, commandant le génie au IX° corps, assisté de M. le chef d'escadron Legay commandant le quartier général, d'un capitaine nommé par M. le général Partouneau, d'un capitaine nommé par M. le général Daendels, et d'un capitaine nommé par M. le général Girard.

Art. 2. — Cette commission jugera prévôtalement et conformément à l'ordre de l'Empereur en date du 22 juin, tout soldat ou individu à la suite de l'armée qui se sera écarté de son corps sans cause légitime, tout maraudeur et tout individu qui seraient pris soit pillant, soit molestant les habitants du pays.

Art. 3. — MM. les généraux de division du IX° corps sont invités à nommer de suite les capitaines qui doivent faire partie de la commission prévôtale et à faire connaître leurs noms à l'État-Major général. Les capitaines désignés prendront les ordres de M. le colonel Charmoi.

Art. 4. — En conséquence du même ordre de Sa Majesté qui crée des commissions prévôtales et des colonnes mobiles pour maintenir l'ordre dans les différents gouvernements sur les derrières de la Grande Armée, le maréchal duc de Bellune arrête en outre :

Art. 5. — Il sera formé à Smolensk et pour le gouvernement de Smolensk une colonne mobile composée de 200 hommes pris dans les troupes composant la garnison de cette place. Cette colonne sera commandée par un chef de bataillon et aura au moins six officiers.

Art. 6. — Il sera créé dans cette colonne mobile une commission prévôtale qui jugera prévôtalement les crimes de pillage et de maraude. Elle sera composée du commandant de la colonne qui la présidera et de quatre officiers de la garnison désignés par le général-gouverneur. Cette colonne mobile sera dirigée, d'après les ordres de M. le général-gouverneur de Smolensk, sur les points, où par les renseignements qu'il doit se procurer dans son gouvernement, il apprendra qu'il existe des maraudeurs. Elle se divisera en détachements de 25 hommes commandés par un officier, qui parcourront les villages, arrêteront les pillards, hommes isolés, etc...

Art. 7. — Quand des détachements partiels marcheront dans des directions opposées, la commission prévôtale s'établira au point central. Tous les individus qui se trouveraient dans les cas désignés dans l'ordre de l'Empereur, seront arrêtés et traduits devant elle. Tous ceux qui seront convaincus de s'être absentés de leurs corps sans cause légitime, d'avoir molesté ou pillé les habitants du pays, seront condamnés à mort et envoyés à Smolensk, avec procès-verbal de leur condamnation pour y être exécutés.

Art. 8. — Toutes les fois qu'une exécution aura lieu, M. le général gouverneur donnera des ordres pour que des détachements des différents corps de la garnison et de ceux qui se trouveront dans cette place soient commandés pour assister à l'exécution.

Art. 9. — Le présent arrêté sera imprimé en langues française et russe par les soins des autorités du pays et d'après les ordres de M. le général gouverneur de Smolensk. Il sera affiché partout où il sera jugé convenable. Il sera lu pendant trois jours de suite à la tête de toutes les compagnies des régiments du IX° corps et de la garnison de Smolensk. »

Victor à Charpentier

Smolensk, 8 octobre [Reg. Victor.]

« Son Altesse Sérénissime le prince Alexandre m'instruit par sa lettre du
4 de ce mois que le bataillon de Neuchâtel, arrivé il y a quelques jours de
Smolensk doit y rester jusqu'à nouvel ordre ; je vous prie Monsieur le général de faire exécuter cette disposition et d'ordonner que ce bataillon soit établi le plus commodément possible. »

Victor à Charpentier

Smolensk, 8 octobre [Reg. Victor.]

« J'ai l'honneur de vous adresser ci-joint, monsieur le général gouverneur,
copie d'une lettre de Son Altesse Sérénissime le prince Alexandre datée de
Moscou le 4 octobre par laquelle Son Altesse prescrit diverses mesures concernant les convois de munitions de guerre. Je vous prie de vous y conformer
pour ce qui vous concerne. »

Victor à Bassano

Smolensk, 8 octobre [A N.]

« Monsieur le duc, j'ai reçu la copie du rapport de M. le prince Schwarzenberg que Votre Excellence a eu la complaisance de m'envoyer. Il paraît
par cette pièce que le général Tormasof était en opération offensive et qu'une
bataille prochaine avec M. le prince de Schwarzenberg est inévitable. Je
compte beaucoup sur la position avantageuse que ce dernier a choisie et sur
la bonté de ses troupes. Il est aussi très probable que M. le prince aura saisi
l'occasion que lui offrait l'ennemi de faire marcher isolément par Wladimir
un corps de 15.000 hommes. Il me semble que cette colonne est un peu éloignée du corps de bataille et que le général Tormasof l'a exposée à être battue
sans pouvoir la secourir.

Je ne reçois plus de nouvelles de ma femme. Je recours encore une fois à
la bonté de Votre Excellence pour lui faire passer la lettre qu'elle trouvera
ci-jointe. »

Coutard à Bassano

Vidzoui, 8 octobre, 6 heures du soir [A N.]

« Le dernier officier que Votre Excellence avait dépêché à M. le maréchal
duc de Tarente m'avait donné des inquiétudes ; depuis 48 heures, son postillon n'était pas rentré, j'avais envoyé à sa recherche, j'ai enfin la certitude
qu'il a échappé au parti de hussards et cosaques qui est devant Dinaburg, ce
postillon l'a conduit jusqu'à Exohos où il a trouvé des chevaux pour le mener
au quartier général du maréchal ; ce parti a passé la Dvina dans la nuit du
5 au 6 à Plaksa sur un radeau ; il est composé de deux escadrons et demi
de hussards rouges et 40 cosaques ; il doit descendre le fleuve et gagner
Riga.

Deux de mes émissaires sont revenus de Drouïa ; il n'y a pas de pont,
mais seulement un grand bateau ponté. Le major Golazephoff y commande
un escadron de dragons ; à une lieue et demie en arrière, il y a 1.000 hommes d'infanterie.

Un hussard rouge déserteur vient de m'être conduit ; j'envoie son interro-
gatoire au gouverneur général. D'après tous les rapports qui me sont faits, il
paraîtrait que Wittgenstein, affaibli par des pertes qu'il a faites dans les différents combats que lui a livrés le IIe corps et les maladies qui règnent dans
son armée, n'est pas en état d'attaquer.

Il n'y a pas de pont en descendant le fleuve depuis le camp de Drissa : on ne peut pas même me dire si on construit des ponts ou seulement des bateaux pontés, derrière ce camp ; M. le maréchal Saint-Cyr qui en est plus près, doit mieux savoir que moi ; les émissaires que j'y ai envoyés ne sont pas de retour. »

Victor à Dombrowski

Smolensk, 9 octobre [Reg. Victor]

« Le général russe Tormasof ayant reçu des renforts considérables, ainsi que je vous l'ai mandé par ma lettre du 30 septembre, s'est mis en mouvement les 26 et 27 du mois dernier pour attaquer M. le prince Schwarzenberg dont l'armée était établie entre Kowel et Bobruisk derrière la Touria, le prince ne croyant pas ses forces suffisantes pour recevoir la bataille avec avantage s'est reployé par Wlodawa où il a passé le Bug sur Brest et où il a pris position. Le général Mohr qui était aux environs de Pinsk s'est rapproché de son armée et a pris position à Kobrin. Cette circonstance exige, monsieur le général, qu'en même temps que vous observerez le général Hertel pour le tenir en respect et derrière le Pripet afin de l'empêcher de se mouvoir par sa gauche, vous vous mettrez en communication avec le major Szimanowski qui est sur la route de Nesvij, pour savoir ce qui se passe de ce côté. J'écris à ce sujet à M. le général Bronikowski pour l'engager à faire communiquer ce major avec les troupes du prince Schwarzenberg. »

Victor à Girard

[Reg. Victor]

« J'ai l'honneur de vous prévenir que d'après les dispositions arrêtées par l'Empereur, les régiments saxons de Low et de Rechten qui sont dans ce moment à Smolensk font partis de la 28e division d'infanterie que vous commandez. J'ai invité les colonels de ces régiments à prendre vos ordres. »

— « Écrire à MM. les colonels des régiments saxons de Low et de Rechten pour les inviter à prendre les ordres de M. le général de division Girard. »

Victor à Charpentier

Smolensk, 9 octobre [Reg. Victor].

« Donné avis de cette disposition à M. le général gouverneur de Smolensk en le prévenant que les régiments saxons de Low et de Rechten qui devaient faire partie de la garnison de Smolensk, sont remplacés par le régiment illyrien et par le 129e régiment de ligne. »

Victor à Berthier

Smolensk, 9 octobre [Reg. Victor.]

« Le régiment des flanqueurs de la garde était parti depuis plusieurs jours de Smolensk pour se rendre à Moscou lorsque j'ai reçu la lettre par laquelle Votre Altesse Sérénissime me fait connaître que ce régiment doit rester à Smolensk ; et comme cette lettre portait en outre que, s'il était parti pour Moscou, il ne fallait pas le faire rétrograder, je me suis conformé à cette dernière disposition. Ce régiment doit être maintenant à Moscou.

En parlant dans ma lettre du 27 septembre de l'évacuation de Vitebsk, j'entendais que les troupes en état de faire le service dans cette place en étaient parties, et que celles qui y restaient n'étaient composés que de convalescents et d'hommes isolés dont très peu sont en état de se défendre s'ils étaient attaqués ; en effet selon le rapport de M. le général Charpentier, de 11 officiers et 1.248 soldats qui composent la garnison de Vitebsk il n'y a que

5 officiers et 226 soldats en état de servir, ce qui me paraît bien faible pour garder un point si important. Le reste se compose, comme je l'ai dit, de convalescents qui, dans une attaque, pourraient tirer quelques coups de fusil des corps de garde retranchés qui ont été faits à Vitebsk, mais ils sont jugés devoir être encore longtemps incapables de faire un service actif.

J'ai donné l'ordre que le bataillon de Neufchâtel fut établi pour attendre de nouveaux ordres à Smolensk.

Le régiment illyrien et le 129e régiment d'infanterie tiendront garnison dans cette place avec les trois bataillons des 4e, 7e et 9e régiments polonais. Ces bataillons seront bientôt réunis dans cette place et n'y trouveront aucune facilité pour s'instruire; ils y sont mal logés, aussi mal nourris et assujettis à un service pénible; je désire vivement que Sa Majesté me permette de les réunir à leurs régiments où les soins qu'on prendrait d'eux pourraient en faire promptement de bonnes troupes.

Les régiments saxons de Low et de Rechten font partie de la 28e division d'infanterie. Au reçu de la lettre de Votre Altesse Sérénissime du 5 courant, j'aurais fait rentrer les Hessois conformément à la même lettre dans la 26e division, mais ils sont partis pour Moscou et se trouveront trop loin pour les rappeler.

Je transmets à M. le général Charpentier les ordres de Votre Altesse Sérénissime du 4 concernant les convois de munitions de guerre, et je l'invite à s'y conformer en ce qui le concerne.

Selon les rapports de M. le prince Schwarzenberg que M. le duc de Bassano a eu la complaisance de me communiquer, ce prince a cru devoir se reployer par Wlodawa sur Brest et attendre de nouvelles forces pour recevoir la bataille que le général russe Tormasof paraît vouloir lui livrer avec une armée très supérieure à la sienne. Il compte à ce sujet sur l'arrivée prochaine de M. le maréchal duc de Castiglione à Varsovie et sur 5.000 à 6.000 Autrichiens que son gouvernement lui envoie, mais qui sont encore éloignés.

J'ai prescrit à M. le général Dombrowski qui est devant Bobruisk avec sa division et au major Simanowski qui est à Kletsk sur la route de Pinsk à tenir en respect derrière le Pripet le général Hertel, de se mettre promptement en communication avec M. le prince Schwarzenberg, les forces du général Hertel sont encore estimées être de 10.000 à 12.000 hommes qu'il fait agir entre Mozouir et Tourovo. »

Victor à Hogendorp

Smolensk, 9 septembre [Reg. Victor]

« Le prince de Neuchâtel m'annonce par sa lettre du 5 que, parmi les cinq bataillons venant de Dantzig et qui avaient reçu l'ordre de se diriger sur Smolensk, il y en a trois qui appartiennent au IIe corps d'armée, savoir : ceux des 19e, 37e et 56e régiments de ligne. Son Altesse Sérénissime me charge de donner l'ordre à ces bataillons de se rendre à Polotsk au lieu de venir à Smolensk. Veillez, monsieur le général, à ce que trois bataillons prennent la direction de Polotsk lorsqu'ils passeront dans votre gouvernement et prévenez M. le maréchal Saint-Cyr de leur mouvement sur son quartier général.

Les deux autres bataillons, savoir ceux des 46e et 93e régiments continueront leur marche sur Smolensk »

Victor à Bronikowski

Smolensk, 9 septembre [Reg. Victor].

« Le prince major général m'écrit le 6 du courant que vous avez retenu à Minsk, le 22 août, la moitié de la 2ᵉ compagnie d'artillerie à cheval du 1ᵉʳ régiment auxiliaire à la garde qui y passait avec une batterie. Son Altesse Sérénissime ordonne, monsieur le général, de diriger cette demi-compagnie et sa batterie sur Smolensk d'où elle se rendra à Moscou. Faites escorter ce convoi selon les ordres que vous avez reçus à ce sujet. »

Coutard à Bassano

9 octobre, 10 heures du matin [A N.]

« M. Sakowitz, secrétaire au bureau des impôts russes et correspondant en cette qualité avec le prince As. Sapiha, parti de Pskof le 1ᵉʳ octobre, vient de m'être conduit. J'ai l'honneur de vous joindre ici ses réponses, en style haché, comme les questions que je lui ai faites, je n'ai rien voulu y changer.

Il s'est sauvé de Pskof; il a passé par Ostrow, Lioutzin et Braslav; il n'a rencontré personne, ni Russes, ni Français; tous nos prisonniers sont à Novogorod; on les envoyait précédemment par Twer à Wolga; il y en a dans ce moment 6.400 presque tous alliés. Les déserteurs sont embarqués à Revel; ils sont tous alliés. Le commerce de Moscou avait écrit à Pskof pour arrêter toute expédition de marchandises; le peuple ignorait encore la prise de cette capitale : les employés seuls du gouvernement en avaient connaissance et en étaient consternés. L'Empereur Alexandre, Constantin et toute la famille impériale sont à Pétersbourg; il avait fait ses préparatifs pour se retirer à Kazan, le Sénat s'y est opposé; tous ses effets et ceux de la couronne sont embarqués sur la Néva. Wittgenstein avait l'ordre de ne pas attaquer avant l'arrivée des renforts qu'il avait vivement demandés; il a passé 5.000 hommes par Pskof, tous enfants ou vieillards jusqu'à 60 ans qui n'ont jamais vu un fusil; ce renfort est escorté par un bataillon d'infanterie et quatre escadrons de cavalerie de nouvelle levée; il n'y a pas 50 anciens soldats dans toute cette troupe. Wittgenstein a perdu beaucoup de monde dans les différents combats que lui a livrés le IIᵉ corps; il a aussi beaucoup de malades; il ne doit pas avoir plus de 25.000 hommes sous les armes y compris le dernier renfort qu'il a reçu. Depuis la prise de Moscou, le zèle des seigneurs que la proclamation d'Alexandre avait engagés à faire des levées, s'est beaucoup refroidi; on crie contre Alexandre et le ministre de la Guerre; Pskof est à 65 milles de Pétersbourg, les courriers y vont dans deux jours; on n'a pas chanté de *Te Deum* dans l'intérieur, mais seulement sur la Dvina par ordre de Wittgenstein. Barclay de Tolli est avec Kutusof; il y a une excellente récolte partout, la viande est à bas prix à Pskof. Les magasins de Wittgenstein sont placés par échelons, à Novogorod, Pskof et Ostrow jusqu'à son camp.

Je suis toujours sans troupes, ne pouvant rien voir par moi-même; j'écris par le même courrier à M. le gouverneur général, le suppliant de m'envoyer les 50 gendarmes qu'il m'a promis; je lui propose également de placer le bataillon de chasseurs lithuaniens à Swentzianoui où je pourrais en même temps veiller à son organisation et m'en servir au besoin; c'est une très bonne position, à la tête d'une forêt qui va jusqu'à Vilna.

Je reçus hier soir par le retour de mon courrier, la réponse que Votre Excellence me fit l'honneur de m'adresser le 7.

P. S. — Les juifs X... et Y..., de Disna sont deux émissaires de Wittgenstein et vont souvent à Polotsk faire leur commerce. »

5

Victor à Charpentier

Smolensk, 10 octobre [Reg. Victor].

« Le grand écuyer de Sa Majesté Impériale se plaint que le service des estafettes n'est point assuré à Krasnoï et à Orcha, ce qui peut compromettre celui de l'armée, et Sa Majesté ordonne qu'il soit établi sur-le-champ dans chacune de ces deux postes 10 chevaux et 50 hommes d'infanterie pour les gardes ; donnez, je vous prie, des ordres à ce sujet et recommandez surtout que ces chevaux ne soient uniquement employés qu'au service des estafettes. »

Nota. — Même lettre au général marquis d'Alorna pour le poste d'Orcha.

Victor (Ordre de mouvement)

Smolensk, 10 octobre [Reg. Victor]

« La 26e division d'infanterie aux ordres de M. le général Daendels et le régiment des Saxons, prince Jean, se mettront en marche demain 11 du courant avec armes et bagages pour se rendre en trois marches à Babinovitschi par Roudnia.

M. le général Daendels occupera Babinovitschi avec sa division et se fera éclairer par les hussards dans les directions de Vitebsk, de Janovitschi, de Kolouick Roudnïa et Liouvavitschi, tout en ménageant cette cavalerie qu'il lui est recommandé de bien conserver. Il se mettra en correspondance avec le commandant de Vitebsk pour savoir ce qui se passe et m'en rendre compte ainsi que de tout ce qu'il apprendra sur les mouvements des ennemis. Il tiendra sa troupe réunie le plus possible et la maintiendra dans la plus sévère discipline. Il la fera nourrir des ressources du pays et tâchera de faire un approvisionnement de biscuit. M. le général Daendels recevra de la farine pour trois jours avant son départ.

M. le général Daendels m'adressera journellement ses rapports par Doubrovna.

Dans le cas où des forces supérieures aux siennes se présenteraient pour l'attaquer, il se reploierait sur Orcha et prendrait position sur la rive gauche du Dnieper où il attendrait des ordres.

La 12e division d'infanterie aux ordres de M. le général Partouneaux partira avec armes et bagages le 12 du courant jointe au régiment hussards de Bade, et des chevau-légers saxons du prince Jean pour se rendre en deux marches à Mstislavl où elle s'établira jusqu'à nouvel ordre observant particulièrement les routes de Kritschev, de Moliatitschi, de Tschaouzouï et de Mohilev. En occupant Mstislavl avec le gros de la division, M. le général Partouneau pourra cantonner quelques bataillons par échelons dans la direction de Chamovo.

La 12e division sera nourrie par les ressources du pays. M. le général Partouneaux donnera ses ordres en conséquence et il prendra en outre les mesures les plus propres à lui assurer un approvisionnement de biscuit pour servir pendant les marches que sa division sera dans le cas de faire.

Il se mettra en correspondance avec M. le marquis d'Alorna, gouverneur général à Mohilev, pour être informé de ce qui se passe de ce côté et m'en instruire. Il m'enverra journellement ses rapports.

Dans le cas où des forces supérieures aux siennes se présenteraient pour l'attaquer, il se reploierait sur Smolensk où il recevrait des ordres.

MM. les généraux de division Daendels et Partouneaux sont fortement invités à ne pas permettre que leurs soldats s'écartent de leurs cantonnements, à exiger que le service soit fait avec beaucoup d'ordre et de vigilance, que la diane soit battue au point du jour et que les troupes soient sous les armes immédiatement après pour ne les remettre aux faisceaux que lorsque les découvertes sont rentrées et qu'ils ont l'assurance que les cosaques ne se présentent pas. Ils continueront à avoir l'attention de commander journellement des officiers de ronde pour surveiller le service et tenir les gardes et les sentinelles à leur devoir ; enfin, ils feront exécuter strictement les dispositions du règlement de campagne.

M. le général Fournier donnera l'ordre au régiment saxon, prince Jean, de partir demain de ses cantonnements avec armes et bagages pour suivre le général Daendels à Babinovitschi, par Roudnïa, et prendre ses ordres.

Il prescrira également au régiment des hussards de Bade de partir de ses cantonnements le 12 du courant pour suivre M. le général Partouneaux à Mstislav et prendre ses ordres.

La 28e division d'infanterie aux ordres de M. le général Girard restera cantonnée près de Smolensk pour y faire le service recommandé par l'ordre précédent sur sa ligne, augmentée de celle de la 26e division.

M. le général Girard fera établir les deux régiments saxons de Rechten et de Low dans les meilleures maisons du cantonnement que va quitter la 26e division.

La 30e brigade de cavalerie légère restera dans ses cantonnements actuels jusqu'à nouvel ordre gardant les routes d'Elnïa, de Roslovl et l'embranchement des chemins de Doukhovchtchina et de Porietsché sur le point de Stabna. »

<h3 align="center">Victor à Berthier</h3>

10 octobre [Reg. Victor]

« Les nouveaux ordres que Votre Altesse m'a fait l'honneur de m'adresser le 7 du courant à 2 heures du matin concernant les convois d'artillerie partis de Smolensk les 16, 20, 23 et 28 du mois dernier me sont parvenus ce matin à 7 heures. J'en ai aussitôt adressé copie à M. le général Charpentier et à M. le colonel d'artillerie Marion en leur enjoignant expressément d'en faire exécuter sur-le-champ le contenu. M. le colonel Marion a dépêché un de ses officiers sur la route de Moscou pour faire rétrograder sur Smolensk les chariots d'infanterie, chariots à munitions, caissons de parc et fourgons, enfin tout ce qui n'est pas compris dans les six articles mentionnés dans la lettre de Votre Altesse Sérénissime et de faire continuer leur marche sur Moscou à tous les objets désignés par ces six articles. Il me reste à connaître maintenant si les mêmes objets faisant partie des convois qui arriveront désormais à Smolensk, notamment ceux appartenant à l'artillerie de la garde, doivent être dirigés sur Moscou. Je prie Votre Altesse Sérénissime d'avoir la bonté de me donner des instructions à ce sujet.

Conformément à la lettre du 6, j'ai fait établir une division d'infanterie, la 26e, à Babinovitschi avec un régiment de cavalerie et la 12e division d'infanterie avec un autre régiment de cavalerie à Mstislavl. La 28e division d'infanterie et le 30e régiment de cavalerie légère restent à Smolensk et environs. Par ces dispositions je me trouve en mesure de déboucher sur Minsk ou sur Vitebsk selon les circonstances ou de rejoindre l'armée si j'y suis appelé. Il est vraisemblable que je serais obligé d'aller au secours de M. le prince Schwarzenberg ; l'Empereur doit savoir que ce prince ne se croyant pas assez fort refuse la bataille qui lui est offerte par le général Tormasof, et qu'il s'est reployé sur Brest où l'ennemi ne manquera pas sans doute d'aller l'attaquer, à moins que le corps autrichien qui est à Lemberg ne fasse un mouvement sur Brody pour masquer l'armée de Tormasof.

Je suis en correspondance régulière avec M. le duc de Bassano. J'attends à chaque instant des nouvelles sur la position du prince de Schwarzenberg.

Si M. le maréchal Saint-Cyr était obligé de céder devant les forces du prince Wittgenstein il serait le premier secouru par le IXe corps.

Je vais faire les recommandations nécessaires pour accélérer la rentrée des denrées requises pour l'armée et pour faire préparer la plus grande quantité possible de biscuits.

Votre Altesse Sérénissime me dit que je pourrai disposer au besoin de 40.000 hommes. J'ai l'honneur de lui observer à cet égard que la plus grande réunion des troupes que je puisse faire, lorsque les circonstances l'exigeront, ne peut être de plus de 26.000 à 27.000 hommes, attendu que la division Dombrowski a des opérations déterminées qu'elle ne peut pas abandonner sans laisser les gouvernements de Minsk et de Mohilew à la merci du corps ennemi commandé par Hertel et de la garnison de Bobrouisk. Cette division n'a d'ailleurs que 6.000 hommes d'infanterie et environ 800 chevaux. Je ne peux donc compter que sur les forces du IXe corps augmentées de la brigade de réserve qui est en marche pour Vilna ; or ce corps d'armée a trois divisions d'infanterie qui ne forment ensemble que 22.000 hommes, savoir :

La 12e	9.000
La 26e	6.000
La 28e, y compris les deux régiments saxons qu'elle vient de recevoir	5.400
La cavalerie légère.	1.800
	24.200
En y ajoutant la brigade de marche que l'on peut évaluer à 2.400	2.400
Le total des corps disponibles sera de	26.600

J'ai écrit à M. le général Bronikowski d'envoyer sur le chemin de Smolensk, pour être dirigée sur Moscou, la batterie de la 2e compagnie d'artillerie à cheval du 1er régiment auxiliaire qu'il a retenue à Minsk.

J'ai également écrit pour faire établir les relais d'estafettes à Doubrovna, Liadouï et Krasnoï. »

Victor à Bronikowski

Smolensk, 10 octobre [Reg. Victor]

« Vous avez retenu à Minsk, contre les ordres formels de l'Empereur, le 129e régiment de ligne et deux bataillons du 33e d'infanterie légère. Veuillez les faire partir au reçu de la présente pour se rendre à Smolensk et ne plus détourner désormais aucune troupe de la destination à laquelle elles sont appelées, attendu qu'il pourrait en résulter des inconvénients très graves. »

Victor à Bassano

Smolensk, 10 octobre [A N.]

« J'ai reçu le dernier rapport du prince Schwarzenberg que Votre Excellence a eu la complaisance de m'adresser. Je dois croire que les forces de l'ennemi sont bien supérieures aux siennes à en juger par le parti qu'il a cru devoir prendre de refuser la bataille Je ne pense pas qu'il puisse l'éviter en se tenant à Brest et Kobrin, où il est vraisemblable que Tormasof ira le chercher, à moins que celui-ci ne soit contenu par le mouvement que le corps autrichien qui est à Lemberg, pourrait faire sur Brody. Mais ceci est fort incertain et nous devons croire que M. le prince Schwarzenberg, continuant à refuser le combat, sera obligé de se reployer dans la direction de Slonim. Je fais des préparatifs pour aller à son secours si ce cas arrive. Deux divisions du IXe corps vont se rapprocher d'Orcha, l'autre se tient prête à marcher. Par ces dispositions, je pourrai aller promptement secourir, selon les circonstances, ou M. le prince Schwarzenberg ou M. le maréchal Saint-Cyr. »

Gouvion Saint-Cyr à Bassano

Polotsk, 11 octobre [A N.]

« J'ai l'honneur de vous envoyer une lettre pour Son Altesse le prince de Neufchâtel, que je vous prie de vouloir bien faire remettre à l'estafette. Votre Excellence verra par son contenu que nous n'avons rien de nouveau ici. »

Gouvion Saint-Cyr à Berthier

Polotsk, 11 octobre [A N.]

« Jusqu'à présent je n'ai rien de nouveau à mander à Votre Altesse, relativement à notre position et à celle de l'ennemi qui sont toujours les mêmes. On assure que M. de Vittgenstein fait de grands préparatifs pour venir nous attaquer, et j'espère d'ici à très peu de jours me trouver en mesure de le bien recevoir. Les ouvrages que j'ai fait commencer, il y a déjà quelques temps, seront bientôt terminés, et ce ne sera pas pour lui une petite affaire de me débusquer de Polotsk. »

Victor à Berthier

Smolensk, 12 octobre [Reg. Victor]

« J'ai reçu les sept lettres datées du 7 et les deux autres datées du 8 courant que Votre Altesse m'a fait l'honneur de m'adresser.

Les soldats du 4e bataillon ont été versés ce matin dans le 1er bataillon, et le cadre de ce bataillon partira demain pour Mayence et suivra l'itinéraire envoyé par Votre Altesse Sérénissime. Le 1er bataillon est parti ce matin avec le 13e convoi dont le tableau est ci-joint. Ce convoi, escorté par 3.090 hommes d'infanterie, 1.253 chevaux, est commandé par M. le général Everts. Les chariots de la trésorerie en font partie, et c'est le motif pour lequel j'ai exigé que leur escorte fût de cette force.

Les troupes qui doivent servir dans le gouvernement de Smolensk, d'après les ordres de l'Empereur, sont réparties ainsi que Votre Altesse le verra dans le tableau ci-joint Je n'en ai pas marqué la force parce qu'elle n'est pas assez parfaitement connue. Je la ferai connaître à Votre Altesse lorsque j'en serai mieux instruit. J'ai adressé ce tableau à M. le général Charpentier avec une instruction concernant le service que ces troupes devront faire, tant pour approvisionner les lieux d'étapes que pour assurer la sécurité de la grande communication de l'armée, et repousser toutes les tentatives que les ennemis pourraient faire dans le gouvernement de Smolensk. Je lui ai recommandé entre autres choses de faire retrancher toutes les gardes de relais de postes et de les pourvoir de munitions de guerre et de subsistances. Je l'ai prié de considérer Smolensk comme place de guerre, d'y faire faire le service en conséquence et de faire travailler promptement à le mettre à l'abri d'un coup de main, de perfectionner et d'armer la tête de pont.

J'ai prévenu M. le général Girard de la composition nouvelle de la 28e division d'infanterie. J'ai communiqué à M. le colonel Marion les dispositions relatives à l'artillerie du IXe corps. Il attend ainsi que moi les ordres que M. le général Lariboisière a dû donner à ce sujet d'après ceux de l'Empereur.

J'aurai le soin d'instruire Votre Altesse de leur contenu et de leur exécution.

Je vais donner des ordres pour assurer le transport des moulins portatifs de Paris pour l'armée.

J'ai écrit à M. le gouverneur de ne plus faire désormais escorter de convois par des régiments formés d'hommes isolés, mais bien par des bataillons ou fractions de bataillons isolés.

J'ai écrit à M. le gouverneur de Minsk de retenir dans cette ville, pour y tenir garnison, les 6es bataillons des 46e et 93e régiments de ligne et le 22e d'infanterie légère.

J'ai eu l'honneur d'annoncer à Votre Altesse Sérénissime que le bataillon de Neufchâtel était arrivé ; je lui ferai donner au moment de son départ une quantité de farine suffisante pour faire le pain dont il aura besoin en route.

Lorsque les 1re, 2e et 4e demi-brigades de marche arriveront à Smolensk, je ferai exécuter le décret du 6 du courant qui les concerne.

J'ai fait connaître à Votre Altesse par une lettre du 9 de ce mois les dernières nouvelles que j'ai reçues de M. le prince Schwarzenberg. Je n'en ai pas entendu d'autres. J'en attends incessamment. Je vais envoyer un officier à ce prince pour m'assurer de sa position. J'en enverrai également un à M. le maréchal Saint-Cyr pour m'assurer de la sienne. Deux divisions d'infanterie et une brigade de cavalerie du XIe corps sont en marche. ainsi que j'ai eu l'honneur de le mander à Votre Altesse, l'un pour Babinovitschi, l'autre pour Mstislavl afin d'être à portée de déboucher promptement et avec facilité soit du côté de Vitebsk, soit dans la direction de Minsk. La 3e division et une brigade de cavalerie sont restées à Smolensk. »

Berthier à Girard

12 octobre [Reg. Victor]

« J'ai l'honneur de vous prévenir que, par décision impériale du 7 du courant, la 28e division que vous commandez est composée de trois brigades, savoir :

1re brigade. Les six bataillons des 4e, 7e et 9e régiments polonais.

2e brigade. Les quatre bataillons des deux régiments saxons de Löw et de Rechten.

3e brigade. Les quatre bataillons du 4e régiment d'infanterie westphalienne et du régiment d'infanterie légère.

Sa Majesté a ordonné à M. le général Lariboisière d'attacher à cette division deux compagnies d'artillerie à pied, indépendamment de l'artillerie polonaise et saxonne, pour servir deux batteries de 8 bouches à feu chacune.

Elle aura par conséquent 22 pièces de campagne, non comprises celles des régiments.

La 3e brigade est en marche et prête à arriver à Vilna où elle recevra l'ordre de vous rejoindre.

M. le colonel commandant de l'artillerie du IXe corps va s'occuper de l'organisation de ces batteries.

Victor à Girard

12 octobre [Reg. Victor]

« Je vous ai transmis dans le courant du mois d'août dernier un procès-verbal constatant des voies de fait commises par le sieur Bothe, lieutenant d'une compagnie de voltigeurs et le sieur Kaunowski, chirurgien aide-major du 9e régiment d'infanterie de ligne polonais.

Je vous fais aujourd'hui l'envoi de trois pièces concernant la même affaire avec une lettre du ministre de la Guerre qui y est relative ; elles constatent les dommages occasionnés par ces deux officiers.

Son Altesse Sérénissime le prince vice-connétable ayant ordonné à l'inspecteur en chef aux revues de l'armée de faire exercer la retenue du cinquième des appointements de ces officiers jusqu'à l'entier paiement de l'évaluation de ces dommages vous aurez soin, monsieur le général, que cette disposition soit exécutée et de m'en informer afin que je puisse en rendre compte. »

Victor à Bogaert

Smolenk, 12 octobre [Reg. Victor]

« Il est ordonné à M. le chef de bataillon Bogaert, commandant l'artillerie de la 26e division d'infanterie, de partir demain, 13, du cantonnement de Smolensk sous l'escorte d'un bataillon de la brigade de Berg, avec tout ce qui appartient à l'artillerie divisionnaire et régimentaire de cette division pour aller à Babinovitschi où elle doit s'établir.

Il ira, le 13, à Loukatschno ; le 14, à Krasnoï ; le 15, à Liadouï ; le 16, à Doubrovna.

A son arrivée à Doubrovna, M. Bogaert s'informera si le chemin qui conduit de Doubrovna à Babinovitschi directement, est bon ; dans ce cas il partagera cette distance en deux marches de manière à arriver le 18 à Babinovitschi.

Si le chemin est difficile pour les voitures, M. Bogaert continuera sa route sur Babinovitschi par Orcha.

Il ira, le 17, à Orcha ; le 18, à moitié chemin d'Orcha à Babinovitschi ; le 19, à Babinovitschi.

M. le chef de bataillon Bogaerd aura sous ses ordres le bataillon de Berg. Il fera marcher son convoi d'artillerie dans le plus grand ordre et aura soin de le faire garder avec beaucoup de vigilance dans les lieux où il le fera camper.

M. le chef de bataillon Bogaert fera prendre des vivres à sa troupe pour les 12, 13 et 14 ; la viande lui sera fournie sur pied. »

Victor à Bronikowski

Smolensk, 12 octobre [Reg. Victor]

« J'ai l'honneur de vous prévenir que, d'après les dispositions arrêtées par Sa Majesté l'Empereur, les 6es bataillons des 46e et 93e régiments d'infanterie de ligne ainsi que le 6e bataillon du 22e d'infanterie légère doivent rester à Minsk sous votre commandement pour tenir garnison dans cette ville jusqu'à nouvel ordre.

Ces trois bataillons sont dans ce moment en marche pour se rendre à Smolensk leur première destination. Vous les retiendrez à Minsk, ainsi qu'il vient d'être dit, lorsqu'ils y arriveront ; s'ils l'avaient dépassé, vous les y rappelleriez.

Vous avez envoyé à Smolensk le 129e régiment sans chefs et vous avez retenu les siens, ce qui compromet la tenue et la discipline de ce régiment. Je vous prie de les lui envoyer sur-le-champ, notamment M. le chef de bataillon Rudlof, si tous ne peuvent pas venir. »

Victor à Charpentier

12 octobre [Reg. Victor]

« J'ai l'honneur de vous adresser ci-joint l'état des troupes qui, d'après les dispositions arrêtées par l'Empereur, doivent servir dans votre gouvernement, y faire la police, maintenir la sûreté de la grande communication de l'armée dans toute l'étendue de ce gouvernement, protéger les convois et les courriers, favoriser les approvisionnements qui doivent être faits dans les divers lieux d'étape tant pour nourrir les troupes au passage que celles des garnisons, enfin pour s'opposer à toutes les tentatives que l'ennemi ferait soit pour troubler les travaux qu'exigeront les approvisionnements, soit pour intercepter les routes et inquiéter les convois, soit enfin pour attaquer nos troupes. Cet état présente la distribution des régiments et bataillons dans les lieux qu'ils doivent occuper, les détachements qu'ils doivent fournir pour conserver les relais de poste. Vous aurez l'attention, monsieur le général, d'établir ces troupes aux lieux indiqués, de les faire retrancher le plus fortement possible pour les garantir contre les attaques des ennemis, de les pourvoir suffisamment de munitions de bouche et de guerre et de leur donner vos instructions tant pour le service qu'ils doivent faire avec beaucoup de surveillance que pour remplir les divers objets de leur établissement.

La place de Smolensk est d'une importance qui recommande une attention toute particulière de votre part. Considérez-la comme place de guerre et faites-y faire le service en conséquence. Ordonnez que le génie fasse les réparations nécessaires pour la mettre à l'abri d'un coup de main, que la citadelle soit perfectionnée et armée promptement ainsi que la tête de pont qui a besoin d'être entièrement refaite ; lorsque la garnison sera complétée, vous pourrez faire fournir à l'artillerie et au génie le nombre de travailleurs nécessaires pour accélérer ces travaux qu'il faut presser par tous les moyens possibles. »

Radziwill à Bassano

Dinabourg, 12 octobre [A N.]

« Vous avez dû être instruit du passage des Russes à Kozaliski par le général Coutard à qui j'ai fait l'invitation d'en faire part à Votre Excellence. Je puis maintenant lui annoncer qu'ils ont repassé la Dvina sans avoir obtenu aucun résultat de cette expédition qui avait pour but de s'emparer des gués et de couper mes communications avec le Xe corps, à en juger par le bruit que l'ennemi répandait lui-même de ses desseins et par le genre des attaques qu'il a faites sur ma position.

Le 6, 600 ou 700 chevaux ont paru de grand matin sur la rive gauche et ont attaqué mes avant-postes, pendant que sur la rive droite un escadron et quelques milices avec tambours et étendard faisaient un simulacre d'attaque contre la place.

Le 7, il fit de vaines tentatives sur mes postes de la Dvina qui gardent les gués de ce fleuve et me lient à Jacobstadt.

Le 8 au soir, il a commencé à faire sa retraite, et maintenant j'ai la certitude que cette attaque de cavalerie ne cachait aucun des mouvements d'infanterie dont l'ennemi semait le bruit, même parmi les troupes, comme je l'ai su par les prisonniers.

Je suis instruit qu'il a maintenant repris sa première position sur la petite rivière Dubena.

M. le général de division Grandjean m'informe qu'il arrive avec des troupes et qu'il doit être aujourd'hui à Oknist, Grosbuchot ou Jacobstadt, le 13, à Wesen, Bewera, Rubinen.

L'ennemi n'a fait aucun dégât dans le pays et conserve les bacs qu'il avait construits ».

Victor à Bassano

Smolensk, 13 octobre [Reg. Victor].

« J'ai eu l'honneur d'informer Votre Excellence par ma lettre du 10 de ce mois, que deux divisions du IXe corps se rapprochaient d'Orcha pour être en mesure d'aller au secours de M. le prince Schwarzenberg, ou de M. le maréchal Saint-Cyr, si les circonstances l'exigeaient. Ces divisions arrivent aujourd'hui à leur nouvelle position, l'une à Babinovitschi, l'autre à Mstislavl. J'attends donc pour prendre de nouvelles dispositions, les renseignements que Votre Excellence aura la bonté de me transmettre sur la situation de M. le prince Schwarzenberg et de M. le maréchal Saint-Cyr.

Son Altesse le prince Alexandre désire que j'envoie un officier à M. le prince Schwarzenberg pour connaître l'état des choses de ce côté-là, mais le trajet de Smolensk à Brest me paraît bien long et les postes étant mal servies, des nouvelles que j'attendrai par ce moyen seraient tardives. Ne vaudrait-il pas mieux envoyer près du prince de Schwarzenberg un officier de M. le maréchal Oudinot pour remplir cette mission ? Si Votre Excellence le pense ainsi, je la prierais d'engager M. le maréchal duc de Reggio à faire partir un de ses officiers, en lui recommandant de prendre du prince de Schwarzenberg et de M. le général Reynier des informations positives sur leur situation pour me les transmettre. »

Victor à Fournier

Smolensk, 13 octobre [Reg. Victor]

« Vous trouverez ci-joint une plainte portée contre quelques soldats de votre division ; ils s'écartent de leurs cantonnements pour se livrer à des excès qui font fuir les habitants du seul district qui puisse fournir aux vivres à Smolensk. Ils nous causent par cette inconduite les plus grands préjudices ; prenez, je vous prie, des mesures pour les retenir à leur poste.

En faisant servir deux de vos régiments avec les divisions Partouneaux et Daendels, vous ne pouvez pas justement en induire que votre division fût dissoute. Ce service nécessaire n'est que momentané. Il ne suffit pas que la cavalérie se présente à l'ennemi dans les batailles ; il faut aussi qu'elle éclaire et qu'elle couvre l'infanterie dans d'autres occasions ; lorsque le IXe corps marchera à l'ennemi, votre division sera réunie et prendra son rang. »

Victor à Hogendorp

Smolensk, 13 octobre [Reg. Victor.]

« Je suis prévenu que cent voitures du grand-duché de Berg ont été arrêtées à Vilna sous prétexte qu'étant vides elles devaient être rechargées pour continuer leur marche. On ne pouvait pas rendre un plus mauvais service au IXe corps qu'en arrêtant ainsi ces voitures, et je ne puis que désapprouver cette mesure, nous les attendions avec la plus vive impatience tant pour faire le service que pour choisir les attelages dont notre artillerie manque. Je les avais fait décharger exprès pour qu'elles arrivassent plus vite, mais la fatalité voulût qu'elles rencontrassent à Vilna une administration dont je n'ai pas lieu de me louer. Le IXe corps n'oubliera pas les mauvais traitements qu'il en a reçus.

Je vous prie, monsieur le général, de considérer que nous avons cent voitures d'artillerie restées en route faute d'attelages, que nous ne pouvons nous procurer de subsistances sans moyens de transports, et qu'il est indispensable de nous envoyer ces cent voitures le plus promptement possible. »

Victor à Hogendorp

Smolensk, 13 octobre [Reg. Victor]

« Copie du décret relatif au 4e bataillon des demi-brigades de marche. »

Victor à Alorna

Smolensk, 13 octobre [Reg. Victor]

« J'ai l'honneur de vous prévenir que deux divisions du IX⁰ corps, la 12⁰ et la 26⁰ sont en marche pour aller s'établir dans votre gouvernement : la première commandée par le général Partouneaux à Mstislavl, l'autre commandée par le général Daendels à Babinovitschi où elles se tiendront prêtes à marcher où le service les appellera. Je vous prie, monsieur le général, de donner vos ordres pour que les subsistances leur soient fournies pendant le séjour qu'elles feront dans ce pays.

Il n'est pas encore venu à ma connaissance que le convoi pour lequel vous m'avez écrit ait été arrêté par des troupes du IX⁰ corps. Si je l'apprends, je donnerai des ordres pour que les voitures et les chevaux du convoi vous soient rendus.

L'Empereur ordonne, monsieur le général, que l'on fasse tout ce qui est possible pour compléter les approvisionnements ordonnés dans les divers gouvernements occupés pour l'armée, notamment dans les lieux d'étapes ; je vous engage donc à faire exécuter cette mesure d'urgence le plus promptement que vous pourrez et à m'en instruire. Je dois vous engager aussi à me tenir fréquemment informé de tout ce que vous apprendrez sur les mouvements et les desseins de l'ennemi. »

Victor (Circulaire)

Smolensk, 13 octobre [Reg. Victor]

« L'intention de l'Empereur est que l'on réunisse dans tous les lieux d'étape la plus grande quantité possible de vivres et de fourrages afin de faire faire aux troupes qui passent et à celles de garnison les distributions régulières et empêcher par ce moyen les soldats de se répandre dans les campagnes et d'y commettre des violences. Pressez donc le plus promptement possible vos mesures pour l'exécution de cette disposition, et faites en sorte que les approvisionnements soient toujours assez considérables pour que les troupes qui voyagent puissent recevoir assez de vivres pour aller d'une étape à l'autre.

L'Empereur ordonne en outre que les convois ne soient plus escortés par des régiments formés d'hommes isolés, mais bien par des bataillons ou fraction de bataillons réguliers. Je vous prie de vous conformer à cet ordre, autant que vous aurez de troupes régulières à votre disposition ; dans le cas contraire, il faudrait se servir de troupes de marche, mais les bien organiser et leur donner des chefs fermes et zélés. »

Victor à Charpentier

Smolensk, 13 octobre [Reg. Victor]

« Son Altesse le prince Alexandre me prévient que quarante moulins portatifs sont partis en poste de Paris le 6 septembre et cent soixante autres moulins le 16 du même mois pour l'armée. Son Altesse ordonne qu'il soit pris des mesures pour que ces moulins puissent être conduits de la même manière et avec autant de célérité de Smolensk à Moscou. Donnez vos ordres, monsieur le général, pour que ces relais soient préparés dans votre gouvernement, afin que le transport puisse être fait comme le désire le prince Alexandre. »

Victor à Berthier

Smolensk, 13 octobre [Reg. Victor]

« Adresse le procès-verbal de l'incorporation du 4e bataillon du 33e dans
le 1er.

Le 129e régiment d'infanterie est arrivé à Smolensk. Sa force actuelle est
de 724 présents sous les armes et de 40 officiers. Les soldats polonais de
l'armée russe dont on avait cru pouvoir recruter ce corps, désertent tous dès
qu'ils sont habillés et armés. Cet exemple me fait croire qu'on ne pourrait
tirer parti de pareilles gens qu'en les incorporant dans les régiments polonais
ou plutôt en en formant des corps que l'on emploierait loin de leur pays. »

Victor à Hogendorp

Smolensk, 13 octobre [Reg. Victor]

« Sa Majesté l'Empereur, par décision du 7 du courant, a affecté à la
25e division d'infanterie la brigade composée du 4e régiment westphalien et
du régiment d'infanterie légère de Hesse-Darmstadt. Son Altesse le prince
vice-connétable m'a ordonné en conséquence de prescrire à cette brigade de
rejoindre sa division. Je vous prie donc, monsieur le général, de lui faire
continuer sa route et de la diriger sur Smolensk après un jour de repos que
vous lui laisserez prendre à Vilna.

Comme cette troupe vient de faire une longue marche, et qu'il est nécessaire de la ménager, afin qu'elle ne laisse pas d'hommes en arrière, je vous
invite à tracer les journées de manière qu'elle n'en fasse que quatre ordinaires en cinq jours.

Veuillez, je vous prie, avoir la complaisance de me prévenir de son départ
de Vilna. »

Coutard à Bassano

Vidzouï, 13 octobre, 6 heures du soir [A N.]

Je m'empresse de vous adresser la lettre que je reçois à l'instant du général prince Radziwill, annonçant la marche d'une division qui paraît se diriger du côté de Drissa.

Depuis quelques jours, l'ennemi a transporté sur ce point beaucoup de
matériaux propres à la construction des ponts qu'il paraît vouloir y établir :
il est venu chercher ces matériaux fort loin sur cette rive de la Dvina.

J'ai écrit au prince Radziwill pour le prier de me donner de nouveaux
renseignements sur ce qu'il apprendra de cette division, je m'empresserai de
les adresser à Votre Excellence.

Radziwill à Coutard

Dinabourg, 13 octobre, 1 h. après minuit [A N.]

Je viens d'apprendre qu'une division ennemie, forte d'environ 12.000 à
15.000 hommes, est partie de Riga du 6 au 7, a passé à quatre lieues de
Kreutzburg dans la soirée du 9 au 10. Elle a couché hier le 12 à Warkovo à
cinq milles de Dinabourg. Je ne sais pas si elle se dirigera sur Dinabourg,
ou bien si elle est destinée à renforcer le corps de Wittgenstein. N'ayant
aucune relation avec le maréchal Saint-Cyr, je vous prie de l'en prévenir,
ainsi que Son Excellence le duc de Bassano.

Lorencez à Doumerc

Polotsk, 14 octobre, midi [Doc. X.]

« L'intention de M. le maréchal comte Gouvion Saint-Cyr est que vous fassiez partir cent cuirassiers sous les ordres d'un chef d'escadron pour arriver demain à Kozianouï où ce détachement sera jusqu'à nouvel ordre à la disposition de M. le général Berckheim. »

Note du général Doumerc. — Reçu à 3 heures, donné l'ordre de suite au colonel Dujon pour faire partir les cent hommes demain matin à la pointe du jour.

Victor à Dombrowski

Smolensk, 14 octobre [Reg. Victor]

« Vos rapports ne me parviennent plus et j'apprends indirectement que vous faites des dispositions militaires à mon insu dans l'objet d'attaquer le corps d'Hertel et que, pour cet effet, vous avez engagé M. le général Bronikowski à détourner des troupes de la destination qui leur est assignée par l'Empereur pour vous les envoyer. Cette conduite, monsieur le général, ne peut pas être approuvée et son irrégularité occasionnerait des conséquences fâcheuses et très préjudiciables à nos armes.

Je dois vous rappeler à cet égard que votre division faisant partie de mon commandement ne peut et ne doit agir offensivement contre l'ennemi qu'autant que je vous en aurai fait connaître la nécessité, et que je vous aurai fourni les moyens de combattre avec succès. En opérant seule et sans que ses mouvements soient liés à d'autres mouvements combinés pour remplir un objet quelconque, elle s'engagerait inutilement et sans avantages pour la cause générale et il n'en résulterait que des pertes d'hommes. J'ai eu l'honneur de vous écrire le 9 de ce mois ce que la position actuelle de M. le prince de Schwarzenberg exigeait que vous fassiez. L'attaque que vous projetez de faire sur Hertel n'aboutirait à rien ; elle ne peut pas être assez sérieuse pour favoriser le prince de Schwarzenberg dont elle serait beaucoup trop éloignée, et il n'est pas vraisemblable qu'elle puisse fixer assez l'attention des ennemis pour les détourner des desseins qu'ils ont formés contre ce prince. Cette attaque, je le répète, serait un hors-d'œuvre qui affaiblirait des troupes que nous devons conserver pour agir dans des occasions décisives ; ainsi, monsieur le général, bornez vos opérations pour le moment, ainsi que je vous l'ai mandé, à observer Hertel d'assez près pour l'empêcher de se joindre à Tormasof et d'insulter les provinces de Minsk et de Mohilev, ne cherchez à le combattre qu'autant qu'il ferait l'une ou l'autre de ces tentatives et ménagez, comme je viens de le dire, vos soldats pour des occasions où leurs services seraient plus nécessaires. Je fais des préparatifs pour aller au secours de M. le prince Schwarzenberg, deux divisions stationnées l'une à Mstislavl, l'autre à Babinovitschi sont prêtes à déboucher ; une troisième division les suivrait et, dans ce cas, vous concourriez aux opérations. Attendez donc et ne faites pour le moment que ce que je viens de vous prescrire, mais continuez à maintenir une correspondance suivie avec M. le prince de Schwarzenberg par Slonim par les soins de M. le major Szimanowski. »

Victor à Berthier

Smolensk, 14 octobre [Reg. Victor]

« La 28e division d'infanterie qui est de quatre régiments n'a pas les généraux de brigade qui lui sont nécessaires. M. le général Soyez qui y a été attaché pour commander une brigade est hors d'état de servir activement une campagne. Il souffre beaucoup de la blessure qu'il a reçue dans la dernière guerre avec l'Autriche, et cette blessure est de nature à faire croire qu'elle le retiendra longtemps impotent; c'est un excellent et brave officier qui mérite la bienveillance de Sa Majesté. Je prie Votre Altesse de solliciter pour lui un gouvernement où il sera mieux à la place que son état exige et dont il remplira parfaitement les fonctions. La 28e division a donc besoin de trois généraux de brigade. Je pense que ceux qui commandent aujourd'hui les demi-brigades de marche pourraient être employés dans cette division sans inconvénient. Je prie Votre Altesse Sérénissime d'en faire la proposition à l'Empereur.

L'artillerie de cette division est organisée conformément à la volonté de l'Empereur. Elle a, indépendamment de la batterie polonaise, deux batteries de six bouches à feu chacune, servies par la 10e compagnie du 1er régiment et une du 7e d'artillerie à pied. Cette artillerie se compose, savoir : canons de 6, 12; obusiers de 24, 4; caissons de 6, 18; idem d'obus de 24, 8; forges, 2.

Les attelages de ces batteries seront fournis par le 8e bataillon principal du train.

L'organisation des batteries de réserve du calibre de 12 parait devoir éprouver plus de difficultés. Il n'existe à Smolensk aucun moyen pour y procéder et M. le général Lariboisière n'a encore donné aucun ordre à ce sujet ; d'après ce que m'écrit le colonel Marion, il attend les instructions de cet officier pour s'en occuper. Il en est un autre fort important, celui des caissons dont nous manquons en partie. Il en faut cent-cinquante au IXe corps; il n'en a que cinquante.

L'artillerie du IXe corps étant très nombreuse devra être commandée par un officier général ayant un état-major. Il faut un colonel pour commander les réserves, un major directeur du parc, avec des adjoints.

La 28e division ayant trois batteries, il faut un chef de bataillon pour les commander.

Une compagnie ou au moins une demi-compagnie d'ouvriers est indispensable pour entretenir le grand parc.

Le IXe corps aura encore besoin d'une compagnie de pontonniers dont les services sont d'une très grande utilité, surtout dans un pays où les rivières sont aussi multiples que celui-ci.

Je prie Votre Altesse Sérénissime d'avoir la bonté de soumettre toutes ces observations à l'Empereur et de prescrire à M. Lariboisière de faire exécuter le plus promptement possible les dispositions arrêtées par Sa Majesté concernant le IXe corps. »

Victor à Bronikowski

Smolensk, 14 octobre [Reg Victor]

« Les projets et les opinions militaires de M. le général Dombrowski ne sont pas des motifs qui peuvent vous autoriser à détourner des troupes de leur destination pour les envoyer à cet officier général, et vous avez outre-passé vos droits en souscrivant aux demandes qu'il vous a faites de ces troupes. L'attaque qu'il projette de former n'est pas autorisée; elle n'est pas encore nécessaire. En effet, monsieur le général, que pourrait-il en résulter dans la circonstance actuelle, si ce n'est des pertes de soldats dont nous aurons besoin dans des occasions décisives. Il est visible qu'elle serait trop éloignée de M. le prince de Schwarzenberg pour lui être avantageuse, et qu'elle ne pourrait pas être assez sérieuse pour détourner l'attention de Tormasof de son objet principal. M. le général Dombrowski doit borner pour le moment ses opérations à observer Hertel d'assez près pour l'empêcher de se joindre à Tormasof et d'insulter les provinces de Minsk et de Mohilev, et il ne doit s'engager à combattre cet ennemi qu'autant qu'il y serait contraint par ces deux raisons ; en allant le chercher derrière le Pripet jusqu'à Mozouïr, on commettrait une faute grave. J'écris à ce sujet à M. le général Dombrowski. Je vous prie de lui faire passer ma lettre.

Mettez à la disposition de ce général le bataillon du 14e polonais appartenant à sa division : ordonnez au major Szimanowski d'entretenir une correspondance suivie avec le prince Schwarzenberg par Slonim. Faites servir le mieux que vous le pourrez, et sans les commettre, les troupes lithuaniennes ; mettez en marche pour l'armée les 700 hommes des 5e et 17e bataillons de marche français que vous avez arrêtés sans autorisation.

Je fais des préparatifs pour aller au secours de M. le prince Schwarzenberg s'il est nécessaire. »

Victor à Berthier

Smolensk, 14 octobre [Reg. Victor]

« J'ai l'honneur de prévenir Votre Altesse Sérénissime que la 1re demi-brigade d'infanterie de marche, forte de 54 officiers et 1.719 soldats est arrivée hier à Smolensk.

Les caissons de la trésorerie sont trop mal attelés pour continuer leur marche sur Moscou. Je viens d'apprendre que le général Everts les renvoie à Smolensk. Je vais donner des ordres de leur faire fournir les moyens qui leur manquent pour les faire partir à la première occasion favorable. »

Victor à Albitte

Smolensk, 14 octobre [Reg. Victor]

« Vous trouverez ci-joint le décret du 6 de ce mois par lequel Sa Majesté prescrit de donner de nouvelles dénominations aux compagnies des 5e bataillons qui composent les quatre demi-brigades de marche dont trois, les 1re, 2e et 4e, arrivent à Smolensk. Cette opération devant être faite régulièrement et constatée par procès-verbal, je vous charge, M. le commissaire, de vous en occuper à fur et à mesure que ces troupes arriveront dans cette place, au moyen des dispositions que prescrit le décret précité. Les compagnies formant les 1re, 2e et 4e demi-brigades prendront les dénominations suivantes, savoir :

1re demi-brigade de marche :

Les trois compagnies du 5e bataillon du 7e léger, la dénomination de 4e, 5e et 6e compagnies du 6e bataillon de ce régiment ;

Les trois compagnies du 5e bataillon du 33e léger, la dénomination de 4e, 5e et 6e compagnies du 4e bataillon de ce régiment ;

Les trois compagnies du 5e bataillon du 13e léger, la dénomination de 4e, 5e et 6e compagnies du 6e bataillon de ce régiment ;

Les trois compagnies du 5e bataillon du 15e léger, la dénomination de 4e, 5e et 6e compagnies du 6e bataillon de ce régiment ;

La compagnie du 5e bataillon du 12e de ligne, la dénomination de 6e compagnie du 6e bataillon de ce régiment ;

Les deux compagnies du 5e bataillon du 17e de ligne, la dénomination de 5e et 6e compagnie du 6e bataillon de ce régiment ;

Les deux compagnies du 5e bataillon du 25e de ligne, la dénomination de 5e et 6e compagnie du 6e bataillon de ce régiment.

2ᵉ demi-brigade de marche :

Les deux compagnies du 5ᵉ bataillon du 48ᵉ de ligne, la dénomination de 5ᵉ et 6ᵉ compagnies du 6ᵉ bataillon ;

Les deux compagnies du 5ᵉ bataillon du 85ᵉ de ligne, la dénomination de 5ᵉ et 6ᵉ compagnies du 6ᵉ bataillon ;

Les deux compagnies du 5ᵉ bataillon du 108ᵉ de ligne, la dénomination de 5ᵉ et 6ᵉ compagnies du 6ᵉ bataillon ;

Les deux compagnies du 5ᵉ bataillon du 21ᵉ de ligne, la dénomination de 5ᵉ et 6ᵉ compagnies du 6ᵉ bataillon ;

Les deux compagnies du 5ᵉ bataillon du 30ᵉ de ligne, la dénomination de 5ᵉ et 6ᵉ compagnies du 6ᵉ bataillon ;

Les deux compagnies du 5ᵉ bataillon du 33ᵉ de ligne, la dénomination de 5ᵉ et 6ᵉ compagnies du 6ᵉ bataillon ;

Les deux compagnies du 5ᵉ bataillon du 57ᵉ de ligne, la dénomination de 5ᵉ et 6ᵉ compagnies du 6ᵉ bataillon ;

Les deux compagnies du 5ᵉ bataillon du 64ᵉ de ligne, la dénomination de 5ᵉ et 6ᵉ compagnies du 6ᵉ bataillon ;

Les deux compagnies du 5ᵉ bataillon du 111ᵉ de ligne, la dénomination de 5ᵉ et 6ᵉ compagnies du 6ᵉ bataillon.

4ᵉ demi-brigade de marche :

Les trois compagnies du 5ᵉ bataillon du 24ᵉ léger, la dénomination de 4ᵉ, 5ᵉ et 6ᵉ compagnies du 4ᵉ bataillon ;

Les deux compagnies du 5ᵉ bataillon du 93ᵉ de ligne, la dénomination de 5ᵉ et 6ᵉ compagnies du 4ᵉ bataillon ;

Les deux compagnies du 5ᵉ bataillon du 18ᵉ de ligne conserveront leur dénomination actuelle ;

Les deux compagnies du 5ᵉ bataillon du 46ᵉ de ligne conserveront leur dénomination actuelle ;

Les deux compagnies du 5ᵉ bataillon du 4ᵉ de ligne conserveront leur dénomination actuelle ;

Les deux compagnies du 5ᵉ bataillon du 72ᵉ de ligne conserveront leur dénomination actuelle ;

Les deux compagnies du 5ᵉ bataillon du 8ᵉ léger conserveront leur dénomination actuelle ;

Les deux compagnies du 5ᵉ bataillon du 18ᵉ léger conserveront leur dénomination actuelle.

Lorsque ce travail sera terminé vous voudrez bien, M. l'inspecteur, m'en donner avis. »

Lorencez à Doumerc

Polotsk, 15 octobre [Doc. X.]

« M. le maréchal suppose que vous êtes informé de l'événement arrivé hier à Sirotino. Il me charge d'avoir l'honneur de vous inviter à faire faire quelques patrouilles sur Obol soit pour recueillir et rassurer les fuyards, soit pour aller aux informations et éclairer tout mouvement qui pourrait avoir votre position en vue. »

Note du général Doumerc. — Reçu la lettre à 10 heures du matin.

Une patrouille de vingt-cinq hommes était partie à la pointe du jour, une autre de même force est partie à 11 heures.

Lorencez à Doumerc

Polotsk, 15 octobre [Doc. X.]

« M. le maréchal comte de Gouvion Saint-Cyr n'a vu dans les rapports qui lui sont parvenus aujourd'hui du général Corbineau que des motifs de plus d'effectuer le mouvement projeté, il me charge toutefois de vous faire savoir qu'il désire que vous employiez la journée de demain à vous mettre sur la trace du parti qui est venu hier à Sirotino et que, lorsque vous aurez acquis la certitude qu'il s'est éloigné, vous vous portiez sur Strïaplitsouï le 17 pour vous lier au général Corbineau qui sera le même jour sur Krasnopolé. M. le maréchal lui donne 800 hommes d'infanterie au lieu de 500. Son Excellence désire qu'arrivé à Strïaplitsouï vous preniez le commandement du tout et que, selon l'événement, vous fassiez pousser dans la direction de Nevel ou preniez toute autre disposition selon l'occurrence et ce que vous jugerez préférable. M. le général Corbineau est prévenu de ce changement dans les premières dispositions. »

Victor à Partouneaux

Smolensk, 15 octobre [Reg. Victor]

« Il est aussi important pour le service que pour le moral du soldat de maintenir les troupes dans la plus exacte subordination, qu'il l'est pour ménager et nous conserver les ressources en subsistance et en moyens de transports qu'offre le pays. Je ne puis donc trop vous engager à donner vos soins à ce que votre division se conduise bien et qu'elle n'inquiète en aucune manière les habitants ; il convient également que vous regardiez comme limites de vos cantonnements du côté de Smolensk la rivière Vekhra, et la Soj au midi, afin de ne pas troubler les opérations dont le colonel Hulot s'occupe pour réapprovisionner Smolensk. Défendez en conséquence que l'on fasse des réquisitions de ce côté pour votre division. Les commissaires devront la pourvoir des ressources du pays entre le Dniéper et la Soj. »

Victor à Bronikowski

Smolensk, 15 octobre [Reg. Victor]

« Dans la circonstance actuelle, il convient de réunir à Minsk quelques forces, surtout en cavalerie, pour augmenter le parti commandé par le général Kossecki, et l'établir à Nesvij dans l'objet de couvrir la route de Pinsk et de se lier par sa gauche avec M. le général Dombrowski, et d'envoyer par sa droite des partis dans la direction de Slonim pour avoir des nouvelles. Donnez en conséquence l'ordre au général Konopka de se porter sur ce point, et ajoutez à la cavalerie un des trois bataillons que vous avez à Minsk. Cette colonne sera, je pense, assez forte pour remplir son but. Il n'est pas probable que les Russes donnent en force de ce côté tant que l'armée du prince Schwarzenberg sera dans la position de Brest ; le plus ancien général de cette colonne devra la commander.

Deux divisions du IXe corps sont l'une à Mstislavl, l'autre à Babinovitschi pour se porter là où le service les appellera. Continuez, je vous prie, à me donner souvent de vos nouvelles.

Ne manquez pas, ainsi que je vous l'ai écrit, d'envoyer à M. le général Dombrowski le bataillon du 14e polonais qui lui appartient, il en a besoin. »

Victor à Dombrowski

Smolensk, 15 octobre [Reg. Victor]

« Votre marche sur Glousk est bien entendue et sera, j'espère, d'un bon effet ; il est essentiel de se maintenir dans ce poste d'où vous pouvez apercevoir tous les mouvements d'Hertel et vous y opposer. J'ai invité itérativement M. le général Dombrowski à vous envoyer le bataillon du 14e régiment polonais venant de Grodno ; vous devez l'avoir reçu maintenant. Dans le cas contraire, donnez-lui l'ordre de vous joindre ; il doit être à Nesvij. J'ai également prescrit au même général de renforcer le parti commandé par le général Kossecki de 600 chevaux commandés par le général Konopka et d'un bataillon de la garnison de Minsk pour se tenir à Nesvij, se lier avec vous par la gauche et envoyer des postes vers Slonim pour avoir des nouvelles du prince de Schwarzenberg. Bornez vos opérations, ainsi que je vous l'ai écrit hier, à bien observer Hertel pour l'empêcher de joindre Tormasof ou d'insulter les provinces de Minsk et de Mohilev. Vous ne devez chercher à le combattre que dans l'un ou l'autre de ces cas, il serait trop hasardeux d'aller le chercher jusque sous Mozouir. S'il passe le Pripet pour se diriger sur Pinsk, vous pourrez alors marcher à lui ; mais, pour le faire avec plus de succès, vous appellerez près de vous ou vous ferez manœuvrer pour vous seconder la colonne du général Kossecki. Je vous prie de me donner souvent de vos nouvelles. Recommandez au colonel Kornowski, commandant le 17e régiment polonais et 300 chevaux du 15e de cavalerie, de bien défendre le point qu'il est chargé de défendre et de couvrir Mohilev.

Ainsi que je vous l'ai écrit, le IXe corps est prêt à se porter au secours du prince de Schwarzenberg. »

Lorencez à Oudinot

Polotsk, 16 octobre [Doc. X.]

« Il paraît clair que l'ennemi nous manœuvre ; le front de notre position de la Polota avait été rendu trop fort, il veut nous attaquer à revers. Un corps qui paraît assez nombreux a été dirigé de Nevel sur Ghorodok ; en même temps qu'il attaquait le 14 un poste que nous avions à Sirotino, il faisait des démonstrations contre Vitebsk, nous apprenons ce matin qu'il a attaqué avec mille chevaux, six bataillons et de l'artillerie le poste de Kozianouï qui, à 8 heures 30, s'était replié sur Ravno, et se disposait à continuer son mouvement sur Takarevo ; sur notre front Wittgenstein ne fait des dispositions que vers sa gauche à Kranopolé. Nous verrons bientôt clair dans cette affaire. Je vous informerai des événements ultérieurs ; mais un peu pressé en ce moment, je suis obligé de terminer ici ma lettre en vous réitérant l'assurance du dévouement le plus inébranlable et le plus respectueux »

Lorencez à Doumerc

Polotsk, 16 octobre [Doc. X]

« M. le maréchal comte Gouvion Saint-Cyr a reçu vos deux rapports et il approuve beaucoup que vous ayez prévenu ses intentions en faisant marcher votre première brigade. Son Excellence désire de plus que vous la fassiez suivre par deux pièces de canon. »

Lorenz à Doumerc

Polotsk, 16 octobre, 8 heures 30 [Doc. X.]

« L'intention de M. le maréchal comte Gouvion Saint-Cyr est que vous fassiez, au reçu de la présente, partir tout le 4e régiment de cuirassiers pour se porter à Ravno, et que vous rappelliez en même temps les détachements des autres régiments qui se trouvent à Kozianouï ; ainsi M. le général Berckheim aura sous ses ordres sa brigade et le 3e régiment de chevau-légers.

J'ai mis sous les yeux de M. le maréchal la lettre que vous m'avez fait l'honneur de m'écrire hier, Son Excellence n'ignore pas que votre position est difficile mais le moment d'en changer n'est pas encore venu.

6

Note du général Doumerc. — Avant la réception de la lettre, vers 10 heures, j'avais ordonné le mouvement. »

Victor à Partouneaux

Smolensk, 16 octobre [Reg. Victor]

« Quoique plusieurs corps aient passé à Mstislavl, ils n'ont pas épuisé tellement les ressources du pays, qu'il n'en reste abondamment pour nourrir votre division, et j'espère qu'avec des soins, de l'activité et de l'industrie de la part de votre administration, vos soldats vivront bien. En vous envoyant à Mstislavl, ce n'était point dans l'intention de chercher l'ennemi. Votre division est là pour y vivre, s'exercer modérément, se reposer, se tenir prête à marcher où le service l'appelle. Il n'y a pas de doute que, si quelques partis ennemis venaient l'insulter, il ne fallut les repousser, mais cela n'arrivera pas, ils se garderont bien de s'approcher de vous. Tenez donc vos troupes rassemblées autant que les localités le permettent, fixez des limites dont le soldat ne devra pas s'écarter. Je vous recommande entre autre chose et très instamment de ménager votre cavalerie : c'est une arme qui se réduit promptement selon que l'on n'en prend pas un grand soin. »

Victor à Charpentier

Smolensk, 16 octobre [Reg. Victor]

« J'ai l'honneur de vous adresser ci-joint, M. le général, copie d'une lettre datée de Moscou le 11 de ce mois par laquelle le prince Alexandre ordonne des dispositions dont l'exécution nous est commune. Prenez-en connaissance et conformez-vous y en ce qui vous concerne. Je me charge de l'organisation d'une division prescrite par cette lettre. Envoyez-moi, je vous prie, la situation exacte des trois demi-brigades de marche dont l'une est arrivée à Smolensk et l'autre prête à y arriver. Donnez-moi également la situation des détachements de toutes armes qui sont dans la place ou qui doivent y arriver incessamment. »

Coutard à Hogendorp

Vidzouï, 16 octobre, 2 heures du matin [A G.]

« Je fus prévenu hier à 10 heures du soir que la division Siewers avait passé la Dvina dans la nuit sur un pont construit à Drouïa et à 11 heures je reçus un second courrier que m'envoyait le magistrat de la ville pour me prévenir également de ce passage, et qu'il y avait un parti de mille chevaux qui marchait sur moi. Le courrier l'avait vu à Braslav et le croyait déjà à Opsa. Craignant d'être tourné et coupé dans la nuit, je fis aussitôt mes dispositions et, trop faible pour recevoir un combat dans un poste aussi désavantageux que Vidzouï, je me retire sur Swentzianouï où j'attendrai vos ordres. L'ennemi ravage et brûle tout ; dans le moment, je compte quatre à cinq incendies du côté d'Opsa. Je ne suppose pas qu'il passe Vidzouï. Je laisse ici quelqu'un de sûr pour me donner des nouvelles et j'aurai l'honneur de vous écrire de Swentzianouï. Je regrette bien de ne pas avoir eu de plus grands moyens jusqu'ici. Le mouvement ne me parait pas avoir d'autre but que de ravager ce district ; je ne puis malheureusement m'y opposer. La division Grandjean à Dinaburg empêchera de trop s'éloigner du passage.

J'aurai l'honneur de vous écrire ce soir. »

Coutard à Hogendorp

Sventzianouï, 16 octobre, 8 heures du soir [A G.]

« J'ai eu l'honneur de vous rendre compte ce matin à 2 heures que la division que le général Siewers avait réunie à Drouïa y avait passé la Dvina sur les ponts qu'il y avait jetés dans la nuit d'hier et qu'un parti d'environ mille chevaux marchait sur moi. Trop faible pour recevoir un combat dans un poste aussi désavantageux que Vidzouï, j'ai pris le parti de me retirer sur Swentzianouï où je viens d'arriver et où j'attends les secours qui me sont promis pour rentrer dans mon gouvernement. Dans une circonstance aussi critique, vous approuverez ce mouvement, mon général. Si vous voulez bien examiner que je n'ai réellement qu'une compagnie d'infanterie sur laquelle je n'ose pas trop compter, pas un seul homme de cavalerie pour reconnaître par moi-même ce qui se passe, et que je suis forcé de me conduire d'après les rapports souvent trompeurs d'émissaires infidèles et sur les lettres alarmantes des propriétaires qui campent dans les bois ou se sauvent à Vilna. De ces avis, je distingue cependant ceux qui me viennent des magistrats ; hier soir, le sous-préfet, à 9 heures, m'annonce un courrier envoyé par le Wost de Drouïa pour lui donner la nouvelle du passage de la division Siewers et de la marche du parti de mille chevaux qui marchait par Vidzouï dans le dessein de le surprendre ; à 11 heures, j'en reçois un second, m'annonçant la même chose et qui me confirme que ce parti était déjà sur Opsa où il ravageait et brûlait ; je fis faire aussitôt une reconnaissance sur ce point et je reconnus moi-même la direction de cette cavalerie légère aux incendies qu'elle avait allumés. D'après cette connaissance, j'ordonnai mon mouvement pour 2 heures du matin et il s'est fait sans être inquiété ni suivi.

Mon courrier peut être de retour demain soir, il peut m'annoncer l'arrivée de quelque cavalerie, je ferai de suite mes dispositions pour me reporter en avant.

La position de Swentzianouï est fort bonne ; on peut y rester sans les secours qui me sont nécessaires ; du reste je n'y serai pas attaqué, l'ennemi n'oserait s'aventurer ainsi entre le IIe et le Xe corps ; mais Vidzouï ne me donnait pas les mêmes motifs de sécurité, on y entre par cent endroits différents, il n'y a pas un endroit où l'on puisse tenir et se défendre une demi-heure sans courir la chance d'y être incendié et sa distance de Drouïa d'où l'on vient en douze heures, le rendait facile à enlever d'un coup de main.

Envoyez-moi quelques troupes, mon général, donnez-moi les moyens de prouver mon zèle et mon dévouement et croyez.... J'ai prévenu du mouvement que j'ai fait le prince Radziwil et le gouverneur de Gloubokoé. »

Gouvion Saint-Cyr à Bassano

Polotsk, 17 octobre [A N.]

« J'ai été tellement occupé des dispositions à prendre pour la journée de demain que je trouve à peine le temps de prier Votre Excellence de vouloir bien prendre connaissance de la lettre que j'adresse au major général et de la faire chiffrer si elle juge cette précaution nécessaire. »

Gouvion Saint-Cyr à Bassano

Polotsk, 17 octobre [A N.]

« L'ennemi a enfin reçu son second renfort de Pétersbourg, par Nevel et Gorodok. Le général Maison que j'avais envoyé en reconnaissance sur Kozianouï, a eu affaire toute la journée d'hier avec ce corps, les prisonniers que l'on a faits ont déclaré qu'ils étaient venus de Pétersbourg à marches forcées

en vingt-deux jours, et que leur colonne était forte de huit bataillons de
marche de huit cents hommes chacun, plus trois régiments d'infanterie de la
marine, partis de Croustadt, et composés de grenadiers, dont un de ces
bataillons était en tête de l'avant-garde qui attaquait le général Maison, plus
deux régiments de dragons et des cosaques ; une autre colonne est arrivée en
outre des environs de Riga, par Drissa, elle a attaqué hier en passant le
poste que j'avais à Disna, et l'a forcé de se reployer sur l'Ouchatsch à Bononiïa, cette même colonne est, je présume, celle qui a fait une démonstration
ou fausse attaque sur Dinabourg, en passant près de cette ville.

L'ennemi vient aujourd'hui sur le midi de forcer le passage de la Polota à
Jourowitschi qui était défendu par un bataillon du 26ᵉ léger, et la brigade du
général Castex, qui, en se retirant, découvre le flanc gauche du général Corbineau, qui était placé le long de la Polota à la hauteur de Tomtschino et le
force à suivre son mouvement.

L'ennemi est occupé de se concentrer pour faire dans la journée de demain
sur nous une attaque générale, j'en fais autant de mon côté ; mais malheureusement, depuis deux ou trois jours, l'approche de l'ennemi a empêché nos
troupes d'aller au fourrage, nous les tirions de dix lieues d'ici. Les chevaux
ne pouvant plus se tenir, je vais les faire passer cette nuit la Dvina. J'éten-
drai ma cavalerie sur mes flancs, pour la faire vivre et éclairer ma droite et
ma gauche également menacées par la grande supériorité de l'ennemi. Je
défendrai donc les environs de Polotsk avec de l'infanterie seulement et du
canon. Je m'estimerais bien heureux si, demain au soir ou si le jour suivant,
je pouvais annoncer un heureux résultat. »

Lorencez à Oudinot (Extrait)

17 octobre [A. N.]

« C'est le général Maison qui, le 15, avait été envoyé à Kozianouï, voici
en quoi consistaient ses forces :

Le 3ᵉ de chevau-légers	100	chevaux
Du 4ᵉ régiment de cuirassiers . .	100	—
Le 3ᵉ régiment suisse.	500	hommes
Du 123ᵉ, détachement	200	—
De sa propre division.	100	—

Il fut attaqué violemment hier au point du jour par trois points à la fois ;
il avait contre lui six à huit escadrons, cinq à six bataillons, quatre pièces
de canon et deux licornes. Le poste de Kozianouï où plusieurs routes aboutissent, n'est pas tenable et n'est bon que comme poste d'observation. Le
général Maison courait risque de perdre sa communication de retraite sans
une charge faite à propos par les lanciers, et la belle contenance des cent
cuirassiers. Il se retira d'abord sur Ravno où l'ennemi le suivit vivement et
enfin il prit position hier au soir à Borovoé. Vous voyez que, malgré sa supériorité, l'ennemi lui a fait faire peu de chemin, mais peut être n'en voulait-il
pas davantage pour hier, la position de Kozianouï lui donnant la faculté de
communiquer et d'agir de concert. Le général Maison s'attendait à être attaqué ce matin. Le maréchal Saint-Cyr avait de son côté quelqu'envie de faire
attaquer ce corps et de le rejeter sur Ghorodok ; mais n'ayant encore que des
données imparfaites et les derniers rapports ne lui étant parvenus qu'à
2 heures ce matin, il n'a pu arrêter aucune disposition. En attendant, une
division bavaroise d'environ 1.800 hommes fut portée hier à Sosnitsa et le
4ᵉ de cuirassiers fut réuni en entier sous les ordres du général Maison.

Sur les rapports de quelques prisonniers qu'on a faits et ceux des habitants, toutes les troupes qui se trouvaient à Ghorodok sont arrivées sur des chariots ou à marches forcées de Pétersbourg et de Cronstadt, on porte leurs forces de 14.000 à 15.000 hommes et 30 pièces de canon ; ainsi, pour faire ce mouvement, Wittgenstein n'a pas eu besoin de se dégarnir et nous nous attendons bien à tout moment que l'affaire va devenir générale.

Les Bavarois ont rapporté que leur poste de Disna avait été attaqué hier par des forces considérables. Est-ce par la division venue de Riga ? C'est ce que nous ignorons encore.

Rien dans ces circonstances ne serait plus pressant, ce me semble, qu'un mouvement prononcé de la part du duc de Bellune sur Vitebsk et de là sur Ghorodok, nous pourrions de notre côté faire un détachement pour seconder cette pointe.

Voici ce que nous savons de plus certain sur la composition du corps venu de Pétersbourg et par Nevel sur Ghorodok :

Deux régiments de dragons ;

Huit bataillons de marche en partie formés de recrues de Cronstadt ;

Trois régiments de troupes de la marine.

L'ennemi doit tenir beaucoup à l'occupation de Polotsk, car sans cela il n'a point de ligne pour ses cantonnements d'hiver, au lieu qu'en tenant Polotsk, ils reprennent leur camp de Drissa et leur ligne serait alors bien établie ; tant que nous tenons Polotsk, le camp de Drissa ne signifie rien. Ne pensez-vous pas aussi qu'en ce moment un mouvement sur Drouïa par le Xe corps et par la rive droite ne contribuât à nous dégager ?

Vous me demandez la chose impossible, mon cher maréchal, en désirant une situation exacte ; vous connaissez comme moi l'infidélité habituelle des corps dans les matériaux qu'ils me fournissent. Les Bavarois qui figurent pour 4.500, qui mangent 9.000 rations par jour, ne mettront pas 3.000 hommes en ligne ; *il y a plus*, c'est que ce débris ne veut plus mordre ; ils sont satisfaits d'avoir passablement figuré dans une affaire, chefs et soldats travaillent comme de concert à leur désorganisation pour avoir un prétexte de ne rien faire. On peut faire le même reproche à nos régiments de cavalerie légère ; tout cela n'aspire qu'après le repos et les plus grands pourfendeurs au commencement de la campagne se montrent les plus pressés d'en jouir. Notre infanterie s'est remise, mais il nous manque toujours des officiers. Nous n'avons en ligne que deux généraux de brigade dans les divisions françaises Moreau et Grundler. La 2e division a beaucoup gagné entre les mains de Maison ; mais elle a deux corps bien mauvais ; le 11e léger est encore pire que le 124e. Le 3e régiment suisse a très bien fait hier.

Nous n'avons pas reçu la moindre chose du major général depuis le 26 du mois dernier. Cavailher qui avait été envoyé à Moscou et qui sûrement portait des nominations n'est pas rentré ; il aura sûrement été pris.

On a supposé que dans le dernier mouvement l'ennemi en veut à Vitebsk, mais, si cela était, pourquoi serait-il venu nous donner l'éveil tandis qu'il pouvait passer sans être vu ? Dans tous les cas, pour s'en éclaircir, il faut crever ce nuage qu'il a placé devant nous ; s'il en veut à Vitebsk notre mouvement le dégagera, si c'est à nous, nous nous procurerons l'avantage de l'offensive sur un corps qu'il faudra toujours finir par combattre et probablement dans un moment où l'on nous occupera partout. J'étais donc d'avis de l'attaquer, mais je vous ai dit ce qui a retardé nos mesures ; je pense qu'aujourd'hui nos idées se fixeront.

En s'établissant sur l'Obol, l'ennemi nous ôte un pays d'où nous tirions toutes nos ressources particulièrement en fourrages ; s'il s'y maintient, nous sommes contraints à faire repasser la Dvina à toute notre cavalerie et à la jeter sur nos ailes, dès lors nous sommes en état de blocus.

J'ai passé une bien mauvaise nuit, mon cher maréchal, et je ne sais si vous serez content de tout ce verbiage : mais enfin c'est tout ce que je sais.

P. S. — Je pense que la pluie de cette nuit ayant gâté les chemins a peut-être un peu différé les grandes aventures.

Je me trompais, le mauvais temps n'a pas retenu ces messieurs, ils ont voulu déboucher, mais ils n'ont pas encore pu y parvenir pour ce soir : demain matin toute notre cavalerie passe sur la rive gauche et se porte en partie sur la Oula et en partie sur la Disna. »

Victor à Berthier

Smolensk, 17 octobre [Reg. Victor]

« Conformément aux dispositions contenues dans la lettre que vous m'avez fait l'honneur de m'adresser le 11 de ce mois, toutes les troupes et les convois destinés pour l'armée seront dirigés par la nouvelle route que Sa Majesté l'Empereur désignera ; il ne sera permis désormais qu'aux estafettes, aux courriers, aux officiers d'état-major allant pour le service et à quelques objets pressants, tels que les moulins à bras qui arrivent de Paris, de suivre l'ancienne route. J'ai donné des ordres à ce sujet à M. le général Charpentier.

Je vais m'occuper de l'organisation de la division qui doit être commandée par M. le général Baraguey d'Hilliers, mais il est douteux qu'elle puisse être portée au nombre de 12.000 hommes d'infanterie et surtout de 4.000 chevaux comme Sa Majesté l'ordonne. J'ai formé trois brigades d'infanterie de troupes qui sont dans ce moment à Smolensk. Je les augmenterai à mesure que les détachements attendus arriveront. Quant à la cavalerie, il n'existe ici qu'un escadron fort de 7 officiers et 159 chevaux ; quelques autres escadrons sont en marche pour Smolensk ; je les joindrai au premier quand ils seront arrivés. J'organiserai une batterie pour cette division. Je m'occuperai de la composition des charrois qui devront la suivre. Son Altesse Sérénissime trouvera ci-joint le tableau de l'organisation de la division d'infanterie. Elle y remarquera que je n'y ai pas compris le 129e ; ce corps est presque nul, il ne compte pas plus de 700 hommes sous les armes. Je comprendrai de préférence dans la division de marche le régiment illyrien dont la plupart des détachements sont rentrés. Les dernières nouvelles que j'ai reçues de M. le général Schwarzenberg sont du 10 de ce mois, elles portent que le prince attend l'ennemi dans la position qu'il a choisie la droite à Brest qu'il a fait fortifier et la gauche à la Lesna, et que jusqu'à ce moment les ennemis n'avaient fait que des reconnaissances sur la ligne.

Les nouvelles venant du duc de Tarente sont favorables ; les Prussiens ont battu complètement les Russes devant Riga. Les rapports adressés à ce sujet à M. le duc de Bassano constatent la défaite de l'ennemi dans cette occasion et les pertes qu'il a éprouvées de 7 à 8.000 hommes tués ou blessés et de 3.250 prisonniers ; cette victoire a été complète. Les derniers rapports de M. le maréchal Saint-Cyr datant du 6 portent, d'après ceux de quelques déserteurs russes, que le général Wittgenstein n'est point en état de former de nouvelles entreprises.

Le général Dombrowski dont la force a été augmentée de 1.200 à 1.400 Polonais appartenant à sa division, s'est porté à Glousk d'après les ordres que je lui ai donnés pour observer Hertel et l'empêcher de se joindre à Tormasof. Le général Dombrowski a laissé quelques bataillons et 300 chevaux entre la Bérézina et le Dniéper pour couvrir les provinces de Minsk, de Mohilev et s'opposer aux invasions de la garnison de Bobruisk. »

Lorencez à Doumerc

Polotsk, 17 octobre [Doc. X.]

« La lettre ci-jointe pour M. le général Maison contenant l'ordre de se retirer, M. le maréchal vous prie de la lui faire porter par un officier bien monté auquel, pour plus de sûreté, il conviendra que vous donniez une escorte.

Ainsi le général Berckheim vous rejoindra à Piroulina où M. le maréchal désire que votre division soit formée avant le jour. Il parait que Son Excellence a l'intention d'en faire passer une partie sur la rive gauche, mais vous recevrez ce soir de nouveaux ordres. »

Lorencez à Doumerc

17 octobre, 6 heures et demie du soir [Doc. X.]

« Entre nous je crois que vous ferez bien de faire passer les équipages sur la rive gauche et de préférence sur le pont de Strounia si la rampe est faite. »

Lorencez à Doumerc

Polotsk, 17 octobre, 3 heures 30 du matin [Doc. X]

« M. le maréchal comte Gouvion Saint-Cyr a reçu à 2 heures ce matin votre lettre sous la date d'hier soir à 11 heures. Il a remarqué dans celle du général Maison qui y était jointe qu'il n'était question que de 100 cuirassiers.

Son Excellence ne doute pas cependant que toute la brigade du général Berckheim n'ait rejoint hier le général Maison ainsi qu'elle l'avait ordonné.

M. le maréchal vous prie de prendre tous les moyens possibles pour accélérer la correspondance. »

Note de Doumerc. — Répondu à M. le général de Lorencez en lui disant que les lettres adressées par le général Maison d'hier après midi et de ce matin sont arrivées, en ayant les reçus : que le 4e régiment était parti pour joindre le général Maison avant la réception de l'ordre de M. le maréchal, que les deux pièces de canon sont également arrivées hier soir et l'escorte rentrée, enfin que depuis trois jours les chevaux n'ont pas été fourrager d'après les événements arrivés et l'incertitude de la journée et que, quelle que soit la circonstance, les chevaux ont tout consommé des avances qu'ils avaient qui, à raison de quatorze lieues pour l'aller et le retour du lieu où l'on était obligé d'aller les chercher, n'ont pas permis d'en faire des approvisionnements.

Lorencez à Doumerc

Polotsk, 17 octobre [Doc. X.]

« Lorsque l'infanterie aux ordres du général Maison vous aura dépassé demain et que vous aurez été rejoint par la brigade du général Berckheim, l'intention de M. le maréchal Gouvion Saint-Cyr est que vous fassiez passer, au pont de Strounia, la Dvina à votre division, et lorsque vous serez sur la rive gauche que vous laissiez deux escadrons de cuirassiers en vue de Strounia prêts à repasser le pont s'il était nécessaire.

M. le maréchal désire que vous vous portiez ensuite avec votre division à Tourovlia, établissant vos régiments en échelons sur la route d'Oula, de manière qu'après-demain 19, vous puissiez porter votre 3e régiment de chevau-légers sur l'Oula, en lui donnant les instructions nécessaires pour observer cette rivière et la route de Vitebsk.

Quant à votre artillerie, l'intention de M. le maréchal est que vous la dirigiez demain matin sur Polotsk avec ordre de se placer près de l'ancien camp retranché pour y être à la disposition de M. le général Aubry,

Pendant que vous resterez dans cette position, M. le maréchal désire que vos patrouilles parcourent continuellement les bords de la Dvina et, comme le pays que vous allez occuper a été assigné à la première division d'infanterie pour y faire des vivres, Son Excellence vous invite à vous entendre avec M. le général Legrand pour que tout se passe de bon accord. »

Note du général Doumerc. — Lég. Bortnik ; 4ᵉ régiment, Krasnoe ; 7ᵉ régiment, Roukchenitza ; 14ᵉ régiment, Tourovlia.

Lorencez à Doumerc

Polotsk, 17 octobre [Doc. X.]

« J'ai l'honneur de vous prévenir qu'au lieu de faire passer la Dvina aux deux escadrons qui devaient rester en face de Strounia, l'intention de M. le maréchal est qu'ils suivent votre artillerie et viennent se placer avec elle près de l'ancien camp retranché. Son Excellence désire que vous fassiez déposer le plus de fourrages possible au château de Strounia afin que ces deux escadrons y trouvent la subsistance pour leurs chevaux pendant quelques jours. Ils auront soin de le faire garder.

M. le maréchal me charge de vous recommander de la manière la plus expresse de ne point permettre qu'il soit apporté le moindre obstacle à l'arrivage des fourrages destinés à l'artillerie du corps d'armée et des divisions. Si Son Excellence se prive de sa cavalerie pour la conservation des chevaux, ce serait le comble du malheur s'il en résultait que ceux de l'artillerie avec laquelle il compte défendre sa position, étaient affamés. Cela le contraindrait à l'abandonner, et ceux qui auraient transgressé cet ordre en deviendraient responsables. »

Victor à Bassano

Smolensk, 18 octobre, à 2 heures après midi [A N.]

« Monsieur le duc, le courrier que vous m'avez expédié le 14 vient d'arriver. Il m'a remis la lettre de Votre Excellence et celle de M. le prince Schwarzenberg du 11. Ce prince a fait judicieusement d'éviter la bataille dans la position qu'il occupait, puisque cette position était trop étendue et qu'elle offrait par cet inconvénient de grands avantages à l'ennemi, mais je doute que la direction qu'il donne à son mouvement rétrograde soit bien conçue en longeant le Bug, comme il en a le dessein. Les ennemis vont le suivre parallèlement et gêner toutes ses communications avec vous et avec moi, ce qui rendra nos combinaisons difficiles dans le cas où je marche pour soutenir ce prince, comme cela est vraisemblable. Il me semble qu'il eut été préférable qu'il se dirigeât du côté de Slonim ou de Volkovisk ; notre jonction en aurait été plus facile.

J'écris par l'estafette d'aujourd'hui au prince Alexandre pour demander les ordres de l'Empereur.

Les détachements qui passent par Vilna ne doivent pas y être arrêtés, mais bien continuer leur route sur l'armée, ce n'est pas avec eux qu'on peut espérer de repousser les efforts de l'ennemi, nous avons des moyens plus sûrs et ces détachements seront utiles à leurs corps.

On ne doit pas non plus arrêter à Vilna la brigade composée du 4ᵉ régiment westphalien et du régiment d'infanterie légère hessois. C'est à Minsk que le rassemblement de nos troupes doit avoir lieu ; c'est là que cette brigade doit aller.

Les troupes attendues à Varsovie ne doivent pas tarder à y arriver, si elles n'y sont déjà rendues ; la circonstance exige qu'elles se réunissent le plus promptement possible à M. le prince Schwarzenberg. Je ne puis faire moins que d'engager Votre Excellence à écrire à ce sujet à M. le général Dutaillis. Ces troupes pourraient être envoyées à Stanislanow d'où M. le prince pourrait les diriger pour les empêcher de se compromettre dans leur marche »

Victor à Berthier

Smolensk, 18 octobre [Reg. Victor]

« Selon la lettre que je viens de recevoir de M. le maréchal duc de Bassano, datée de Vilna le 14 de ce mois, la position du prince de Schwarzenberg devient de jour en jour plus mauvaise, et j'ai lieu de croire que je ne dois par tarder à aller à son secours

Le prince Schwarzenberg ayant vu le 10 au soir que l'ennemi marchait avec des forces considérables sur son extrême gauche, résolut d'éviter une bataille et, jugeant que, dans la position qu'il avait prise, la grande supériorité que l'ennemi avait en cavalerie offrait des chances trop défavorables, s'étant donc décidé à la quitter, il fit passer la Disna pendant la nuit du 10 au 11 à toutes ses troupes et reploya les Autrichiens sur Bouisoko-Litosk et le VIIe corps sur Voltschin. L'ennemi, ayant aperçu ce mouvement, fit aussitôt marcher une forte colonne d'infanterie, de cavalerie et d'artillerie dans les directions de Kletsk et de Kamenets. L'intention du prince de Schwarzenberg, suivant la lettre de M. le duc de Bassano, est de continuer son mouvement rétrograde s'il y est obligé en côtoyant le Bug dans la direction de Droghitschin. Ce mouvement ne me paraît pas sans inconvénient il laisse aux ennemis la faculté de s'établir entre le prince Schwarzenberg et moi et de rendre nos communications difficiles. J'eusse préféré que M. le prince de Schwarzenberg eût pris sa direction vers Slonim.

Dans cet état de choses, je dois prier Votre Altesse de demander à Sa Majesté s'il ne convient pas que je me mette promptement en marche pour aller soutenir le prince Schwarzenberg et m'entendre avec lui pour attaquer l'armée de Tormasof. »

Coutard à Bassano

Vidzout, 18, 7 heures du soir [A. N.]

« J'ai reçu par le retour de mon aide de camp la lettre que Votre Excellence m'a fait l'honneur de m'écrire hier.

Sur la promesse que me fait M. le Gouverneur général de m'envoyer un détachement de cavalerie et un d'infanterie, j'ai cru pouvoir repartir ce matin avec neuf chasseurs à cheval, et je viens de rentrer dans mon gouvernement. L'infanterie arrivera à 2 heures.

Lorsque le 16, à 2 heures du matin, je quittai Vidzouï, j'avais devant moi une avant-garde de cinq escadrons commandés par le major Bedrjägi qui, d'après tous les rapports, devait faire cette nuit même un coup de main sur Vidzouï où la faiblesse de mes moyens ne me permettait pas de l'attendre dans un poste aussi désavantageux.

Une lettre du 16 du prince Radzivill me confirme l'arrivée à Drouïa de la division partie de Riga, qui a couché le 12 à Warthovo et le 14 à Kamenetz. Cette division est commandée par le général Steingel, elle est composée de la troupe finlandaise sortie de Riga ; on peut l'évaluer de 8.000 à 10.000 hommes de troupes réglées et quelques centaines de milices et cosaques ; elle a entre vingt et trente canons dont quatre de gros calibre.

Le général Sievers qui attendait ces troupes à Drouïa, avait avec lui trois escadrons de dragons et soixante cosaques, et un millier d'hommes d'infanterie campés à un mille en arrière, indépendamment des 3.000 à 4.000 volontaires tant à pied qu'à cheval qui lui sont arrivés des environs de Saint-Pétersbourg.

Le pont sur la Dvina en face de Drouïa est terminé ; de l'infanterie et de l'artillerie sont en position sur cette rive, et l'avant-garde de Bedrjägi parcourt et désole les campagnes en disant partout qu'il viendra me prendre ici ; j'avoue, monseigneur, que je n'y suis pas en sûreté avec les faibles moyens que l'on met à ma disposition ; aussitôt que la cavalerie que l'on me promet sera arrivée ; je pousserai quelques reconnaissances en avant pour m'éclairer et recueillir des nouvelles positives que je m'empresserai de vous communiquer. »

Lorencez à Doumerc

Polotsk, le 18 octobre, 8 heures du soir.

« L'intention de M. le maréchal comte Gouvion-Saint-Cyr est qu'au reçu de la présente vous mettiez en marche le 7e régiment de cuirassiers pour se rendre à Polotsk et y arriver demain d'aussi bonne heure qu'il sera possible.

Vos trois escadrons ont fourni aujourd'hui de fort belles charges. Nous ne savons pas ce que l'ennemi nous prépare pour demain, mais aujourd'hui il a échoué partout.

Engagez, je vous prie, le général Lhéritier à envoyer quelqu'un à l'avance auprès de M. le maréchal pour annoncer son arrivée. »

Note du général Doumerc. — Reçu à 11 h. 1/2 du soir.

Doumerc à Lorencez

Tourovlia, 19 octobre, 9 heures du matin [Doc. X.]

« Je vous prie de rendre compte à M. le maréchal que, d'après les reconnaissances qui ont été faites ce matin et poussées jusqu'à plus de deux lieues dans la direction de la route de Vitebsk, il n'a été rien aperçu de nouveau. La portion de la division qui est ici exécute en ce moment le mouvement qui suit :

Le 3e régiment de chevau-légers va prendre position à Privada situé sur la route d'Oula à trois milles et demi d'ici environ.

La 1re brigade (4e régiment) va prendre position sur la même route au village de Ostrovlianoui à un mille et demi d'ici.

Les deux escadrons restant du 14e régiment viennent à Tourovolia où je suis moi-même.

Je n'ai pas achevé de pousser jusqu'à Oula le 3e de chevau-légers parce que, privé du 7e régiment, mes échelons auraient pu être trop distants les uns des autres dans un intervalle de sept lieues de route, qu'on dit être d'ailleurs excessivement mauvaise et difficile, mais le 3e régiment de chevau-légers a ordre de pousser des patrouilles fréquentes et successives sur Oula et, tous les échelons de fournir des postes d'observation continuellement en mouvement, tant sur la route de Vitebsk que sur tous les petits chemins de la gauche allant à la Dvina. »

Lorencez à Doumerc

Vieux-Polotsk, 19 octobre [Doc. X]

« L'intention de M. le maréchal comte Gouvion-Saint-Cyr est que vous mettiez votre 1re brigade en route demain de très bonne heure pour venir prendre position à hauteur de Vieux-Polotsk en arrière de l'infanterie. Vous lui prescrirez d'emporter le plus de fourrage qu'il sera possible. »

Note du général Doumerc. — Reçu à 2 heures du matin.

Victor à Partouneaux

Smolensk, 19 octobre [Reg. Victor]

« Je vais écrire à M. le marquis d'Alorna pour l'engager à préparer une bonne quantité de biscuits à Mohilev pour votre division. Il convient que vous leur envoyez un officier pour presser et surveiller cette fabrication, car il est vraisemblable que nous ne tarderons pas à marcher.

Ne soyez pas surpris pour la réserve que j'ai faite pour l'approvisionnement de Smolensk ; il se consomme journellement dans cette place plus de 30.000 rations de subsistances, non compris les triples rations qui sont données aux troupes qui voyagent. »

Victor à Fournier

Smolensk, 19 octobre [Reg. Victor]

« J'ai l'honneur de vous prévenir que 4.000 ou 5.000 cosaques réguliers et autres sont à Smolensk d'où ils vont fréquemment à Roslovl et environs. Faites surveiller attentivement pour garantir vos cantonnements de quelques surprises de la part des cosaques. Servez-vous en cas de besoin d'un bataillon de la 28e division établie près de vous pour la garde de ses chevaux d'artillerie. Je vous serai obligé de faire les recommandations au chef de ce bataillon de se garder avec soin et de ne pas permettre à ses soldats de s'écarter. »

Victor à d'Alorna

Smolensk, 19 octobre [Reg. Victor]

« La supériorité numérique de l'armée de Tormasof oblige M. le prince de Schwarzenberg qui lui est opposé de se reployer et d'éviter la bataille. Sa retraite s'effectue le long du Bug dans la direction de Droghitschin.

Cette circonstance m'obligera sans doute à marcher incessamment au secours de ce prince. Dans cette hypothèse probable, je dois prendre les mesures convenables pour assurer les subsistances convenables au IXe corps pendant ces marches. Les ressources qu'offre votre gouvernement vous mettent à même, monsieur le général, de faire préparer cet approvisionnement. Veuillez, je vous prie, ordonner que tous les lieux d'étapes soient abondamment munis de farine et qu'il soit fabriqué à Mohilev la plus grande quantité de biscuit pour la division Partouneau qui se trouve maintenant dans votre gouvernement.

J'ai recommandé à M. le général Dombrowski d'observer Hertel de très près et de protéger votre gouvernement contre les invasions des ennemis. Il a pour cet objet laissé 300 chevaux et 1.500 hommes d'infanterie entre la Bérézina et le Dniéper pour couvrir Mohilev. »

Victor à Berthier

Smolensk, 19 octobre [Reg. Victor]

« Le 13e convoi parti le 9 du courant de Smolensk pour Moscou a été rappelé à Smolensk le 10, d'après les ordres de Votre Altesse Sérénissime datés du 4 ; mais sur les observations qui furent faites par M. le colonel Pellegrin, commandant ce convoi, qu'il ne transporte que des outils et autres objets indispensables à l'artillerie ; qu'il n'y avait aucune munition de guerre, je l'autorisai à se remettre en route avec les voitures de la trésorerie et les troupes d'escorte commandées par le général Everts. Il n'est plus parti de convois d'artillerie de Smolensk depuis cette époque, et les ordres de l'Empereur à ce sujet sont exécutés ainsi que j'ai eu l'honneur d'en prévenir Votre Altesse. Un officier d'artillerie est allé sur la route de Moscou pour faire exécuter les dispositions contenues dans sa lettre du 7 du courant à 2 heures du matin.

Les troupes que conduit M. le général Everts sont nombreuses ; elles se composent de 3.000 hommes d'infanterie et de près de 2.000 chevaux dont il faut distraire seulement le régiment de Mecklenbourg destiné pour Doroghobouj et le 1er bataillon d'infanterie légère destiné pour Viasma. Le reste doit rejoindre l'armée, et je crois qu'il conviendra de l'y appeler au plus tôt, car c'est un composé de détachements de marche qui ne serviront bien que quand ils seront réunis à leur corps.

J'attends M. le général Baraguey d'Hilliers pour lui remettre le commandement de la division de marche que je forme à Smolensk. J'ai eu l'honneur d'écrire hier à Votre Altesse pour lui transmettre les dernières nouvelles du prince de Schwarzenberg dont la position me semble exiger de prompts secours. J'attends les ordres de Sa Majesté à ce sujet. »

Coutard à Bassano

Vidzouÿ, 19 octobre, 7 heures du soir [A N.]

« Je m'empresse de donner avis à Votre Excellence que la division venue de Riga sous les ordres des généraux Stiengel et Raczmanow, qui avait passé la Dvina, est partie de son camp devant Drouïa le 17 à 3 heures après midi pour remonter à la droite du fleuve et se porter vers Polotsk.

L'avant-garde du major Bedrjägi, qui s'était porté sur moi le 16 pour cacher ce mouvement, manœuvre également par la gauche, et flanque la droite de cette division sans en faire partie. Cette division est composée de six régiments d'infanterie, d'un de chasseurs, de deux escadrons de dragons, d'un escadron de cosaques et de 24 pièces de canons. Les pontonniers et les paysans employés à la construction des ponts de ce corps sont restés à Drouïa. Le général Siewers ne paraît pas avoir suivi ce mouvement.

Je ne puis communiquer avec Son Excellence le maréchal Saint-Cyr, mais j'imagine que l'avis qu'il a reçu, en suite de ma lettre du 16, que l'ennemi marchait sur Vidzoni, lui aura fait observer plus particulièrement sa gauche.

Mes communications sont établies avec le prince Radziwill et le général de division Grandjean qui est arrivé à Illoukst le 14.

J'ai du monde en observation sur tous les points, et j'aurai l'honneur de prévenir Votre Excellence de tout ce que j'apprendrai. »

Doumerc à Lorencez

Tourovlia, 20 octobre, 2 heures après minuit [Doc. X.]

« C'est au moment où je vous écris, à 2 heures du matin, que j'ai reçu votre lettre d'hier par laquelle vous me transmettez les ordres de Son Excellence M. le maréchal pour faire partir la 1re brigade, pour la diriger sur le Vieux Polotsk. D'après la lettre que j'ai eu l'honneur de vous écrire hier, vous aurez vu qu'elle était en position à trois lieues d'ici, route d'Oula. Cet éloignement fera qu'elle n'arrivera pas d'aussi bonne heure que Son Excellence paraissait le désirer.

D'après le mouvement que fait cette brigade, j'ai trouvé que les lanciers du 3e régiment étaient trop éloignés de moi, et j'ai cru en conséquence, pour lier l'échelon, que je devais lui faire quitter Privada pour venir prendre la position à Ostrovlianouï que quitte la 1re brigade et laissant à une lieue de lui dans le village d'Usnitsa 50 hommes.

Tous les villages que je vous ai nommés ne sont pas sur la carte, ils sont situés sur la route d'Oula : Ostrovlianouï à une lieue et demie et Usnitsa à deux lieues d'ici. »

Lorencez à Doumerc

Bivouac devant Polotsk, 20 octobre [Doc. X.]

« J'ai l'honneur de vous prévenir qu'après-demain 22 toute votre division sera réunie à Tourovlia où la 1re division d'infanterie ira prendre position le même jour.

L'intention de M. le maréchal est que vous partiez le 23 pour vous établir en arrière de cette division vers Bortnik et Oula.

Le quartier général de Son Excellence sera le même jour à Voronetsch. »

P. S. — M. le maréchal vous prie, mon général, de vouloir bien faire partir demain de bonne heure vos équipages pour Ghomel sur la route d'Ouchatsch.

Lorencez à Bassano

21 octobre [A N.]

« M. le maréchal comte Gouvion Saint-Cyr me charge d'avoir l'honneur d'adresser à Votre Excellence la copie du rapport qu'il a adressé à Son Altesse Sérénissime le prince major général ; il pense qu'il parviendrait peut-être encore plus sûrement si vous aviez la bonté d'en envoyer un duplicata.

M. le maréchal pense que les circonstances de ce rapport convaincront sans doute Votre Excellence que le seul rôle qui convienne en ce moment au IIe corps d'armée est une défensive absolue ; on se propose en conséquence, si l'ennemi nous suit avec la masse de ses forces, de prendre successivement position à Ouchatsch, Kamen, et enfin, s'il est nécessaire, s'établir derrière la Oula, la droite à Tschachniki, la gauche à Lepel, se prolongeant un peu le long du canal Bérézenskoi, et tenant par des troupes légères la communication de Vilna. On est d'opinion que l'ennemi n'osera suivre jusque-là, parce qu'en allongeant ainsi ses flancs il donnerait trop beau jeu aux ducs de Bellune et de Tarente s'ils se déterminent à manœuvrer pour nous soutenir.

M. le maréchal me charge encore de prier Votre Excellence de donner connaissance de ces dispositions au major-général et au maréchal duc de Bellune. »

Gouvion Saint-Cyr à Berthier

20 octobre [A N.]

« Par ma dernière du 17 courant, j'instruisais Votre Altesse que j'aurais probablement le lendemain toutes les forces réunies sous les ordres du comte de Wittgenstein sur le IIe corps. Je vous ai parlé des renforts qu'il avait reçus de Pétersbourg et qui se montent à 17.000 hommes, y compris 6.000 à 8.000 hommes de milice ramassés dans Pétersbourg ou aux environs. Il a reçu en outre la 24e division arrivant tout fraîchement de la Finlande : une partie de cette division a seulement donné en passant près de Riga dans une affaire contre les Prussiens. Elle a fait sa jonction avec les troupes de Wittgenstein à Disna le 16, au moment où il a débusqué le poste que j'y avais placé. Cette dernière division avec quelques détachements appartenant à d'autres qu'à la 21ᵉ division, douze escadrons de cavalerie·et son artillerie forme un total de 12.000 hommes qui, réunis aux 17.000 venus de Pétersbourg, se montent en tout à 28.000 hommes que le corps d'armée a reçus de renfort, ce qui a doublé son effectif et a porté sa force à près de 60.000 hommes.

Le 18, à 6 heures du matin, M. de Wittgenstein a débouché devant Polotsk sur quatre colonnes, déployant ses troupes autour de ma position en profitant de l'énorme supériorité qu'il avait pour prendre de revers et sans aucun danger la position que j'occupais sur la rive gauche de la Polota en face de celle qu'il occupait précédemment sur la Drissa. Sa première attaque sérieuse se porta contre une batterie à barbette que j'avais fait établir dans une position avantageuse, et qu'il fallait à tout prix occuper pour ne pas livrer à l'ennemi la partie la plus faible de ma position, c'est-à-dire le front de la ville n'offrait aucune difficulté qu'une palanque dont j'avais couvert le front, mais qui n'était point encore terminée, étant ouverte partout, notamment aux deux petits bastions qui devaient l'appuyer, mais qui étaient à peine tracés. Cependant j'y mis quelques pièces qui nous ont servi. La batterie de la Tuilerie a été prise et reprise trois ou quatre fois. Elle était défendue par les troupes de la 8ᵉ division commandée par M. le général de division Maison. La défense de ce front d'attaque lui fait infiniment d'honneur, ainsi qu'au corps chargé de sa défense, c'est-à-dire les 2ᵉ, 37ᵉ de ligne et 11ᵉ d'infanterie légère, ainsi qu'à deux escadrons du 14ᵉ régiment de cuirassiers commandés par M. X..., deux escadrons de troupes légères du 8ᵉ lanciers et 20ᵉ chasseurs commandés par M. le chef d'escadron Gureli qui appuyaient la droite de la 8ᵉ division et dont la conduite mérite le plus grand éloge dans toutes les charges qu'ils ont reçues ou faites contre des forces si disproportionnées aux leurs. L'ennemi déploya une autre de ses colonnes devant le front de la 6ᵉ division commandée par M. le général Legrand. Il a dirigé principalement son attaque sur une batterie qui n'était point terminée sur la rive gauche de la Polota et qui devenait alors le centre de la division Legrand. Trois ou quatre fois il a essayé de s'en emparer et en a toujours été repoussé avec la perte que l'on fait toujours quand de semblables entreprises ne réussissent pas. Jusque dans l'après-midi l'ennemi n'avait pas osé attaquer le front de la rive droite de la Polota dont quelques points étaient assez bien retranchés et terminés, mais sur les 4 heures après midi, ils ont débouché de la route de Sebej et de Riga et se sont portés en foule et en furie sur le flanc gauche de la ville soutenus et échelonnés par la colonne qui débouchait de la route de Nevel. Je voulais laisser user toute cette belle ardeur sur deux redoutes construites et occupées par l'artillerie bavaroise et les soldats nécessaires à sa défense et commandées par M. le général Vicenti ; mais les Suisses de la 9ᵉ division commandés par M. le général Merle ainsi que le 3ᵉ régiment de Croates, contre les dispositions convenues, se sont précipités au-devant des Russes et ont combattu cette furie avec une bravoure, un ordre et un sang-froid qui a été remarqué. On a enfin amené les Russes qui faisaient cette attaque sous les murs de la ville, où le carnage que l'on faisait depuis le matin sur tout le front de toute l'armée s'est terminé avec la nuit. Les Russes, malgré leur énorme supériorité, ont laissé la terre jonchée de leurs cadavres et n'ont réussi dans aucune de leurs attaques, quoiqu'ils soient revenus plusieurs fois à la charge sur tous les points.

Malgré le grand nombre d'ennemis que j'avais combattus dans cette journée, j'étais inquiet dans la soirée de ce que ma cavalerie aurait pu rencontrer sur la rive gauche de la Dvina. Je m'étais privé de la plus grande partie de ma cavalerie dans cette journée pour être tranquille sur mes derrières.

Dans la soirée, le général Corbineau, dont les chevaux de la brigade sont extrêmement fatigués, n'avait pas pénétré au delà de l'Ouchatsch et n'avait rencontré, suivant son rapport, que de la cavalerie et un peu d'infanterie. Comme il était parfaitement en mesure sur ce point, ayant à sa disposition trois petits bataillons d'infanterie bavaroise, j'attendais la journée du lendemain avec beaucoup de tranquillité. Le 19 à la pointe du jour nous vîmes les ennemis en mouvement sur la ligne, occupés à rectifier leur position en formant un demi cercle autour de la nôtre. Vers les 10 heures du matin, il m'arrive l'aide de camp du général Corbineau qui m'annonce qu'on s'est trompé la veille sur le rapport qu'on m'a fait, et qu'au lieu d'un peu d'infanterie, comme on l'avait cru, il avait devant sa brigade 5.000 hommes et 12 escadrons de cavalerie ; qu'il est poussé très vivement sur Polotsk où ils ne tarderaient pas à déboucher. Votre Altesse sentira l'embarras où je me trouvai alors, n'ayant pu disposer la veille du plus petit nombre de troupes en réserve pour faire face aux attaques réitérées de l'ennemi. Je ne perds pas un moment pour prendre un régiment dans chacune des trois divisions du IIe corps, en prenant de préférence ce qu'on pouvait retirer le plus facilement de l'ennemi, qui n'aurait pas manqué alors de renouveler ses attaques et n'attendait pour le faire que l'apparition de ce corps dont il attendait l'arrivée avec la plus grande impatience. Vers midi ces troupes défilant sur les hauteurs derrière Polotsk, l'ennemi vit bien ce qui décidait ce mouvement, mais crut que c'était une réserve derrière Polotsk. Je réunis ces troupes sous le commandement du général Amey, j'y joignis le 7e régiment de cuirassiers de la division Doumerc qui n'avait pas encore rencontré d'ennemi en remontant la Dvina. Je crus de nouveau être bien en mesure, mais vers les 4 heures de l'après-midi l'aide de camp du général Corbineau arrivant à toute bride me dit que le corps ennemi qui le poursuivait était fort de 10.000 à 12.000 hommes, que les troupes que j'avais envoyées ne pouvaient rien faire et qu'elles allaient redéboucher du bois à la vue de l'ennemi. Votre Altesse se fera probablement une idée de mon embarras. J'ordonnai sur-le-champ qu'aussitôt que la brume commencerait à paraître, l'armée repassât en entier sur la rive gauche de la Dvina. Vers la chute du jour, au moment où la retraite commença à retirer l'artillerie des ouvrages avancés, quelques imprudents mirent le feu aux baraques du général Legrand qui se communiqua dans un moment sur toute la ligne et donna à l'ennemi la certitude que l'on se retirait. Alors il fit feu de toutes ses batteries et lança sur la ville une quantité d'obus et autres projectiles incendiaires pour y mettre le feu à quoi il réussit en partie, espérant par là empêcher nos mouvements d'artillerie, faire sauter nos caissons. Cette canonnade et ce bombardement furent soutenus d'une attaque générale : on se voyait comme en plein jour au moyen de l'incendie de la ville, et cette attaque n'a cessé qu'au moment où le dernier homme a été repassé sur la rive gauche de la Dvina ; mais au milieu de toutes ces attaques et le tumulte qu'occasionne un incendie, les troupes se sont conduites avec une bravoure extraordinaire et la retraite s'est faite dans le meilleur ordre ; à minuit, toute l'artillerie était retirée et toute la troupe en entier était repassée à 2 heures et demie du matin. Je renforçai de suite les deux régiments qui ont passé les premiers. Les troupes que j'avais mises dans la journée sous le commandement du général Amey et qui étaient parvenues le soir à contenir l'ennemi dans les défilés près de Polotsk, mais point encore en vue de l'armée de M. Wittgenstein. Il y avait avec ces troupes une colonne bavaroise forte de 600 à 700 hommes. Je réunis le tout sous le commandement de M. Merle à qui j'ordonnai de marcher sur-le-champ au-devant du corps de M. le général Steingel, de le repousser avec vigueur pour le rejeter au delà de l'Ouchatsh pouvant alors faire soutenir cette attaque par une autre partie de l'armée si cela devenait nécessaire. Au moment où ces troupes se sont mises en mouvement, on a rencontré celles de l'ennemi qui marchaient à Polotsk.

Le corps de M. de Steingel a été culbuté et, après une grande perte en tués, rejeté de l'autre côté de Bononiïa en laissant entre nos mains 1.200 à 1.500 prisonniers parmi lesquels 18 officiers de différents grades, entre autres un capitaine de vaisseau anglais employé à l'état-major de M. Steingel et se disant au service de la Russie depuis trois semaines. Cette affaire fait beaucoup d'honneur à M. le comte de Wrede qui l'a dirigée et au général Amey qui l'a bien secondé.

Voilà maintenant le II⁰ corps sorti d'une position très fâcheuse où il s'était trouvé cerné par une armée aussi nombreuse réunie en bataille sur la hauteur en arrière de Polotsk. Je dois les plus grands éloges à la bonne conduite des troupes, au zèle et à l'intelligence des officiers de tous grades et toute arme qui m'ont bien secondé, et parmi lesquels je citerai MM. les généraux Legrand, Merle, le baron de Lorencez, mon chef d'état-major, Aubry, commandant l'artillerie du II⁰ corps, Dode commandant du génie et M. l'adjudant-commandant Dalbignac qui ont acquis dans ces dernières journées de nouveaux droits à la bienveillance de Sa Majesté. J'aurai l'honneur d'adresser à Votre Altesse d'ici à quelques jours un état des officiers qui, par leur bonne conduite, ont mérité de l'avancement.

Notre perte n'est pas très considérable en raison de celle de l'ennemi qui est énorme. M. le général Legrand a eu un cheval tué sous lui et deux contusions ; M. le colonel Gueneheuc, aide de camp de Sa Majesté, est au nombre des blessés. J'ai l'honneur de prévenir Votre Altesse qu'une balle que j'ai reçu dans le pied gauche et qui m'empêche de marcher et de monter à cheval, va me forcer pour dix à douze jours à quitter le commandement actif de l'armée. Je viens de le remettre à M. le comte Legrand.

Je compte me tenir seulement à une marche du corps d'armée pour être à même de reprendre mes fonctions aussitôt que je le pourrai, espérant être encore utile par mes conseils au corps d'armée si le général Legrand les approuve.

Je l'ai engagé à profiter du moment de désordre qu'a jeté dans l'armée la retraite de M. Steingel pour faire filer son artillerie et ses bagages en arrière de lui et assez éloignés pour qu'ils puissent trouver du fourrage n'en existant pas du tout à sept ou huit lieues dans les environs de Polotsk. Je lui ai conseillé d'éviter tout engagement sérieux avec l'ennemi, aujourd'hui qu'il est bien démontré que ses forces sont trop considérables pour pouvoir lui faire face sans se compromettre et que d'ailleurs nous manquerons sous peu de munitions. Je l'engage, si l'ennemi voulait absolument le pousser, de se retirer entre la Ouchatsch et l'Oula, en se rapprochant toujours des troupes de M. le maréchal Victor, espérant que ce corps pourra nous mettre à même de reprendre incessamment l'offensive sur l'ennemi. Je lui ai indiqué Voronetsch, Ghomel et Tourovlia pour sa première position dans le cas où l'ennemi passerait la Dvina pour le forcer à avoir un engagement sérieux, »

Victor (Ordre de marche du IX⁰ corps allant au secours des II⁰ et VI⁰ corps menacés vers Polotsk)

Smolensk, 20 octobre [Reg. Victor]

« Selon les nouvelles reçues de Polotsk datées du 17 du courant, le général russe Wittgenstein ayant reçu quelques renforts se disposerait à attaquer M. le maréchal Saint-Cyr. Cette circonstance exigeant que le

IXe corps se porte au secours de ce maréchal le plus promptement possible, ce corps d'armée exécutera les dispositions suivantes.

La 26e division d'infanterie et le régiment de chevau-légers du prince Jean, commandés par M. le général Daendels, se mettront en marche de Babinovitschi au reçu du présent pour se rendre en trois jours à Vitebsk. M. le général Daendels y prendra position avec son infanterie et se fera éclairer par la cavalerie dans la direction de Ghorodok et de Polotsk. Il fera également observer la route de Souraj. M. le général Daendels attendra de nouveaux ordres dans sa position. Il enverra un de ses officiers à M. le maréchal Saint-Cyr pour le prévenir de son arrivée à Vitebsk et du mouvement que fait le IXe corps sur ce point.

La 28e division d'infanterie aux ordres de M. le général Girard se mettra en marche demain 21 du courant pour se rendre le cinquième jour à Orcha où elle recevra de nouveaux ordres.

La 12e division d'infanterie partira de Mstislavl au reçu du présent, pour se rendre à Orcha, le cinquième jour. Là, il sera donné de nouveaux ordres à M. le général Partouneaux. Il se fera précéder par les hussards de Bade à qui il donnera l'ordre de marcher sur Orcha de manière à y être rendu le 25 du courant.

M. le général Fournier se mettra en marche demain 21 du courant, pour se rendre en cinq jours à Orcha, par le chemin de Romanovo, avec la 30e brigade de cavalerie légère. A son arrivée à Orcha il fera réunir les hussards de Bade à cette brigade, et attendra de nouveaux ordres.

M. l'ordonnateur fera partir sur-le-champ son administration pour Orcha, à l'effet d'y préparer la plus grande quantité possible de pain, il fera aussi augmenter le plus qu'il pourra ses troupeaux de bestiaux pour les envoyer à Orcha à la suite de la 28e division.

M. le colonel Caron ordonnera à sa compagnie de pontonniers de précéder la 28e division pour réparer les mauvais pas et les ponts. Il ordonnera au directeur du parc de suivre l'artillerie de la 28e division.

MM. les officiers du génie marcheront avec cette division.

Le quartier général sera le 21 à Krasnoï, le 22, 23 et le 24 à Doubrovna, le 25 à Orcha. »

Victor à Berthier

20 octobre [Reg. Victor]

« M. le maréchal Saint-Cyr étant menacé d'une attaque prochaine, ainsi que Votre Altesse Sérénissime le verra par les lettres ci-jointes, je me vois dans la nécessité d'aller promptement à son secours. Je donne en conséquence l'ordre à la 26e division d'infanterie qui est à Babinovitschi de se rendre à Vitebsk où elle prendra position en attendant les deux autres divisions. Celles-ci se mettront en marche demain 21 du courant l'une de Mstislavl, l'autre de Smolensk pour se diriger sur Orcha et de là sur Vitebsk par Babinovitschi. J'aurais désiré pouvoir abréger la marche de la division qui part de Smolensk en la faisant passer par Roudnïa, mais le mauvais temps a rendu les chemins impraticables. La grande route en est même tellement dégradée que l'artillerie aura beaucoup de peine à suivre.

Il semble, d'après les rapports de M. le duc de Tarente et de M. le maréchal Saint-Cyr, rapports qui m'ont été transmis par M. le duc de Bassano, que Wittgenstein a été renforcé d'une division sortie de Riga et d'une autre venant de Pétersbourg. La lettre ci-jointe du chef de l'état-major du IIe corps confirme l'avis donné sur le renfort venant de Pétersbourg. Cet état de choses exige donc que je fasse le mouvement dont j'ai l'honneur de

7

rendre compte à Votre Altesse Sérénissime. Je la prie d'en instruire
Sa Majesté.

.Il est à désirer que Wittgenstein veuille s'engager lorsque je serai en
mesure de seconder M. le maréchal Saint-Cyr, car, s'il évitait le combat, il
me retiendrait sur la Dvina le temps qu'il faudrait que j'employasse à marcher contre Tormasof dont les progrès commencent à alarmer la Lithuanie.
Je m'entendrai donc avec M. le maréchal Saint-Cyr pour réduire le plus
promptement possible Wittgenstein et le mettre hors d'état de rien entreprendre de longtemps, et, si nous réussissons, j'irai au secours de M. le prince
Schwarzenberg à moins que l'Empereur n'en ordonne autrement.

Je laisserai plusieurs officiers pour recevoir et m'apporter à Vitebsk les
ordres de Votre Altesse Sérénissime. »

Victor à Bassano

20 octobre [Reg. Victor]

« Le gouverneur de Vitebsk m'annonce par une lettre datée du 18 du
courant que le général Wittgenstein, ayant reçu des renforts considérables,
se dispose à attaquer incessamment M. le maréchal Saint-Cyr et que ce
maréchal désire que le IXe corps aille bientôt à son secours Ces nouvelles,
qui confirment celles que Votre Excellence a reçues, m'ont décidé à diriger
le IXe corps sur Vitebsk d'où je me concerterai avec M. le maréchal Saint-
Cyr pour déjouer les projets de Wittgenstein. Je désire bien n'être pas
retenu trop de temps sur la Dvina afin de pouvoir aller à propos au secours
du prince Schwarzenberg dont la retraite commence à inquiéter.

Votre Excellence pourra m'adresser ses dépêches à Vitebsk où je serai
rendu le 28 de ce mois. Une division d'infanterie m'y précède de quelques
jours, je pense qu'elle sera en mesure de commencer une bonne diversion en
faveur de M. le maréchal Saint-Cyr dès le 25.

Je rends compte par l'estafette d'aujourd'hui au prince Alexandre du
mouvement que je fais en priant Son Altesse Sérénissime d'en instruire
l'Empereur.

Il serait très convenable que les troupes attendues à Varsovie, de même
que les renforts promis à M. le prince de Schwarzenberg, pressassent leur
marche pour le rejoindre, je ne puis que prier Votre Excellence d'écrire à
ce sujet.

Je la prie également de faire diriger sur Minsk la brigade du IXe corps
attendue à Vilna. »

Victor à Charpentier

Smolensk, 20 octobre [Reg. Victor]

« J'ai reçu votre lettre du 18 de ce mois. J'ai expédié aussitôt l'ordre à la
26e division d'infanterie qui est à Babinovitschi avec un régiment de cavalerie de se porter sur Vitebsk et d'y prendre position. Les autres divisions
du IXe corps se mettent en marche demain pour rejoindre la 26e à Vitebsk.
Envoyez le plus promptement possible l'avis de ce mouvement à M. le maréchal Saint-Cyr et prévenez-le qu'il peut adresser ses ordres à la 26e division. Je serai à Vitebsk de ma personne vers le 28. Donnez vos ordres,
Monsieur le général, pour que l'on prépare la plus grande quantité possible
de farine et de pain. »

Victor à Bassano

20 octobre, 5 heures du soir [Reg. Victor]

« J'ai eu l'honneur d'écrire ce matin à Votre Excellence pour lui annoncer
le mouvement que je fais faire au IXe corps sur Vitebsk. J'ai oublié de lui

faire une observation essentielle et je m'empresse de réparer cet oubli.

Si lorsque je serai sur la Dvina Wittgenstein ne veut pas s'engager, je serai nécessairement retenu devant lui ; il en résultera que je ne pourrai pas aller au secours du prince Schwarzenberg sans compromettre M. le maréchal Saint-Cyr.

Je pense que l'on peut éviter un inconvénient aussi grave. Les succès obtenus devant Riga par le Xᵉ corps et la division sortie de cette place pour renforcer Wittgenstein sont des motifs qui permettent de prendre des mesures qui concilieraient l'appui que nous devons donner à M. le maréchal Saint-Cyr et à M. le prince Schwarzenberg.

Il me semble donc que M. le maréchal duc de Tarente pourrait faire un détachement de 10.000 à 12.000 hommes de son corps d'armée et le diriger par le chemin le plus court sur Disna pour être à la disposition de M le maréchal Saint-Cyr, à l'effet de me remplacer et de me permettre de me porter avec le IXᵉ corps partout où le service de l'Empereur l'exigera.

Votre Excellence pèsera cette observation et en fera l'usage qu'elle croira convenable. »

Vergez à Bassano (1)

Vilna, 20 octobre [A N.]

« Chargé par M. le maréchal duc de Reggio, de faire l'essai d'un moulin que Votre Excellence a fait remettre chez lui, je viens de terminer cette opération et j'ai l'honneur d'en adresser les résultats à Votre Excellence.

Quatre hommes ont moulu en deux heures, en travaillant successivement, sans s'arrêter et en ayant soin d'entretenir toujours l'entonnoir plein, de manière à pouvoir précipiter la graine dans le moulin, 25 kilogrammes de froment pur de belle qualité, qui ont produit autant de farine semblable à l'échantillon ci-joint, c'est-à-dire propre à faire de très beau pain pour la troupe.

En desserrant d'un pas l'écrou qui se trouve contre la manivelle, on obtiendra avec beaucoup moins de peine de la farine, moins belle à la vérité, mais qui donnerait encore du beau pain.

Deux hommes pourraient avec les mêmes résultats et sans se fatiguer, moudre pendant tout un jour, mais il sera toujours mieux d'en employer un plus grand nombre, surtout quand on voudra obtenir de la belle farine. »

Vilna, 20 octobre [A N.]

« Ce que j'ai eu l'honneur de vous annoncer hier se vérifie ; l'ennemi a suivi le 16 le mouvement qu'il avait commencé dans la direction de Ghorodok et de Kozianouï, il a en même temps attaqué avec une avant-garde un poste de Bavarois qui était à Disna sur la rive gauche et qui s'était replié ; une forte division paraît marcher sur cette rive. Le lendemain 17 l'ennemi a forcé le passage de la Polota à Jourovitschi. Le maréchal Saint-Cyr s'attendait pour le lendemain à une attaque générale.

Je vous informe de tout ce qui se passe au moment même où j'en suis instruit. »

Treuberg à Viviés

Tschernevitschi, 20 octobre [A N.]

« En réponse à votre lettre que je viens de recevoir, j'ai l'honneur de vous prévenir que, d'après toutes les nouvelles, les Russes dirigent un corps

(1) Commissaire des guerres adjoint près d'Oudinot.

fort considérable de toute espèce d'armes sur la rive gauche de la Dvina, de Disna à Polotsk, et il paraît que leur entreprise a eu du succès, attendu que depuis hier au soir toute communication entre cette place et Polotsk est entièrement coupée. J'ai reçu hier une lettre de mon général commandant d'après laquelle l'ennemi avait attaqué le 18 la position de Polotsk avec une grande supériorité. Il avait fait plusieurs attaques sur les retranchements, mais avait été culbuté partout. Sur la route de Disna, l'ennemi a été également culbuté par les généraux Corbineau et Strœhl qui y étaient postés et qui l'ont poursuivi. Mais tout d'un coup la scène a changé, les Russes sont revenus avec une infanterie nombreuse, ont fait replier les deux généraux susdits, les ont forcés à quitter leur position et il est bien probable qu'ils se trouvent actuellement à Polotsk. Je me trouve dans le plus grand embarras et ne sais pas si dans la situation actuelle où je n'ai aucune communication, je dois rester avec le petit nombre de troupes sous mes ordres ou si je dois me rendre à Plissa. J'attendrai encore la journée de demain et, si je ne reçois pas des nouvelles favorables, je me dirigerai sur Plissa et je tâcherai de ramener le parc d'artillerie qui n'est pas encore tout à fait parti. J'aurai l'honneur de vous rendre compte, monsieur le général, de tous les événements, et je vous prie de faire autant de votre côté en cas que vous apprissiez quelques détails sur les mouvements de l'ennemi. Je vous prierai d'envoyer vos lettres par la voie de Plissa, attendu qu'il se pourrait que je ne fusse plus ici. On dit que l'ennemi se propose de faire une diversion contre Ghloubokoé, j'espère cependant que ce bruit soit sans fondement. »

Sebus à Viviés (copie)

Plissa, 20 octobre [A N.]

Jusqu'à présent il n'y a encore aucune nouvelle que les communications avec Polotsk, aient été coupées.

Une affaire très vive a eu lieu près de la ville dans les journées du 17 et du 18, les Russes ont été repoussés avec une perte considérable.

M. le Gouverneur est prié de donner avis de tous les événements qui pourraient avoir rapport à l'état actuel des choses, nous en ferons autant de notre côté, à cet effet M. le Gouverneur voudra bien diriger une patrouille vers cette ville tous les jours.

Victor à Daendels

Smolensk, 21 octobre [Reg. Victor]

« M. Auguste Duverger a dû vous remettre l'ordre de vous rendre à Vitebsk et de vous y établir. Je lui ai dit que si M. le maréchal Saint-Cyr vous adressait des instructions avant mon arrivée, vous deviez vous y conformer sous la restriction cependant que je vais expliquer.

L'ennemi aura attaqué le maréchal Saint-Cyr avant votre arrivée à Vitebsk ou il ne l'aura pas attaqué. Dans le premier cas, il serait inutile que vous allassiez plus loin que Vitebsk. il faudrait par conséquent vous y établir et y servir comme je vous l'ai prescrit.

Dans le second cas, la diversion la plus puissante que le IXe corps puisse faire en faveur de M. le maréchal Saint-Cyr est de menacer l'extrême-gauche de l'ennemi par Gorodok, ainsi, dans ce même cas, vous devez faire des démonstrations dans cette direction en attendant l'arrivée des 12e et 28e divisions.

D'un autre côté, il ne convient pas que les divisions du IXe corps agissent séparément et autrement que sous mes ordres directs. Je vous prie, monsieur le général, de régler vos dispositions d'après cette lettre, nonobstant toute instruction de M. le maréchal Saint-Cyr qui y serait contraire. »

Lorencez à Doumerc

Ghomel, 21 octobre [Doc. X.]

« Pour ne pas trop vous éloigner, vous pourriez dès demain occuper Roukchenitsa et vous rapprocher ensuite de la Oula, occupant Krasnoe et Bérézova, ce qui vous tiendrait à portée de correspondre avec M. le maréchal dont le quartier général est provisoirement ici.

Quant aux subsistances, il est tout naturel que votre division subsiste où elle se trouve, en faisant toutefois en sorte que le voisin trouve à subsister aussi, et pour ce qui est des arrondissements et des démarcations, le moment n'y est pas propice ; avant de donner il faudra voir ce que les événements nous permettront de conserver ; en attendant la raison veut que tout le monde vive.

P.-S. Si M. le général Legrand place la brigade Castex vers Roukchenitsa et en avant sur la route d'Oula, votre position doit être Bérézova et en tirant à droite jusqu'à Bortnik ; tout cela est très provisoire. Si l'ennemi pousse sa pointe, il faudra prendre une ligne derrière l'Oula. »

Viviés à Bassano

Ghloubokoé, 21 octobre, midi [A N.]

« Je fais courir après le courrier que j'expédie à Votre Excellence, mon espion arrive d'Arékhovka et m'apporte des nouvelles peu satisfaisantes et tout à fait contraires à celles que m'a données le commandant de Plissa, il en résulte que notre armée est en deçà de Polotsk, et qu'elle se battait encore ce matin. Je joins ici les deux avis qu'il m'a remis. »

Viviés à Bassano

Ghloubokoé, 21 octobre [A N.]

« Le courrier porteur de la présente m'a remis la dépêche de Votre Excellence en date du 19 de ce mois.

Depuis le 18 de ce mois, je reçois cent avis par jour sur les mouvements de l'ennemi ; s'il faut en croire les habitants, il se montre sur les routes de Vilna, de Vidzouï, de Disna et de Polotsk, et le plus souvent à deux heures de moi ; je fais de mon mieux pour rassurer les barons qui désertent leurs châteaux, et j'envoie de tous côtés pour avoir des nouvelles certaines.

Voici, monseigneur, ce dont je suis à peu près sûr : une division venant de Finlande, commandée par le général Steingel, Courlandais, et composée de quatre régiments ou portions des régiments d'infanterie de Nisow, Pétrowski, Neva et un de chasseurs, forts de douze cents hommes chacun, des dragons de Mittau forts de cinq cents hommes, de deux cents cosaques et de quinze pièces de canons, est arrivée le 16 de ce mois à Drouïa, elle y a passé la Dvina le 17, et a remonté ce fleuve par la rive gauche pour se porter à Disna où elle a combattu une brigade bavaroise qui s'est retirée sur la route de Polotsk.

L'ennemi a jeté un pont à Disna, mes rapports annoncent que cette division y a repassé la Dvina, mais je pense au contraire qu'elle s'est maintenue sur la rive gauche, et qu'elle jettera ainsi des ponts sur ses derrières de proche en proche jusqu'à une lieue de Polotsk, afin de pouvoir passer facilement sur la rive droite ou en recevoir du secours.

L'ennemi s'est montré ces jours passés dans la direction de Vitebsk, en sorte que les IIe et VIe corps courent risque d'être resserrés dans les ouvrages de Polotsk sans moyens d'existence et sans communications, ils se fraieront bien une route, mais cette position me paraît très importante, et je suppose que M. le maréchal Gouvion Saint-Cyr ne l'abandonnera qu'à la dernière extrémité, je crois qu'il n'est pas sur des roses si l'ennemi a vraiment reçu le renfort considérable qu'on annonce.

Il est arrivé ici, hier, deux bataillons de marche forts environ de 800 à 900 hommes escortant un trésor pour l'armée ; les hommes et les chevaux sont exténués de fatigue, les voitures ont besoin de réparations et, dans tous les cas il eut été indispensable de leur accorder un séjour ici, je devrai peut-être les y retenir jusqu'à ce que j'aurai la certitude que l'ennemi n'est plus sur la rive gauche de la Dvina.

Je n'ai ici qu'un dépôt de 200 et quelques Bavarois pour couvrir un parc d'artillerie sans chevaux ni conducteurs, des magasins de subsistance et environ 1.500 malades ou convalescents. Si l'ennemi avait du succès à Polotsk, j'aurais à peine le temps de me porter sur Vilna avec tout ce qui pourrait marcher, car je ne devrais pas compter sur les moyens de transport du pays, déjà les paysans abandonnent sur la route nos convois d'évacuation et amènent leurs bestiaux dans les bois, ils nous croient en pleine retraite, et l'administration civile a bien de la peine de faire arriver les objets qu'elle a requis. Des gendarmes lithuaniens et des soldats français et alliés restés en sauvegarde instigués par les barons, les juifs et autres, arrêtent les Français voyageant isolément, les dévalisent, prennent leurs chevaux et leurs voitures, les maltraitent et quelquefois les assassinent, quatre hommes prévenus de semblables délits sont dans les prisons de Ghloubokoé ; je fais instruire leur procès et je les traduirai à une commission prévôtale s'il y a lieu.

Hier un secrétaire du commissaire des guerres Hubert a été assassiné à deux lieues d'ici sur la route de Plissa, je fais des recherches pour découvrir les auteurs du meurtre.

Ma dépêche était prête à être terminée au moment où je recevrais des nouvelles de Polotsk où j'ai envoyé un espion, il me parvient à l'instant la lettre incluse du commandant de Plissa, elle annonce des succès et je m'empresse de l'envoyer à Votre Excellence. J'aurai l'honneur de la prévenir de tout ce qui viendra à ma connaissance. »

Colson à Viviés

21 octobre [A. N.]

J'ai l'honneur de vous prévenir que les Russes sont entrés la nuit dernière dans Polotsk, et que notre armée se trouve actuellement près de Polotsk, en deça de la Dvina. Les cosaques font des patrouilles nombreuses dans ces environs, mais elles ne se sont encore approchées qu'à quatre lieues d'ici.

Nous avons entendu aujourd'hui une forte canonnade. A midi les troupes françaises ont de nouveau occupé le village de Roudnia. Plusieurs de nos régiments de cavalerie et d'infanterie de l'aile gauche qui s'étaient avancés vers Polotsk poursuivent les Russes dans la direction de Disna, le parc d'artillerie a reçu l'ordre de se retirer jusqu'à Klenbakey (?), j'ai cru de mon devoir d'en faire le rapport.

Treuberg à Viviés

Tschernevitschi, 21 octobre [A N.]

« D'après les nouvelles qui me sont parvenues aujourd'hui la ville de Polotsk a été abandonnée aux Russes hier, et le IIe et le VIe corps se trouvent actuellement sur la rive gauche de la Dvina ; cependant on n'a pas pu me dire où ces corps ont repris position. Les avant-postes m'ont amené quatre déserteurs russes, polonais de naissance. Ils ont quitté leur corps, à ce qu'ils disent, aux environs de Roudnïa et à la distance d'une ou de deux lieues de Polotsk. Leur corps s'était retiré ensuite et les Français et Bavarois l'avaient suivi de près. Cinq régiments d'infanterie et trois de cavalerie russes avaient pris position sur la rive gauche de l'Ouchatsch et huit régiments d'infanterie avec la plus grande partie de l'artillerie s'étaient retirés dans la direction de Disna. Cette dernière déposition des déserteurs correspond parfaitement avec le rapport d'un homme que j'avais envoyé hier à Disna pour prendre des informations sur la position de l'ennemi. Il dit qu'on avait transporté à Disna beaucoup de Russes blessés et qu'il y avait beaucoup d'infanterie russe, sur la rive gauche de la Disna, particulièrement dans la forêt de Gholomouïst. Sur toute la route d'ici à Disna il n'avait rencontré aucune patrouille ni troupes isolées. Quelques cosaques étaient venus hier à Ourilawitze, mais en apprenant qu'il y avait ici de l'infanterie et de la cavalerie, ils étaient retournés sur leurs pas. Plusieurs patrouilles que j'ai envoyées ce matin à trois et quatre lieues de distance en différentes directions n'ont également rien découvert de l'ennemi. Comme ma communication avec le corps bavarois est constamment interrompue et comme, d'après les rapports qui me sont envoyés ce matin d'Arékhovka, la canonnade dans les environs de Polotsk ou de Roudnïa est de nouveau bien forte, il est à présumer que la déposition des déserteurs est bien fondée. Il est possible que le maréchal Macdonald ait fait une diversion de Dinabourg et qu'à cet effet on ait renvoyé les huit régiments à Disna. Aussitôt que ma communication sera rétablie et que j'apprendrai quelques nouvelles relatives à la sûreté des environs, j'aurai l'honneur d'en faire part à M. le général. »

Lorencez à Doumerc

22 octobre, 9 heures 30 du soir [Doc. X]

« M. le maréchal avait déjà eu l'intention de changer votre position et il approuvera que vous en preniez une qui vous défile des lacs et vous place sur la route d'Ouchatsch. Son Excellence avait même dit à votre chef d'état-major qu'elle trouverait bon que vous occupiez Ghorouï.

Le général Legrand devant commander le corps d'armée pendant que la blessure de M. le maréchal l'empêchera de marcher et de monter à cheval, je vous engage à lui redemander vos chevau-légers. »

Gouvion Saint-Cyr (Ordre de mouvement)

Au quartier général à Ghomel, 22 octobre [Doc. X.]

« Demain 23 du courant les trois divisions d'infanterie du IIe corps lèveront leur camp comme il suit :

La 6e division avec le 3e régiment de chevau-légers partiront de Tourovlia à 2 heures du matin pour se porter par Ghomel où elle ralliera le 19e régiment de ligne, sur Oriékova près d'Ouchatsch et elle prendra position la droite au lac.

La 8e division partira de sa position de Ghomel aussitôt après l'arrivée de la tête de la 6e et ira prendre position à Oriékova sa gauche appuyant à la Ouchatsch.

La portion de la 9e division, qui se trouve sur la rive droite de la Ouchatsch, en partira à 3 heures du matin, suivra le même mouvement sur Oriékova et campera en réserve des deux autres divisions. La portion de la même division qui est sur la rive gauche de l'Ouchatsch, partira dans la nuit pour se rendre à Ouchatsch où elle prendra position.

La division de cuirassiers tiendra jusqu'à nouvel ordre la position de Tourets, occupant celle de Ghomel par ses chevau-légers.

La brigade Castex se retirera de Tourovlia et s'établira demain à Janovo et Bérézova pour éclairer le flanc de la position. »

Viviés à Bassano

Ghloubokoé, 22 octobre, 10 heures du matin [A. N.]

« Un cantinier parti de Polotsk le 20 à midi rapporte qu'au moment de son départ nos troupes étaient encore dans la ville et dans les ouvrages avancés, qu'elles avaient repoussé neuf assauts vigoureux et que l'ennemi a fait des pertes immenses sur la rive gauche pour s'opposer aux entreprises de deux régiments de cavalerie ennemie qui ont été repoussés à plus d'une lieue de Polotsk ; ce cantinier a ajouté que notre cavalerie a détruit un pont que les Russes avaient jeté à une lieue de Polotsk.

Tous les gros bagages de l'armée ont reçu l'ordre de se rendre à Kowno ou sur la route, ils arriveront ici ce soir et demain, le chemin d'ici à Polotsk est libre par Ouchatsch et je me détermine à faire partir les deux bataillons et les fourgons de la trésorerie, l'armée a grand besoin d'argent et d'hommes et je ne voudrais pas la priver de ce secours, j'ai donné au chef de bataillon qui commande ce détachement des instructions pour se mettre à l'abri d'être surpris.

J'ai appris que les magasins de Polotsk étaient pourvus de subsistances pour plus d'un mois.

Ma dernière dépêche à Votre Excellence ayant dû lui donner des inquiétudes sur le sort de l'armée, je crois utile de faire partir celle-ci en poste par un officier, les renseignements qu'elle renferme ne sont pas officiels, mais j'ose les garantir, le cantinier qui me les a donnés est très intelligent.

Je prie Votre Excellence de faire payer les frais de poste à cet officier, j'ai dû lui faire quelques avances que j'ai prises sur mes dernières ressources, mon argent et partie de mes bagages et de mes chevaux sont tombés au pouvoir de l'ennemi. »

Victor à Daendels

Doubrovna, 23 octobre [Reg. Victor]

« Selon les nouvelles que me donne M. le duc de Bassano, une division de 8.000 à 10.000 hommes de l'armée de Wittgenstein a passé la Dvina à Drouïa le 14 de ce mois, et a attaqué un poste du maréchal Saint-Cyr à Disna le 16. Ce poste s'est reployé sur Bononiïa ; une autre division à peu près de la même force venue de Nevel sur Ghorodok a également attaqué les troupes que le maréchal Saint-Cyr avait à Kozianouï et les a forcées à se replier sur Polotsk ; une troisième division a forcé le passage de la Polota à Jourovitschi, en sorte que M. le maréchal Saint-Cyr, s'attendant à chaque instant à une affaire générale, concentra ses forces autour de Polotsk le 17. Je ne serais pas surpris d'apprendre qu'elle a déjà eu lieu. Il est vraisemblable que les ennemis étant en forces supérieures et ayant pris l'offensive se

seront décidés à livrer promptement bataille à M. le maréchal Saint-Cyr.
Il est très important, Monsieur le général, que vous tâchiez d'obtenir des
renseignements certains sur ce qui s'est passé à Polotsk depuis le 18 du
courant, car c'est d'après la connaissance que nous en aurons que nous
pourrons régler nos mouvements et employer utilement nos forces. Je vous
prie donc de faire tout ce qui dépendra de vous pour obtenir ces renseignements.

Dans le cas où la bataille aurait eu lieu et que M. le maréchal Saint-Cyr
aurait pu se maintenir à Polotsk, vous devez rester à Vitebsk et y attendre
les autres divisions du IXe corps en vous éclairant dans les diverses
directions.

Si M. le maréchal Saint-Cyr n'avait pas pu se maintenir à son poste et
qu'il eut été contraint de repasser la Dvina, il faudrait de suite vous informer quelle est la direction qu'il a prise et en même temps placer les deux
tiers de votre cavalerie à Ostrovno avec un régiment d'infanterie et deux
pièces de canon, ayant votre avant-garde à l'embranchement des routes de
Sienno et d'Ostrovno ; l'autre tiers de votre cavalerie vous éclairerait sur la
rive droite de la Dvina et le reste de votre infanterie demeurerait concentrée
à Vitebsk.

Si dans la même hypothèse M. le maréchal Saint-Cyr s'était reployé sur
Vitebsk, vous vous porteriez avec toute votre division et la cavalerie à
Ostrovno et laisseriez par conséquent Vitebsk aux IIe et VIe corps.

Si le combat n'avait pas encore eu lieu, vous borneriez vos opérations,
en attendant l'arrivée des deux autres divisions, à faire quelques démonstrations dans les directions de Ghorodok.

Si enfin M. le maréchal Saint-Cyr avait été obligé de repasser la Dvina
après le combat et qu'il soit tellement affaibli qu'il se trouve dans la nécessité de céder beaucoup de pays à l'ennemi, celui-ci pourrait se porter avec
toutes ses forces sur vous. Dans ce cas, il faudrait reployer toute votre infanterie et votre artillerie sur Babinovitschi et le faire observer par votre
cavalerie.

J'espère que si l'affaire a eu lieu, M. le maréchal Saint-Cyr se sera soutenu à Polotsk. En tout cas, tâchez d'avoir des informations exactes, ainsi
que je vous en ai prié au commencement de cette lettre, et conduisez-vous
en conséquence et selon les règles générales que je vous ai données. »

Victor à Berthier

Dombrovna, 23 octobre [Reg. Victor]

« Ainsi que j'ai eu l'honneur de l'annoncer à Votre Altesse Sérénissime
par ma lettre du 20, tout le IXe corps est en marche pour se porter sur
Vitebsk à l'effet de soutenir au besoin M. le maréchal Saint-Cyr. La
26e division y arrivera demain 24 ; les autres ne pourront y être rendues que
le 28. Les chemins sont excessivement mauvais ; les troupes, surtout l'artillerie, ne marchent qu'avec difficulté.

Selon les derniers rapports de M. le maréchal Saint-Cyr, une division de
8.000 à 10 000 Russes, 20 ou 30 pièces de canon, venant de Riga, a passé à
Drouïa, le 14, et s'est dirigée sur Disna où elle a attaqué le 16 le poste que
M. le maréchal Saint-Cyr avait dans cette ville et l'a forcé à se reployer
derrière l'Ouchatsch à Bononiïa. Une autre division venue de Revel à
Ghorodock attaquait en même temps le poste de Kozianouï et le forçait à se
retirer sur Polotsk ; un troisième corps forçait le même jour le passage de
la Polota à Jourovitschi. Toutes ces dispositions offensives de la part de
l'ennemi faisaient penser à M. le maréchal Gouvion Saint-Cyr que le moment

d'une affaire générale n'était pas éloigné, et il concentrait toutes ses forces autour de Polotsk pour recevoir le combat. Ces rapports sont du 17. Il est vraisemblable que les ennemis étant en forces supérieures n'auront pas attendu jusqu'à ce moment pour attaquer M. le maréchal Saint-Cyr et je crains d'arriver trop tard. Il est fâcheux que je n'aie pas été prévenu quelques jours plus tôt. En tout cas, la présence du IXᵉ corps ne sera pas inutile sur la Dvina. Je tâcherai, selon les nouvelles que j'apprendrai, de le rendre avantageux au service de l'Empereur.

Je reçois à l'instant une lettre de M. le général Daendels datée de Babinovitschi le 22, par laquelle il me mande que l'on ne connaît pas encore ce qui s'est passé devant Polotsk, et il en induit qu'un engagement général n'a pas eu lieu. J'espère être mieux informé demain ; je m'empresserai de transmettre à Votre Altesse Sérénissime les avis que je recevrai.

M. le prince Schwarzenberg, voulant toujours éviter la bataille, s'est soustrait aux poursuites de l'armée de Tormasof en passant le Bug près de Siématitsché, et il mande à M. le duc de Bassano qu'il se dispose à remonter ce fleuve jusqu'à la hauteur de Brest dans le double objet de se rapprocher des secours qu'il attend et d'obliger l'ennemi à un mouvement rétrograde. Il laisse par ce mouvement toute la Lithuanie à la disposition des Russes, dont plusieurs partis se sont déjà montrés, dit-on, à Volkovisk et Slonim, ce qui alarme beaucoup les habitants de ces contrées. Un autre effet du mouvement de M. le prince de Schwarzenberg est que nos communications peuvent être toutes interceptées.

Dans peu de jours je saurai à quoi m'en tenir relativement au prince Wittgenstein, et, s'il y a possibilité de l'entamer, j'y ferai tous mes efforts, afin de pouvoir aller au secours de la Lithuanie et d'engager M. le prince Schwarzenberg à reprendre l'offensive. »

Lorencez à de Wrède

Paule, 23 octobre.

« M. le maréchal me charge d'avoir l'honneur d'informer Votre Excellence que l'armée prend aujourd'hui position ainsi qu'il suit :

Les cuirassiers à Ghorouï, la cavalerie légère à Janovo, Bérézova. Deux divisions d'infanterie à Oriékhova, une autre division à Tschéréïa.

Dans cette position M. le maréchal désire que vous fassiez prendre aujourd'hui au VIᵉ corps position derrière le ruisseau qui passe entre Sélitchché et Zarietsché, laissant une avant-garde à Babinitschi et tenant des partis vers Koubloutschi afin d'éclairer les routes de Disna et de Vilna.

M. le maréchal vous prie de lui donner souvent de vos nouvelles, il prendra aujourd'hui son quartier général à Kamen. »

P. S. — M. le maréchal ne pouvant pas vaquer aux soins du commandement actif, l'a remis à M. le général Legrand ; j'avais eu l'honneur de vous en prévenir, mais il paraît que cette dépêche ne vous est point parvenue. M. le maréchal vous prie de vous mettre en rapport avec ce général pour tout ce qui pourra intéresser le service, et de renvoyer demain le 7ᵉ de cuirassiers à sa division.

Treuberg à Viviés

Plissa, 23 octobre [A. N.]

« J'ai reçu hier de Son Excellence le comte Wrède, général commandant du corps bavarois, l'ordre de me mettre en marche pour venir ici après avoir réuni toutes les troupes qui se trouvent sous mon commandement dans ces environs et de rester ici jusqu'à nouvel ordre. J'ai l'honneur

d'en faire part à M. le général et de lui donner en même temps avis que le
IIᵉ corps s'est retiré de Polotsk à Ouchatsch et qu'en même temps le VIᵉ corps
s'est retiré à Orchekowna où il prendra position aujourd'hui et se rendra
demain également à Arékovka par Babinitschi et Koublitschi. Dans le cas où
je serais forcé par la supériorité de l'ennemi de quitter cette ville et que ma
communication avec le corps serait interrompue, j'ai l'ordre de me rendre à
Ghloubokoé et de me retirer de là à Vilna si les circonstances l'exigent A
mon arrivée ici j'ai trouvé dans cette ville un officier supérieur français,
avec deux bataillons, qui est chargé d'escorter un transport d'argent considérable destiné pour le IIᵉ corps. Comme la grande route d'ici à Ouchatsch
est entièrement libre de manière que l'ennemi, en passant sur le flanc gauche de notre corps, est à même d'incommoder beaucoup le passage de cette
route, comme d'ailleurs les chemins sont abîmés par le mauvais temps et
rendus impraticables pour des fourgons, j'ai conseillé le commandant du
transport d'argent de retourner avec cette somme considérable à Ghloubokoé
et en cas de besoin de se retirer encore davantage jusqu'à ce que M. le
maréchal de Saint-Cyr lui ait indiqué un moyen sûr pour faire parvenir cet
argent.

Je prie M. le général de me communiquer toute nouvelle qu'il pourrait recevoir sur les mouvements de l'ennemi, surtout dans les environs de Disna ;
j'ai porté un détachement de cavalerie dans les environs de Loujky, pour
m'avertir promptement de l'approche de l'ennemi. »

Victor (Ordre de marche)

24 octobre [Reg. Victor.]

« La 30ᵉ brigade de cavalerie légère partira de Doubrovna le 25 du courant pour se rendre à Vitebsk par Babinovitschi en quatre marches. La distance est de 85 verstes. M. le général Partouneaux les divisera autant que
possible en quatre marches égales.

J'ai remarqué avec peine que les colonnes marchent toujours décousues et
par lambeaux, et que ce désordre est occasionné par le peu d'attention que
MM. les généraux et colonels mettent à régler la marche des têtes de colonnes
qui est toujours trop précipitée et oblige le soldat à courir et à se fatiguer
inutilement. Je ne peux trop prier MM. les généraux de division de mettre
désormais plus de règle dans la marche des troupes. Les colonnes doivent
être pleines dans toute leur étendue et en toute occasion. Lorsque le terrain
le permet, on doit marcher par pelotons ou par sections ; dans tout autre cas
et, notamment dans les passages de défilés ou de mauvais pas, chaque chef
de régiment doit avoir l'œil sur sa troupe et la conduire de manière qu'elle ne
se détruise point. Il est surtout expressément défendu de faire courir le soldat dans aucune circonstance, il faut au contraire le conduire toujours avec
autant de calme que d'ordre. »

Victor à Bassano

Doubrovna, 24 octobre [Reg. Victor]

« Votre Excellence doit être instruite du mouvement du IXᵉ corps sur
Vitebsk dans l'objet de soutenir M. le maréchal Gouvion-Saint-Cyr. J'ai eu
l'honneur de vous en informer par une lettre du 20. J'ai été décidé à opérer
ainsi par l'avis que j'ai reçu, le même jour 20, du gouverneur de Vitebsk,
que Wittgenstein, ayant reçu des renforts considérables, se disposait à attaquer M. le maréchal Gouvion-Saint-Cyr. Les lettres que Votre Excellence m'a
fait l'honneur de m'écrire à ce sujet m'ont été remises les 21 et 22. Je regrette

de ne pas avoir été prévenu plus tôt de la situation et des desseins du général Wittgenstein ; je crains d'arriver trop tard sur la Dvina.

Je ne sais plus que penser du mouvement de M. le prince Schwarzenberg derrière le Bug dans la direction de Brest. Il pourrait être avantageux si, recevant promptement ses renforts, il prenait aussitôt l'offensive en débouchant de ce point sur les derrières des ennemis, mais si ces renforts tardent à arriver et qu'on ne puisse attaquer bientôt Tormasof sérieusement et avec beaucoup de résolution, il pourra faire beaucoup de mal en Lithuanie notamment sur le Niemen, où nous avons de grands approvisionnements.

Les nouvelles que je reçois de Minsk sur la surprise de Slonim annoncent que le général Konopka y a été blessé et fait prisonnier avec quelques-uns de ses soldats, mais que le gros de son régiment a pu se reployer sur Novoghrodek.

J'expédie l'ordre au gouverneur de Minsk d'appeler cette troupe à Mir et de s'y placer avec d'autres troupes qui sont à Nesvij pour couvrir Minsk de ce côté.

Le général Dombrowski continue à observer et à tenir en respect le général Hertel et la garnison de Bobrouisk.

Je saurai bientôt à quoi me décider concernant le général Wittgenstein. Je vais tâcher de l'attaquer de concert avec M. le maréchal Saint-Cyr, et, si nous sommes heureux, je me porterai rapidement au secours de la Lithuanie. Je n'ai pas de nouvelles de la brigade du IXe corps qui a été dirigée de Königsberg sur Vilna. Je serais fort obligé à Votre Excellence de m'en donner, si elle en a, et notamment d'engager M. le général Hogendorp à la diriger sur Minsk où je lui adresserai des ordres. »

Victor à Bronikowski

Doubrovna, 24 octobre [Reg. Victor]

« J'ai pris connaissance du rapport de M. le général Kossecki, que vous m'avez adressé le 22 du courant. S'il a des craintes en restant à Nesvij, il doit n'y laisser qu'un détachement et se porter sur Mir d'où il observera les routes de Novoghrodek et Slonim, ayant l'attention à se ménager une communication pour se reployer derrière le Niémen en cas de nécessité et couvrir Minsk en ce moment.

Si, comme on le croit, les lanciers de la garde qui étaient avec le général Konopka, se sont retirés sur Novoghrodek, il faut leur donner l'ordre de se joindre au général Kossecki.

Une brigade d'infanterie composée du 4e régiment westphalien, d'un régiment d'infanterie légère d'Hesse-Darmstadt et de huit bouches à feu, appartenant au IXe corps, doit être partie de Vilna pour se rendre à Minsk. Gardez-la dans cette ville jusqu'à nouvel ordre et ayez, je vous prie, l'attention de me prévenir du moment où elle y sera arrivée.

Le IXe corps est en marche pour se rendre à Vitebsk dans l'objet de soutenir M. le maréchal Saint-Cyr qui est menacé d'une attaque prochaine. C'est là que vous m'adresserez vos rapports.

Organisez à Minsk un bataillon de marche de tout ce qui passera dans cette ville appartenant au IXe corps pour l'y retenir jusqu'à nouvel ordre. »

Victor (Ordre)

Doubrovna, 24 octobre, 7 heures du soir [Reg. Victor]

« La marche ordonnée sur Vitebsk n'aura pas lieu.

La 30e brigade de cavalerie légère se dirigera demain 25 sur Sienno, par Orcha et Smolianouï. Elle se rendra à cette destination en trois marches.

La 28e division suivra le mouvement de la cavalerie légère.

Le parc marchera après elle.

La 12e division partira d'Orcha le lendemain de son arrivée dans cette ville pour se rendre en deux marches à Sienno par Smolianouï.

Le quartier général sera à Sienno le 26. »

Victor à Daendels

Doubrovna, 24 octobre, 7 heures du soir [A. G.]

« Les nouvelles que vous m'avez adressées sur les événements de Polotsk ont fait changer mes dispositions, et, au lieu de diriger sur Vitebsk les 12e et 28e divisions, je les fais marcher sur Sienno, où la 28e arrivera le 27, et la 12e, le 28 du courant, en même temps que la cavalerie légère. J'y serai rendu de ma personne le 26. Je me suis décidé à ce mouvement pour être plus tôt à portée de connaître la position de M. le maréchal Saint-Cyr et de m'entendre avec lui pour nos opérations ultérieures.

Dans cet état de choses, votre premier soin doit être de faire découvrir la table du pont de Vitebsk du côté de la rive droite de la Dvina sur un espace assez grand pour que l'ennemi ne puisse pas atteindre la partie du pont qui restera intacte : vous ferez retirer les matériaux de notre côté et les ferez conserver pour être rétablis au besoin, et par ce moyen nous ménager un passage sur la Dvina en en privant l'ennemi.

Vous laisserez trois bataillons badois, un escadron de cavalerie et quatre bouches à feu pour garder et défendre ce passage. Vous viendrez vous établir avec le reste de votre division et de votre cavalerie à Ostrovno.

Vous vous conformerez à l'article de ma lettre d'hier par lequel il est dit que vous resterez à Vitebsk avec le gros de votre division et que vous établirez un régiment d'infanterie et les deux tiers de votre cavalerie à Ostrovno avec deux pièces de canon. Donnez vos instructions pour que les gués soient reconnus et gardés par la cavalerie au-dessous et au-dessus de Vitebsk à deux ou trois milles de chaque côté. Rappelez tous les détachements que vous avez pu laisser sur la route d'Orcha, tenez-vous bien réuni et toujours prêt à marcher et envoyez-moi vos rapports à Sienno par le chemin le plus direct. Le général Fournier communiquera le 28 avec vos postes d'Ostrovno. Je tâcherai aussi de communiquer le même jour avec M. le maréchal Saint-Cyr. »

Viviés à Bassano

Ghloubokoé. 24 octobre [A. N.]

« Je profite du retour d'un aide-de-camp de M. le général comte Verdier pour annoncer à Votre Excellence que les bataillons des 19e et 56e régiments, escortant un convoi d'argent pour le IIe corps, viennent de partir pour retourner à Vilna en passant par Porplichtche, Dockchitsoui, Dolghinov et Wileika où ils arriveront le 26, pour continuer ensuite par la route d'étape jusqu'à Vilna, à moins que M. le maréchal Gouvion, que je préviens de ces mouvements, ne leur donne une autre direction ; M. le chef de bataillon Roussel m'a dit être responsable de ce trésor, il a déjà pris mes conseils et ne les a pas suivis, et j'ai cru ne pas devoir me mêler d'un objet aussi délicat, d'autant que cet officier a choisi la route la moins susceptible d'être interceptée par l'ennemi.

J'ai demandé à M. le maréchal Gouvion quelle direction je dois donner aux convois et aux troupes et je préviens Son Excellence que, jusqu'à ce que je serais fixé là-dessus, je retiendrai ici tout ce qui me parviendra pour les IIe et VIe corps. »

Viviés à Bassano

Ghloubokoé, 24 octobre [A. N.]

« J'ai l'honneur d'adresser à Votre Excellence copie de la dépêche dont j'ai chargé l'aide-de-camp de M. le général comte Verdier, qui n'arrivera à Vilna qu'après l'officier bavarois à qui je remets la présente.

Cet officier m'a donné des détails qui confirment mes conjectures sur la position que prend l'armée sous les ordres de M. le maréchal comte Gouvion Saint-Cyr ; elle se retire sur l'Ouchatsch, laissant à découvert la route de Vilna, il pense que les troupes qui sont à Vilna devront se replier demain sur ici, alors je ne craindrai plus un coup de main, mais s'il avait lieu cette nuit, comme les bruits publics semblent l'annoncer, je serais pris au dépourvu et il me serait impossible de couvrir à la fois des établissements qui sont distants l'un de l'autre de près d'une lieue ; je ne connais pas de position plus affreuse que celle qui me mettrait dans le cas de laisser sans défense nos malheureux blessés ; l'hôpital est à plus de deux lieues d'ici et je ne puis y fournir qu'un poste de 24 hommes éclopés.

Le sous-préfet m'annonce qu'il va envoyer sa famille à Vilna, plusieurs barons en font autant et nous ne trouverons plus la moindre ressource dans les administrations civiles, les vivres ne nous manqueront pas, j'en ai même trop, mais nous manquerons de moyens de transport.

Je suis toujours sans nouvelle officielle de M. le maréchal Saint-Cyr. »

P.-S. — « Ma lettre était cachetée et je l'ouvre pour y joindre celle que je reçois de M. le commandant de Plissa qui me renvoie la dépêche que je l'avais prié de faire parvenir à M. le maréchal Saint-Cyr ; il m'annonce qu'il craint d'être coupé de Ghloubokoé. Si cela était vrai, je serai attaqué cette nuit. »

P.-S. — « 25, à 7 heures du matin. — Nous avons été tranquilles la nuit passée, plusieurs courriers français et bavarois sont rentrés ici, n'ayant pu se rendre au II⁰ corps, je les ferai rétrograder sur Vilna. Je renvoie promptement à Votre Excellence celui qu'elle a chargé de quatre moulins à bras et je lui remets cette dépêche que l'officier bavarois oublia de prendre hier soir. Toutes les lettres que j'ai envoyées au maréchal Saint-Cyr depuis le 23 m'ont été renvoyées, en sorte que Son Excellence ne connaît pas le mouvement rétrograde du trésor et ne pourra pas lui donner une direction. Je prie Votre Excellence d'y suppléer ; il est possible que je dirigerai par Vileika ce que j'évacuerai d'ici, si j'ai des moyens de transport, afin que ces objets soient plus à portée de joindre le II⁰ corps et pour ne pas trop encombrer la grande route de Vilna, que je me propose toujours de couvrir si je suis forcé à la retraite, à moins que des partis ennemis ne m'y aient devancé. »

Treuberg à Viviés

Plissa, 24 octobre [A. N.]

« Je reçois à l'instant la nouvelle que le II⁰ corps a été attaqué aujourd'hui près de Babinitschi et a été forcé de se replier, de manière que ma communication avec ce corps doit nécessairement être interrompue à cette heure.

J'ai reçu l'ordre de me tenir encore ici demain s'il est possible, et de me retirer ensuite selon les circonstances sur Ghloubokoé. Il est pour moi de la plus haute importance de recevoir autant de renseignements que possible, et de savoir si je pourrais être coupé sur cette route, et je prie M. le général de prendre des informations si une division ennemie dirige sa marche sur Ghloubokoé, il voudrait bien m'en donner incessamment avis. J'enverrai souvent des patrouilles sur la route de Ghloubokoé, il serait très utile si l'on voulait faire autant de l'autre côté. »

P.-S. — Je renvoie la lettre à l'adresse de M. le maréchal Saint-Cyr. Le chevau-léger que j'avais expédié pour la porter à sa destination a nté ramené par l'officier qui m'a porté l'ordre ci-dessus mentionné, attendu que la route n'est pas sûre. »

Viviés à Bassano
Ghloubokoé, 24 octobre, 6 heures du matin [A. N.]

« Je me hâte de répondre à la lettre que Votre Excellence m'a fait l'honneur de m'écrire le 22 de ce mois et de lui faire part de ce que j'ai appris concernant la position des IIe et VIe corps. Le rapport que j'eus l'honneur d'envoyer à Votre Excellence le 22 par un officier est exact, mais depuis j'ai acquis la certitude, par des officiers blessés et par les deux rapports ci-joints, que Polotsk a été évacué le 20 au soir ; il résulte du dernier de ces rapports que l'armée se retire dans une autre direction que celle de Vilna ou qu'elle prend position derrière l'Ouchatsch et que le général, comte de Wrède, qui couvre son mouvement par la position qu'il occupait hier et qui doit se rendre aujourd'hui à Ouchatsch, prévoit que le commandant de Plissa pourra être attaqué et lui prescrit, dans ce cas, de se retirer sur ici et sur Vilna, me voilà donc sans communications avec M. le maréchal Gouvion et au moment d'être attaqué. L'ennemi peut battre impunément par des partis toutes ces contrées et se porter même de Drissa et de Drouia par Vidzouï sur la route entre Vilna et Ghloubokoé, il est informé qu'il y a ici un grand rassemblement de subsistances, un parc d'artillerie et plusieurs milliers de malades et il ne manquera pas d'y faire une incursion ; j'ai à lui opposer environ trois cents hommes valides et à peu près autant de cartouches, je ne trouve pas des moyens de transport, les paysans amènent leurs bestiaux dans les bois. M. le maréchal Gouvion ne m'a donné ni avis, ni ordre, et je supplie Votre Excellence de me prescrire la marche que je dois tenir ; ma position est des plus pénibles.

J'avais ici, hier au matin quatre convois de vivres pour le IIe corps, dont deux ont été abandonnés par les paysans qui ont amené leurs chevaux, les deux autres ont été dirigés hier vers midi sur Ouchatsch ; je suppose que le commandant de Plissa les force à rétrograder.

Le trésor est rentré ici hier avec son escorte ; si M. le chef de bataillon Roussel qui commande le détachement avait suivi mes instructions il serait déjà réuni au IIe corps ; je n'ose maintenant lui donner ni ordre, ni conseil, mais je m'opposerai à ce qu'il se remette en marche sur Plissa et Ouchatsch, s'il cherchait à me persuader qu'il en a le désir. »

Le courrier porteur des moulins à bras que Votre Excellence envoie au IIe corps était retenu ici avec le trésor, je l'ai fait repartir de suite pour sa destination en passant par Ouchatsch, parce que j'ai la certitude que cette route sera flanquée par le mouvement que doit faire aujourd'hui le VIe corps. »

Victor à Bassano
Orcha, 25 octobre [Reg. Victor]

« J'ai appris hier vers 10 heures du soir, par un rapport de Vitebsk, les événements qui se sont passés les 19 et 20 de ce mois à Polotsk. Cet avis m'a fait changer la direction que je donnais au IXe corps, et au lieu de le conduire à Vitebsk, je le dirige sur Sienno, à l'exception de la 26e division d'infanterie que je laisse à Vitebsk et à Ostrovno en observation, jusqu'à ce que j'aie pu m'entendre avec M. le maréchal Gouvion Saint-Cyr. Si Votre

Excellence veut m'adresser quelques dépêches, c'est à Sienno qu'elle devra me les envoyer. »

Victor à Gouvion Saint-Cyr

Orcha, 25 octobre [Reg. Victor]

« J'ai appris indirectement, mais cependant d'une manière assez positive, les combats que vous avez eus à soutenir à Polotsk, ainsi que leur résultat ; cet avis m'a décidé à donner une nouvelle direction au IXᵉ corps, et je le fais marcher sur Sienno pour me rapprocher de vous et pour concerter les moyens de reprendre promptement l'offensive sur l'armée de M. le prince Wittgenstein. Je laisse la 26ᵉ division d'infanterie à Vitebsk et à Ostrovno pour y servir jusqu'à ce que nous nous soyons entendus. Je vous prie de me faire connaître votre situation par l'officier que je vous expédie et d'y ajouter tous les renseignements dont j'ai besoin pour régler les mouvements du IXᵉ corps dans la circonstance actuelle. »

Merle (Ordre de marche)

Ouchatsch, 24 octobre [D. X.]

« L'ennemi s'étant présenté avec des forces considérables pour attaquer la 2ᵉ division d'infanterie et les cuirassiers, le général commandant provisoirement le IIᵉ corps d'armée, et d'après les ordres de Son Excellence M. le maréchal comte Gouvion Saint-Cyr, qui prescrivent de ne point avoir de forts engagements avec l'ennemi, ordonne que le corps d'armée se retirera, savoir : la 1ʳᵉ division sur Tschachniki, la 2ᵉ division sur Lepel en suivant la route Zaroui, la 3ᵉ division se dirigeant par la route de Kamen sur Lépel.

M. le général Doumerc, commandant les cuirassiers, fera passer une brigade de sa cavalerie à la 3ᵉ division. Ce général sera chargé dans la marche de faire éclairer par des détachements Pouïchna afin d'éclairer le flanc gauche du corps d'armée.

M. le général Merle sera cette nuit à Jivoloka, route de Kamen, et demain à Sverbïatschin, si toutefois il n'était pas forcé de le quitter par les mouvements de l'ennemi. »

Wrède à Bassano

Voron, 25 octobre.

« Autant que j'ai eu lieu d'être content de la journée d'hier sous le rapport de l'affaire que j'avais avec l'ennemi qui, quoique m'ayant attaqué avec des forces supérieures, n'a pu réussir à me chasser de ma position de Koubloutschi, laquelle j'avais prise à la suite des ordres de M. le maréchal comte Gouvion Saint-Cyr par une disposition d'avant-hier et où le 7ᵉ de chasseurs avait pris des canons à l'ennemi, qui cependant bientôt après furent repris, après que le brave colonel Saint-Germain avait été grièvement blessé ; autant je suis peiné par d'autres événements fâcheux qui me sont arrivés. Une batterie de 12 que je voulais faire filer vers le grand parc, se porta sur la route d'Ouchatsch. Elle traînait à sa suite la caisse du VIᵉ corps et tous les drapeaux empaquetés depuis six semaines dans un fourgon, vu la faiblesse de mes régiments réduits à des compagnies. Tout ce train fut pris par l'ennemi entre Ouchatsch et Sélitsché, parce que personne ne m'avait prévenu que tout le IIᵉ corps avait repassé la rivière de l'Ouchatsch, et parce qu'on avait négligé d'entretenir des communications avec moi à l'aide des patrouilles. Enfin la chose, assez fâcheuse en elle-même, est faite et il faut s'en consoler le mieux qu'on peut. Mais ce qui est encore plus désagréable, c'est qu'un ordre de M. le maréchal Saint-Cyr expédié hier à 3 heures après midi, d'après lequel je devais me porter sur la route de Vilna, ne m'est pas arrivé, et que, conformément aux dispositions de M. le maréchal en date d'avant-hier, je n'ai pas dû m'éloigner du IIe corps. Enfin l'ennemi (le même qui, il y a trois jours, s'était retiré au delà de la Disna), l'a repassé avant-hier dans la nuit à Arekhovka, a dirigé toutes ses forces sur moi, c'est ce qui m'a engagé de repasser pendant la nuit dernière l'Ouchatsch à Zvonia, d'où je me suis dirigé ici, y rencontrant le général Maison avec une division d'infanterie et les cuirassiers du IIe corps.

C'est à mon arrivée ici que j'apprends verbalement de ce général que l'ordre m'avait été expédié hier de me porter sur la route de Vilna.

Je ferai mon possible pour la regagner, aussi difficile que cela sera, parce que l'ennemi gagnera des marches sur moi, et que toute mon infanterie, que ma cavalerie, ainsi que les chevaux de l'artillerie sont éreintés, et que ce n'est que notre bonne volonté et notre zèle qui pourront un peu accélérer la marche. Je compte de passer par Pouichna, Bérézino, Dockchitsouï pour arriver de là, s'il est possible, avant l'ennemi à Danilovitschi. J'espère que les détachements que j'ai à Plissa et à Ghloubokoé se replieront à temps, et qu'ils pourront me joindre à Danilovitschi, mais tout cela ne forme que des forces peu considérables, et l'ennemi de son côté, d'après ce que les prisonniers de la journée d'hier me disent, marche avec les 1re, 2e, 6e et 21e divisions sur la route de Vilna.

Aussi peu que je crois que l'ennemi risquera de s'éloigner de la ligne d'opération qui est la Dvina, pour tenter une invasion à Vilna, autant j'espère de pouvoir arriver à temps pour lui mettre des obstacles, autant il est nécessaire qu'on réunisse toutes les forces possibles pour s'opposer au plan qu'il paraît avoir formé. Le IIe corps d'armée est très faible, le mien l'est encore davantage. Je prie donc Votre Excellence de vouloir me faire connaître par le porteur de celle-ci, quelles peuvent être les forces qui pourraient m'arriver de Vilna et à quelle époque ? »

Lorencez à Doumerc

Lepel, 26 octobre [Doc. X].

« L'intention de M. le général de division comte Merle, commandant en chef par intérim, est que demain au point du jour, le 3e régiment de chevau-légers, soit rendu près de la division du général Maison pour en suivre les mouvements. Si cette division se retire, vous vous mettrez en marche avec le reste de la vôtre, pour vous porter directement sur Lepel; mais en ce cas, M. le général Merle vous prie de lui en donner promptement avis afin qu'il puisse régler ses dispositions en conséquence.. ».

Lorencez à Doumerc

Lepel, 26 octobre [Doc. X].

« Comme tout porte à croire que l'ennemi manœuvre avec une grande partie de ses forces sur Vilna, M. le général comte Merle juge convenable de se tenir à portée de donner la main au IXe corps qui est en marche et de déboucher ensemble sur le flanc de la ligne d'opération de l'ennemi, s'il fait la sottise qu'on lui suppose. En conséquence, au lieu de continuer le mouvement sur Lepel qui est une position qui n'est point tenable, les troupes s'établiront aujourd'hui comme il suit : les 6e et 9e divisions d'infanterie, sur les hauteurs en arrière de Kamen tenant les communications de Lepel et de Béchenkovitschi, la 8e à hauteur de Proudok, le général Corbineau à Pouichna où il sera sous les ordres du général Maison. Votre division à Proudok appuyant par sa droite vers la route de Kamen à Lepel pour tenir la communication entre la 8e division et les deux autres.

Le quartier général sera provisoirement aujourd'hui à Lepel, M. le général Merle vous prie de lui donner de vos nouvelles et de celles de l'ennemi si vous en avez. »

Lorencez à Doumerc

26 octobre [Doc. X.]

« D'après le rapport de l'officier d'état-major qui est venu de votre part, il est probable que le corps bavarois et la brigade Corbineau soient coupés de nous, il semble alors à M. le général Merle que Lepel est à découvert par la petite route qui vient de Pouïchna sur Staï. Il vous prie en conséquence de faire occuper Staï par un régiment d'infanterie et quelques escadrons. Il attendra votre rapport pour ordonner d'autres mesures. »

Doumerc à Lorencez

Lepel, 26 octobre [Doc. X.]

« J'ai mis sous les yeux de M. le général comte Merle la lettre que vous m'avez fait l'honneur de m'écrire. Il désire qu'avant d'aller prendre position à Proudok, vous vous concertiez avec M. le général Maison, pour bien couvrir la route et bien éclairer votre flanc gauche d'où il paraît que le corps bavarois est coupé.

M. le général Merle ne peut déplacer encore le 4e de cuirassiers ; il vous sera réuni à la première marche, et quant à votre artillerie, le moment n'est pas encore venu de la remettre en ligne.

Votre ordonnance a annoncé que vous aviez quelques prisonniers. M. le général Merle les attend pour les faire interroger. »

De Wrede à Bassano

Pouichna, 26 octobre, 4 heures du matin.

« Etant arrivé hier au soir ici, et ayant envoyé un de mes aides de camp à M. le maréchal pour lui annoncer que l'officier, qui me doit avoir été expédié avant-hier avec l'ordre de me porter sur la route de Vilna, ne m'est pas arrivé, et que je compte de la gagner encore d'ici ; il me fit écrire par M. le chef d'état-major d'Albignac une lettre qui ne prononce aucun ordre positif pour y aller ; et qui me propose plutôt de me mettre en seconde ligne en arrière du IIe corps, afin de pouvoir me reposer. Comme dans ce moment si urgent on ne peut pas balancer, je suis bien décidé, aussi peu de monde que j'aie avec moi, de gagner la route de Vilna ; je vous joins copie de la réponse, que je viens d'écrire à M. le maréchal. Si, comme j'espère, je gagne demain 27 cette route, soit Ghloubokoé, soit en arrière, j'expédierai sur-le-champ un courrier à Votre Excellence. En attendant, je la prie de vouloir informer Son Altesse Sérénissime le major général du mouvement que je vais faire.

Comme M. le maréchal m'a remis le commandement du VIe corps jusqu'à ce que sa santé lui permette de reprendre le service actif, je ferai moi-même un rapport détaillé au prince major général aussitôt que je me serai établi sur la grande route de Vilna. »

De Wrède à Gouvion Saint-Cyr

Pouichna, 26 octobre.

« Je viens de recevoir une lettre de M. le chef d'état-major d'Albignac qui ne me dit ni oui ni non si je dois continuer mon mouvement pour regagner la route de Vilna. Votre Excellence sait qu'en me tenant dans les mouvements précédents scrupuleusement aux ordres que j'ai reçus, et me liant toujours à la gauche du IIe corps, j'ai abandonné la route de Vilna, en exposant et sacrifiant mes dépôts, mon parc de réserve et mes convois d'argent, qui se trouvent sur cette route; pour me récompenser du mouvement que j'ai fait conformément aux ordres d'avant-hier. au lieu de communiquer avec moi par Ouchatsch dans la position de Koubloutschi et de Babinitschi, qui m'était indiquée par des patrouilles, on a même rompu le pont d'Ouchatsch par lequel ma batterie de 12, que je voulais faire rejoindre le grand parc, devait passer, et cette batterie, ainsi que la caisse militaire, tous les drapeaux des régiments qui se trouvaient empaquetés et une grande partie des équipages de mon état-major général furent pris. Le soir à 5 heures Ouchatsch fut évacué, sans me prévenir, tandis que je restai jusqu'à 11 heures du soir dans la position de Koubloutschi, m'étant défendu toute la journée contre un ennemi qui dirigeait toutes ses forces contre moi. Il est vrai que je n'ai plus qu'une poignée de monde, mais elle est prête à mourir pour défendre la route de Vilna et les dépôts du VIe corps qui s'y trouvent. Je me mettrai donc en marche bien décidément au point du jour avec la brigade Corbineau pour aller encore aujourd'hui, par Mal Doltsoui, à Sloboda, d'où j'espère arriver demain à Ghloubokoé, où je trouverai des renforts de mes différents dépôts. Si je suis attaqué en route, je manœuvrerai en conséquence, pour être entamé aussi peu que possible. »

Pouget

« L'ennemi n'a laissé à Ghorodok que 200 ou 300 hommes de gardes nationales avec 500 cosaques ; ils y font des vivres qu'ils font transporter à Kozianouï.

À Sirotino, il y a aussi un peu d'infanterie et quelques cosaques faisant également des vivres qu'ils font aussi transporter à Kozianouï et probablement de là à Polotsk.

Les espions envoyés à Vitebsk avaient vu huit pièces d'artillerie entre Nevel et Ghorodok et le bruit se répandait que le grand-duc Constantin était à Veliki-Louki avec des forces considérables.

J'ai fait part de ces renseignements à M. le général de division Daendels qui se trouve à Vitebsk. »

Victor à Daendels

« Le IXe corps doit se réunir au IIe le plus promptement possible sur la Oula. L'ennemi est sorti de Polotsk et paraît vouloir continuer ses entreprises sur le IIe corps. Celui-ci étant trop faible pour risquer un combat se replie sur Lepel et Tschachniki.

Au reçu de la présente vous mettrez à la disposition de M. le gouverneur de Vitebsk le plus faible des bataillons de Berg, celui qui était avec les équipages d'artillerie à Smolensk, pour lui donner les moyens de se maintenir dans cette ville, et vous vous mettrez sur-le-champ en marche avec toute votre division, sans aucune exception que ce bataillon et les chevau-légers du prince Jean en totalité, pour vous diriger sur Béchenkovitschi où vous prendrez position et vous vous éclairerez dans la direction de Oula et de Kamen. Vous aurez l'attention de débarrasser votre division de tous les bagages superflus et de les envoyer à Sienno avec les hommes hors d'état de servir ; vous y attacherez un officier pour les commander ; ne vous faites suivre que de ce qui est utile pour combattre.

Vous avez 45 verstes à faire pour vous rendre de Vitebsk à Béchenkovitschi : vous recevrez cette lettre vraisemblablement dans la nuit prochaine. En vous mettant en marche demain 28 de très bonne heure, vous devez être rendu à Béchenkovitschi le 29 avant midi. Donnez-moi connaissance de votre départ de Vitebsk ainsi que de votre arrivée à votre destination.

Dites à M. le gouverneur de Vitebsk de vous envoyer à Béchenkovitschi les subsistances dont vous aurez besoin, recommandez-lui de bien se garder et, s'il était obligé de se retirer, de le faire sur Ostrovno.

La cavalerie légère sera établie demain 28 à Kaniévo ou à Boïaré ; elle se liera par des partis avec vous et avec les troupes de Tschachniki. Si vous êtes attaqué par des forces supérieures aux vôtres, vous vous reploierez dans la direction de Sienno, ayant l'attention de m'en prévenir.

Je vous prie, monsieur le général, de tenir toujours vos troupes dans le plus grand ordre et bien réunies pour être constamment prêtes à combattre ou à marcher. »

Lorencez à Doumerc

Lepel, 27 octobre [Doc X.]

« L'intention de M. le général de division comte Merle, commandant en chef par intérim, est que ce soir vous réunissiez à Lepel votre division pour y prendre position avec celle du général Maison et que vous en partiez demain au point du jour pour vous porter dans la direction de Tschachniki. La division Maison prendra position demain au soir à Ghorodenetz, et la vôtre à Tsapin ; il sera nécessaire que vous placiez des grand'gardes de chevau-légers pour appuyer les postes de l'infanterie. »

P. S. — Le quartier général sera demain à Tschachniki ; veuillez, mon général, y envoyer tous les jours un maréchal de logis pour la correspondance.

Victor à Gouvion Saint-Cyr

Sienno, 27 octobre, à midi [Reg. Victor]

« Lorsque j'ai eu l'honneur de vous écrire le 22 de ce mois, je vous supposais encore à Polotsk, et c'est la raison pour laquelle je me dirigeais sur Vitebsk, dans le dessein d'aller avec tout le IX⁰ corps à Ghorodok, afin d'empêcher l'ennemi, par ce mouvement, de se porter sur vous avec toutes ses forces. Je n'ai appris que très indirectement l'entreprise qu'il a faite sur vous, et cependant c'est sur ces avis incertains que j'en ai reçus que je me suis mis en marche pour vous soutenir, et je suis arrivé jusqu'à Orcha dans la même incertitude. Les nouvelles qui m'ont été données sur les combats qui ont eu lieu à Polotsk du 18 au 20 étaient également vagues et j'ai été surpris de ne pas en recevoir de plus officielles. Je me suis néanmoins décidé à changer la direction du IX⁰ corps et à le rapprocher de la Oula pour être bientôt en mesure de le réunir au II⁰ et de reprendre ensuite l'offensive sur l'ennemi. Votre lettre du 17 ne m'a été remise que le 25 ; je reçois à présent celle que vous m'avez fait l'honneur de m'écrire le 24. Je vous ai envoyé un de mes aides de camp pour connaître votre situation, j'attends son retour ainsi que les renseignements qu'il doit m'apporter. Je viens d'expédier l'ordre à M. le général Daendels de quitter Vitebsk et d'aller promptement s'établir à Béchenkovitschi avec sa division et un régiment de cavalerie. La 28⁰ division d'infanterie commandée par M. le général Girard, et trois régiments de cavalerie légère, sous les ordres de M. le général Fournier, arrivent aujourd'hui à Sienno. La 12⁰ division d'infanterie, commandée par M. le général Partouneaux, y sera rendue demain de manière que tout le IXᵉ corps sera le 29 à portée de soutenir efficacement le IIᵉ Je le dirigerai le même jour 29 selon les informations que m'apportera mon aide de camp. »

Victor (Ordre)

Sienno, 27 octobre [Reg. Victor].

« M. le général Fournier ne s'arrêtera point aujourd'hui à Sienno ; il continuera sa marche pour se rendre à Korolévitschi qui en est distant de cinq verstes. Il s'y établira ainsi que dans les hameaux ou châteaux voisins, et il donnera ses ordres pour que les ressources que ce pays offre soient bien ménagées afin qu'elles puissent suffire aux besoins de plusieurs jours. Il s'éclairera dans la direction de Béchenkovitschi et de Boïare.

M. le général Fournier est prévenu que la 26ᵉ division d'infanterie sera le 29 du courant à Béchenkovitschi. Cette division sera précédée du régiment de chevau-légers saxons du prince Jean pour l'éclairer dans les directions d'Oula et de Kamen. Ce régiment rentrera sous les ordres de M. le général Fournier le même jour 29 tout en continuant à faire le service prescrit. Le colonel de ce régiment adressera ses rapports à M. le général Daendels ainsi qu'à M. le général Fournier.

M. le général Fournier se mettra en communication avec les troupes du IIᵉ corps qui sont à Tschachniki pour savoir ce qui se passera de ce côté et m'en faire son rapport joint aux renseignements qu'il se procurera des points qu'il est chargé d'observer depuis Oula jusqu'à Tschachniki. »

Victor à Dombrowski

Sienno, 27 octobre [Reg. Vict.]

« Le IIᵉ corps a été attaqué le 18 de ce mois par l'armée russe forte de 50.000 à 60.000 hommes par le prince Wittgenstein. Ce corps d'armée, malgré son infériorité numérique, a soutenu le combat pendant deux jours et a fait perdre aux Russes de 12.000 à 15.000 hommes. Il se serait maintenu à Polotsk malgré les efforts des ennemis, si un de leurs corps ne se fût présenté sur la rive gauche de la Dvina dans l'objet de fermer toute communication de retraite à nos troupes. Cette circonstance a obligé M. le maréchal Saint-Cyr à évacuer Polotsk, ce qui a été fait dans le meilleur ordre, et de repasser sur cette rive. Cet événement a eu lieu dans la nuit du 19 au 20. Depuis les ennemis ont cherché à renouveler leur attaque, mais le IIᵉ corps ne voulant pas s'exposer dans un combat trop inégal s'est reployé derrière la Oula et s'est établi à Lepel. Le IXᵉ corps arrive aujourd'hui à son secours et nous sommes en mesure de reprendre avantageusement l'offensive sur l'armée russe ; mais il paraît par les rapports qui nous parviennent que le plan de cette armée est vaste, que son attaque sur le IIᵉ corps n'est que le préliminaire de son exécution et qu'elle ne provoquera pas de nouveaux combats sur la Dvina. Elle doit, dit-on, opérer sa jonction avec celle aux ordres du général Tormasof, soit en se dirigeant sur Minsk, soit en allant sur Vilna ; on prétend même qu'elle est déjà en marche sur l'un ou l'autre de ces points et qu'elle masque ce mouvement par quelques forces restées en présence du IIᵉ corps. J'entre dans tous ces détails, monsieur le général, pour vous mettre en garde contre tout ce qui peut arriver et pour que vous preniez vos mesures de manière à ne pas être pris au dépourvu et jeté inopinément dans des embarras dont vous auriez peine à vous tirer, enfin pour que vous puissiez conserver intactes les forces qui sont à votre disposition et les employer utilement au service de l'Empereur. Il ne s'agit plus maintenant de les désunir pour observer différents points ; il faut au contraire les rassembler et vous tenir prêt à marcher au premier avis que vous recevriez du mouvement dont je viens de parler. Mettez en campagne beaucoup d'émissaires, sachez ce qui se passe sur les routes que l'ennemi est supposé devoir suivre, et si vous apprenez que les desseins qu'on lui prête se réalisent, regardez alors votre position dans la province de Minsk comme nulle et même dangereuse et reployez vous aussitôt, non seulement avec votre division mais encore avec toutes les autres troupes de toutes armes qui pourraient se trouver dans cette province, sur Mohilev, ayant l'attention de m'envoyer plusieurs officiers alternativement, en poste pour me prévenir de votre mouvement afin que je puisse vous adresser les ordres que les circonstances vous commanderont.

Ce que renferme cette lettre, monsieur le général, n'est autre chose, pour le moment, que le résultat des suppositions que l'on fait sur les desseins des ennemis. Elle ne renferme rien de certain ; je vous l'écris comme je vous l'ai dit plus haut pour vous servir dans le cas où vous apprendriez que ces desseins se réalisent, et afin que vous sachiez ce que vous devez faire. C'est donc à vous à vous faire instruire avec soin de tout ce qui se passe dans le pays et des mouvements des armées commandées par les généraux Wittgenstein et Tormasof pour régler votre conduite. Si les projets que l'on prête à ces armées ne se réalisent point, vous continuerez à servir comme vous l'avez fait jusqu'à présent ; en tous cas envoyez-moi de fréquents rapports. »

Wrède à Viviés

Dockchitsoui, 27 octobre.

« Les lanciers du 8e que je vous ai expédiés hier et avant-hier, vous ont prévenu de ma marche ; les marais que j'ai trouvés hier à Tscharnitsé sont cause que j'ai dû diriger ma marche aujourd'hui par ici, où je dois nécessairement coucher, parce que l'infanterie et les chevaux de l'artillerie sont si fatigués qu'ils n'en peuvent plus. Je vous envoie deux lanciers lithuaniens pour avoir de vos nouvelles, et d'apprendre si vous croyez pouvoir vous maintenir pendant la journée de demain à Glouboko, parce que si cela se pouvait, je partirais à 4 heures du matin par Porplichtché pour vous rejoindre demain au soir. Si vous ne croyez pas pouvoir tenir demain dans la journée à Gloubokoé je marcherai par Boiaré sur Danilovitschi ; donnez-moi donc, monsieur le général, par les porteurs de celle-ci, qui ont l'ordre d'être ici à minuit le plus tard, des nouvelles de votre position, de votre force, de la position de l'ennemi, de ce que vous savez de sa force. »

Viviés à de Wrède

Ghloubokoé, 27 octobre, 4 heures du soir.

« Votre dépêche me parvient une heure après que mon mouvement de retraite est commencé. M. le colonel Treuberg a dû vous instruire que je n'ai pas un seul homme de l'armée française et 200 et quelques hommes bavarois qui suivent mon mouvement jusqu'au parc de votre réserve, les cosaques sont déjà à l'entour de notre hôpital ; je n'en connais pas le nombre ; mais un régiment a couché avant-hier à Loujki. M. Treuberg m'a dit que 1.000 hommes d'infanterie russe sont arrivés hier vers les 8 heures à Plissa, s'ils marchent sur Ghloubokoé, il m'est impossible de m'y défendre. J'ai déjà détruit mon parc et partie des magasins, et je crois que la position n'est pas tenable, je veux donc continuer mon mouvement sur Vilna afin d'en couvrir la route et je laisserai vos troupes à votre grand parc. »

Victor (Ordre de marche)

28 octobre [Reg. Vict.]

« La 28ᵉ division et le parc d'artillerie continueront leur mouvement et iront s'établir aujourd'hui à Krasnogora sur la route de Tschachniki, et demain 29 à Smolianouï où ils seront établis militairement par les soins de M. le général Girard et de M. le colonel Caron.

La 12ᵉ division d'infanterie suivra ce mouvement et ira coucher le 29 à Krasnogora, d'où elle partira le 30 de très grand matin pour se rendre le même jour à Tschachniki, où elle sera établie par M. le colonel Chataux.

La 26ᵉ division d'infanterie, arrivant de Béchenkovitschi le 29 de bonne heure, portera son avant-garde à Botschéikovo, route de Kamen.

La cavalerie légère attendra de nouveaux ordres dans son cantonnement de Korolévitchi.

MM. les généraux de division sont itérativement invités à faire parquer à Sienno tous les bagages réglementaires et particuliers, à les confier à la garde des hommes hors d'état de servir et de ne composer leurs colonnes que de leurs troupes et de leur artillerie.

Le quartier général sera demain 29 à Tschachniki. »

Victor à Bronikowski

Sienno, 28 octobre [Reg. Vict.]

« L'intention de l'Empereur est qu'une brigade de réserve composée savoir : du 6ᵉ bataillon du 22ᵉ régiment d'infanterie légère, du 6ᵉ bataillon du 93ᵉ de ligne, du 6ᵉ bataillon du 46ᵉ et des deux bataillons du 7ᵉ régiment de Wurtenberg reste à Minsk jusqu'à nouvel ordre ; cette brigade serait provisoirement commandée par vous dans le cas où les mouvements que j'ai supposés à l'ennemi dans ma lettre d'hier nous obligeraient à en faire un. Dans le cas contraire cette brigade continuerait à faire le service à Minsk.

D'après les intentions de l'Empereur, vous donnerez le commandement de cette brigade de réserve au premier général qui arrivera à Minsk et dont la destination sera pour la Grande Armée.

Les deux bataillons du 7ᵉ régiment de Wurtenberg doivent avoir avec eux deux pièces de canon. »

Victor au gouverneur général de Vilna

Sienno, 28 octobre [Reg. Vict.]

« L'intention de l'Empereur est que la 3ᵉ brigade de la 28ᵉ division d'infanterie qui fait partie du IXᵉ corps, composée du 4ᵉ régiment westphalien et du régiment d'infanterie légère de Hesse Darmstadt reste à Vilna et Kovno à votre disposition jusqu'à ce que la division Loison qui se forme à Kœnigsberg, soit arrivée. Cette brigade qui doit avoir six pièces d'artillerie hessoise servira de réserve pour mettre Vilna et Kovno à l'abri de tout accident. Donnez, je vous prie, vos ordres pour la faire arrêter dans ces places ou pour l'y rappeler au cas qu'elle les eût dépassées. »

Victor à Dombrowski

Sienno, 28 octobre [Reg. Vict.]

« Vous recevrez sans doute aujourd'hui la lettre que je vous ai écrite hier pour vous engager à surveiller attentivement les mouvements que l'on dit que les armées russes de Tormasof et de Wittgenstein doivent faire pour se réunir en Lithuanie. Je vous ai invité à prendre à ce sujet toutes les précautions nécessaires tant pour être bien informé que pour être prêt à reployer vos troupes sur toutes celles qui sont dans la province de Minsk sur Mohilev si les circonstances l'exigeaient ; il ne faut cependant rien précipiter, afin de ne pas faire de fausses démarches. Observez bien et réunissez votre monde sur la Bérézina ; rapprochez les autres troupes de Minsk et attendez les renseignements que vous devez chercher à obtenir ; si le mouvement dont il s'agit s'opérait sur Vilna, vous auriez tout le temps de faire le vôtre et dans ce cas vous attendriez que les ennemis fissent connaître leurs opérations ultérieures, et ce ne serait que lorsque vous apprendriez qu'ils se portent sur vous en force que vous vous reploieriez sur Mohilev, en vous faisant suivre, comme je l'ai dit, de toutes les autres troupes qui sont dans la province de Minsk. Entendez-vous avec M. le général Bronikowski, observez bien, réunissez-vous et attendez les événements qui doivent régler votre conduite. Toutes les nouvelles jusqu'à ce jour sont très incertaines, et ce que je vous écris n'est que pour vous inviter à prendre des précautions. Envoyez-moi de fréquents rapports. »

Victor à Berthier

Sienno, 28 octobre [Reg. Vict.]

« Le IXe corps se réunit aujourd'hui au IIe derrière la Oula entre Lepel et Tschachniki. L'avant-garde de celui-ci est entre Kamen et Lépel. L'armée de M. le général Wittgenstein est à Ouchatsch ; une nouvelle assez généralement répandue est que cette armée a dirigé une forte colonne sur Vilna. M. le général bavarois de Wrède a été envoyé de ce côté avec ses troupes, formant aujourd'hui à peine deux mille hommes, pour s'assurer si cette nouvelle est fondée, mais il est douteux qu'il puisse nous faire parvenir ses rapports attendu que ses communications avec nous sont couvertes de cosaques.

Je me rends demain à Tschachniki pour arrêter les opérations que nous allons entreprendre sur le général Wittgenstein. Je pense que nous pourrons l'attaquer le 3 ou le 4 du mois prochain ; s'il a fait un fort détachement, comme on le dit, et s'il a éprouvé à Polotsk une perte de 10.000 à 12.000 hommes, comme on l'assure, ses forces ne peuvent plus être considérables. Les nôtres sont d'environ 36.000 hommes de toutes armes.

Le IIe corps compte encore 12.000 baïonnettes et environ 2.000 chevaux, le IXe a à peu près 20.000 hommes d'infanterie et 1.600 chevaux J'aurai l'honneur d'instruire Votre Altesse Sérénissime du résultat de l'affaire que nous allons engager.

J'ai écrit à M. le général Dombrowski les bruits qui circulent sur les projets des ennemis afin qu'il se tienne sur ses gardes et qu'il conserve intactes les forces qui sont à sa disposition. Je lui mande ce que l'on dit ici que le détachement russe de l'armée de Wittgenstein doit se joindre en Lithuanie avec un corps de l'armée de Tormasof ; qu'il devait envoyer des émissaires dans le pays pour connaître jusqu'à quel point ces nouvelles sont fondées ; je lui ai recommandé de ne rien précipiter, de considérer ce que je lui écris comme des suppositions qu'il fallait vérifier, de tenir cependant son monde réuni et de s'entendre avec le gouverneur de Minsk pour être prêt à tout événement. J'aurai l'œil sur eux, et s'il est nécessaire, je les réunirai aux IXe et IIe corps. »

Coutard à Bassano

Vidzout, 28 octobre, 4 heures du soir [A N.]

« Je reçus hier soir la lettre que Votre Excellence m'avait fait l'honneur de m'écrire la veille pour me donner connaissance du mouvement du IIe corps, quoique j'en fusse déjà prévenu par le général Raymond Viviés, gouverneur de Ghloubokoé, avec lequel je suis en communication ; je n'en suis pas moins reconnaissant des détails que vous voulez bien me donner et que je ne dois qu'à votre extrême bonté.

La reconnaissance que j'ai envoyée ce matin sur Braslav a rencontré une centaine de cosaques à Opsa à trois milles d'ici, je présume que ce n'est qu'une patrouille : mes dispositions sont faites pour la nuit, et demain je ferai une forte découverte de ce côté et je m'empresserai, monseigneur, de vous instruire de ce que j'apprendrai.

Si l'ennemi a véritablement le dessein de faire une pointe sur cette route, Vidzouï est un mauvais poste que je crois très difficile à défendre contre une attaque sérieuse et où il serait bien inutile de compromettre le peu de monde que j'ai.

J'écris en conséquence par le même courrier à M. le comte de Hogendorp pour lui demander des instructions et des ordres. »

Viviés à de Wrède

Danilovitschi, 28 octobre.

« Je trouve ici quatre-vingts caissons de votre artillerie, et j'y laisse les deux cents Bavarois qui formaient la garnison de Ghloubokoé Si vous prenez une autre direction, je vous prie de leur envoyer des ordres.

Le peu de Français que j'ai avec moi ne valent pas la peine d'être comptés, et je me dirige avec eux sur Vilna. »

P. S. — Un rapport que j'ai reçu de Ghloubokoé me porte à croire que l'ennemi n'y avait pas paru ce matin à 6 heures. J'ai fait ma route sans en rencontrer.

Il est possible qu'il ait connaissance de nos mouvements de la droite et qu'il craigne, en se portant plus avant, de n'être plus à temps de se retirer.

Lorencez à Doumerc

Poczarévitch, 28 octobre [Doc. X.]

« J'ai l'honneur de vous prévenir que l'intention de M. le général comte Merle, commandant en chef par intérim, est que vous mettiez le 3ᵉ régiment de chevau-légers en entier à la disposition de M. le général de division Maison.

P. S. — M. le général Merle vous prie de vous tenir avec le reste de votre division toujours en mesure d'appuyer M. le général Maison, s'il était attaqué. »

Lorencez à Doumerc

Poczarévitz, 28 octobre [Doc. X.]

« Le corps d'armée est placé comme il suit : la 5ᵉ division d'infanterie à Botschéikovo, la 9ᵉ à Tschachniki, la 8ᵉ à Ghorodenetz. La brigade du général Berckheim intermédiairement entre Botschéikovo et Tschachniki.

Le maréchal duc de Bellune est depuis trois jours à Sienno, on le suppose en marche pour nous joindre ; une de ses divisions qui était à Vitebsk devait être hier à Béchenkovitschi et est attendue ici à Botschéikovo.

Quant à l'ennemi, on croit que le corps de Steingel est en marche sur Vilna, tandis que celui de Wittgenstein opère contre nous.

Comme nous nous reporterons en avant à la très prochaine arrivée du IXᵉ corps, M. le général Merle vous engage à profiter de tous les instants pour faire ficeler du fourrage et vous mettre en mesure autant que possible. »

De Wrède à Bassano

Danilovitschi, 29 octobre [A N.]

« En revenant sur la dépêche que j'ai expédiée à Votre Excellence, de Pouichna le 26 à 4 heures du matin, par M. le major prince de la Tour et Taxis, j'ai l'honneur de la prévenir que le mémé jour, j'ai fait une marche forcée par Mal Dolsoui, Vel Dolstoui, Stolichté. Arrivé là, j'ai trouvé des marais si impraticables sur ma droite que j'ai dû descendre à Tscharnitsé où j'ai couché. Le 27 j'ai dû descendre jusqu'à Dockchitsouï, parce que les marais se prolongeaient jusque-là dans mon flanc droit.

Avant de partir de Pouichna j'ai expédié un officier du 8e de lanciers et un maréchal de logis du même régiment sur différentes routes, pour prévenir le général Viviés à Ghloubokoé qu'espérant de pouvoir coucher le 26 à Sloboda près de Koubloutschi, je comptais d'arriver infailliblement le 27 vers midi à Ghloubokoé.

Ayant trouvé dans ma marche du 26 les obstacles sus-mentionnés, qui me forcèrent le 27 de descendre jusqu'à Dockchitsoui, j'ai expédié à mon arrivée dans ce petit endroit un troisième lancier au général Viviés, avec la lettre dont je joins copie ici sous n° 1. Contre toute attente j'ai reçu de lui la réponse ci-jointe sous n° 2 (1). Il ne m'appartient pas de taxer ou de juger cette conduite inconcevable du général Vivier qui, au moment où il savait que je fais des marches les plus forcées que jamais troupe a pu faire pour arriver à son secours, abandonne la ville de Ghloubokoé, un magasin très considérable et un parc à ce qu'on me dit de 17 pièces de tout calibre, sans avoir été attaqué de l'ennemi ; enfin, d'après ce que viennent de me dire les soldats malades qui arrivent dans ce moment ici, l'ennemi n'avait pas encore occupé hier à 6 heures du soir la ville de Ghloubokoé. Je suis arrivé ce matin à 11 heures et j'ai pris de suite position, et suis forcé par les marches incroyables que j'ai faites, de faire reposer les troupes aujourd'hui ; mais demain je vais pousser des reconnaissances pour voir où l'ennemi se trouve. J'espère en même temps pouvoir m'organiser en espionnage, afin d'avoir des nouvelles les plus positives de la position et de la force de l'ennemi. Si je peux parvenir à réunir 4.000 à 5.000 hommes, je marcherai en avant pour réoccuper Gloubokoé, et pour empêcher l'ennemi d'emmener les pièces que le général Viviés a jetées dans l'eau. Si Votre Excellence peut m'envoyer, en outre, 3.000 ou 4.000 hommes, et parmi eux 500 hommes de bonne cavalerie, je lui promets que je reprendrai bien vivement l'offensive et qu'il me sera facile de marcher sur les derrières de M. le comte de Wittgenstein et de Steingel pour faciliter les opérations du IIe corps, ainsi que du IXe corps. Je prie Votre Excellence de donner des ordres, que tous les soldats français, qui se trouvent dans ce moment-ci entre la route Vilna et d'ici, soient arrêtés à Mikhailichki et réorganisés en bataillons de marche. Je donne le même ordre pour les soldats du VIe corps.

Si peu de forces que j'aie dans ce moment-ci, Votre Excellence peut être sûre, quelles que soient aussi les vues de l'ennemi sur Vilna, et si même, ce que je ne crois pas, il aurait fait un détachement sur la route de Vidzoui à Swentisianoui, je tâcherai toujours de manœuvrer de manière à anéantir ce projet. Je prie seulement Votre Excellence de vouloir me tenir au courant de ce qui se passe chez M. le maréchal duc de Tarente, ainsi que des mouvements que font le IIe et le IXe corps. Dans la lettre ci-jointe pour M. le général comte Merle, qui commande *ad interim* le IIe corps, je le préviens de mon arrivée ici.

(1) Voir page 118.

Comme il ne me sera guère possible de faire un rapport détaillé à Son Altesse Sérénissime le major général avant demain au soir ou après-demain, Votre Excellence m'obligerait infiniment, si elle voulait donner le plus tôt possible connaissance de mon arrivée ici à Son Altesse Sérénissime le major général. »

Maison à Lorencez

Sans date [Doc. X]

« Je suis en présence de l'ennemi qui m'a attaqué à 5 heures pour s'emparer d'un débouché sur ma position : il a été repoussé, mais il s'est établi avec du canon à portée de retraite de ma première ligne. Toutes ses dispositions sont éminemment offensives. Je compte partir à 4 heures du matin si je n'y suis forcé avant et me retirer sur vous : nous continuerons ensemble le mouvement rétrograde. Prévenez, je vous prie, le général en chef de ceci, je n'ai point de papier ni d'encre. ».

Note de Doumerc. — Reçue au crayon le 29 octobre au soir, à 11 heures.

Coutard à Bassano

Vidzouï, 29 octobre [A. N.]

« Je viens de recevoir la lettre que Votre Excellence me fit l'honneur de m'écrire hier.

Je suis d'autant plus surpris qu'elle n'ait pas reçu plus tôt ma dépêche du 19 que j'avais fait partir par estafette payée jusqu'à Vilna ; mais l'insouciance, je n'ose pas dire la mauvaise foi, des directeurs de poste, est quelque chose d'incompréhensible.

J'ai eu l'honneur de vous écrire hier au soir et à M. le gouverneur général pour vous donner connaissance qu'un parti de cosaques s'était rencontré avec une de mes reconnaissances à Opsa à trois milles d'ici.

J'ai eu l'honneur de vous écrire également ce matin, et au comte d'Hogendorp, pour vous faire part d'un rapport que me faisait un paysan qui avait servi de charretier à l'armée russe et qui s'était échappé de Droüia en leur enlevant trois chevaux. Ce paysan appartient au comte Manuzzi. D'après son rapport, deux régiments d'infanterie, autant de milice, quatre pièces de canon, un parti de dragons, hussards et cosaques, sont venus de Disna à Droüia ; l'infanterie est campée sur la hauteur, en avant du cimetière des Juifs. La cavalerie s'est répandue dans les campagnes, et c'est avec une de ces patrouilles que mes gendarmes ont eu affaire hier à Opsa.

Si ce rapport est exact, ce petit corps paraîtrait appartenir à la garnison de Riga d'où il aurait été tiré pour l'expédition de Wittgenstein à qui l'arrivée du corps du duc de Bellune a sans doute déjà fait faire un pas rétrograde.

J'ai poussé ce matin une forte reconnaissance sur Opsa et même sur Braslav, s'il est possible ; j'attends sa rentrée pour obéir à l'ordre de M. le gouverneur général ; dans tous les cas, demain avant 11 heures du matin cet ordre sera exécuté. »

Coutard à Bassano

Vidzoüï, 29 octobre [A. N.]

« D'après le rapport que me fait en ce moment un paysan qui a servi comme conducteur de voiture chez les Russes, deux régiments d'infanterie, autant de milice, un faible parti de dragons, hussards et cosaques sont arrivés à Disna, à Droüia, où ils sont campés en avant du cimetière des Juifs ; ils ont aussi quatre pièces de canon. On reconstruit en toute hâte derrière eux le pont de Droüia.

J'imagine que cette troupe retourne à Riga d'où elle était venue pour l'expédition de Wittgenstein, qui probablement aura repassé lui-même la Dvina.

J'ai prévenu de ce mouvement le prince Radziwill et le gouverneur de Ghloubokoé.

Je fais dans ce moment une forte reconnaissance en avant d'Opsa, j'en ai une seconde sur Zamocha, mais rien n'a paru de ce côté.

Les cosaques emmènent tous les propriétaires, pillent et ravagent tout. »

Victor (Ordre)

Tschachniki, 30 octobre [Doc. X. et H.]

« Les IIe et IXe corps étant réunis forment une armée. L'armée est divisée provisoirement en trois colonnes. Celle de droite composée des 6e et 26e divisions et de la 5e brigade de cavalerie légère est commandée par M. le général Daendels.

Celle du centre composée des 9e et 28e divisions d'infanterie, sera commandée par M. le général Merle.

Celle de gauche, composée des 8e et 12e divisions d'infanterie, et de la division de cavalerie légère du IXe corps, aux ordres de M. le général Fournier sera commandée par M. le général Partouneaux.

La 3e division de cuirassiers forme la réserve de cavalerie. Elle recevra des ordres directs de l'état-major général.

Chaque division d'infanterie aura douze bouches à feu approvisionnées, deux caissons d'infanterie par régiment et huit en réserve pour chacune des 6e, 8e et 9e divisions, et seize également en réserve pour les 12e, 26e et 28e divisions.

Il sera formé une réserve et un parc du reste des bouches à feu et des caissons de l'armée.

Quant à l'administration, son service sera réglé par un ordre spécial. »

Victor à Daendels

Tschachniki, 30 octobre [Reg. Vict.]

« L'ennemi continue ses mouvements offensifs nous devons l'arrêter et prendre des mesures pour le repousser incessamment. Il faut que vous gardiez le pont de Botschéikovo et que vous le défendiez jusqu'à la dernière extrémité : vous êtes chargé du commandement de la droite de l'armée laquelle se compose des 6e et 26e divisions d'infanterie et de la brigade de cavalerie légère du IIe corps. Etablissez toute votre colonne au reçu de la présente au pont de Botschéikovo. Renvoyez à M. le général Fournier à Tschachniki le régiment de chevau-légers saxons. Ordonnez au commissaire des quartiers de Béchenkovitschi de nourrir vos troupes, il en a les moyens. Prescrivez également que l'on fasse venir de Vitebsk à Béchenkovitschi les grains et les farines qui s'y trouvent, enfin ordonnez que la manutention de Béchenkovitschi soit mise dans la plus grande activité et fournissez-lui des boulangers.

Envoyez ici un officier pour recevoir de nouveaux ordres. »

Victor à Fournier

Tschachniki, 30 octobre [Reg. Vict.]

« Au reçu de la présente vous réunirez les trois régiments de cavalerie qui sont avec vous et vous vous dirigerez avec eux par le chemin le plus court sur Tschachniki. Envoyez un officier à M. le général Daendels pour prendre et amener à Tschachniki celui de vos régiments qui est avec la 26e division.

Précédez vos troupes de votre personne pour venir prendre de nouveaux ordres.

Vous trouverez ci-joint l'organisation de l'armée. »

De Wrède à Berthier

Danilovitschi, 30 octobre.

« M. le maréchal comte de Saint-Cyr ne pouvant pas vaquer aux soins du commandement actif des IIe et VIe corps, et m'ayant remis, en date du 23 de ce mois-ci, le commandement en chef du VIe corps jusqu'au rétablissement de sa santé, il est de mon devoir de rendre compte à Votre Altesse Sérénissime des mouvements que le corps a faits depuis cette époque.

Pour être plus clair dans mon rapport, je dois revenir jusqu'au 18. Votre Altesse Sérénissime saura ce qui s'est passé depuis cette époque en avant de Polotsk ; et j'ai lieu de croire qu'elle sera satisfaite, d'après les rapports qui doivent lui être parvenus, sur la conduite que les cadres du VIe corps ont tenue jusqu'à l'évacuation de Polotsk.

Le 19, vers le soir, le corps du général Steingel, qui avait passé la Dvina près de Drouïa, et la Disna près de la ville du même nom, et l'Ouchatsch près de Bononiia, a gagné tant de terrain dans le défilé qui conduit de Bononiia au petit Polotsk, qu'il était à 4 heures du soir sur le point de déboucher sur les derrières des IIe et VIe corps et d'attaquer les deux corps et la ville sur ses derrières.

M. le maréchal comte de Saint-Cyr, ayant appris cette nouvelle fâcheuse, fit réunir quelques troupes du IIe corps pour les porter vers les débouchés que l'ennemi allait gagner ; il me fit appeler de la redoute n° 2, en avant de Polotsk, et m'engagea de prendre le commandement des troupes du IIe corps, qu'il avait réunies à la hâte au point ci-dessus mentionné. J'arrivai lorsque l'ennemi gagnait la lisière du bois à une bonne portée de canon du petit Polotsk ; je me suis mis de suite à la tête du 2e bataillon du 19e régiment de ligne, qui se trouvait le plus à portée, je fis attaquer l'ennemi à la baïonnette et j'eus le bonheur de le rejeter, à la nuit tombante, à une demi-lieue dans le défilé

Cela étant fait, M. le maréchal de Saint-Cyr a bien voulu mettre le 19e régiment de ligne, le 37e régiment de ligne, le 124e régiment de ligne, un détachement du 11e léger, le 2e des suisses, le 7e des cuirassiers, ainsi que la 6e brigade de cavalerie légère et une demi-batterie d'artillerie à cheval sous mes ordres, pour qu'avec ces troupes et douze pièces de mon artillerie légère, une batterie de 12 et les cadres de la 3e brigade de la 2e division du VIe corps j'attaquasse l'ennemi qui marchait avec les 1re, 2e, 6e et 24e divisions russes contre moi. J'ai divisé mon corps en trois colonnes, savoir :

Celle du centre à la tête de laquelle je marchai, fut composée : du 19e de ligne, du 37e de ligne sous les ordres du général Grundler, de neuf pièces de mon artillerie légère, de six pièces de 12, de six escadrons de la brigade Corbineau et du 7e régiment de cuirassiers sous les ordres du général l'Héritier.

La colonne de gauche, commandée par le général Amey fut composée : du 2e des suisses, du 124e de ligne, d'un détachement du 11e léger, d'une demi-brigade d'artillerie à cheval française et de trois escadrons de la brigade Corbineau.

La colonne de droite, commandée par le général baron de Ströhl du VIe corps, fut composée des cadres de sa brigade, de trois pièces d'artillerie légère et de 30 chevau-légers. Cette colonne avait l'ordre de longer la Dvina, jusqu'à l'embouchure de l'Ouchatsch, tandis qu'avec la colonne du centre je tâchais de jeter l'ennemi hors du défilé de Polotsk à Bononiia et de le repousser sur la rive gauche de l'Ouchatsch. Le général Amey avait l'ordre de marcher sur Roudnia, apprenant mon attaque ; de longer la rive gauche de l'Ouchatsch et de tomber sur le flanc droit de l'ennemi.

Ces dispositions faites, et les troupes placées en colonnes avant 3 heures du matin, l'ennemi m'attaqua à 4 heures précises. Comme j'avais donné l'ordre de ne pas tirer, et de marcher au pas de charge sur l'ennemi, sa colonne fut attaquée avec la baïonnette, et au bout de deux heures je fus maître du grand défilé qui a deux lieues et demie de long, et j'ai pris deux colonels, un major, un grand nombre d'officiers et 1.800 hommes ; enfin toute l'avant-garde de l'ennemi fut détruite ou mise en déroute jusqu'au débouché, ou quelques pelotons des 7ᵉ et 20ᵉ de chasseurs chargèrent sur le reste des fuyards.

Entre la chapelle de Bononiia et le défilé, l'ennemi se présenta avec toute sa cavalerie, et tira assez mal quelques coups de canon sur le débouché. A peine qu'une batterie de mon artillerie fut arrivée, qu'il fut débusqué de sa position et qu'il s'empressa de gagner la rive gauche de l'Ouchatsch. Toute ma colonne du centre déploya alors et avança vers la chapelle. L'ennemi de l'autre côté de l'Ouchatsch , dans une position extrêmement avantageuse, avait placé douze pièces de canon et un corps d'environ 8.000 hommes d'infanterie et de cavalerie. J'ai placé mon artillerie sur le plateau de la chapelle ; l'ennemi commença à faire jouer la sienne.

Au bout d'une demi-heure, l'artillerie de l'ennemi fut contrainte de se taire et de s'éloigner. Si, dans ce moment le général Amey avait exécuté le mouvement que je lui avais prescrit, il aurait infailliblement pris toutes les pièces de l'ennemi ; et peut-être ces 7.000 ou 8.000 hommes qu'il m'avait présentés après la défaite de son avant garde, auraient été anéantis. Enfin ne voyant point arriver le général Amey, je me suis décidé à forcer le passage de l'Ouchatsch ; avec ma colonne du centre, je suis descendu dans le ravin et j'ai passé la rivière à gué. L'ennemi abandonna sa position à la hâte, laissant plusieurs caissons sur le champ de bataille, et se retira sur la route de Disna. Je l'ai poursuivi jusqu'à Benkowitz. Là, ne voyant point arriver la colonne du général Amey, et qui ne me joignit qu'après un second ordre, que je lui ai envoyé à 3 heures après midi, j'ai dû faire halte, me proposant de réunir le soir mes trois colonnes, et de poursuivre le lendemain l'ennemi jusqu'à Disna. Vers le soir, M. le maréchal comte Saint-Cyr m'écrivit que l'ennemi, faisant des démonstrations à Polotsk pour forcer le passage sur la rive gauche, il m'ordonnait de revenir avec les troupes françaises vers Polotsk, de reprendre le commandement de mes divisions bavaroises, et de me porter avec elles, ainsi que la brigade de Corbineau et du 7ᵉ régiment de cuirassiers, sur Roudnia, et d'y prendre position. Lorsque j'eus exécuté ces ordres, j'appris que malheureusement l'ennemi avait, et je ne sais par quel hasard, forcé en plein jour le passage de la Dvina vis-à-vis de Polotsk et jeté un pont.

Avant de continuer mon rapport, il est de mon devoir de faire connaître à Votre Altesse Sérénissime la bravoure qu'ont montrée dans la journée du 20, le général de brigade Grundler, le major Trupel commandant le 19ᵉ de ligne, le capitaine de grenadiers Hullier du même régiment, le lieutenant Paul Dessale, du même régiment, le lieutenant Monchorto du 37ᵉ, le major Fortier, commandant le 37ᵉ de ligne Bien particulièrement s'est distingué le capitaine Melin, adjudant-major du 37ᵉ, je ne peux assez parler de la bravoure de cet officier et de l'empressement qu'il a montré pour porter mes ordres et pour animer les troupes ; je supplie Votre Altesse Sérénissime de demander à Sa Majesté l'Empereur et Roi la croix d'officier pour ce brave officier, qui est déjà chevalier de la Légion d'honneur. Pour le lieutenant Paul Dessale, je demande la décoration de la Légion ; pour tous les autres ci-dessus nommés je supplie Votre Altesse Sérénissime de les recommander à la munificence de Sa Majesté l'Empereur et Roi.

Quant à la cavalerie, ce jour-là, se sont distingués : le général de brigade baron Corbineau, les colonels Lubienski du 8e de lanciers, Saint Germain, du 7e de chasseurs, Lagrange du 20e de chasseurs et M. Le Sergeant, aide de camp du général Corbineau.

De mon artillerie, s'est particulièrement distingué : le directeur de mon artillerie, le lieutenant colonel de Zoller qui est membre de la Légion d'honneur et pour lequel j'ose demander la croix d'officier ; également se sont distingués, le lieutenant Klein et le caporal Koch pour lesquels je demande la décoration de la Légion. Tous mes aides de camp et officiers d'ordonnance se sont également distingués. Le lieutenant baron d'Imhof, de ma suite, a été tué.

Je dois revenir sur la continuation de mes mouvements, ayant reçu le 21 au soir dans la position de Roudnia la nouvelle officielle, que l'ennemi, contre toute attente, avait forcé le passage de la Dvina près de Polotsk, j'ai dû regarder l'ordre de tenir la position à Roudnia comme non avenu, et j'ai cru nécessaire et urgent de prendre sous ma responsabilité de repasser dans la même nuit l'Ouchatsch pour me porter par Wetren sur Arékowka, afin d'empêcher la réunion du corps du général Steingel avec celui du général comte de Wittgenstein.

L'ennemi avait déjà occupé Wetren et y fut débusqué par un détachement de mon infanterie et par le 7e régiment de cuirassiers qui, à minuit, chargea sur les cosaques.

Au point du jour, 22 octobre, j'ai pris position à Arékowka, en couvrant la route de Vilna et j'ai rendu compte à M. le maréchal comte de Saint-Cyr du mouvement que j'avais fait, c'est ce qu'il approuva très fort.

A 4 heures après midi le même jour l'ennemi attaqua ma ligne d'avant-postes et il fut repoussé. J'ai eu à me louer extrêmement de la conduite de la brigade du général Corbineau. Comme j'ai appris que l'ennemi reporterait toutes ses forces contre moi, j'ai pris le 23 position à Babinitschi, liant ma droite avec le IIe corps.

Ce même jour, j'ai reçu l'ordre, dont je joins copie ici à Votre Altesse Sérénissime ; comme d'après ces dispositions j'ai dû croire que la gauche du IIe corps correspondrait avec moi par la ville d'Ouchatsch et qu'au moins dans aucun cas on n'abandonnerait la position indiquée par l'ordre ci-mentionné, sans m'en prévenir, j'ai pris le 24 au matin la position indiquée entre Babinitschi et Koublitschi (1).

Comme les chevaux de ma batterie de 12, que j'avais avec moi, étaient dans un état à ne pouvoir aller plus longtemps, je me suis décidé à la renvoyer par Ouchatsch ainsi que la caisse du VIe corps dans laquelle, depuis plus de six semaines où les régiments du VIe corps ne formaient plus que des compagnies, les drapeaux furent empaquetés au nombre de 22, ainsi qu'une partie des équipages de l'état-major pour joindre le reste de mon artillerie, dont, vu le peu d'infanterie qui me restait, cinq batteries me devenaient inutiles et qui depuis le 19 avaient suivi le mouvement du grand parc du IIe corps. Cette batterie de 12, la caisse et les bagages, arrivés à Ouchatsch trouvèrent le pont rompu, ne pouvant déterminer personne à le faire rétablir pour leur passage.

Déjà l'ennemi avait attaqué à 8 heures du matin mon avant-garde sur la hauteur de Babinitschi, et ayant déployé des forces supérieures en cavalerie et artillerie, il la força à se replier peu à peu sur mon infanterie.

(1) Voir page 106.

Le brave colonel Saint-Germain du 7ᵉ de chasseurs a fait une très belle charge dans laquelle il prit à l'ennemi une pièce et trois caissons, mais celui-ci ayant réuni des forces supérieures, il fut obligé de les abandonner et fut grièvement blessé. L'ennemi m'attaqua le soir dans la position de Koublitschi, mais il fut repoussé par le feu de mon artillerie.

Je me suis maintenu dans ma position jusqu'à 11 heures du soir, mais ayant appris l'événement fâcheux de l'évacuation d'Ouchatsch et de la rupture du pont, sans m'en prévenir, et que par ce malheureux événement, la batterie de 12, la caisse et les bagages, qui avaient filé par Ouchatsch ne pouvant plus repasser l'eau, étaient tombés au pouvoir de l'ennemi, j'ai nécessairement dû me retirer dans la nuit, parce que le lendemain j'aurais été entamé par toutes les forces de l'ennemi.

Si pénible et fâcheux qu'il fut pour moi d'apprendre que l'ennemi s'était emparé de la batterie de 12, de la caisse et des bagages, autant je crois qu'il ne pourra pas se vanter de cette prise, parce que cela n'est point arrivé les armes à la main, et cela n'aurait jamais eu lieu si on m'avait prévenu qu'on voulait abandonner Ouchatsch. Il me reste à dire à Votre Altesse Sérénissime que le brave capitaine Weishaupt, qui commandait cette batterie de 12, ne s'est rendu à l'ennemi que le lendemain à 2 heures après midi, après avoir épuisé toutes ses munitions contre les troupes qui le cernaient.

La nuit à 11 heures du 24 au 25, je me suis retiré par Zvonia, où j'ai passé l'Ouchatsch sur la route de Lepel, où près de Voron j'ai trouvé le général Maison avec sa division et celle de cuirassiers.

J'ai appris par le général Maison, qu'une lettre de M. le maréchal comte de Saint-Cyr m'avait été expédiée le 24 à 3 heures après midi pour m'engager de rester avec les cadres du VIᵉ corps et la brigade de Corbineau sur la route de Vilna.

Cet ordre ne m'étant pas parvenu, il paraît que l'officier porteur fut pris. Si cet ordre fut arrivé 24 heures plus tôt, bien des choses ne seraient point arrivées.

Aussitôt que le général Maison m'en eut donné connaissance, j'ai continué ma marche de Voron sur Pouïchna, où j'ai couché. Le 26 au point du jour je suis parti de Pouïchna par Mal Doltsoui, espérant de pouvoir coucher le même soir à Sloboda, et arriver le 27 à Ghloubokoé; si dangereuse que pouvait être cette marche, pendant laquelle je devais toujours présenter mon flanc droit à l'ennemi, je l'ai cru indispensable pour arriver à temps sur la route de Vilna.

Avant de partir pour Pouïchna, j'avais prévenu M. le général Viviés, commandant de Ghloubokoé de ma marche et de mon arrivée : ayant trouvé dans ma marche du 26 de tels marais sur ma droite, que je fus forcé de descendre le 27 jusqu'à Dockchitsoui. J'ai expédié un second courrier au général Viviés, pour le prévenir que je ne pourrais arriver que le 28 à Ghloubokoé, espérant qu'il pourrait se maintenir dans sa position jusqu'à mon arrivée ; quoique mes courriers lui sont arrivés à temps, il a cru à propos de brûler le magasin, de jeter son artillerie dans l'eau et d'abandonner Ghloubokoé, m'écrivant qu'il croyait ne pouvoir y tenir. Cette nouvelle inattendue m'a engagé de marcher le 28 de Dockchitsoui à Boiaré où j'ai couché, et je suis arrivé hier à 11 heures du matin ici où j'ai trouvé une grande partie de mon grand parc d'artillerie et quelques détachements que, lors de mon passage à Ghloubokoé, j'avais dû laisser par ordre de Votre Altesse Sérénissime à la disposition du commandant de Ghloubokoé. Je m'occupe aujourd'hui à incorporer ces détachements dans leurs régiments respectifs et nonobstant cela, y compris la brigade de cavalerie Corbineau, je ne compte pas 4.000 hommes combattants, dans deux jours je compte adresser un état exact de situation à Votre Altesse Sérénissime. Selon les nouvelles que me rapporteront aujourd'hui mes reconnaissances que j'ai envoyées en avant, et les espions que j'ai dirigés sur tous les points, je marcherai demain ou après-demain en avant pour empêcher que l'ennemi ne s'empare des canons que le général Viviès a fait jeter à l'eau à Ghloubokoé, et pour peu de renfort que Son Excellence M. le duc de Bassano ou M. le gouverneur de Lithuanie, général comte de Hogendorp m'enverront je pourrai reprendre l'offensive.

J'ai fait une grande perte à Plissa, où j'avais réuni toutes les armes des soldats morts ; par le manque de chevaux, les fourgons sur lesquels elles furent chargées, au nombre de 51, ne purent être emmenés, et ils furent brûlés. En général, Sa Majesté, le Roi mon maître, a fait de très grandes pertes dans les derniers huit jours. Je supplie Votre Altesse Sérénissime d'en donner connaissance à Sa Majesté l'Empereur et Roi.

Il me reste à joindre copie du mémoire de proposition pour la croix de la Légion d'honneur que m'a présenté le général baron de Corbineau et de supplier Votre Altesse Sérénissime de le mettre sous les yeux de Sa Majesté l'Empereur et Roi. Je suis convaincu que toute cette brigade brûle de zèle de mériter la satisfaction de Sa Majesté :

Le général de brigade baron Lhéritier,
Le colonel du 7e de cuirassiers baron Dubois,
Le général de brigade baron de Corbineau,
Le colonel du 8e de lanciers Lubienski,
Le colonel du 7e de chasseurs Saint-Germain,
Le colonel du 20e de chasseurs Lagrange,
Le général Grundler,
Le major Trupel, commandant le 19e de ligne, et le capitaine Melin, adjudant-major du 37e de ligne,

ayant rendu des services pour les intérêts et la gloire de l'armée bavaroise, je sollicite l'approbation de Sa Majesté l'Empereur et Roi, pour demander auprès de Sa Majesté le Roi, mon souverain, la décoration de l'ordre militaire de Max Joseph pour eux. »

P. S. — Danilovitschi, 31 octobre. — Je viens de recevoir le rapport par mes reconnaissances que j'ai envoyées hier à Ghloubokoé et qui furent jusque dans la ville : que l'ennemi n'y est pas, que la nuit du 28 au 29, huit cosaques sont arrivés, annonçant pour le lendemain l'arrivée de l'armée et en sont repartis après avoir bu et mangé. Toutes mes nouvelles parlent que le général Steingel a retiré le gros de son infanterie vers Disna, que la ligne de ses avant-postes s'étend de Charkovchtchizna par Loujki Sélichtche à l'Ouchatsch. Comme j'ai reçu hier des nouvelles positives que l'ennemi n'a pas même poussé sur la route de Drouïa à Vidzouï plus loin que jusqu'à Opsa, et que le général baron Coutard occupe toujours la ville de Vidzouï, je marche demain sur Ghloubokoé pour m'assurer du parc que le général Viviés a jeté à l'eau. Je préviens de mon mouvement Son Excellence M. le duc de Bassano ; s'il peut m'envoyer des renforts, je ne tarderai pas de me porter plus en avant, je préviens également de mon mouvement Son Excellence M. le maréchal duc de Reggio, qui, d'après une dépêche que j'ai reçue hier de Son Excellence M. le duc de Bassano, a repris le commandement du IIe corps.

Votre Altesse recevra ce rapport présent par M. le chef d'escadron, prince de Salm, du 8e de lanciers, qui sert avec autant de zèle que de bravoure. Je le recommande à la protection de Votre Altesse Sérénissime. »

Victor à Daendels

Smolianoui, 31 octobre, 6 heures du matin [Reg. Vict.]

« On croit que l'ennemi fait un mouvement du côté d'Oula : il faut s'en assurer et pour cela ordonner que 50 chevaux du régiment de chasseurs qui est au pont de Botschéikovo se portent vers Oula pour avoir des renseignements. Un autre parti de même force doit savoir ce qui se passe à Kamen. Donnez vos ordres en conséquence à M. le général Maison, commandant la 6e division d'infanterie, qui est au pont de Botschéikovo. Faites sentir à cet officier général que, si des forces considérables venaient sur lui de Oula par la rive droite de la Oula, il doit se reployer sur vous, et si l'ennemi se présentait seulement au pont de Botschéikovo, venant de Kamen, il doit défendre ce point.

Il ne fallait pas laisser deux bataillons à Béchenkovitschi ni un autre bataillon au pont de Botschéikovo puisqu'une division est établie sur ce point. Rappelez donc ces trois bataillons *et tenez toujours tout votre monde réuni*. Recommandez qu'on m'envoie des rapports fréquents sur ce qui se passe du côté de Oula et de Kamen, car jusqu'à cette heure je n'en ai reçu aucun. »

Victor (Ordre)

Smolianoui, 31 octobre [Doc. X.]

« L'armée se reploiera sur Sienno demain 1er novembre, ce mouvement s'exécutera dans l'ordre suivant :

Les chevau légers de Berg ouvriront la marche, ils seront suivis de l'artillerie légère de la 12e division d'infanterie ; cette division suivra son artillerie légère et marchera la gauche en tête. M. le général Partouneaux organisera cette colonne de manière à ce qu'elle puisse marcher à 2 heures précises du matin.

Toute l'artillerie, la réserve et les parcs suivront immédiatement la 12e division d'infanterie. M. le général Aubry fera ses dispositions en conséquence,

Les 28e et 9e divisions d'infanterie suivront l'artillerie.

La 26e division d'infanterie serrera sur la 9e.

La 8e division se réunira avant le jour au village de Smolianoui, et se mettra ensuite en marche pour suivre la 26e division.

Les trois régiments de cavalerie légère restant au général Fournier, s'établiront de manière à couvrir la retraite de la 8e division ; ils ne quitteront le terrain sur lequel l'armée bivouaque, que lorsque la 8e division sera hors de vue de l'ennemi.

La 3e division de cuirassiers se placera en seconde ligne de la cavalerie légère pour la soutenir. M. le général de division Doumerc prendra le commandement général de toute cette cavalerie.

Il se fera soutenir par son artillerie légère, il aura attention de faire ce mouvement par échelon, lentement et en bon ordre pour protéger la marche de la colonne et empêcher qu'elle ne soit inquiétée par l'ennemi.

La halte sera déterminée par un nouvel ordre.

MM. les généraux d'infanterie auront l'attention de rappeler tous leurs postes, et de s'assurer de la rentrée de tous les soldats dans les rangs et de ne laisser personne en arrière. »

Oudinot à Bassano

Minsk, 31 octobre [A N.]

« A mon arrivée à Minsk, je n'ai pu échapper à la visite du général commandant que j'ai rassuré de mon mieux sur la persuasion où il était que les
cosaques le menaçaient sur plusieurs points. Un officier de sa nation qui
venait du corps des Bavarois, n'a pas peu contribué à l'alarme qui a été la
suite de ses rapports. J'ai fait venir ce dernier et l'ai accueilli à ma manière.
Du reste le gouverneur promet de rétablir tout le monde en sécurité.

Je suis venu à Minsk, parce qu'on n'a pas voulu me conduire par la route
de Vileika, il est sûr que j'ai fait vingt lieues de plus, ce qui retardera d'autant mon arrivée au IIe corps sur lequel on n'arrête aucuns bruits tant ils
sont différents.

Je pense, monseigneur, que vous ne croyez pas, qu'en partant pour le
IIe corps, j'entende m'en emparer du commandement. Je n'y vais que pour
aider son commandant provisoire et agir dans les cas intéressants, à concerter avec le duc de Bellune pour agir ensemble, et enfin, attendre la destination que l'Empereur me réserve ; si le sort me conserve à ce poste, je me
trouverai tout transporté, et dans tous les cas, j'aurai utilisé mon temps,
alors je ne regretterai point ma démarche.

P. S. — Tout le monde s'accorde ici à accuser le général de Wrede de
n'avoir pas voulu se réunir au IIe corps. J'ignore jusqu'à quel point cela est
fondé ; ce qu'il y a de certain, c'est que, s'il s'en écarte trop, il peut très fort
se compromettre sous deux rapports. »

De Wrède à Bassano

Danilovitschi, 31 octobre [A N.]

« J'ai reçu hier par M. le lieutenant baron Menzing la lettre que Votre
Excellence m'a fait l'honneur de m'adresser en date du 28.

J'ai l'honneur de vous communiquer quelques rapports qui me sont parvenus sur la position de l'ennemi et la prévenir que je me porte demain
1er novembre avec mon petit corps à Ghloubokoé. Arrivé là, je manœuvrerai
selon les circonstances et les faibles moyens que j'ai à ma disposition. Igno-
rant si Son Excellence M. le maréchal duc de Reggio sera déjà arrivé au
IIe corps, je viens de prévenir M. le général comte de Merle, commandant
par intérim le IIe corps, par un courrier, du mouvement que je vais exécuter
demain. Je reviens toujours à l'idée que si Votre Excellence peut m'envoyer
des renforts, je pourrai faire un mouvement bien décisif sur l'ennemi ; mais
il faut que ce renfort arrive sans délai.

Les traîneurs malades et convalescents qui, étant partis de Ghloubokoé,
se sont portés sur la route de Vilna font des excès sans exemple. Les habitants s'enfuient. Il sera fort à désirer que M. le gouverneur général comte
de Hogendorp envoie des officiers au-devant d'eux pour les réunir et de
réunir ceux qui sont en état de marcher et de servir, et d'en organiser des
compagnies ou bataillons de marche. »

Victor (Ordre)

Krasnogora, 1er novembre [Doc. X.]

« L'armée continuera le mouvement ordonné sur Sienno demain 2 novembre dans le même ordre où il a été commencé, avec cette différence que les
divisions marcheront la droite en tête, et que leur artillerie leur sera rendue ;
elles marcheront donc dans l'ordre suivant :

La 12e division, la 28e, la 9e, la 26e, la 6e et la 8e. La 3e division de cuirassiers, suit et protège le mouvement de la 8e division d'infanterie, la cavalerie légère aux ordres du général Fournier ferme la marche sous la protection des cuirassiers; M. le général de division Doumerc conserve le commandement de la cavalerie.

M. le général, commandant l'artillerie, Aubry, ayant organisé ses divisions d'artillerie conformément à l'ordre du 30 octobre, formera du reste de ses voitures une réserve; cette réserve précédera la colonne dans la marche de demain sous l'escorte d'un bataillon de la 12e division.

Les divisions sont établies à la position qu'elles doivent prendre à Sienno par les soins du chef de l'état-major. Cette ville offrant des ressources dont l'armée a le plus grand besoin, MM. les généraux feront prévenir leurs troupes que les cours prévôtales seront mises en exercice pour faire punir quiconque se livrerait au moindre excès. »

Supplément. — Le mouvement des troupes commencera demain au point du jour.

Les ordres ne seront, à l'avenir, adressés qu'aux généraux commandant les colonnes, lesquels les transmettront aux généraux commandant les divisions.

MM. les généraux commandant les colonnes enverront tous les jours un officier au quartier général, pour y rendre compte des événements de la journée et recevoir des ordres.

Il sera fait demain en avant de Krasnogora une distribution de pain dans les proportions ci-après:

Savoir :

A la 6e division d'infanterie		3.000
— 8e —		3.000
— 9e —		3.000
— 12e —		6.200
— 26e —		5.000
— 28e —		4.200
3e de cuirassiers		1.500
Division de cavalerie légère		1.600
Artillerie des IIe et IXe corps		2.000
24e régiment de chasseurs à cheval		100

MM. les chefs d'état-major des divisions, de concert avec MM. les commissaires des guerres, régleront entre les régiments la répartition des quantités ci-dessus.

Victor (Ordre)

Romanovtchina, 1er novembre [Doc. X.]

« En conséquence des dispositions ordonnées par Son Excellence M. le maréchal duc de Bellune, les troupes qui composent l'armée s'établiront aujourd'hui comme il suit :

La cavalerie aux ordres de M. le général Fournier à Trouckouki (?), Slobodka et Troukanovitchi.

La 3e division de cuirassiers à Romanovtchina, Krouglitchi et Lazouki.

Les 6e, 8e et 26e divisions d'infanterie prendront position à Krasnogoura.

M. le général Fournier qui continuera jusqu'à nouvelle disposition d'être sous les ordres de M. le général de division Doumerc, fera éclairer avec soin la route de Loukoml et Tschachniki. »

De Wrède à Merle

Barilé, 1er novembre [Doc. H. et A. N.]

« Par la lettre que je vous ai écrite avant-hier, j'ai eu l'honneur de vous donner connaissance de mon arrivée à Danilovitschi ; et par celle expédiée hier, je vous ai communiqué les nouvelles qui me sont parvenues sur la position de l'ennemi, et que j'allais me porter aujourd'hui sur Ghloubokoé. Ayant appris hier au soir par M. le major comte de Tour et Taxis, qui m'a apporté de Vilna des dépêches de Son Excellence monseigneur le duc de Bassano, que le IIe et le IXe corps, ayant fait leur jonction le 30 au plus tard, devaient reprendre l'offensive aujourd'hui ou demain, je me suis décidé d'autant plus, à me porter sur ce point, afin de m'approcher à la gauche du IIe corps.

Me voilà aujourd'hui à quatre petites lieues de Ghloubokoé, j'y passerai la nuit, et ferai aller les reconnaissances jusqu'à cette ville. Demain matin j'occuperai avec tout mon petit corps d'armée, la position de Ghloubokoé.

Toutes les nouvelles qui m'arrivent confirment que l'ennemi tient entre la Disna et l'Ouchatsch, une ligne d'avant-poste en commençant de Charkovchtchizna par Loujki et Sélichtché vers l'Ouchatsch. Ses forces ne doivent pas être considérables entre ces deux rivières, vu qu'il se confirme, qu'une grande partie de ce corps a repassé la Dvina. En cas que M. le maréchal duc de Reggio soit déjà arrivé au IIe corps, je vous prie, monsieur le général, de mettre cette lettre sous ses yeux, pour que je sois instruit, aussi vite que possible, des mouvements que le IIe et le IVe corps vont faire ; parce que, arrivé à Ghloubokoé, je dois régler mes mouvements nécessairement d'après les vôtres ; et même, si ces deux corps ne reprennent pas l'offensive de sitôt, je dois être bien sur mes gardes, afin que l'ennemi ne détache pas de nouveau des forces supérieures sur moi. Dans ma lettre d'hier je vous ai dit que Widzouï est toujours occupé par le général Coutard, et que l'ennemi, jusqu'au 29 d'où je datais mes dernières nouvelles de ce côté-là, n'a jamais poussé des reconnaissances plus loin que Opsa. Le prince Radzivil avait fait de Dinabourg une démonstration sur Braslav, mais l'ennemi marchant au-devant de lui, il fut rappelé à Dinabourg. »

Lorencez à Doumerc

Krasnogora, 2 novembre [Doc. X.]

« J'ai l'honneur de vous prévenir que M. le général Fournier a l'ordre de gagner au plus tôt la tête de la colonne, pour se porter sur Sienno ; votre division restera chargée de couvrir la marche de l'armée.

P.-S. — J'ai mis votre rapport sous les yeux de M. le maréchal qui souhaite que vous les lui adressiez directement. »

Lorencez à Doumerc

Krasnogora, 2 novembre [Doc. X.]

« J'ai l'honneur de vous prévenir que l'intention de Son Excellence M. le maréchal duc de Bellune est que vous preniez aujourd'hui position à Oulla-vitschi. Vous serez couvert par la cavalerie légère de M. le général Fournier qui doit s'établir à Krasnogora et qui a ordre d'observer les routes de Béchenkovitschi, Tschachniki et Tschéréïa.

M. le maréchal aura aujourd'hui son quartier à Sienno. »

Victor à Berthier

Sienno, le 2 novembre [Reg. Vict.]

« A mon arrivée à Tschachniki, le 29 octobre, j'ai trouvé les honorables restes du IIᵉ corps établis de la manière suivante :

La 6ᵉ division d'infanterie forte de 4.000 hommes et la 5ᵉ brigade de cavalerie légère forte de 400 chevaux étaient à Botschéïkovo.

La 8ᵉ division d'infanterie forte de 3.000 et quelques cents hommes était à Ghorodénets.

La 3ᵉ division de cuirassiers forte de 1.400 chevaux était à Tsapin.

Enfin la 9ᵉ division d'infanterie de même force à peu près que la 8ᵉ était à Tschachniki.

Les combats multipliés et opiniâtres que ce corps a reçus ou livrés aux ennemis, les privations de tout genre qu'il n'a cessé d'éprouver depuis qu'il est en campagne l'ont tellement réduit que, malgré la force morale qui l'anime encore, il aurait nécessairement succombé sous les efforts de l'ennemi si le IXᵉ corps ne fût promptement arrivé à son secours. Il était suivi et pressé vivement par les ennemis dans la direction de Lepel à Tschachniki. Leur avant garde s'était présentée le 29 au soir devant la 8ᵉ division ; le général Maison qui la commande, a dû se reployer sur Tschachniki en se faisant protéger par la 3ᵉ division de cuirassiers. Ce mouvement a été exécuté dans la nuit du 29 au 30. J'ai été prévenu à 4 heures du matin et j'ai aussitôt fait mettre en bataille la 9ᵉ division à côté de la 8ᵉ et des cuirassiers. Quelques heures après l'avant-garde ennemie s'est montrée ; elle était forte d'environ 2.000 chevaux de troupes réglées, de 1.500 cosaques, de 5.000 à 6.000 d'infanterie et de quelques pièces de canon. Aucune troupe du IXᵉ corps n'était encore arrivée La 28ᵉ division était à quatre lieues de Tschachniki, la 12ᵉ à cinq ou six lieues, la 26ᵉ était à Béchenkovitschi et la cavalerie légère à Korolévitschi, attendant des ordres. Nous n'en avons pas moins fait nos dispositions pour recevoir cette avant-garde ennemie ; elle s'est mise en bataille immédiatement après son arrivée de face et à portée du canon de notre ligne. Nous nous sommes réciproquement observés pendant tout le jour, et ce n'est que vers le soir qu'il y a eu quelques coups de canon tirés de part et d'autre sans effet. Nous sommes restés dans cette position jusqu'au lendemain 30, mais les 28ᵉ et 12ᵉ divisions étaient arrivées et établies à Smolianouï et j'attendais la cavalerie légère du IXᵉ corps. Le 30 à 7 heures du matin les ennemis ont attaqué Tschachniki avec du canon et de l'infanterie. Un brouillard fort épais nous dérobait leurs mouvements, leur position et leur force, et il convenait d'attendre qu'il fût dissipé pour répondre à cette attaque.

Le temps devenu plus clair vers 9 heures nous a permis d'observer que cette avant garde était considérablement augmentée surtout en infanterie ; je désirais l'attaque, mais la cavalerie du IXᵉ corps n'était pas encore arrivée et celle du IIᵉ extrêmement fatiguée et n'ayant rien mangé depuis 36 heures faute de moyens, ne se trouvait pas en état d'agir comme il le fallait. J'ai dû en conséquence borner mes dispositions de manière à préserver nos troupes de toute chance désavantageuse et à pouvoir reconnaitre distinctement la force de l'ennemi. Après deux heures d'observation et d'une canonnade assez vive de part et d'autre, il m'a été facile de voir que l'armée ennemie grossissait et que de fortes colonnes arrivaient successivement de Lépel. J'ai jugé alors que toute l'armée de M. de Wittgenstein marchait à nous et que nous étions au moment de recevoir une bataille. La position que nous occupions n'était pas favorable, nous avions derrière nous le ravin profond de la Ousvéïa. Les ennemis pouvaient manœuvrer sur notre gauche par le chemin de

Loukoml. Les 6e et 26e divisions d'infanterie et toute la cavalerie légère n'étaient point en ligne, ces divers motifs m'ont engagé à ajourner une action sérieuse dont les effets pouvaient avoir une grande influence sur les événements de cette guerre. La prudence a dû régler ma conduite et c'est par ses conseils que j'ai fait mes dispositions pour mettre le ravin de la Ousveïa entre l'ennemi et moi. Ce mouvement a été exécuté dans le meilleur ordre par le pont de Smolianouï. Chaque colonne d'infanterie a passé ce défilé sous la protection de la 3e division de cuirassiers et celle-ci a passé à son tour favorisée par l'infanterie et l'artillerie, l'ennemi y marchait avec beaucoup de résolution, mais il a été repoussé avec perte et on lui a fait quelques centaines de prisonniers au nombre desquels sont plusieurs officiers qui, questionnés séparément, nous ont fait les mêmes rapports sur la composition et la force de l'armée que nous avions devant nous ; elles sont les mêmes que celles dont les états ont été adressés à Votre Altesse Sérénissime par M. le maréchal Gouvion-Saint-Cyr.

Il était alors 3 heures : les ennemis s'occupaient de leurs dispositions offensives ; j'en faisais de mon côté pour me défendre. La canonnade était vivement engagée et j'avais lieu de croire que la journée ne se passerait pas sans un événement sérieux, mais les ennemis n'ont pas osé attaquer et ils m'ont laissé le temps de réfléchir sur ma situation ; elle n'était pas à notre avantage, mes forces n'étaient point réunies, ainsi que je viens de le dire ; je ne pouvais attaquer les ennemis qu'en mettant derrière moi le ravin de la Ousveïa sur lequel il n'y a qu'un seul débouché ; en les attaquant dans leur position, je m'exposais à être battu et, en gagnant la bataille, je me trouvais dans l'impossibilité de profiter de ce succès parce que le pays où j'aurais dû suivre l'ennemi est épuisé et désert et qu'en y conduisant l'armée, je consommais sa destruction. Les ennemis pouvaient me prévenir par une marche rapide sur la grande communication de l'armée par Loukoml, je savais déjà qu'une de leurs colonnes était dirigée sur cette ville, j'étais tout à fait découvert de ce côté et je ne voyais aucune chance qui pût m'être favorable. Dans cet état de choses il m'a paru convenable d'éviter la bataille qui m'était présentée et de réunir les troupes de l'Empereur sur un point d'où je pusse manœuvrer selon les nouveaux mouvements des ennemis, réorganiser les troupes du IIe corps et reprendre l'offensive à la première occasion favorable : Sienno m'a paru le lieu propre à cette réunion et le mouvement sur cette ville a été décidé et effectué le 1er du courant, en colonnes serrées et dans le meilleur ordre. La cavalerie a fait l'arrière-garde. L'ennemi ne l'a pas suivie. J'ai des partis dans les diverses directions pour m'apporter des nouvelles.

N'ayant aucune donnée sur les projets de M. de Wittgenstein, je suis obligé de lui en supposer de vraisemblables pour régler ma conduite. Il peut marcher sur M. le maréchal duc de Tarente ; il peut traverser la Lithuanie pour se joindre à Tormasof ; il peut venir à moi avec toutes ses forces, et enfin, se contentant des faibles avantages qu'il a obtenus en s'emparant de Polotsk, borner ses desseins à se rendre maître des principaux débouchés de la Dvina jusqu'à Vitebsk, couvrir ainsi les grandes communications de Saint-Pétersbourg et chercher à inquiéter les derrières de l'armée impériale.

S'il marche sur le duc de Tarente, je le suivrai sans espérer de l'inquiéter assez pour l'arrêter, attendu qu'il aura moins de chemin à faire que moi pour arriver à son but, et que d'un autre côté il est toujours en mesure de repasser la Dvina et de se réfugier dans Riga.

S'il cherche à se réunir à Tormasof, je l'en empêcherai en me portant rapidement sur Minsk et je le combattrai si l'occasion s'en présente.

S'il vient à moi, je manœuvrerai pour l'attirer sur un champ qui me soit avantageux pour recevoir le combat, ou plutôt j'irai à lui pour le provoquer selon les circonstances.

S'il se porte sur Vitebsk, j'irai l'y attaquer.

Enfin s'il ne fait aucune de ces tentatives, je me porterai à Vitebsk et à Ghorodok pour le rappeler sur la Dvina et couvrir dans cette position les derrières de l'armée.

Je vais m'informer s'il est possible de passer la Bérézina en me dirigeant par Tschéreïa et Krasnolouki pour aller à Bérezino ; dans ce cas je m'y porterai après avoir envoyé à Vitebsk deux ou trois régiments du IIe corps qui n'ont presque plus que les cadres, et je manœuvrerai de manière à couvrir les provinces de Minsk et de Vilna.

Telle est, monseigneur, ma situation présente et le précis de ce que j'ai fait et de ce que je crois pouvoir faire pour employer utilement les forces que Sa Majesté a daigné me confier.

Il ne me reste plus qu'à observer à Votre Altesse Sérénissime que le IIe corps est entièrement désorganisé et qu'il est urgent de s'occuper de lui ; il a perdu plus de moitié de ses officiers supérieurs et particuliers ; il est des régiments qui sont sans colonel, sans chefs de bataillons, des compagnies sans officiers et qui sont commandées par des sergents ou des caporaux. Il n'est pas possible que l'ordre et la discipline règnent parmi des troupes ainsi constituées. J'aurai l'honneur d'envoyer incessamment à Votre Altesse Sérénissime l'état de tous les emplois vacants en la priant de le soumettre à Sa Majesté. »

Oudinot à Bassano

Borisov, 2 novembre [A. N.]

« Me voici de nouveau arrêté dans ma marche, par l'assurance qu'on me donne que la route de Lepel serait interceptée ; le commandant de la place qui ne peut rien garantir à cet égard, n'en sait cependant que par des rapports vagues, mais ne pouvant et ne devant pas me compromettre, j'attendrai dans ce lieu l'arrivée des 300 chevaux qui vont au IIe corps et qui, au moyen de ce qu'ils ont abrégé de quelques lieues, m'arriveront demain s'ils n'ont point de rencontre M. Abramovitch a été plus heureux que moi, il a, affublé de son costume de paysan, suivi un convoi d'artillerie qui avait une forte escorte, et maintenant il doit avoir atteint son but.

On dit ici que les maréchaux Victor et Saint-Cyr auraient eu, avant-hier une entrevue à Tschachniki, ce qui prouverait qu'on concerte une marche en avant, et que ce dernier a conservé le commandement ; s'il en est ainsi, je n'aurai plus rien à faire qu'à espérer une destination définitive et je suis décidé à l'attendre à l'armée pendant l'intervalle d'une quinzaine de jours, après quoi je serai forcé de m'éloigner, puisque je ne pourrais rester dans cette alternative sans blesser la susceptibilité du véritable commandant en chef.

Grâce aux soins de Votre Excellence, le trésor escorté par deux bataillons arrive demain ici. Ce renfort sous les deux sens fera plaisir au IIe corps.

Je crains bien que la manœuvre du général de Wrede ne serve à attirer l'ennemi sur lui, et que ne pouvant faire face, il ne puisse être maître de la direction qu'il devra donner à sa marche ultérieure. Saint-Cyr, au reste, ne peut être content de ce qu'il se soit isolé, et qu'il n'ait pas cherché à se lier à lui, d'autant surtout qu'il est hors d'état de couvrir à lui seul Vilna, et qu'au contraire, en se rabattant sur Dolghinov, il y contenait l'ennemi d'une part, et conservait par des partis, ses communications, sa sécurité et celle de la route de Molodetschno déjà compromise par le vide qu'il laisse entre sa droite et l'aile gauche de l'armée ; d'un autre côté le général Corbineau avec sa cavalerie ne devrait avoir d'autre occupation que celle d'éclairer le pays, et par conséquent être toujours en mouvement. On rencontre sur ces routes de Bavarois en aussi grande quantité qu'à Vilna. Cette troupe fait mal à voir ainsi répandue et sans ralliement.

Le colonel du 3e de lanciers, comte Lebrun, a été tué dans une des dernières affaires et le colonel Saint-Chamans du 7e de chasseurs blessé d'un coup de lance.

P. S. — A l'instant de fermer ma lettre je reçois du commandant de Borisov, comte de Béarn, le rapport que Votre Excellence trouvera ci-joint, il est traduit d'un original polonais, mais je suis loin d'ajouter foi à ce qu'il annonce, parce que l'alarme serait déjà ici, où l'on n'est d'ailleurs pas très rassuré. »

Comte de Béarn

Borisov, 1er novembre [A N.]

« J'ai des nouvelles authentiques que la bataille était livrée hier à Tschachniki, elle continue aujourd'hui, les Russes se sont retirés, mais de l'autre côté, l'armée russe se trouve à Rospatscha près de Krasnolouki ; les cosaques font souvent des incursions dans les villages de cette contrée, et nous sommes consécutivement dans une alarme et danger sans fin. On dit que l'armée russe du général Wittgenstein est forte de 60.000 hommes en y comptant la milice. »

Oudinot à Berthier

Borisov (1) [Min. Doc. H.]

« Je me rends au IIe corps sur le désir qu'en a manifesté le maréchal Saint-Cyr au duc de Bassano. J'y resterai jusqu'à la guérison de ce maréchal qui, selon lui, ne pourra rien exécuter ni voir pendant plusieurs jours. Je pense que Sa Majesté ne blâmera pas cette démarche de ma part qui n'a d'autre but que celui de m'utiliser. Aussitôt que ce maréchal sera en état de reprendre son poste, je désire en obtenir un. Je prie Votre Altesse de m'écrire à ce sujet à ce corps d'armée où je crois devoir rester jusqu'à ce que ma présence n'y soit plus nécessaire. J'ai été retardé aujourd'hui à Borisov, parce que la route de Lépel étant interceptée, je suis forcé d'attendre le détachement de cavalerie qui est dirigé et m'arrive, qui n'est qu'à une marche d'ici. »

Lorencez à Oudinot

Sienno, 2 novembre [A N.]

« Voici un précis très abrégé de nos aventures. Je vous demande en grâce de le garder pour vous seul. Je suis sujet à l'erreur plus qu'un autre ; mon imagination s'exalte et ne sait point s'arrêter, je souhaite que du moins les écarts où elle peut me jeter ne nuisent qu'à moi. Vous voyez bien que mon cœur est meilleur que ma tête et je sais bien aussi à qui je parle et que ces sentiments seront approuvés.

Vous trouverez de plus ci-joint le premier ordre que notre nouveau chef nous a donné. C'est militairement une bonne mesure ; mais on a toujours horreur de l'anéantissement. Cet ordre vous convaincra de l'inutilité de ma présence ici ; vous pouvez donc vous attendre à me voir arriver à Vilna. Je prierai M. le duc de Bassano de me faire nommer ministre auprès de quelque cour bien pacifique, bien soumise et où il n'y ait que des ordres à donner. Vous avez beau froncer le sourcil, ce projet est plus sérieux que vous ne pensez ; lorsqu'à quarante ans on n'a pas un nom dans les armes et qu'on n'est

(1) Sans date.

encore qu'un foutriquet de général de brigade, c'est une carrière manquée, et de plus hauts emplois viendraient trop tard ; je n'en veux plus et je renonce à toute cette fumée. Faites donc que Son Excellence me permette d'aller épancher sur quelque bon prince allemand toute la bile que j'amasse depuis dix ans.

Je n'ai point de nouvelles de ma femme et j'en suis bien inquiet, j'espère, monsieur le maréchal, que vous aurez la bonté de m'en donner s'il vous en parvient. J'ai mille remerciements à faire à madame la duchesse, le loisir me manque pour lui exprimer aujourd'hui toute ma reconnaissance pour les bontés dont elle daigne m'honorer. »

De Wrede à Bassano

Barilé, 2 novembre [Doc. H. et A. N.]

« En communiquant ci-joint à Votre Excellence copie de la lettre que j'ai adressée hier, à mon arrivée ici, à M. le général de division comte de Merle, par un lancier du 8e qui connait le pays, et s'est rendu par le chemin le plus court du côté de Lepel, j'ai l'honneur de la prévenir que j'ai pris position ici, celle de Ghloubokoé m'ayant paru trop découverte pour le peu de ressources que j'ai. Je tiens Ghloubokoé comme avant-poste, et me suis rendu ce matin pour y voir s'il y a moyen de retirer les canons que le général Viviés a jetés dans l'eau, au nombre de 27. Ayant trouvé 36 caissons auxquels le général Viviés a voulu faire mettre le feu, mais qui n'a pris que très peu ou pas du tout, j'ai tout de suite chargé le commissaire du district, de réunir tous les chevaux possib'es pour diriger ces caissons par Danilovitschi sur Vilna.

La glace s'étant beaucoup répandue sur les canons jetés dans l'eau, on éprouvera quelques difficultés à les retirer ; mais j'espère qu'on parviendra nonobstant au bout. Le plus difficile sera de trouver les chevaux nécessaires pour les conduire à Vilna.

J'écris par le même courrier à M. le gouverneur général de Hogendorp pour le prier de donner l'ordre que tous MM. les sous-préfets et commissaires de districts retournent à leurs postes et reprennent leurs fonctions, parce que sans cela on sera forcé de prendre les vivres et les fourrages dans les villages et les excès sont sans nombre.

Ce matin une de mes patrouilles a pris un lancier russe en avant de Ghloubokoé ; d'après ce qu'il dit, son maréchal des logis avec lequel il fut détaché avant hier de Koubloutschi où se trouvent deux escadrons de lanciers, trois hussards et quatre dragons, était chargé de porter l'ordre au magistrat de Ghloubokoé, de leur livrer les canons qui se trouvent dans cette ville. J'ai trouvé ce matin un homme qui s'est prêté d'aller à Koubloutschi et de là le long de l'Ouchatsch pour reconnaître la position et la force de l'ennemi. Sitôt qu'il sera de retour, j'aurai l'honneur de communiquer un rapport à Votre Excellence.

Je n'ai pas besoin d'expliquer à Votre Excellence qu'il est impossible que l'armée puisse trouver des quartiers d'hiver, si l'ennemi n'est pas repoussé sur l'autre rive de la Dvina, non seulement près de Polotsk, mais même, si entre la Dvina et la droite de M. le maréchal duc de Tarente une complète jonction, de manière que les corps se donnent la main, n'est pas établie.

J'ignore si la capitale de Vilna est toujours menacée du côté où se trouve le prince Schwarzenberg ; mais à supposer qu'il n'y a plus de danger de ce côté-là, il me semble plus qu'urgent, que toutes les troupes qui se trouvent à Vilna, soient le plus tôt possible mises en mouvement pour coopérer au but ci-dessus mentionné. La rigueur de la saison se fait déjà tellement

sentir, qu'il est à prévoir que nous n'avons plus que peu de temps devant
nous pour les opérations militaires.

P. S. — Ce 3 novembre 1812 au matin.

Je n'ai pas expédié cette dépêche hier au soir, espérant de recevoir pendant la nuit des nouvelles du IIe corps, lesquelles je me serais empressé de communiquer à Votre Excellence.

Le 18 du mois passé, j'ai expédié de Polotsk, le capitaine baron de Gumpenberg, aide de camp du prince royal, faisant fonction d'ordonnance auprès de moi, avec des dépêches de M. le maréchal comte de Saint-Cyr pour M. le maréchal duc de Tarente. J'ai bien des nouvelles qu'il a passé à Vidzoui ; mais si, de là, il est arrivé chez M. le maréchal duc de Tarente, je n'en sais rien, et comme il n'est point de retour à l'heure qu'il est, je crains qu'il n'ait été pris. J'écris à cet égard à M. le maréchal duc de Tarente et prie Votre Excellence de lui faire parvenir la lettre par la première occasion. En cas qu'à l'arrivée de M. le lieutenant baron de Menzing à Vilna, les trésors que j'attends pour le corps bavarois, l'un de Varsovie et l'autre de Kœnigsberg, ne soient pas encore arrivés, je prie Votre Excellence de lui faire avancer d'une caisse française trois ou quatre mille francs qui seront remboursés au moment de l'arrivée desdits deux trésors. »

Lorencez à Doumerc

Sienno, 3 novembre, 9 heures du soir [Doc. X.]

« L'intention de M. le maréchal duc de Bellune est que jusqu'à nouvelle disposition, M. le général Fournier soit sous vos ordres. Il paraît qu'il vous avait écrit aujourd'hui pour vous informer que l'ennemi s'était présenté devant lui, mais qu'ayant confié sa dépêche à un simple cavalier allemand, il n'a pas su vous trouver et l'a apportée jusqu'ici.

M. le maréchal désire que M. le général Fournier tienne un parti mobile de 150 chevaux dans les environs de Tschéréïa pour connaître les mouvements que l'ennemi pourrait faire sur nous de Loukoml ou de Krasnolouki ; ce parti doit être confié à un officier dont l'intelligence et l'activité répondent à l'objet de sa mission, et sur la véracité des rapports duquel on puisse compter.

M. le maréchal pense qu'il est vraisemblable que l'ennemi se présentera demain devant M. le général Fournier avec des forces plus considérables que celles qu'il a montrées aujourd'hui, auquel cas il souhaite que vous fassiez vos dispositions pour le soutenir ; mais Son Excellence trouve qu'il est encore plus important de bien reconnaître l'ennemi que de le combattre, et qu'en conséquence, M. le général Fournier tâche de faire glisser quelques officiers sous faible escorte à la faveur des rideaux qui se trouvent à droite et à gauche de la route, pour compter s'il se peut approximativement les forces de l'ennemi et en rendre compte. M. le maréchal attache la plus grande importance à être promptement et exactement informé, et vous prie de lui envoyer fréquemment des avis, lors même qu'il n'y aurait rien de nouveau, parce qu'il en pourra tirer des inductions sur ce qui se passe ailleurs ; il vous invite à lui fournir tous les renseignements que vous pourrez obtenir et à ne rien négliger pour vous en procurer. »

P. S. — « Veuillez faire parvenir au général Fournier la lettre ci-jointe qui le prévient qu'il doit se conformer aux ordres et instructions qu'il recevra de vous. »

Victor à Bassano

Sienno, 3 novembre, 8 heures du soir [Reg. Victor]

« La copie du rapport que j'ai eu l'honneur d'adresser hier à Votre Excellence l'instruira de la réunion des IIe et IXe corps à Sienno. Cette réunion avait pour objet essentiel une réorganisation nécessaire qui vient d'être opérée. Nous sommes en ce moment en mesure de prendre sérieusement l'offensive sur l'ennemi, et c'est ce que nous allons entreprendre incessamment. Mais pour assurer les succès de nos opérations ou du moins pour y concourir d'une manière très efficace, il convient que toutes les forces qu'on a pu réunir à Vilna marchent au reçu de la présente dans la direction de Ghloubokoé par Mikhaïlichki sous les ordres des officiers généraux qui peuvent se trouver à Vilna, et que cette colonne se joigne à M. le général de Wrede pour être commandée par lui et opérer selon les circonstances soit dans la direction d'Ouchatsch soit sur celle de Disna ou de Polotsk. ayant l'attention d'envoyer des partis sur la Bérézina pour communiquer avec nous au point de Bérézino. Il serait aussi nécessaire que des officiers me fussent dépêchés alternativement par Borisov pour me prévenir du mouvement de Vilna. Ils pourront me trouver du côté de Tschéreïa ou de Krasnolouki.

Si M le duc de Tarente n'a plus l'embarras de son parc de siège, ainsi que je dois le croire, je pense qu'il rendrait un grand service à l'Empereur dans cette circonstance en ne laissant devant Riga qu'un camp volant de quelques mille hommes, et en remontant la Dvina avec son corps d'armée jusqu'à Disna. Aurait-il même encore ce parc à défendre, je ne pense pas que ce soit une considération assez puissante pour l'empêcher de faire ce mouvement, car il s'agit aujourd'hui de rompre les projets de l'ennemi, de le chercher avec toutes nos forces et de le battre. Cet avantage est bien préférable à la conservation de quelques pièces de canon ; telle est mon opinion.

M. le prince de Schwarzenberg ayant sans doute reçu ses renforts doit être en opération sur le général Tormasof, et la Lithuanie doit être délivrée de toute inquiétude de ce côté. »

De Wrède à Macdonald

Barile, 3 novembre.

« Le 18 du mois passé, au matin. j'ai expédié de Polotsk M. le capitaine baron de Gumpenberg, un de mes officiers d'ordonnance, avec des dépêches de M. le maréchal comte de Saint-Cyr pour Votre Excellence. Comme cet officier n'est pas de retour à l'heure qu'il est, je commence à craindre qu'il ne lui soit arrivé quelque accident. Je vous prie donc, monsieur le maréchal, de me donner des nouvelles, si cet officier vous est arrivé, et par quelle route il a été réexpédié.

Je ne parle point à Votre Excellence des événements qui ont eu lieu depuis le 18 octobre près de Polotsk et dans ses environs, je pense que Son Excellence M. le duc de Bassano vous aura communiqué les détails que je lui ai adressés à cet égard.

Me voilà ici depuis avant-hier en position ; ayant mes avant-postes à Ghloubokoé et ne comptant. y compris ma cavalerie, pas tout à fait 4.000 hommes sous les armes. Quoique j'aie expédié déjà trois courriers au IXe corps lequel j'ai laissé le 26 près de Lepel, aucune réponse ne m'arrive, et je ne puis ni continuer à manœuvrer, ni me décider à faire un mouvement rétrograde.

Je pense que Votre Excellence a été prévenue par M. le duc de Bassano, que le 25 octobre, l'ennemi a fait repasser à une partie de ses forces la Dvina, près Drouïa, pour les porter vers Dinabourg. Depuis que M. le maréchal comte Saint-Cyr a quitté le commandement en chef du IIe et VIe corps pour rétablir sa santé, j'ai pris le commandement en chef du VIe corps, M. le maréchal, duc de Reggio, a repris celui du IIe corps. »

Victor (Ordre)

Sienno, 4 novembre [Doc. X.]

« L'armée se placera aujourd'hui de la manière suivante :

La colonne de droite aux ordres de M. le général Legrand, partira de son bivouac à 11 heures précises, pour aller s'établir à Torbinki, route de Tschéréïa. M. le général Legrand est prévenu qu'un de nos partis observe les routes de Tschéréïa à Loukoml et à Krasnolouki, mais il n'en fera pas moins les dispositions d'usage pour se bien garder.

La colonne du centre, aux ordres de M. le général Girard, partira immédiatement après M. le général Legrand, pour aller s'établir à Latigol, sur la même route, à trois verstes en arrière de la colonne de droite.

La 8e division de la colonne de gauche, aux ordres de M. le général Partouneaux, ira s'établir à Osinovka, sur la même route à quatre verstes de la colonne du centre.

La 12e division restera à son bivouac actuel jusqu'à nouvel ordre.

La cavalerie légère de M. le général Fournier continuera à faire le service qui lui a été prescrit, jusqu'à nouvel ordre.

La 3e division de cuirassiers restera dans son cantonnement actuel, et se tiendra prête à marcher.

La réserve d'artillerie ne fera pas de mouvement.

Toutes les voitures de bagages seront parquées en arrière de Sienno, par les soins des vaguemestres divisionnaires, sous la surveillance de M. le major Brussières, vaguemestre général. »

Doumerc à Victor

Oulianovitschi, 4 novembre [Doc. X.]

« J'ai l'honneur d'adresser à Votre Excellence l'état de proposition que la justice m'a dicté, en faveur des officiers et sous-officiers de ma division qui se sont le plus distingués dans les affaires auxquelles elle a pris part, et dont je joins ici les différents rapports. Quoique ces rapports paraissent longs par leur réunion, je n'en prie pas moins Votre Excellence de vouloir bien donner un moment à leur lecture. J'ai été le témoin et j'ai dirigé la plupart des actions dont il y est question ; celles où je n'ai pu être en personne, ont eu lieu à la vue de toute l'armée, et je ne craindrais pas d'en appeler à son témoignage, s'il était nécessaire, pour obtenir votre bienveillance en faveur de ma division et des officiers qui en font partie.

Dans une campagne de peu de mois, elle a pris part à dix-sept combats ou batailles et y a fait quelquefois le service de troupes légères, métier bien pénible pour son arme.

Nous avions lieu d'espérer que MM. les maréchaux, duc de Reggio et comte Gouvion Saint-Cyr seraient notre appui auprès de Sa Majesté, pour en obtenir les récompenses qu'elle se plaît d'accorder à ses soldats les plus dévoués, lorsque les blessures reçues par MM. les maréchaux duc de Reggio et comte de Saint-Cyr, nous avaient ôté depuis nos espérances. Mais nous les retrouvons dans votre puissante protection et l'intérêt que vous avez bien voulu me témoigner pour ma division. J'en ai d'autant plus senti le prix que, peu connu de Votre Excellence, je n'aspire en mon particulier, qu'à saisir toutes les occasions de justifier sa confiance, et si, après l'avoir entre-

tenu de ma division, il m'est permis de parler de moi, de 20 ans de bons
services, dont 18 comme officier supérieur ou général, je prends la liberté
d'exprimer à Votre Excellence le désir que j'aurais d'obtenir, soit le titre de
comte, soit celui de grand-officier de la Légion. »

Victor (Ordre)

Sienno, 4 novembre [Doc. X.]

« M. le général Legrand continuera son mouvement sur Tschéréïa,
demain 5 du courant à 8 heures du matin, avec sa colonne. Il se fera précéder par ses officiers d'état-major et du génie pour reconnaître la position
militaire la plus convenable pour l'établissement de ses troupes, et il les y
placera.

M. le général Girard partira de Latigol avec sa colonne, à la même heure
pour se rendre à Tolpin, village situé sur la route de Tschéréïa et à six
verstes de cette ville.

M. le général Partouneaux partira avec la colonne de gauche dont la tête
est déjà à Osinovka, également à 8 heures du matin pour se rendre à Lipovitschi, village situé sur la même route de Tschéréïa, à onze verstes de cette
ville et à cinq verstes de Tolpin.

M. le général commandant la cavalerie légère, laissera un de ses régiments
à Krasnogora pour continuer à observer la route de Tschachniki. Ce régiment aura un poste de correspondance à Antopol pour communiquer avec le
quartier général à Tschéréïa et rendre les rapports. La direction que ce régiment devra prendre pour se retirer en cas de nécessité est sur Tschéréïa,
par Antopol. Le reste de la cavalerie légère, partant de sa position demain
avant le jour, se dirigera sur Loukoml.

M. le général commandant la cavalerie légère étant établi à Loukoml, couvrira l'armée, et poussera des partis dans les directions de Tschachniki et de
Lepel pour savoir où sont les ennemis, et tâcher d'obtenir des avis certains
sur leurs positions et leurs mouvements, pour en rendre compte par des rapports très fréquents. Le parti envoyé à Tschéréïa sera rappelé à sa division.

M. le général Doumerc partira de son cantonnement, demain au point du
jour, avec sa division pour suivre la direction de Tschéréïa par Routnitza,
Tolpin, Tschémérino, Antopol et Ghoroui. Il s'établira à ce dernier village
et enverra un de ses officiers au quartier général pour prendre des ordres.

La réserve d'artillerie suivra le mouvement de la colonne de gauche et ira
s'établir à Latigol, village situé sur la route de Tschéréïa, à neuf verstes de
Sienno et à 8 de Lipovitschi, où sera la colonne de gauche.

Les bagages de l'armée, formés en convoi sous les ordres du vaguemestre
général, seront dirigés sur le village de Biélitsa, où ils attendront des ordres.

Le quartier général sera demain, 5 du courant, à Lipovitschi.

Il est de la plus grande importance de conserver les ressources de Tschéréïa et de tous les pays que l'armée doit parcourir. Pour que cela soit,
MM. les généraux prendront des mesures pour contenir les soldats et empêcher tout désordre. Ils se feront en outre toujours précéder d'un bataillon qui
aura l'ordre de s'établir dans l'endroit de la halte et celui de la position pour
y faire la police, garder les approvisionnements et empêcher que les soldats
y entrent. On prendra les plus grandes précautions surtout pour éviter les
incendies. »

Victor à Berthier

Sienno, 4 novembre [Reg. Vict.]

« Au moment de la jonction des IIe et IXe corps, j'étais bien décidé à
reprendre l'offensive sur M. de Wittgenstein et à l'obliger à repasser la Dvina.

mais j'en ai été empêché par la situation où j'ai trouvé le IIe corps et par divers motifs expliqués dans le rapport que j'ai eu l'honneur d'adresser à Votre Altesse Sérénissime le 2 de ce mois. Je suis persuadé qu'il y aurait eu de l'imprudence à m'engager, et que Sa Majesté ne me saura pas mauvais gré d'avoir borné mes opérations à rallier des troupes qui touchaient au moment d'une perte presque inévitable, et d'avoir conservé un corps qui ne peut dans cette circonstance rendre aucun service. Il eut été compromis en l'obligeant à combattre sur la Oula, il l'eut été encore davantage en se portant plus loin, supposé qu'il ait eu des succès. Les hommes et les chevaux tombaient d'inanition et le pays n'offrait aucune ressource pour les réparer.

L'ennemi ne fait aucun mouvement sur moi ; on continue à dire qu'il fait un fort détachement sur Minsk. Je n'ai pu obtenir jusqu'ici de renseignements positifs à ce sujet. Les IXe et IIe corps sont échelonnés de Loukoml à Tschéreïa ; des partis vont sur Lepel, d'autres vont passer la Bérézina pour s'informer de la position et des mouvements de l'ennemi. S'il se dirige en partie, comme on le dit, sur Minsk, je devrai nécessairement descendre sur Borisov. J'ai envoyé des instructions au général Dombrowski et au gouverneur de Minsk pour régler leur conduite, dans le cas dont il s'agit. Ils devront réunir toutes leurs troupes sur la Bérézina et venir se joindre à moi à Borisov. J'ai également écrit à M. le duc de Bassano d'inviter le gouverneur de la Lithuanie à réunir toutes les troupes qui sont dans son commandement à M. le général de Wrede qui doit être dans ce moment avec le reste des Bavarois aux environs de Vileïka, et à engager cet officier général à se montrer dans la direction de Dockchitsoui dans l'objet de contenir le corps russe resté sur l'Ouchatsch. Si toutes ces mesures sont exécutées, le détachement des ennemis sur Minsk n'aura pas grand effet et il sera bientôt obligé de se cacher derrière la Pripet ou de se joindre à Tormasof par Minsk.

Je vais me tenir entre la Bérézina et la Ousveïa jusqu'à ce que j'aie des nouvelles positives de l'ennemi, et, s'il m'offre l'occasion de l'attaquer, je la saisirai.

J'aurai l'honneur d'instruire journellement Votre Altesse Sérénissime de ce que j'apprendrai et de ce que je serai dans le cas de faire, mais il est nécessaire que je connaisse bientôt les intentions de Sa Majesté pour régler ma conduite et la faire coïncider avec les opérations générales.

On a fait l'appel du IIe corps, il en résulte qu'il compte à peine 9.000 combattants très fatigués et qu'il n'a presque plus d'officiers. »

Oudinot à Bassano

Borisov, 4 novembre [A. N.]

« Le rapport que Votre Excellence trouvera ci-joint, la mettra à même de juger qu'il m'a été jusqu'à présent impossible de joindre le IIe corps, puisqu'outre que je ne savais plus où le prendre depuis sa marche rétrograde sur Lepel, l'ennemi se trouve entre lui et la grande route de communication.

M. Abramovitch qui arrive à l'instant de Sienno, m'assurant qu'il y est réuni au IXe corps, je me décide d'autant plus volontiers à me diriger sur lui, qu'il est peu probable que la grande route en sera inquiétée, et peut-être Borisov compromis, qu'enfin il est intéressant que cette troupe reçoive son trésor, et surtout que le duc de Bellune prenne l'offensive plus franchement.

Je pense, comme Votre Excellence, que l'ennemi a, si ce n'est renoncé, retardé de tenter quelque chose sur Vilna. Cependant à sa place je ne détacherais rien des troupes qui lui arrivent si à propos et si successivement, car quand une masse ne servirait qu'à en imposer, ce serait déjà un succès, et puis d'ailleurs c'est que d'un point de réunion on peut les porter facilement sur celui menacé, et alors si les vivres étaient faciles à transporter, il ne serait pas indifférent que le placement fut porté sur un point à portée d'être dirigé lestement. Votre Excellence me pardonnera de lui parler avec cette abondance, mais c'est ma confiance en elle qui la commande. Je suis toujours dans la même pensée relativement à la manœuvre du général de Wrède, et au lieu de le renforcer, je le chargerais de couvrir la route de Dolghinow, où on a déjà vu les cosaques, qui, pour le peu qu'ils s'enhardissent, peuvent impunément intercepter depuis Ochmiana jusqu'à Borisov.

J'ai reçu les six moulins portatifs et je les ferai suivre le convoi dont le reste de l'escorte arrive seulement aujourd'hui et partirai demain avec le tout.

N'ayant plus de courriers, ni aucun moyen d'en dépêcher, je prie Votre Excellence de trouver bon que je fasse continuer le sien sur Sienno.

L'ennemi est très sérieusement en force à Svïada et marche, dit-on, sur Baran. »

De Thermes à Oudinot

[A N.]

« D'après les ordres de Votre Excellence je me suis rendu sur la route de Lépel par Baran pour m'assurer si effectivement l'ennemi y était ; à trois milles de Borisov. j'ai rencontré le convoi d'artillerie, celui des bœufs et un détachement du 7e régiment de chasseurs qui avaient été envoyés à Lépel pour rejoindre le IIe corps, et qui revenaient à Borisov ayant rencontré l'ennemi.

L'officier commandant le détachement de chasseurs de qui j'ai pris tous les renseignements, m'a répondu que, ne voulant pas s'en rapporter au récit des paysans et des barons qui l'assuraient que l'ennemi était à peu de distance d'eux, il a laissé le convoi en arrière et a poussé avec ses 25 hommes une reconnaissance jusqu'à trois lieues de Lépel où il a rencontré, vu et distingué un régiment de dragons, un de hussards et un ou deux escadrons de lanciers ou cosaques, qui étaient en marche et semblaient se diriger sur Schatnetz (?), d'après les informations qu'il a prises. Cet officier a parlé au baron qui a logé chez lui le colonel du régiment de dragons ; il m'a assuré aussi que depuis Baran jusqu'à Lépel, les paysans sont armés et attaquent tous les militaires français isolés. Voilà, monseigneur, le détail exact de ce que j'ai appris. »

Oudinot à Bassano

Borisov, 4 novembre [A. N.].

« Il faudrait être ingrat ou bien insensible pour ne pas être touché de vos précieux procédés envers le ménage ; ma femme qui en partage la faveur se confond de son côté en assurances du bonheur qu'elle a d'en profiter.

Je vous adresse ci joint une note dont la communication m'était défendue, mais ma foi il ne peut y avoir de secrets de ma part pour le duc de Bassano. Son Excellence y prendra ce qui vaut d'être recueilli et fera du tout ce qui lui conviendra, je la prie d'ailleurs de croire que je ferai de tout mon pouvoir pour retenir le quidam et lui couper la fièvre dont il nous menace. »

P. S. — Je vous renvoie votre courrier pensant que vous en avez souvent besoin, je dépêche à sa place un de mes officiers.

Oudinot à Bassano

Tschéreïa, 5 novembre (1) [Min. Doc. X.]

« Je suis arrivé hier à Tschéreïa après avoir été chercher le duc de Bellune à Sienno d'où il était parti la veille ; après m'avoir remis une lettre

(1) J'ai daté d'après le contenu.

du major général qui me rétablit dans le commandement du IIe corps; il a bien voulu me confier son projet et me parler dans ce sens. J'ai fait ce mouvement sur Tschéreïa parce que je suis certain que Wittgenstein projette sa jonction avec le corps que combat Schwarzenberg et que, placé dans l'intermédiaire des routes de Kokhanov et de Borisov, je serai dans la mesure de me porter sur celle où l'ennemi voudrait opérer. A cela, j'ai dû lui observer que, s'il reprenait l'offensive et parvenait à rejeter Wittgenstein au delà de la Dvina, il aurait au moins la même faculté et qu'obtenant cette réussite (selon moi facile), ce ne serait qu'à demi-remplir l'intention de l'Empereur, puisqu'encore il compte sur la reprise de Polotsk. Le maréchal me répliqua que le premier intérêt de Sa Majesté devait nécessairement être de se conserver ce corps intact, puisque par son intégrité et son placement il devait rendre de grands services d'abord en conservant les communications et ensuite parce qu'il ne mourrait pas de faim dans le pays qu'occupait aujourd'hui l'ennemi, mais que cependant il s'en rapporterait à mon avis si j'insistai pour l'offensive; alors il fut convenu qu'il allait me réunir (?) le IIe corps sur Kholopénitschi et que de là je pourrais, pendant qu'il marcherait par l'embranchement des deux routes de Krasnolouki sur Lepel et Tschachniki, opérer mon mouvement par Baran et Svïada où se trouvaient réunies les 6e et 21e divisions russes. Ainsi ce préliminaire va s'exécuter et, s'il ne survient rien de très nouveau, avant quatre jours nous agirons de concert, et j'espère à la satisfaction de Sa Majesté qui doit nécessairement attendre de notre part un résultat honorable pour notre concours.

Maintenant, monseigneur, il me convient aussi de vous prier d'engager le général de Wrède à se rapprocher de nous pour, si ce n'est seconder notre démarche, faire une diversion, et il le peut surtout si Votre Excellence lui a accordé des renforts, et puisqu'encore il m'a retenu la brigade de cavalerie légère qui me serait si utile en pareille circonstance. Dans ce cas, il ne pourrait faire moins que de s'avancer jusqu'à Bérézino d'où il pourrait entendre notre canonnade.

Monseigneur, puisque vous auriez donné des secours à ce général, pourquoi n'accorderiez-vous pas au IIe corps la même faveur, quand ce dernier n'a plus que des cadres, que sa conduite a été exemplaire et que son fonds n'a besoin que d'un petit aliment pour de nouveau offrir des preuves de courage et de résignation? Vous avez des régiments étrangers, envoyez-les-moi et j'en rendrai bon compte. Hier nos avant postes se sont choqués et l'avantage nous est resté; il en a été de même pour l'entreprise des cavaliers russes de toutes armes qui sont venus, ainsi que je l'avais prédit, tomber sur Borisov où nos trois cents chevaux ont été de grande utilité. Le commandant comte de Béarn mérite des éloges pour la conduite qu'il a tenue dans cette circonstance. Je l'engage à vous en adresser son rapport. »

Victor (Ordre)

Lipovitschi, 6 novembre [Doc. X.]

« La cavalerie légère continuera jusqu'à nouvel ordre le service qui lui a été prescrit. M. le général Fournier mettra tous ses soins à obtenir des informations certaines sur la position des ennemis à Tschachniki et à Lépel, et, s'il est possible, sur leurs mouvements et sur leurs projets. Un parti de quelques chevaux, commandé par un officier très intelligent doit être envoyé à Krasnolouki pour demander des nouvelles et notamment pour s'informer si les ennemis font quelques mouvements sur Borisov ou sur Minsk.

M. le général Legrand restera à Tschéreïa jusqu'à nouvel ordre.

M. le général Girard restera également à Tolpin.

M. le général Partouneaux partira avec sa colonne demain 6 du courant de bonne heure pour aller prendre position à Wouïsokoï-Ghorodietz à trois verstes de Tolpin et à treize verstes de Tschéreïa.

La 3e division de cuirassiers restera aussi à Ghorouï, on peut avoir besoin des troupes à tout moment, ce motif doit engager MM. les généraux à les tenir réunies et toujours prêtes à marcher.

M. le général Aubry dirigera demain, 6 du courant, sa réserve d'artillerie par Biélitsa à Neklioudovo, où il l'établira jusqu'à nouvel ordre, il pourra placer à Radomlïa, village situé sur la même route que Neklioudovo, ses pièces de 12 et la section de sa réserve destinée à remplacer les premières consommations.

M. le vaguemestre général fera établir le convoi de bagages envoyé à Biélitsa, dans un village voisin de la réserve d'artillerie.

MM. les généraux commandant les colonnes sont instamment priés d'envoyer tous les jours un de leurs officiers au quartier général. MM. les généraux de division doivent avoir la même attention et envoyer un de leurs officiers à M. le général commandant la colonne dont ils font partie. Sans cette précaution il arriverait souvent que les ordres ne parviendraient pas ou seraient retardés, ce qui pourrait compromettre sérieusement le service dans beaucoup de circonstances.

S'il arrivait que MM. les généraux de division dussent faire fourrager pour nourrir leurs chevaux, il faudrait qu'ils fissent escorter les fourrageurs par des détachements régulièrement commandés, afin de les garantir des tentatives des cosaques. Cette partie du service leur est très recommandée.

Le quartier général sera demain à Tschéreïa. »

De Wrède à Bassano

Danilovitschi, 5 novembre [A. N.].

« L'ennemi, m'ayant présenté dans la journée d'hier et d'avant-hier de forts détachements de cavalerie, de cosaques, de lanciers et de hussards, sur toute la ligne en avant de Ghloubokoé, l'avis certain qui m'est arrivé hier que, de leur camp de Koubloutschi, les Russes ont détaché 500 chevaux sur Gholoubitschi pour tourner mon flanc droit, n'ayant point reçu des nouvelles du IIe corps et ayant au contraire reçu, par un officier du grand-duché de Berg, la nouvelle que l'ennemi a occupé Lepel le 1er de ce mois, ayant en même temps reçu l'avis que l'ennemi doit avoir dépassé avec quelques forces Vidzoni, et qu'il a poussé des partis vers Postavouï, Votre Excellence dans sa lettre du 2, m'ayant fait connaître qu'elle ne peut pas m'envoyer des renforts ; avec les moyens qui sont à ma disposition, ne devant point engager au hasard une affaire, mais plutôt ménager mes peu de moyens pour couvrir la route de Vilna, j'ai cru devoir reprendre aujourd'hui avec le gros de mon petit corps la position de Danilovitschi pour rester maître de mes mouvements et pour observer ceux de l'ennemi. En attendant, j'ai employé les journées d'hier et d'avant-hier pour retirer 9 pièces des 27 canons jetés dans le lac de Ghloubokoé.

J'ai traîné ces pièces ainsi que treize caissons à ma suite jusqu'ici, et je les dirigerai sur Vilna ; les dix-huit autres pièces sont tellement enfoncées dans le lac et couvertes de glace qu'il sera difficile de les retirer avant le printemps. Je continuerai d'envoyer des partis sur Ghloubokoé aussi longtemps que possible, mais je n'ose garder définitivement ce point, que jusqu'à ce que le IIe corps aura repris l'offensive et que je serai instruit de ses mouvements. Je pousse aujourd'hui 50 chevaux en avant par Postavoui, Joudounschitschki et Kozianouï, pour observer les mouvements de l'ennemi du côté

de Vidzoui. Je pense que Votre Excellence aura dirigé quelques troupes sur
Sventsianouï pour l'observer de ce côté. On veut prétendre que l'ennemi a fait
marcher des forces considérables sur Vidzouï. Mais il paraît peu probable que
les Russes pousseront encore plus loin leurs partis, si M. le maréchal duc de
Tarente s'est porté, comme Votre Excellence m'a fait l'honneur de m'écrire,
sur sa droite, c'est ce qui doit nécessairement inquiéter l'ennemi du côté de
Drouïa.

Je suis impatient de recevoir des nouvelles du IIᶜ et IXᵉ corps et je
supplie Votre Excellence de me les communiquer le plus tôt possible, si elle
en reçoit. »

De Wrède à Berthier

Danilovitschi, 5 novembre.

« Par mon rapport du 30 et 31 du mois passé, Votre Altesse aura vu
qu'étant prévenu par Son Excellence M. le duc de Bassano que le IIᵉ corps,
après avoir fait sa jonction avec le IXᵉ devait reprendre l'offensive le 1ᵉʳ de ce
mois, j'allais me porter ce même jour à Ghloubokoé pour coopérer aux mouvements du IIᵉ corps. Mon avant-garde est arrivée à Ghloubokoé au moment
où l'ennemi avait envoyé l'ordre au magistrat de lui délivrer les 27 pièces de
canon que le général Viviés a laissées là. J'ai tout de suite envoyé un lancier
du 8ᵉ par des chemins de traverse pour prévenir le IIᵉ corps de mon arrivée
à Ghloubokoé, mais n'ayant reçu aucune réponse, ayant au contraire reçu
l'avis que l'ennemi a occupé Lepel le 1ᵉʳ de ce mois ; Son Excellence M. le
duc de Bassano m'ayant écrit qu'il ne pourrait m'envoyer des renforts de
Vilna ; l'ennemi m'ayant montré hier et avant-hier de forts détachements de
cosaques, de lanciers et de hussards, le long de la ligne de mes avant-postes
devant Ghloubokoé, ayant en outre reçu l'avis qu'il avait détaché 500 chevaux de son camp de Koubloutschi par Gholoubitschi pour tourner mon flanc
droit, et que même son corps de Gholoubitschi s'était mis en mouvement
contre moi ; ayant en même temps reçu l'avis que l'ennemi, en occupant
Vidzoni, avait détaché des partis sur la route de Postavoui, j'ai cru devoir
reprendre position ici, pour pouvoir régler mes mouvements sur ceux de
l'ennemi, en couvrant toujours la route de Vilna et n'engageant point d'affaire
sérieuse avant que le IIᵉ corps n'eût repris l'offensive et que je fusse instruit
de ses opérations.

En attendant, je me suis occupé à retirer du lac de Ghloubokoé les 9 pièces
de canon et les 13 caissons qui y avaient été enfoncés le 27 du mois passé.
Les 18 autres pièces de canon n'ont pu être retirées de l'eau, parce qu'elles
sont trop enfoncées et qu'une trop grande masse de glace les couvre. Je doute
qu'on puisse les retirer avant le printemps. Les 9 pièces et les 13 caissons
arrivés ici, seront dirigés sur Vilna où ils seront mis à la disposition de M. le
gouverneur général comte de Hogendorp. »

Victor (Ordre)

Tschéréïa, 7 novembre [Doc. X.].

« Demain, 8 du courant, M. le général Legrand réunira la 6ᵉ division à
Loukoml pour en former l'avant-garde sous ses ordres avec la cavalerie
légère commandée par M. le général Fournier. Cette colonne sera soutenue
de l'artillerie légère de Bade et de celle de même arme de la 6ᵉ division, l'artillerie à pied de cette division restera à Tschéréïa.

M. le général Legrand appellera à Strajavitschi, la brigade de Berg, dont
l'artillerie restera à Tschéréïa. Cette brigade lui servira d'appui et d'échelon
en cas de nécessité.

Il ordonnera à la brigade de Bade de conserver sa position à Tschéréïa mais de se tenir prête à marcher.

Si l'ennemi se présente en force à Loukoml, M. le général Legrand disposera ses troupes en échelon, pour observer dans cette attitude, quelles sont les forces et les armes de l'ennemi.

Lorsqu'il en aura une connaissance positive, il l'attaquera s'il croit pouvoir obtenir des avantages sur lui, ou il se reploiera dans l'ordre précité à pas lents sur son échelon de Strajavitschi et, s'il est nécessaire, jusqu'à Tschéréïa où il prendra la droite de la ligne.

S'il ne lui fallait pour repousser les ennemis que le secours de la brigade de Berg, il la ferait appeler en même temps qu'il enverrait l'ordre à la brigade de Bade de la remplacer à Strajavitschi, ayant l'attention néanmoins de prévenir de ce mouvement et de ses motifs.

M. le général Legrand est prévenu que le 14ᵉ régiment de cuirassiers, reçoit l'ordre d'aller s'établir demain matin près de la brigade de Berg pour être à sa disposition.

M. le général Girard partira demain 8 du courant au point du jour avec sa colonne pour se rendre à Tschéréïa, où son établissement lui sera indiqué.

M. le général Partouneaux partira à la même heure pour se rendre également à Tschéréïa où M. le colonel Chateaux placera cette colonne.

M. le général Doumerc enverra de très bonne heure le 14ᵉ régiment de cuirassiers à Tschéréïa pour y recevoir des ordres, sa division se tiendra prête à marcher.

M. le général Aubry dirigera ses réserves de manière à être rendu à Obtschougha, route de Tschéréïa à Tolotschin, le plus promptement possible ; il fera établir sa section de secours à Zabore, moitié chemin d'Obtschougha à Tschéréïa.

M. le vaguemestre général fera établir les convois de bagages en arrière des réserves d'artillerie sur la même route. »

P. S. — La brigade de Berg, sera suivie demain de sept à huit caissons de cartouches d'infanterie.

De Wrède à Bassano

Danilovitschi, 7 novembre [A. N.].

« Votre Excellence se rappellera par ma lettre du 2 ou 3 qu'arrivé à Barile le 1ᵉʳ novembre j'ai expédié un lancier du 8ᵉ avec ma troisième lettre pour M. le général comte de Merle. Ce lancier avec beaucoup de peines a traversé la ligne ennemie, et il est revenu hier au soir.

Au lieu d'une lettre pour moi, il fut porteur de la lettre suivante pour M. le général baron Corbineau :

« Mon général ! Je n'apprends pas sans étonnement que votre brigade suive
« une autre direction que celle du IIᵉ corps, et que vous ne faites rien pour
« vous en approcher. Je vais au IIᵉ corps en reprendre le commandement.
« J'espère qu'on m'y justifiera d'un mouvement, qui, dans cette circonstance,
« me paraît plus qu'extraordinaire.
« Borisow, le 4 novembre 1812.

« *Signé :* Le maréchal duc de Reggio. »

Comme M. le général baron Corbineau fut précédemment mis sous mes ordres par M. le maréchal comte Saint-Cyr qui commandait alors en chef les deux corps, je ne vois pas comment ce général peut être coupable d'avoir suivi mon mouvement, qui se faisait pour le bien de la cause commune et qui m'avait été prescrit par un ordre du 24 octobre. Il est vrai que cet ordre ne m'est pas parvenu directement, car le porteur a été fait prisonnier ; mais il m'a été transmis verbalement par M. le général de division comte Maison lorsqu'il m'a rencontré près de Voron.

Mais je suis bien éloigné de m'opposer à ce que M. le général baron Corbineau n'exécute sans délai les ordres de Son Excellence M. le maréchal duc de Reggio ; j'ai donc chargé ce général de rappeler sur-le-champ ses détachements qu'il a sur la route de Vidzoui, qui rentreront ce soir, et il partira demain de grand matin pour rejoindre en marches forcées le II° corps.

Votre Excellence, informée par mes lettres précédentes que l'ennemi tient des forces assez considérables et bien plus nombreuses que celles que j'avais jusqu'ici entre Ghloubokoé et Koubloutschi, conviendra avec moi que demain sans cavalerie, à l'exception du peu d'hommes qui me servent d'escorte, qu'avec 1.937 hommes d'infanterie, je n'ose m'aventurer plus longtemps ; car éloigné de tout secours, je serais hors d'état de résister à des forces supérieures, je dois donc nécessairement prendre une autre position en arrière entre Koboуïlniki et Konstantinow pour attendre les événements ou des ordres ultérieurs Je suis bien peiné d'être forcé à ce mouvement, mais les circonstances paraissent le dicter. Je prie Votre Excellence de vouloir en donner connaissance à Son Altesse Sérénissime le major général, jusqu'à ce que je puisse moi-même lui adresser mon rapport. »

P.-S. — « Un détachement de cavalerie que j'ai envoyé hier vers Ghloubokoé, vient de rentrer ayant trouvé les avant-postes de l'ennemi à une petite demi-lieue en avant de la ville de ce côté-ici. L'officier qui commanda ce détachement a trouvé moyen d'envoyer un homme dans la ville qui lui rapporta que l'ennemi a occupé hier le matin à 8 heures la ville avec 600 chevaux, et que le commandant de cette cavalerie a commandé des vivres pour 3.000 hommes d'infanterie qui doivent arriver aujourd'hui. Je doute que ceux-là seront arrivés et, s'ils le sont, ils viennent du camp de Koubloutschi.

Un autre détachement que j'avais sur la route de Vidzoui vient de rentrer, apportant que cette ville n'est plus occupée par l'ennemi. J'attends ce soir le retour d'un espion que j'ai envoyé de ce côté-là pour avoir des nouvelles plus détaillées.

P.-S. — M. le prince de Tour et Taxis aura l'honneur d'expliquer verbalement les nouvelles qu'au moment de son départ m'a apportées un espion que j'avais envoyé du côté de Lepel. »

Oudinot à Victor

Sans date (1) [Doc. X.]

« Le général Maison en arrivant hier à Loukoml y a rencontré les cosaques qui en furent chassés.

J'attendrai avec impatience des nouvelles de Votre Excellence sur les projets qu'elle pourra former. J'ai pensé que puisque Wittgenstein s'était séparé de Steingel, il serait très probable qu'il eût fait un mouvement sur Vitebsk pour s'y réunir à Koutousow et marcher ensemble sur le flanc de la Grande-Armée ; il me semble qu'en ce cas rien ne serait plus important que de marcher de manière à nous y opposer.

Si vous partagiez mon opinion à cet égard je vous prie de me faire connaître vos projets et en quoi je puis les seconder afin que je puisse manœuvrer dans le même sens que vous.

Si ayant une connaissance plus exacte de la position et des projets de

____

(1) Cette lettre semble être du 8.

l'ennemi, vous formiez d'autres desseins je vous prie également de m'en informer et de m'indiquer les points sur lesquels vous croirez utile d'opérer.

La 3e division de cuirassiers est toujours à Antopol à votre disposition. »

Victor (Ordre)

Tschéreïa, 8 novembre [Doc. X.]

« M. le général Legrand fera remplacer sa division à Loukoml par la brigade de Berg. Dès qu'il aura établi cette brigade, dans la position qu'elle doit occuper à Loukoml, il en partira avec la 6e division et son artillerie légère pour rentrer à Tschéreïa, où il prendra les ordres de M. le maréchal duc de Reggio ; il amènera avec lui à Tschéreïa le 14e régiment de cuirassiers et lui donnera l'ordre de rentrer à sa division à Ghorouï.

MM. les généraux de division Merle et Maison ; MM. les généraux de cavalerie Doumerc et Castex, et M. le général d'artillerie Aubry prendront aussi les ordres de M. le maréchal. duc de Reggio.

Les administrations des IIe et IXe corps feront leur service séparément à compter de demain 9 du courant, pour les corps auxquels elles sont attachées. »

Lorencez à Doumerc

Tschéreïa, 8 novembre [Doc. X.]

« J'ai l'honneur de vous prévenir que, d'après les intentions de M. le maréchal duc de Bellune, M. le général Girard doit laisser un bataillon à Ghorouï pour y être à votre disposition. »

Lorencez à Doumerc

Tschéreïa, 8 octobre [Doc. X.]

« D'après les ordres de M. le maréchal duc de Reggio, dont j'ai l'honneur de vous annoncer l'arrivée, je vous prie de vouloir bien envoyer sur-le-champ à Tschéreïa un détachement de trente chevaux commandé par un officier du 3e de chevau-légers qui sera aux ordres de M. le chef d'escadron Duclos, commandant.

P.-S. — J'ai l'honneur de vous avertir que votre division fera un mouvement demain. »

Oudinot (Ordre)

Tschéreïa, 8 novembre [Doc. X.]

« Demain 9 du courant, M. le général de division Legrand au lieu de revenir à Tschéreïa avec la 6e division d'infanterie se dirigera sur Lisitchino, route de Tschéreïa à Kholopénitschi.

La 8e division aux ordres de M. le général Maison partira au point du jour pour aller également prendre positions à Lisitchino.

La 9e division, partant de Tchéreïa après la 8e, ira demain prendre position à Klitchin, village situé à un mille et demi sur la même route de Kholopénitschi.

M. le général Doumerc fera partir au point du jour le 3e régiment de chevau-légers pour aller prendre position à Sloboda, à un demi-mille en avant de Lisitchino ; le reste de la 2e division de cuirassiers prendra demain position à Kholnevitchi à un mille de Tschéreïa sur la route de Kholopénitschi.

M. le général Aubry a des ordres particuliers pour le placement de la réserve et du parc d'artillerie.

Le quartier général sera demain à Klitchin. »

Victor à Berthier

Tschéreïa, 8 novembre [Reg. Victor].

« Depuis le dernier rapport que j'ai eu l'honneur d'adresser à Votre Altesse Sérénissime, il n'y a eu ici que des affaires d'avant-garde qui ont été à notre avantage. L'ennemi est venu attaquer les 6 et 7 de ce mois la cavalerie légère du général Fournier à Loukoml. La première fois avec cinq escadrons de cuirassiers et un régiment de dragons ; la seconde avec deux escadrons de différentes armes, six bataillons d'infanterie et du canon. Les chevau-légers de Hesse, les lanciers de Berg et les dragons saxons du prince Jean se sont distingués dans ces deux occasions, ils ont chargé la cavalerie russe avec beaucoup de résolution et l'ont repoussée, lui ont tué beaucoup d'hommes et de chevaux et fait plusieurs centaines de prisonniers ; ils ont également chargé les grenadiers russes qui s'étaient introduits dans le village, en ont sabré une grande partie et fait des prisonniers. M. le général Legrand avait été envoyé à Loukoml avec la 6ᵉ division pour soutenir M. le général Fournier ; c'est au moment de son arrivée que M. le général Fournier a fait exécuter sa charge brillante dont je viens de parler.

M. de Wittgenstein est avec toute son armée à Tschachnïki. Il a fait jeter un pont sur la Dvina en face de Béchenkovitschi, il en a deux autres à Polotsk. On persiste à croire qu'il a détaché le corps du général Steingel et qu'il l'a dirigé vers Minsk pour se joindre à Tormasof ; jusqu'à présent je n'ai pu obtenir que des renseignements vagues à ce sujet, il est extrêmement difficile d'en avoir de positifs. Les Polonais effrayés ne veulent ni parler ni agir, et notre cavalerie est trop peu nombreuse pour faire des reconnaissances aussi loin qu'il le faudrait ; un parti ennemi de deux cents chevaux s'est montré le 6 à Borisov. Heureusement pour le commandant de cette place que quelques détachements de cavalerie rejoignant l'armée arrivaient à Borisov au moment même de l'apparition de l'ennemi. Le commandant s'en est servi et a chargé les Russes avec succès il en a tué quelques-uns et a fait plusieurs prisonniers. Il rend compte que ces prisonniers lui ont dit qu'un corps d'infanterie était en marche se dirigeant sur Borisov, et il demande des secours. Ce mouvement des ennemis commence à dévoiler le projet qu'on leur prête depuis quelque temps de se réunir à Minsk. Dans ce cas, M. de Wittgenstein se tient à Tschachniki pour nous occuper et pour favoriser la marche de son détachement. Si nous profitions de cette circonstance pour marcher avec lui, il est vraisemblable qu'il se replierait sur la Dvina où ses passages sont préparés et la jonction de Steingel avec Tormasof ne s'en opérerait pas moins. Si nous marchions à Steingel, Wittgenstein ne manquerait pas de nous suivre et nos communications avec l'armée seraient bientôt interceptées. Ces deux cas admis, il ne nous reste qu'un parti à prendre pour tenir Wittgenstein en respect et nous éclairer sur la marche de Steingel. Je viens d'avoir un entretien à ce sujet avec M. le duc de Reggio de retour du IIᵉ corps depuis hier. Nous sommes convenus qu'il irait prendre position demain avec ce corps d'armée, à Kholopénitschi ; il enverra des partis sur les routes de Lepel et sur la rive droite de la Bérézina pour avoir des nouvelles, tandis que je continuerai à occuper Loukoml et Tschéreïa. Lorsque les reconnaissances de M. le duc de Reggio seront faites, nous conviendrons de nos nouvelles opérations. J'ai quelques troupes légères entre Béchenkovitschi et la Ousvéïa pour voir ce qui se passe de ce côté. Elles ont beaucoup de peine à se soutenir devant la multitude de cosaques qui sont dans ce pays. Il serait à désirer que M. de Wittgenstein se décidât à venir nous attaquer à Tschéreïa ; cette position est bonne, mais je ne crois pas qu'il en ait le dessein surtout si, comme je l'ai dit plus haut, il a détaché le général Steingel. Il a intérêt dans ce cas à se tenir sur la défensive, à nous observer et à nous distraire. Il a le même intérêt dans la même supposition à refuser le combat que nous lui offririons. Il faut donc avant d'agir décidemment que nous connaissions si ce mouvement sur Minsk a eu lieu, ou si les rapports qu'on nous en a faits sont faux.

Ma pensée dominante, au milieu de toutes ces incertitudes, est d'opérer dans tous les cas de manière à maintenir nos communications avec l'Empereur afin de pouvoir instruire toujours Sa Majesté de l'état des choses de ce côté, recevoir ses instructions et me conduire dans le sens des opérations générales.

Le prince de Schwarzenberg ayant reçu ses renforts a repris l'offensive sur le général Tormasof. Son dernier rapport dont j'envoie copie à Votre Altesse Sérénissime, fait supposer que Tormasof prend la direction de Minsk, et que la jonction dont on parle doit s'effectuer. Si le prince marche promptement et poursuit cette armée, il la pressera entre lui et nous et l'obligera par conséquent à abandonner la province de Minsk pour gagner le Pripet. Les troupes réunies à Vilna peuvent d'un autre côté faire une diversion dans la direction de Lepel sur Bérézino pour contenir M. Wittgenstein et nous permettre par là d'agir sur la Bérézina sans inquiétude. J'ai fait des invitations à ce sujet à M. le duc de Bassano et à M. le général de Wrède.

M. le général Dombrowski et M. le gouverneur de Minsk, prévenus de ce qui peut arriver dans la circonstance actuelle, ont reçu des instructions par lesquelles je les engage à ne pas se laisser surprendre, à se réunir, s'il est nécessaire et à se joindre à moi. »

Victor à Bronikowski

Tschéreïa, 8 novembre [Reg. Vict.]

« Nous ne sommes pas plus instruits aujourd'hui du mouvement des ennemis qu'il y a huit jours ; je n'en ai reçu aucune nouvelle certaine, mais je viens d'apprendre qu'un parti de cavalerie russe s'était montré à Borisov le 6 du courant et avait été chassé par quelques détachements de nos troupes rejoignant l'armée. On lui a fait quelques prisonniers qui annoncent qu'une division d'infanterie les suivait. Je ne sais si ce rapport est vrai.

M. le prince Schwarzenberg a repris l'offensive sur Tormasof, vous êtes plus à même que moi de connaître la direction que prend Tormasof, c'est donc à vous à vous régler sur les événements et à vous conduire selon les instructions que je vous ai adressées. Il est vraisemblable que si l'armée russe est poussée vivement par M. le prince Schwarzenberg, vous n'aurez rien à en craindre à moins qu'elle ne se dirige sur Minsk ; dans ce cas il faudrait vous joindre à M. le général Dombrowski et vous diriger par la rive gauche de la Bérézina sur Borisov pour vous joindre à moi. Il serait possible que, réuni ainsi à M. le général Dombrowski, vous trouvassiez l'occasion d'attaquer avantageusement le corps qu'on dit être descendu sur Borisov. Agissez donc selon les circonstances et tenez-vous toujours étroitement lié avec M. le général Dombrowski. »

Victor à Dombrowski

Tschéreïa, 8 novembre [Reg. Vict.]

« J'ai su par M. le général Bronikowski que vous vous réunissez à Ighoumen, et que vous faites vos dispositions pour rallier à vous toutes les troupes qui sont dans le gouvernement de Minsk en cas de nécessité et passer sur la rive gauche de la Bérézina. J'ignore entièrement les mouvements que fait l'ennemi. Un de ses partis s'est montré à Borisov le 6 et en a été chassé par quelques détachements de nos troupes qui passaient dans cette ville, on lui a fait des prisonniers qui annoncent la marche d'une de leurs divisions d'infanterie sur Borisov Si cela est, vous serez en mesure de l'attaquer et de la battre. Je ne connais pas la direction que prend l'armée de Tormasof ; s'il venait sur Minsk, comme on le dit, ce serait le cas d'opérer la réunion de vos troupes et de celles de Minsk et de venir ensuite vous établir à Borisov et, s'il était nécessaire, à Bobr, pour vous joindre à nous et opérer après selon les circonstances Soyez donc attentif à ce qui se passe et mettez dans votre conduite la vigilance et l'activité que les conjectures commandent. J'attendrai de vos nouvelles avec beaucoup d'impatience. »

Victor à Daendels

Tschéreïa, 8 novembre [Reg. Vict.]

« J'ai l'honneur de vous prévenir que M le général Legrand rentrant sous les ordres de M. le maréchal duc de Reggio, sa division quitte demain Loukoml pour revenir à Tschéreïa où s'opère la réunion du IIe corps. J'ai ordonné qu'il soit remplacé à Loukoml par la brigade de Berg pour soutenir la cavalerie légère aux ordres de M. le général Fournier, mais, pour établir le service de l'avant-garde tel qu'il était par la présence de la 6e division d'infanterie, il est nécessaire, monsieur le général, que vous partiez demain de bonne heure avec la brigade de Bade pour aller vous placer en seconde ligne au village de Strajavitchi où était la brigade de Berg. Vous laisserez ici votre artillerie à pied et n'aurez par conséquent avec vous que l'artillerie à cheval de Bade.

Si M. le général Fournier était attaqué, il établirait ses troupes en échelons en arrière de Loukoml et reconnaîtrait les forces de l'ennemi pour entreprendre contre elles si la brigade de Berg et sa cavalerie lui paraissaient suffisantes. Dans le cas contraire il se reploierait sur vous et, si vos forces réunies vous permettaient de former une attaque avantageuse sur l'ennemi, vous la dirigeriez ; si vous pensiez différemment, après avoir bien reconnu les forces des ennemis, vous vous reploieriez en bon ordre et lentement sur Tschéreïa où vous prendriez la droite de la position. Je vous observe seulement qu'il est intéressant pour nous de garder Loukoml. »

Victor à Fournier

Tschéreïa, 8 novembre [Reg. Vict.]

« J'ai l'honneur de vous prévenir que la 6e division d'infanterie rentrant sous les ordres de M. le maréchal duc de Reggio, je la fais remplacer pour vous soutenir à Loukoml par la 26e division, commandée par M. le général Daendels. La brigade de Berg sera établie avec vous, la brigade de Bade sera placée en seconde ligne avec M. le général Daendels au village de Strajavitchi. Si l'ennemi vous attaquait, il faudrait établir vos troupes en arrière de Loukoml, reconnaître les forces qui vous seraient opposées et entreprendre contre elles si vos troupes jointes à la brigade de Berg vous paraissaient suffisantes ; dans le cas contraire, vous vous reploieriez sur M. le général Damas au village de Strajavitchi et si, après cette réunion, vos forces vous permettaient de former une attaque sur l'ennemi, M. le général Daendels la dirigerait. Tel est le sens de l'instruction que je viens de donner à cet officier général. Dans le cas où vous jugeriez l'un et l'autre que cette attaque dût être infructueuse, vous vous retireriez en bon ordre sur Tschéreïa où chacun de vous prendrait son rang dans la ligne. »

Victor (Ordre)

« La cavalerie légère continuera à faire le service qui lui a été prescrit à Loukoml et sur la route de Krasnolouki.

La 26e division d'infanterie sera établie : la brigade de Berg et l'artillerie légère de Bade à Loukoml ; la brigade de Bade à Strajavitchi. L'artillerie à pied de cette division reste parquée à Tschéreïa.

La 28e division sera cantonnée à Tschéreïa et y fera le service que ferait la 26e, liant ses postes avec la 12e division établie au village de Bolota à la gauche de Tschéreïa.

La 12e division cantonnée à Bolota établira ses postes de la manière la plus convenable pour se garder en se liant par la droite avec ceux de la 28e.

M le colonel d'artillerie Caron dirigera demain 9 du courant les réserves d'artillerie du IXe corps sur le village de Ghoroui, derrière et peu distant de Tschéreïa. Il préviendra de l'arrivée de cette réserve dans ce village afin qu'on lui envoie une garde.

M. l'ordonnateur fera arriver à Tschéreïa tous ses convois de vivres dont il fera la distribution au IXe corps.

M. le vaguemestre général rapprochera les convois de bagages des réserves d'artillerie. »

De Wrède à Bassano

« Comme par les moyens que j'emploie je me vois assez bien servi par mes espions, que je ne crains pas les hourras des cosaques, d'ailleurs sûr d'être prévenu à temps si des forces très supérieures voulaient me tomber sur le corps, je suis bien décidé de garder la position d'ici aussi longtemps que possible, et de ne bouger de là seulement que quand des circonstances très majeures m'y forceraient. Comme il m'arrive un renfort de quelques centaines d'hommes de mon infanterie, je tâcherai de m'y garder aussi bien que possible.

J'ai l'honneur de communiquer à Votre Excellence différentes dépositions sur les mouvements ennemis ; dans la journée ils m'arriveront de tous les côtés.

M. le général baron Corbineau s'est mis aujourd'hui en mouvement pour coucher à Boïaré et demain à Dockchitsoui, mais de là il ne sait pas trop bien quelle direction prendre, vu son éloignement du IIe corps et que, pour faire sa jonction avec lui, il sera forcé de descendre la Bérézina au moins jusqu'à Roudnia ; mais il est probable qu'il arrivera trop tard pour les opérations du IIe corps, tandis que sur cette route-ci, sa brigade aurait pu être très utile aussitôt qu'on reprendra l'offensive.

Neuf pièces de canon et treize caissons que j'ai amenés de Ghloubokoé, sont partis aujourd'hui pour Vilna. M le baron de Menzing m'a apporté cette nuit-ci les lettres que Votre Excellence m'a fait l'honneur de m'adresser en date du 4 de ce mois, et par lesquelles elle a bien voulu me faire connaître la marche de Sa Majesté l'Empereur et Roi, et les brillants succès que la Grande Armée a remportés. »

Hogendorp à de Wrède

« J'ai l'honneur de vous prévenir que, d'après les dispositions prescrites de Son Excellence le maréchal duc de Bellune, commandant en chef toutes les

troupes restées en arrière, et la demande qu'il en a faite à Son Excellence M. le
duc de Bassano. je fais partir pour aller vous rejoindre les troupes dont l'état
ci-joint présente la composition et la force.

. Ces troupes forment deux brigades ainsi qu'il est porté sur l'état : la première sous les ordres du général Franceschi qui partira mardi 10 du courant
de Smorgoni avec les troupes qui s'y trouvent ; il marchera sur Wileïka,
où il ralliera l'autre partie de sa brigade, et prendra la route la plus directe
pour aller vous rejoindre.

Le général Coutard partira lundi 9 du courant de Vilna avec les trois
bataillons de sa brigade, qui se trouvent ici, pour se rendre à Mikhaïlichki,
où il ralliera le 4e bataillon et tous les détachemeuts de votre corps d'armée
qui se trouvent sur ce point, et se dirigera ensuite sur Ghloubokoé.

Ces deux généraux ont l'ordre de vous faire connaître leur mouvement le
plus tôt possible, veuillez bien, monsieur le général. envoyer sur leur route
des officiers qui puissent leur indiquer le point où vous voulez qu'il se rendent, devant servir sous vos ordres.

Je dois vous prévenir cependant que le mouvement de ces deux brigades est
subordonné aux circonstances qui pourraient nous forcer à les rappeler si
nous en avions un besoin urgent. »

Corbineau à de Wrède

Boïaré, 8 novembre.

« J'ai l'honneur de vous rendre compte que je suis arrivé à Boïaré où je
compte rester jusqu'après demain et où j'espère encore recevoir l'ordre de
vous rejoindre, car je suis convaincu qu'on vous enverra quelques renforts
et l'ordre d'opérer sur Disna ; alors il vous faudra de la cavalerie et je serai.
tout prêt. Si je suis obligé de passer par Borisov pour rejoindre M. le maréchal Oudinot, je ne serai pas auprès de lui avant douze jours et à cette époque il sera sûrement à Polotsk. Je n'ai pu me procurer encore aucun renseignement sur l'ennemi. »

Victor à Dombrowski

Tschéreïa, 9 novembre, 8 heures du matin [Reg. Victor]

« Les nouvelles que vous a données M. le général Bronikowski par sa lettre du 2 de ce mois de la marche sur la Bérézina d'un corps ennemi venant
de Lépel, sont trop vagues et trop incertaines pour vous décider à vous éloigner de Minsk à qui vous devez une protection spéciale. Dans toutes les lettres que je vous ai écrites, je vous ai recommandé de ne rien précipiter afin
de ne pas compromettre le service de l'Empereur. Il suffit que vos troupes
soient réunies et que vous ayez des partis en campagne pour vous avertir
de ce qui se passe ; vous êtes par ce moyen à mesure de rendre des services
importants, ne laissez pas Hertel maître d'insulter Minsk impunément, mar-
chez à lui de concert avec M. le général Bronikowski s'il se portait de ce
côté. Prenez la même résolution contre tout corps ennemi qui viendrait
d'autre part, s'il n'était pas en forces supérieures ; enfin, attendez pour passer sur la rive gauche de la Bérézina, d'y être obligé par des mouvements
combinés de la part des ennemis qui vous feraient craindre d'être compromis. Ne faites donc un tel mouvement qu'à la dernière extrémité et que lorsque vous aurez acquis la certitude qu'il est absolument nécessaire. Jusque-là
défendez et protégez la province de Minsk. »

Victor à Bassano

Tschéreïa, 9 novembre [Reg. Victor]

« J'ai reçu la lettre que Votre Excellence m'a fait l'honneur de m'écrire le 4 du courant, j'ai reçu en même temps une lettre de M. le général Bronikowski qui m'annonce très positivement que l'armée russe opposée à M. le prince Schwarzenberg se dirige sur Slonim. Si ce mouvement a lieu, M. le prince ne peut pas trop presser sa marche sur les derrières ou sur le flanc gauche de cette armée pour l'inquiéter et ralentir sa marche, l'attaquer même s'il en trouve une occasion favorable.

Les IIᵉ et IXᵉ corps sont entre la Bérézina et l'Ousveïa. M. le duc de Reggio est arrivé et a repris son commandement. Nous nous concerterons pour faire le mieux possible. L'armée de M. de Wittgenstein est devant nous à Tschachniki. On la dit forte de 40.000 à 50.000 hommes. On prétend qu'il a fait un détachement vers Minsk, ce qui est encore douteux puisque les routes sont libres.

Nous avons eu deux affaires d'avant-garde à Loukoml les 6 et 7 de ce mois ; elles nous ont été avantageuses. La cavalerie et l'infanterie ennemies qui s'étaient présentées sur ce point ont été culbutées, on leur a tué des hommes et fait des prisonniers.

J'attends les ordres de l'Empereur pour régler ma conduite dans le sens des opérations générales. »

Victor à Bronikowski

Tschéreïa, 9 novembre [Reg. Victor]

« Je ne puis que vous répéter aujourd'hui ce que je vous ai mandé par plusieurs lettres sur la conduite que vous devez tenir dans les circonstances actuelles. Je ne suis point à portée de connaître les mouvements de l'armée russe en Volhynie, ni du général Hertel, ni de M. le prince Schwarzenberg. C'est donc à vous et à M. le général Dombrowski à les observer pour servir de règles aux dispositions que vous avez à prendre. Agissez avec calme et sans précipitation, afin de ne rien compromettre mal à propos, et si à la dernière extrémité vous étiez obligés d'abandonner Minsk, réunissez bien tout votre monde et joignez-vous à M. le général Dombrowski pour vous diriger ensemble selon mes précédentes instructions. Je vous réitère la prière de me donner fréquemment de vos nouvelles. »

Victor à Oudinot

Tschéreïa, 9 novembre [Reg. Vict.

« J'ai reçu la lettre que Votre Excellence m'a fait l'honneur de m'écrire aujourd'hui de Kolnevitschi (?) par laquelle elle m'informe de la position qu'elle a fait prendre à ses troupes. Je vous prie, monsieur le maréchal, de recevoir mes remerciements pour cette marque d'attention. J'étais inquiet de votre silence au moment de notre séparation, moment que j'aurais voulu employer à concerter les opérations des IIᵉ et IXᵉ corps afin de leur donner l'ensemble convenable. Je n'ai pas été assez heureux pour cela et mes désirs n'ont pas pu s'accomplir. La cause de ce contretemps m'est inconnue ; je ne sais à quoi l'attribuer, mais je ne dois plus y penser puisque Votre Excellence veut bien que nous nous entretenions réciproquement du service des troupes que nous commandons et des moyens de le rendre utile à Sa Majesté. Le mouvement que vous faites aujourd'hui avec le IIᵉ corps subordonne ceux du IXᵉ ; il en est le régulateur et ce n'est que lorsque vous m'aurez fait connaître son but que je pourrai agir de manière à en assurer le succès. Je désire autant que vous, monsieur le maréchal, de reprendre l'offensive sur l'ennemi ; je crois que nous en avons les moyens : mais il convient de savoir si elle est nécessaire dans la conjoncture actuelle et si ce parti s'accorde avec les projets de Sa Majesté. je laisse cette question à résoudre à Votre Excellence ; en tout cas, je serai prêt à seconder vos entreprises dès que vous me les aurez fait connaître.

Je suis sensible à l'offre que vous me faites, monsieur le maréchal, de partager les ressources du IIe corps en faveur du IXe ; il y aura à ce sujet une réciprocité sur laquelle je vous prie de compter.

Si notre jonction doit se faire sous quatre ou cinq jours, comme je l'espère, ou du moins le rapprochement des deux corps, il est inutile que la brigade Castex vous rejoigne avant cette époque. Elle sert en ce moment les deux corps en observant ce qui se passe à leur droite ; si je vous la renvoyais, je ne saurais par qui la remplacer et nous resterions dans une ignorance absolue des mouvements des ennemis de ce côté ; permettez donc qu'elle ne vous rejoigne qu'au moment de notre réunion. Je la ferai marcher de front avec nous. »

Oudinot à Bassano

Tschéréïa, 10 novembre [Doc. Lor.]

« Je ne puis dissimuler à Votre Excellence que c'est avec la plus grande peine que je vois les troupes qui s'étaient formées sous Vilna se diriger à gauche, lorsqu'il est vrai que cette gauche n'est nullement menacée, que l'ennemi la tient en éveil par quelques misérables cosaques et des postes de milices le long de l'Ouchatsch, tandis que rien ne serait plus utile qu'une diversion qu'elles pourraient opérer en s'approchant de la Bérézina pour être à portée de nous donner la main soit dans le cas où l'ennemi soit rejeté vers la Dvina, soit dans celui où il manœuvrerait pour se porter vers Borisov.

Je pense même que le duc de Tarente se laisse trop occuper par les démonstrations de la garnison de Riga qui n'est pas en état de prendre sur lui une offensive sérieuse et qu'au surplus il faudrait négliger pour un objet plus important. Il devrait, ce me semble, remonter la Dvina où avec toutes ses forces ou avec la majeure partie ; en faisant échouer le projet de jonction entre Wittgenstein et Tchitchagof, on reprendrait bientôt et bien facilement ensuite tout le terrain qu'on aurait momentanément cédé ; nos moyens sont grands, mais il faut les unir et les faire concourir à un but commun.

Je désire, monseigneur, qu'on me renvoie les deux escadrons du 3e de chevau-légers que, par mégarde sans doute, M. de Hogendorp a dirigés sur les Bavarois.

Votre Excellence sait maintenant par le colonel d'Albignac dans quel état de délabrement et de faiblesse j'ai trouvé le IIe corps d'armée, et Elle est en état de juger que, si j'ai besoin de secours, à plus forte raison ne puis-je pas me passer du peu de moyens qui me restent. »

Oudinot à Bassano

Tschéréïa, 10 novembre [A N.]

« Je viens de recevoir presque en même temps votre lettre du 6 et celle du 4, celle du 4 m'a produit le même effet qu'il vous a donné, les autres annoncent des dispositions de tempérament de la part du prince de Schwarzenberg qui nous fait plaisir, et nous espérons qu'il fera suivre sa promesse d'un effet qui de vous comme de moi méritera l'approbation.

M. le duc de Bellune ayant désiré manœuvrer dans un sens différent de celui que d'abord nous avions adopté, je me réunis à lui demain à Tschéreïa d'où nous partirons, je crois, le 12, pour entreprendre une offensive combinée ; nous allons attaquer le vif. Je regrette seulement que nos moyens soient si au-dessous de ce que je les croyais, mais nous paierons de valeur. Le général de Wrède fait toujours des contes sur sa position et je crains que, cédant à ses demandes de renforts, il ne soit parvenu à diminuer la réserve importante que je voudrais tant vous avoir vu conserver pour la préservation de votre privé point. J'hésiterai d'autant moins à vous réclamer part aux secours que vous pouvez accorder, qu'en même temps que je pense qu'il ne faut pas trop vous dégarnir, c'est qu'ils ne nous arriveraient peut-être pas à temps.

Adieu, mon cher duc, vous aurez de nos nouvelles aussi vite que les circonstances mériteront de vous en offrir.

P. S. — S'il dépend de vous de presser la restitution de la brigade Corbineau, je vous conjure de l'ordonner, car le manque de cette cavalerie, si singulièrement ordonnée, nous serait d un grand secours dans le pays où nous nous trouvons et où cette arme chez l ennemi est si supérieure eu nombre. »

Oudinot (Ordre)

Kholnevitchi, 10 novembre [Doc. X.]

« Demain 11 du courant, les deux bataillons des 19e et 56e avec tout ce qui se trouve à Kholopénitschi, en partiront au point du jour pour rejoindre la division du général Legrand à Lisitchino. Lorsque ces troupes et le 3e de chevau-légers seront ralliés à Lisitchino, M. le général Legrand fera filer les convois sur Tschéreïa et se mettra lui-même en route pour la même destination avec les 6e et 8e d.visions et celle de cuirassiers qui ne fera point de mouvement demain.

La 9e division partira demain à 7 heures du matin, laissera un de ses régiments avec les cuirassiers et se rendra avec le reste à Tschéreïa où elle recevra de nouveaux ordres.

M. le général Aubry, commandant l'artillerie, fera revenir demain sur Obtschouga et Zaboré les parcs et la réserve. M. le commissaire Marthouret fera diriger de Kholopénitschi tout ce qu'il pourra réunir de pain, farine et eau-de-vie ; il laissera des ordres afin que les autorités locales fassent de nouveaux envois sur Tschéreïa, pour les besoins du IIe corps.

Un commissaire des guerres, ou à défaut un employé de l'administration, sera envoyé de suite à Borisov à l'effet de prévenir le commandant de la place de ce changement de disposition, pour que tout ce qui sera destiné au IIe corps soit dirigé jusqu'à nouvel ordre par Bobr sur Tschéreïa. »

Victor à Daendels

Tschéreïa, 10 novembre [Reg. Vict.].

« J'ai reçu la lettre par laquelle vous me faites connaître les trois chemins qui conduisent à Tschachniki. Il faut que l'un et l'autre soient également observés et gardés. Prenez vos mesures en conséquence de concert avec M. le général Fournier. Je vous observe que si l'ennemi marchait sur vous par une des routes de droite, il faudrait reployer sans perdre de temps toute l'avant-garde sur le village que vous occupez, et s'il était nécessaire jusqu'à Tschéreïa *afin de ne pas laisser arriver l'ennemi entre vous et moi*. Communiquez ces dispositions à M le général Fournier et prenez vos mesures pour qu'elles n'éprouvent aucune difficulté dans leur exécution dans le cas où elles seraient nécessaires. »

De Wrède à Corbineau

Daniloviténhi, 10 novembre.

« En vous communiquant confidentiellement la lettre que je viens de recevoir de Son Excellence le ministre duc de Bassano, je vous engage et le
prend sous ma responsabilité, d'arrêter, là où le courrier porteur de celle-ci
vous trouvera, votre marche ; vous allez prendre position soit à Dockchitsouï
ou Szwilo, ayant par votre gauche des partis à Boïaré par lesquels vous
correspondrez avec moi, et par votre droite des partis sur la Bérézina. Vous
voyez que dans cette position indiquée vous êtes à portée de faire votre
jonction avec le IIe corps, lorsque Son Excellence M. le maréchal duc de
Bellune, commandant en chef, commencera ses mouvements et, dans l'entre-
temps, vous remplissez le but que Son Excellence M. le maréchal m'a fait
désigner dans la lettre de M. le duc de Bassano.

Tâchez d'avoir des nouvelles des mouvements de l'ennemi du côté de la
Bérézina, engagez des hommes sûrs de vous en procurer, je vous rembour-
serai tous les frais que vous pourrez faire ; profitez de vos lanciers, qui sont
excellents pour ces missions, et envoyez-m'en deux ou trois, au reçu de celle-
ci, parlant polonais et allemand.

J'espère, mon général, que dans peu de jours je serai en état de chauffer
les derrières de M. de Wittgenstein. »

De Wrède à Bassano

Danilovitschi, 10 novembre [A. N.]

« J'ai reçu la lettre que Votre Excellence m'a fait l'honneur de m'adresser
par estafette, en date du 8, et dans laquelle elle a bien voulu me communiquer les intentions de Son Excellence M. le maréchal duc de Bellume à
l'égard des mouvements à faire et des renforts qui ont été mis en marche
pour se diriger à cet effet sur moi. Je commence par avoir l'honneur de donner à Votre Excellence les nouvelles qui me sont arrivées depuis ma dernière
lettre sur la position de l'ennemi : tout confirme que le général Wittgenstein
a le gros de ses forces à Tchachniki ; la réserve qu'il avait à Koubloutschi
s'est dirigée sur ce point, et je n'ai plus que des cosaques ou des lanciers
devant moi entre l'Ouchatsch et la Dvina. Dans la ville d'Ouchatsch, l'ennemi doit avoir 400 à 600 hommes d'infanterie, dont une grande partie
sont des milices, avec quelques pièces de canon ; ce corps fait répandre
le bruit que 30.000 milices doivent incessamment arriver de Saint-Pétersbourg.

J'ai des espions sur toutes les routes, et j'aime à croire que je serai averti
à temps de tous les mouvements que l'ennemi fait ou des renforts qui pourraient lui arriver. La lenteur avec laquelle le général Wittgenstein a poursuivi ses mouvements jusqu'ici me fait croire qu'il renonce au projet de
faire sa jonction avec le général Tchitchagof ; du moins il me semble que,
s'il l'exécute encore, il s'expose de s'éloigner de sa ligne d'opérat on, de ses
dépôts et de son grand parc, et il perdra trop de vue son ancienne destination de couvrir les routes de Saint-Pétersbourg et de Riga.

Je communique ci-joint à Votre Excellence la lettre que M. le général
baron de Corbineau m a écrite hier de Boïaré, ainsi qu'une copie de celle
que je lui ai adressée ce matin par un courrier. Je pense que le contenu de
ma lettre entre dans le sens des dispositions et des désirs de Son Excellence M. le maréchal duc de Bellune et qu'elle satisfera également ceux de
Son Excellence M. le maréchal duc de Reggio.

Quant aux mouvements que je pourrais faire lorsque les deux brigades, qui sont en marche pour me renforcer seront arrivées, il y en a selon mon idée deux différents : le premier serait : de diriger 2.000 à 3.000 hommes sur la route de Ghloubokoé à Loujki, pour tenir en échec les forces de l'ennemi sur la Dvina, et de marcher avec le gros de mon corps par Ghloubokoé, Koubloutschi à Ouchatsch pour descendre sur la rive gauche de cette rivière, lorsque la communication avec le IIe corps sera établie par des éclaireurs ; et qu'aussitôt que les IXe et IIe corps auront commencé la grande opération, de forcer le passage soit à Bononïa, soit à Roudnïa, d'attaquer l'ennemi sur ses derrières. Le second mouvement serait : de faire éclairer et d'alarmer les derrières de l'ennemi, le long de la gauche de l'Ouchatsch, lorsque le IXe et le IIe corps reprendront l'offensive, et de me porter avec le gros de toutes mes troupes en marches forcées sur Disna ; de culbuter l'ennemi qui s'y trouve, de passer la Dvina, s'il est possible, en même temps que les Russes ou après eux, pour me porter par la rive gauche de la rivière sur les derrières de l'ennemi. En comptant les troupes que M. le gouverneur général comte de Hogendorp a fait partir de Vilna et celles que j'ai ici, ainsi que les renforts de troupes bavaroises qui m'arriveront, je me trouverais à la tête de 13.000 hommes et d'une artillerie assez nombreuse. Je serai donc en mesure d'exécuter ou l'un ou l'autre des mouvements projetés. Comme il ne me reste pas assez de temps aujourd'hui, pour faire mon rapport à Son Altesse Sérénissime le major général et à Son Excellence M. le maréchal duc de Bellune, je prie Votre Excellence de leur communiquer cette lettre présente, pour qu'il m'arrive à temps l'ordre pour les mouvements qu'on veut que j'exécute.

Si contre toute attente, Votre Excellence recevait de mauvaises nouvelles du prince de Schwarzenberg, je la prie de me faire connaître ses intentions ultérieures. »

Victor (Ordre)

Tschéreïa, 10 novembre [Reg. Victor].

Les IIe et IXe corps devant marcher ensemble à l'ennemi par des routes parallèles, le IIe prendra celle de droite, et le IXe celle de gauche, marchant à la même hauteur.

En conséquence de ces dispositions le IXe corps se réunira demain 11 du courant à Loukoml en totalité pour déboucher le 12 par la route qui lui sera indiquée.

Il marchera pour se rendre à Loukoml dans l'ordre suivant :

M. le général Daendels réunira la 26e division dans cette ville, Loukoml, et l'établira à la gauche de la ligne que doit occuper le IXe corps. Des officiers d'état-major seront commandés pour déterminer cette ligne.

M. le général Partouneaux se mettra en marche de bonne heure avec la 12e division pour se rendre à Loukoml et prendra à son arrivée la droite de la 26e division.

M. le général Girard suivra le mouvement de la 12e division, avec la 28e, et s'établira en seconde ligne à la hauteur du centre des 12e et 26e divisions.

Chaque division sera suivie de son artillerie et de ses vingt caissons de cartouches d'infanterie.

M. le colonel Caron fera arriver ses réserves demain 11 du courant à Strajavitschi, village situé entre Tschéreïa et Loukoml, où est actuellement la brigade de Bade.

Les convois suivront les réserves d'artillerie.

MM. les généraux sont invités à faire réunir tous leurs soldats et à ordonner des patrouilles pour faire entrer chacun à son rang, afin de ne laisser personne en arrière.

La cavalerie légère continuera le service dont elle est chargée jusqu'à nouvel ordre. »

Lorencez à Doumerc

[Doc. X].

« Il est fort difficile de prescrire une marche à votre dépôt dans les circonstances où nous sommes. La direction de Minsk est moins sûre que jamais.

L'artillerie qui avait eu ordre de se retirer sur Smolianouï doit avoir reçu, depuis, celui de se porter par Orcha derrière le Dnieper. C'est jusqu'à présent la position que je crois la moins exposée parce qu'on s'efforcera toujours de ne point perdre cette communication ; si la suite des opérations dégagent d'autres points, j'aurai soin de vous en instruire. »

Note de Doumerc. — Reçu le 10 novembre 1812, à 11 heures du matin.

Oudinot (Ordre)

T'schéreïa, 11 novembre [Doc. X.]

« Demain 12 du courant les troupes du IIᵉ corps exécuteront le mouvement ci-après :

La 3ᵉ division de cuirassiers partant de sa position au point du jour se dirigera sur Tschéreïa, où elle fera une halte pendant laquelle le 3ᵉ régiment de chevau-légers prendra la tête de la division du général Legrand qui se mettra aussitôt en marche pour se rendre par Biala-Tserka, Koudilova et Soboli à Kamienka où elle prendra position ; ces villages sont tous situés sur la route de Tschachniki. Dans cette position dont le front se trouvera couvert par les troupes du IXᵉ corps qui seront à Melechkovtsy, M. le général Legrand gardera particulièrement son flanc droit et aura des postes sur la Ousvéïa.

La 3ᵉ division de cuirassiers suivra le mouvement de la division du général Legrand et ira également demain prendre position à Kamienka.

La 8ᵉ division d'infanterie suivra les cuirassiers et ira prendre position à Soboli.

La 9ᵉ division suivra le mouvement de la 8ᵉ et ira s'établir à Koudilova ; cette division détachera un régiment avec la brigade Castex sur Antopol ; un autre régiment sera placé à Nomastyr, village situé sur la droite de la route un peu au-dessous de Koudilova.

La réserve d'artillerie prendra le même jour position à Budzilov et le parc à Biala-Tserka.

La 5ᵉ brigade de cavalerie légère avec le régiment de la 9ᵉ division et les détachements des 7ᵉ, 20ᵉ et 24ᵉ de chasseurs à cheval qui le rejoindront ira prendre position le même jour à Antopol et Tschémerino couvrant le flanc de l'armée et gardant les ponts sur la Ousveïa. Le général Castex aura des officiers à Tschéreïa pour diriger ses troupes.

Le quartier général sera demain à Soboli.

Les IIᵉ et IXᵉ corps marchant ensemble à l'ennemi, M. le maréchal duc de Reggio connaît assez l'excellent esprit qui anime les braves troupes qu'il commande pour se flatter qu'il n'y aura pas un seul traîneur. »

Victor à Oudinot

Loukoml, 11 novembre [Reg. Victor].

« Les nouvelles informations que je viens de prendre à Loukoml sur les
chemins qui conduisent de cet endroit et de Tschéreïa à Tschachniki, sont
différentes de celles qui m'avaient été précédemment données. Elles m'ont
convaincu que si les IIe et IXe corps marchaient par les deux routes qui conduisent à Tschachniki, le IIe se trouverait sur la rive droite de la Ousvéïa et
le IXe sur la rive gauche à une distance de plus de huit verstes l'un de
l'autre jusqu'au point d'intersection, ce qui produirait nécessairement des
inconvénients graves que nous devons éviter. Nous nous trouvons donc dans
l'obligation de suivre la route de Tschéreïa à Smolian par Biala-Tserka, Koudilova, Soboli, Kamenka, Melechkovtsi, Troukhanovitchi et Oksentsy. J'ai
conséquemment l'honneur de vous prévenir que deux régiments de cavalerie
légère, les 12e et 28e divisions d'infanterie du IXe corps iront prendre position demain à Troukhanovitchi, la 26e division et les deux autres régiments de
cavalerie légère à Melechkovtsi; ce dernier village est au point de jonction
de la route de Loukoml et de celle de Tschéreïa à Tschachniki. Le IIe corps
pourrait venir coucher demain 12 à Kamenka qui est distant d'une verste
de Melechkovtsi.

Le lendemain 13, le IXe corps continuerait son mouvement sur Smolian, et
toute la cavalerie du IIe, protégeant la marche de l'infanterie, se tiendrait à
Melechkovtsi jusqu'à ce que toute la colonne ait filé et en formerait l'arrière-
garde. Je prie Votre Excellence de me faire connaître par le retour de l'officier que je lui expédie si elle adopte ces dispositions et si le IIe corps peut
aller demain, comme je viens de le dire, à Kamenka. »

De Wrède à Bassano

Danilovitschi, 11 novembre [A N.]

« J'ai l'honneur de prévenir Votre Excellence qu'à en juger d'après les
différents rapports qui m'arrivent, M. le général comte de Wittgenstein se
prépare à un mouvement rétrograde. J'espère recevoir des nouvelles plus
détaillées dans la journée, et m'empresserai d'avoir l'honneur de les communiquer à Votre Excellence. J'ai oublié de lui marquer dans mes lettres précédentes, que M. de Wittgenstein fait beaucoup travailler aux fortifications
de Polotsk et qu'il a même fait commencer des ouvrages sur la gauche de la
Dvina, en avant de petit Polotsk.

Pourvu que mes renforts arrivent à temps, avant que le mouvement rétrograde de l'ennemi soit bien prononcé, afin que je lui puisse encore faire
autant de mal que possible! La brigade de M. le général baron Coutard,
d'après l'ordre que je lui ai expédié hier, devant arriver ici le 13, mon avant-
garde en partira le même jour pour se porter à Barile. Le 14, mon avant-garde
dépassera Ghloubokoé ; le 17 au matin, comme le corps sera réuni le 16 au
soir à Ghloubokoé, je pourrai reprendre l'offensive dans toute l'étendue du
terme.

Dans la lettre ci-jointe, je prie M. le gouverneur général, comte de Hogendorp, de vouloir mettre sous mes ordres les détachements qui se trouvent à
Vidzouï, pour que, lorsque je commencerai mes mouvements, je puisse lui
indiquer à quelle hauteur il doit se porter.

P.-S. — Je suis instruit des mouvements que l'ennemi a faits en date
du 8 sur Borisov et de là sur Kosin (Jodin ?) et Loghoisk, ce ne sont que des
éclaireurs qui paraissent et disparaissent. Il me semble que le général

Tchitchagof, s'il est instruit de l'arrivée de Sa Majesté l'Empereur et de la Grande Armée, se verra forcé, arrivé à Slonim, de changer de direction. »

Victor (Ordre)

Loukoml, 12 novembre à 4 heures [Reg. Vict.]

« Le mouvement que le IXe corps doit faire exige beaucoup d'ordre et de légèreté dans les colonnes, et cependant MM. les généraux de division permettent qu'elles soient surchargées d'une quantité de bagages tellement considérable qu'il devient physiquement impossible de manœuvrer, et que cet abus nous expose aux dangers les plus imminents; tandis que ces bagages obstruent les chemins, les troupes et l'artillerie ne peuvent pas marcher.

Il est donc expressément ordonné et sous la responsabilité de MM. les généraux de division de faire réunir ce matin de très bonne heure tous les charriots et fourgons contenant les bagages ou autres objets inutiles pour combattre, et d'en faire faire la remise à M. Bussières, vaguemestre général, chargé de les diriger. »

Victor (Ordre)

Loukoml, 12 novembre à 4 heures du matin [Reg. Vict.]

« Le IXe corps se mettra en marche ce matin dans l'ordre suivant :

M. le général Fournier formera l'avant-garde avec deux régiments de cavalerie et la 1re brigade de la 12e division d'infanterie. M. le général Partouneaux attachera à cette colonne sa compagnie d'artillerie à cheval. Les deux autres brigades de la 12e division suivront l'avant-garde. Après elles marchera l'artillerie à pied de la division et les petits équipages de MM. les généraux et officiers supérieurs. Cette colonne partant de Loukoml rejoindra la grande route qui conduit de Tschéréïa à Tschachniki par Melechkovtsy, village situé à huit verstes de Loukoml; elle se dirigera de là sur Troukhanovitschi où elle prendra position et attendra de nouveaux ordres.

M. le général Fournier poussera devant lui tous les partis ennemis qu'il pourra rencontrer. Il prescrira à M. le général Delaitre de continuer à servir à Loukoml avec les deux autres régiments de cavalerie légère. M. le général Delaitre ne quittera Loukoml que demain, 13 du courant, vers le soir, pour se diriger par Melechkovtsy sur Troukhanovitschi d'où il joindra M. le général Fournier sur la route de Smolian. M. le général Delaitre sera prévenu que la cavalerie du IIe corps prendra position aujourd'hui 12 à Melechkovtsy, et qu'elle est chargée d'y rester jusqu'à ce que toutes les troupes des IXe et IIe corps aient filé.

La 26e division d'infanterie prenant la même direction que la 12e ira s'établir aujourd'hui à Melechkovtsy. Elle ne fera ce mouvement que dans l'après-midi.

La 28e division quittera aujourd'hui le village de Strajavitschi. Elle gagnera de là par sa droite la route de Tschéréïa à Tschachniki pour suivre le mouvement de la 12e division et aller s'établir près d'elle et à sa gauche à Troukhanovitschi.

M. le colonel Caron fera en sorte que ses réserves arrivent aujourd'hui à Melechkovtsy.

MM. les généraux sont invités plus fortement que jamais à marcher serrés et à maintenir le plus grand ordre dans leurs colonnes. »

Victor à Dombrowski

Loukoml, 12 novembre [Reg. Vict.]

« M. le général Bronikowski m'avait communiqué le rapport de M. le général Kossecki que je reçois avec votre lettre du 10 courant.

Incertain comme je dois l'être dans l'éloignement où je me trouve des mouvements des ennemis du côté de Slonim, il m'est impossible de vous donner des instructions précises sur la conduite que vous devez tenir dans cette circonstance, mais je dois vous recommander, comme je l'ai fait dans toutes les lettres que je vous ai écrites depuis huit jours, de ne pas précipiter vos mouvements sur la Bérézina afin d'être toujours à même de défendre et de protéger, comme vous le devez, la province de Minsk en vous entendant avec son gouverneur. Il n'est que deux cas qui puissent vous obliger à l'abandonner. Celui où l'armée russe de Volhynie marcherait sur Minsk et celui où des forces supérieures aux vôtres descendraient la Bérézina, pour se joindre à Hertel ou à Tormasof. Dans l'un ou l'autre de ces cas, vous devrez réunir à votre division les troupes du gouvernement de Minsk et manœuvrer de manière à vous joindre à moi par la rive gauche de la Bérézina. Dans tout autre cas vous devez défendre la province de Minsk. Nous marchons à l'ennemi sur la Oula. J'espère que, s'il nous attend, nous obtiendrons des avantages sur lui. »

Victor à Oudinot

Melechkovtsy, 12 novembre, 8 heures du soir [Reg. Vict.]

« L'avant-garde du IXe corps a trouvé les premiers postes ennemis à Troukhanovitchi. Il y avait dans ce village six escadrons, quelque infanterie, du canon. Ils se sont retirés, après s'être défendus un instant, dans la direction de Tschachniki. Nous n'avons pas pu faire de prisonniers, ce qui nous prive des renseignements dont nous avons besoin.

Le IXe corps continuera demain son mouvement sur Smolian où son avant-garde trouvera sans doute encore l'ennemi ; nous n'en déboucherons pas moins dans la plaine de Smolian.

Deux régiments de cavalerie légère sont encore à Loukoml. Ils ont ordre d'en partir demain au point du jour pour rejoindre leur division à la tête du IXe corps où je pense qu'ils seront très nécessaires. Votre Excellence trouvera sans doute bon de laisser sa cavalerie à Melechkovtsy pour couvrir le débouché de Loukoml et protéger ainsi le passage de son infanterie, notamment des réserves d'infanterie, jusqu'à leur arrivée à Troukhanovitschi.

J'attendrai demain Votre Excellence à Oksentsy pour la consulter sur les opérations que nous allons entreprendre. »

Oudinot à Victor

12 novembre, 8 heures du soir [Doc. H.]

« Le IIe corps est en échelon derrière votre ligne et à portée, si vous avez besoin de lui et surtout si, ainsi que vous le désirez, on parvient à vous désobstruer des équipages de toute espèce qui encombrent les chemins. J'ai donné les ordres au commandant de la gendarmerie de prendre ceux de M. de Bussières, vaguemestre général, mais la force qu'il a à sa disposition sera suffisante et je pense qu'il faudra y suppléer par un piquet bien commandé.

Les cuirassiers sont sans doute placés en première ligne pour y manger, car il n'est pas probable que le projet de Votre Excellence soit de leur faire faire le service des ailes. Cette troupe, qui est le fonds de ma réserve, peut vous être utile à l'un comme à l'autre, et je pense qu'en la tenant entre les deux lignes nous atteindrons le but d'utiliser cette réserve. J'ai d'autant plus intérêt de l'avoir sous ma main que, par la marche de flanc et dangereuse que nous faisons, j'ai besoin de m'éclairer moi-même sur trois points et surtout sur Loukoml où je pense que Wittgenstein aurait déjà débouché s'il était devant nous.

Je ne suis pas plus instruit que vous sur la force de l'ennemi ; un prisonnier que nous avons trouvé dans le chemin dit que M. de Wittgenstein est à Tschachniki, tandis que trois paysans assurent le contraire, de manière que je ne sais à quoi m'en tenir. Je vais envoyer un homme sur Sienno. Je n'ai pas encore reçu le rapport de Loukoml ; s'il dit quelque chose, j'aurai l'honneur de vous l'adresser.

Je n'ai point de vivres, monsieur le maréchal, cependant votre corps en a en réserve tant biscuit que farine. Pouvons-nous espérer d'y avoir part. »

Victor (Ordre)

Melechkovtsy, 13 novembre [Reg. Vict.]

« Le IIe corps continuera aujourd'hui sa marche sur Smolian dans l'ordre qu'il avait hier. M. le général Fournier fera fouiller les bois par où il faut passer par l'infanterie avant de s'y engager avec sa cavalerie ; cette infanterie gardera la tête des bois lorsque la cavalerie marchera en pays ouvert, ces précautions doivent être prises à mesure que l'avant-garde marchera.

M. le général Partouneaux fera soutenir l'avant-garde par les 2e et 3e brigades de sa division.

Lorsque M. le général Fournier arrivera au moment de déboucher dans la plaine de Smolian, il fera établir l'infanterie de l'avant-garde, partie en bataille, partie en colonnes à la tête du bois et il fera ensuite ses reconnaissances, avec peu de chevaux d'abord, dans les directions de Smolian et de Potschavitschi pour voir la position que prennent les ennemis. M. le général Partouneaux fera établir ses 2e et 3e brigades à la gauche de l'avant-garde et en échelons.

On ne débouchera dans la plaine que par ordre et lorsque toutes les troupes seront arrivées pour y déboucher.

La 28e division suivra la 12e et s'échelonnera en seconde ligne, toujours vers la gauche, partie en colonnes, partie en bataille.

La 26e division prendra position au village d'Oksentsy et y attendra des ordres.

Tout fourgon ou charriot de bagages qui aurait encore suivi les colonnes sera parqué à droite ou à gauche du chemin par les soins de M. le major Bussières, vaguemestre général. Il fera brûler tous ceux qu'il apercevra dans les colonnes.

M. le colonel Caron fera avancer ses réserves d'artillerie.

Il est recommandé de faire la plus grande provision possible de fourrages. »

Victor à Oudinot

Au bivouac devant Tschachniki, 13 novembre, à 9 heures du soir [A N.]

« Les troupes du IXe corps sont en bataille en présence de l'ennemi ; celles du IIe sont en seconde ligne d'après les ordres que Votre Excellence leur a donnés. J'ai placé vos cuirassiers dans un village à notre gauche avec la 28e division d'infanterie. La cavalerie légère du général Fournier est sur le débouché de Smolian avec la 12e division. J'emploierai la matinée de

demain à reconnaître l'ennemi et les points qui présenteront le plus d'avantages pour l'attaque et, si nous pouvons l'aborder dans l'après-midi, nous le
ferons. Les troupes paraissent bien disposées ; je pense que nous devons
profiter de leur élan. Une chose m'inquiète, c'est la quantité énorme de voitures qui obstrue nos communications et gêne nos manœuvres au point qu'il
faudrait désespérer de pouvoir se présenter avec succès à l'ennemi si nous
n'avions pas le moyen de nous débarrasser de cette cohue. Le plus efficace
est celui que je vais avoir l'honneur de proposer à Votre Excellence et, si
elle l'admet, je suis persuadé que nos troupes et notre artillerie circuleront
sans difficultés. Ce moyen est de mettre à la disposition de M. le major
Bussières, vaguemestre du IXe corps, toute la gendarmerie du IIe. Il s'en servira pour faire parquer sur les côtés de la route toutes les voitures inutiles
au combat et il prendra des précautions telles que nous ne verrons dans l'armée que nos soldats et notre artillerie. Je prie instamment Votre Excellence
d'adhérer à cette proposition.

Les prisonniers faits aujourd'hui varient dans les informations qu'ils donnent sur la force et la composition de l'armée ennemie. Les uns disent que
Steingel et Wittgenstein sont présents, d'autres qu'il n'y a que Steingel.
Nous ne serons bien instruits qu'en obligeant cette armée à recevoir le
combat. »

Victor (Circulaire)

Au bivouac devant Tschachniki, 13 novembre [Reg. Vict.]

« Je vous ai prié plusieurs fois de ne souffrir dans votre division d'autres
charriots que ceux que la loi autorise : j'ai espéré jusqu'aujourd'hui que
cette prière aurait l'effet que j'en attendais, mais au lieu de cela, vos bagages augmentent journellement et au point qu'ils nous compromettent. Ils
sont plus à craindre que l'ennemi et si, comme je le crois d'après l'opinion
que j'ai de votre caractère, vous tenez à la gloire de vos armes et à la vôtre
particulièrement, j'espère encore que je ne verrai, durant les trois ou quatre
jours que nous allons passer en opérations sérieuses, que vos soldats et votre
artillerie, et que les chemins seront libres. Je vous supplie, monsieur le
général, de donner vos ordres en conséquence. »

Victor (Ordre)

13 novembre [Reg. Vict.]

« Toutes les troupes du IXe corps seront sous les armes au point du jour
demain 14 du courant. Les officiers généraux et supérieurs seront à la tête
de leurs troupes et attendront des ordres. Chaque division aura son artillerie
et ses munitions derrière elle. M. le colonel Caron fera approcher ses réserves pour pouvoir en disposer au besoin.

M. le général Fournier et M. le général Doumerc ordonneront des reconnaissances dans les diverses directions avec peu de chevaux, chacun de leur
côté, mais ils couvriront le front de l'armée de vedettes (1). »

Oudinot à Bassano (?)

13 novembre (?) (2) [Min Doc. H.]

« Il n'y a pas à balancer pour exécuter vos désirs, aussi j'enverrai à Sa
Majesté copie de vos deux rapports confidentiels. Je ne puis cependant le faire
que demain, attendu que je pourrai avoir à lui annoncer un succès complet

---

(1) Ordre envoyé au IIe corps
(2) J'ai daté cette lettre d'après son contenu.

de la journée qui nous attend. Nous avons aujourd'hui et hier poursuivi l'ennemi qui se rassemble de toute part sur Tschachniki et qui vraisemblablement y recevra la bataille. Il serait bien essentiel qu'on pût le battre à fond,
cela rendrait les mesures de Tchitchagof bien mauvaises; nous allons prendre position de manière à pouvoir demain donner à peu près sur les midi ;
tous nos moyens seront réunis et concentrés. Je pense qu'avec de la résolution on parviendra à un véritable succès quoique cependant l'ennemi soit
évalué à nos forces réunies.

Non sans doute je ne m'étais pas trompé quand j'annonçai à Votre Excellence que Sviada était occupé par des forces ennemies. Les prisonniers pris
sur cette route ont avoué outre les 6e et 21e divisions commandées par
Steingel, des hommes à barbe et trois ou quatre régiments de cavalerie; mais
tout cela aura regagné Tschachniki autant pour gagner la masse que par la
peur d'être coupé.

Nous avons perdu, dans les deux journées, de 150 à 200 hommes mais légèrement, mais l'ennemi n'a pas tenu devant nous et il a suffi de lui montrer
une division.

Nous espérons que le prince de Schwarzenberg serre de près Tchitchagof,
qu'il lui fera perdre du temps et des hommes.

Je ne suis pas heureux en approvisionnement comme le IXe corps, et si
nous n'avions part à ses magasins, je demande au moins de ne pas rester
longtemps sur ce point où la troupe ne pourra tenir sous le rapport des
besoins. »

De Wrède à Bassano

Danilowitschi, 13 novembre [A N.]

« Monsieur le major prince de Tour et Taxis arrive porteur de la lettre que
Votre Excellence a bien voulu m'adresser en date du 11, au moment que j'allais porter mon avant-garde sur la route de Ghloubokoé pour faire place à la
brigade du général Coutard, qui arrive aujourd'hui ici. Le contenu de la
lettre de Votre Excellence a dû m'engager de suspendre ce mouvement,
lequel cependant j'aurais cru nécessaire et avantageux pour le cas que les
IXe et IIe corps auront repris l'offensive.

La brigade du général Franceschi arrive aujourd'hui et demain dans les
environs d'ici. Je joins copie à Votre Excellence du rapport que ce général
m'a fait sur l'indiscipline et sur la désertion qui a eu lieu dans l'infanterie
qu'il amène. Je ne bougerai pas avec ces troupes d'ici, avant que Votre
Excellence ait la bonté de se prononcer, si j'ose m'éloigner davantage de
Vilna et coopérer aux opérations du IIe et du IXe corps. L'ennemi ayant fait
la faute d'avoir disposé ailleurs du corps d'infanterie qu'il avait sur la rive
gauche de l'Ouchatsch, et n'ayant plus que des cosaques et des lanciers
entre la Disna et l'Ouchatsch, mériterait bien d'en être puni, si les circonstances voulaient permettre que je me porte sur ses derrières vers l'Ouchatsch.

L'espion que j'ai envoyé à Disna, n'est pas de retour et ne pourra l'être
que demain dans la journée. Des avis que je reçois de ce côté-là assurent que
l'ennemi a peu d'infanterie à Disna ; qu'il a près de 3.000 hommes à Droufa
avec 400 à 500 cosaques, qui ont leur poste le plus avancé à Kreslav. Il fait
travailler à une espèce de tête de pont sur les deux rives près de Drouia, et a
fait rétablir le pont que la glace lui avait rompu dans la nuit du 4 au 5. Un
espion bien courageux, que j'ai envoyé du côté de Tschachniki et Kamen, doit
également revenir demain. Il se confirme que M. de Wittgenstein a laissé les
bagages de ses divisions en arrière entre Polotsk et Ouchatsch, et que, même

les vivandiers russes, s'ils passent la journée aux camps, retournent au soir aux bagages.

J'ignore de quelle force on croit l'armée du général Wittgenstein au quartier général des IXe et IIe corps ; mais il me semble, que les forces qui se trouvent à ces deux corps avec ceux qui m'arrivent ici, approchent assez, s'ils ne dépassent pas même ceux de M. de Wittgenstein.

Quant aux renforts des troupes bavaroises, dont j'ai eu l'honneur de parler à Votre Excellence que j'attendais ; ils se bornent aux différents transports de reconvalescents qui me sont en partie déjà arrivés, et qui m'arrivent encore à mesure qu'on peut les armer, et qui monteront au nombre de 1.000 à 1.200.

Les renforts que j'attends de la Bavière ne peuvent, à moins que Son Altesse Sérénissime le major général n'ait daigné accéder à ma demande de les faire diriger de Glogau directement par Varsovie sur le Niémen, arriver avant le 10 décembre à mon dépôt de Balwierziski. Il me reste de joindre à Votre Excellence, copie d'un rapport que M. le général baron Corbineau m'a fait hier dans la journée, et par lequel elle verra ce qui s'est passé avant-hier à Dockchitsouï. »

Lubienski à Corbineau

Parafianov, 11 novembre, 6 heures du soir.

« Je suis arrivé à Parafianov, endroit où vous avez déjeuné, et je m'y suis établi. Les Russes ont évacué Dockchitsouï, hier soir, quelques hommes sont parus seulement dans la nuit aux environs. On dit qu'ils sont campés en force du côté de Bérézino à quatre milles de cette ville ; on dit aussi que l'ennemi s'avance toujours dans le pays. Je n'ai du reste rien de nouveau. »

Corbineau à de Wrède

Sititso, 12 novembre.

« J'ai l'honneur de vous rendre compte que je suis établi à Sititso. J'ai envoyé aujourd'hui des partis sur Bérézino et la Bérézina. Je joins ici le rapport de M. Lubienski du 8e lanciers ; mais je ne crois pas que les Russes soient campés près de Bérézino. Quatorze cosaques s'étaient présentés le 10 à Dockchitsouï, ils s'en sont retirés après s'être enivrés. Une colonne française était annoncée à Dolghinov, mais elle n'a point paru. »

P.-S. — « Veuillez, mon général, m'envoyer vos lettres par Volkolatouï. »

Oudinot (Ordre)

Soboli, 13 novembre [Doc. X.]

« Au reçu du présent ordre toutes les troupes du IIe corps d'armée se mettront en marche pour suivre le mouvement du IXe corps qui se dirige par Troukhanovitschi et Oksentsy sur Smolian route de Tschachniki.

La 3e division de cuirassiers ira de suite prendre position à Melechkovtsy, où elle restera pour couvrir le débouché de Loukoml et protéger la marche jusqu'à ce que tout soit filé sur Troukhanovitschi y compris les parcs d'artillerie des IIe et IXe corps.

Le général Castex filera autant que possible par le flanc de la route pour arriver sur Troukhanovitschi d'où il regagnera ce soir la tête de la colonne. S'il ne trouve pas d'autres chemins, il viendra prendre la grande route et le régiment qui est avec lui rentrera à sa division.

Il est fait défense aux voitures de bagages de cantiniers et autres de cette espèce de suivre les colonnes, elles se retireront par Tschéreïa sur Obtschougha, et Bobr. »

Victor à Oudinot

Au bivouac devant Tschachniki, 14 novembre, 8 heures du soir [Reg. Vict.]

« Depuis votre retour au II⁰ corps, j'ai reçu divers ordres d'attaquer sérieusement l'armée de M de Wittgenstein, et c'est pour m'y conformer que je me suis mis en marche de Tschéréïa et de Loukoml. Votre Excellence a consenti à me faire soutenir par les troupes du II⁰ corps dont la force morale présente un bon appui.

Nous avons trois manières d'entreprendre sur les ennemis. La première en manœuvrant par notre gauche pour passer la Ousveïa et les attaquer par leur flanc droit ; mais, après avoir franchi cet obstacle, ce qui ne se ferait pas sans difficultés, nous nous trouverons sur un terrain désavantageux devant lequel il y a un bois qui nous séparerait de l'ennemi et où nos manœuvres seraient extrêmement embarrassées.

La seconde est de l'attaquer de front par Smolian, où le passage de la Ousveïa est d'un accès plus difficile que le premier ; nous y éprouverions de grandes pertes et, arrivés sur la rive opposée, nous y trouverions un terrain fort étroit dont le développement n'a pas plus de 1.500 toises ; outre ces inconvénients qui sont déjà graves, nous en éprouverions un plus dangereux encore, celui d'avoir derrière et très près de nous le ravin profond de la Ousveïa.

La troisième manière est de manœuvrer par votre droite avec une forte colonne dirigée par Botschéikovo sur Kamen pour menacer les communications des ennemis sur Polotsk, tandis qu'une autre colonne le contiendrait momentanément jusqu'à ce qu'il ait pris son parti. S'il tentait de déboucher sur cette dernière colonne, elle se reployerait par le chemin de Botschéikovo sur la première pour marcher alors ensemble jusqu'à Bérézino par Pouïchna, là on pourrait rallier toutes les troupes du VI⁰ corps et celles sorties de Vilna aux II⁰ et IX⁰ corps pour agir ensuite selon les circonstances.

Telles sont, monsieur le maréchal, les idées que je me suis faites de notre position et des moyens d'exécuter les ordres de l'Empereur ; nous sommes également intéressés à remplir dignement les intentions de Sa Majesté, je prie donc Votre Excellence de me communiquer ses observations et de me dire ce qu'elle pense au sujet de l'entreprise dont je viens de l'entretenir. »

Oudinot à Victor

14 novembre au soir, au bivouac [Doc. Lor.]

« Le mouvement que Votre Excellence se propose d'effectuer sur Botchéikovo et Kamen ne me paraît pas praticable et son premier effet serait de compromettre le salut du II⁰ corps d'armée qui, outre le débouché de Smolianouï dont on s'est déchargé sur lui, a maintenant encore celui de Postchavitschi où l'ennemi a présenté ce soir cinq bataillons et de la cavalerie. Il serait donc impossible que je me retirasse sans danger dans aucun sens, si vous ne faites reparaître vos troupes dans la plaine qui est restée découverte par leur retraite derrière la Ousvéïa, au point que la communication entre nos deux corps est déjà compromise, et il peut se faire que, si Votre Excellence perdait du temps, il faille demain un combat pour la rétablir. Vous avez ordre, monsieur le maréchal, de chercher l'ennemi ; tout m'assure que Wittgenstein et Steingel sont réunis ici. Si cela est vrai, ils chercheront à déboucher dans la plaine et alors ils nous offrent des chances favorables pour les combattre. Si au contraire nous n'avons devant nous qu'une partie de leurs troupes, c'est une occasion que nous ne devons pas laisser échapper. Si, malgré ces observations, Votre Excellence persiste dans l'intention de faire un mouvement que je regarde comme aussi dangereux qu'inutile, je la prie de s'en expliquer, parce que je n'entends pas que ma responsabilité soit engagée, et que je souhaite, s'il en est temps encore, de me mettre en mesure pour sauver, s'il se peut, mes troupes d'un désastre que vous pourriez leur préparer. Je vous répète, monsieur le maréchal, que l'ennemi s'est beaucoup étendu ce soir par sa droite et qu'il a même passé sur la route de Sienno où il nous a enlevé quelques parcs de bestiaux.

M. le général Dode, qui veut bien se charger de vous porter cette lettre, vous dira plus amplement que je ne puis le faire par écrit tout ce que je pense de notre position. »

De Wrède à Bassano

Danilovitschi, 14 novembre [A N.]

« J'ai l'honneur de communiquer à Votre Excellence ci-joint les dépositions plus détaillées de mon émissaire qui est revenu hier du camp de M. le général comte de Wittgenstein, et dont j'ai fait mention dans le postscriptum de ma lettre d'hier. J'y ajoute les dépositions de quatre prisonniers russes, que deux détachements de la brigade du général baron Corbineau ont faits avant-hier à Ghloubokoé et à Dockchitsoui. Ces dépositions, ainsi que celles de cet émissaire, qui est revenu du camp de M. de Wittgenstein, vous confirmeront ce que j'ai toujours dit sur le nombre des forces de l'ennemi.

Un autre émissaire, qui était chargé d'aller à Disna est revenu ce matin, et n'a malheureusement été que par Loujki jusqu'à Iazna. Là, ayant appris qu'un renfort de dix mille hommes de milices et de troupes de ligne devait y être arrivé avant-hier, jeudi passé, la frayeur l'a pris, il s'en est retourné sans avoir été au lieu de sa destination. Je l'ai fait repartir de suite et il sera suivi ce soir par un autre, pour que j'aie des nouvelles positives et qu'à leur retour je puisse contrôler les dépositions de l'un et de l'autre. Il serait fort à désirer que les opérations commençassent avant que l'ennemi gagne le temps nécessaire pour faire arriver toute sa milice qui, quoique très mauvaise troupe encore, augmente le nombre des combattants.

Quelle que soit la démarche que j'ai déjà faite et malgré que j'aie tous les jours des partis sur la Bérézina pour avoir des nouvelles directes du II° corps, je n'en reçois pas ; le général Corbineau s'étend autant que possible pour se lier à ce corps, mais tous les efforts ont été inutiles jusqu'à présent. S'il se porte isolément avec sa brigade pour descendre jusqu'à Borisov, il risque d'être attaqué chemin faisant par des forces supérieures.

La brigade de M. le général baron Franceschi vient d'arriver et de prendre des cantonnements serrés dans les environs de Danilovitschi. La cavalerie est en très bon état à l'exception que les chevaux sont déferrés, et qu'il faudra au moins 48 heures pour les ferrer à glace. L'infanterie n'est pas dans le meilleur état ; je me suis arrangé avec Franceschi et Coutard, pour qu'une discipline sévère soit maintenue, ce qui est d'autant plus facile, que j'ai réuni assez de vivres et de fourrages dans mon magasin d'ici pour faire faire les distributions journalières en règle. »

P.-S. — « Tous mes avant-postes m'ont rendu compte qu'on a entendu une forte canonnade ce matin à la pointe du jour, et qu'elle a duré jusqu'à 9 heures du côté de Tschachniki. Les troupes du général Franceschi qui étaient en marche pour venir ici, ayant entendu la même canonnade, j'ai écrit au général Corbineau de pousser ses reconnaissances le long de la Bérézina aussi loin que possible, pour voir s'il ne trouvera pas moyen de rétablir la communication avec le IIe corps. »

De Wrède à Hogendorp

Danilovitschi, 14 novembre.

« Je vous remercie bien, monsieur le général, de la belle cavalerie que vous avez envoyée ici. Elle fait honneur aux deux majors Frein et Contant. Je la ménagerai tant que possible. Elle a besoin d'être ferrée à glace ; on s'en occupera demain dans la journée. M. le général Franceschi s'est chargé de faire demain la revue de son infanterie, qui a besoin d'être surveillée, et qui s'est diminuée de plus d'un tiers depuis son départ de Vilna et de Wileïka. »

Franceschi à de Wrède

Kostenevitschi, 12 novembre.

« J'ai eu l'honneur de vous rendre compte que ma colonne avait couché le 10 à Narotsch, attendu que le passage de la Vilia sur des barques m'avait retardé de quatre heures ; j'ai rallié hier les troupes que j'avais à Vileïka et je suis venu coucher le soir à Kostenevitschi. J'ai rencontré près de ce village M. le baron de Vœlderndorf qui m'a remis la lettre que vous m'avez fait l'honneur de m'écrire le 10 du courant. Il m'était impossible de suivre l'itinéraire que vous aviez la complaisance de m'indiquer : le village où je devais coucher est à trois milles d'ici, et les troupes en avaient fait cinq. Il était d'ailleurs 5 heures du soir, et dans cette saison il y a beaucoup d'inconvénients de faire marcher les troupes dans la nuit. Elles s'arrêtent en détail dans les villages, s'éparpillent, maraudent et ne rejoignent plus. J'ai d'ailleurs des motifs de marcher autant que possible avec beaucoup d'ordre ; toute mon infanterie est composée d'hommes appartenant à tous les corps de l'armée, marchant sans connaitre ni leurs officiers, ni leurs sous-officiers, et très inclinés à la désertion. Le 6e bataillon de marche, depuis son départ de Vilna, seul a perdu 405 hommes ; le 7e bataillon en a perdu 250. M. Vœlderndorf vous dira ce que je pense de cette infanterie ; il faudrait en former un seul régiment de trois bataillons, dont un composé de vieux soldats français, un de vieux soldats de troupes alliées, et un de recrues, arrivées de l'intérieur. Dans ce dernier il y en a beaucoup qui ne savent pas charger leurs armes et qu'on ne peut présenter à l'ennemi ; ce bataillon laissé dans un dépôt dans un bon cantonnement pendant quelque temps pourrait ensuite être utilisé.

Si je vous donne, mon général, des détails peu satisfaisants sur mon infanterie, je crois pouvoir vous féliciter de la cavalerie que j'aurai l'honneur de vous présenter. Elle consiste en trois régiments de marche, dont un de cuirassiers, deux escadrons de dragons, et trois escadrons de lanciers ou chasseurs. Ce sont de belles troupes, bien montées et équipées, composées en partie de vieux soldats qui ne désirent que rencontrer l'ennemi. Elles sont bien commandées.

J'irai aujourd'hui le plus loin qu'il me sera possible, mais je doute pouvoir arriver à S. Miadziol, parce qu'il y a cinq fortes lieues. Je tâcherai d'être rendu demain au soir à moitié chemin de S. Miadziol à Danilovitschi, et le 14 mes troupes seront à votre quartier général.

Je suis extrêmement flatté, mon général, de me trouver sous vos ordres ; quoique l'ordre qui m'appelle à l'armée me prescrive de me rendre en toute diligence au grand quartier général, néanmoins j'ai cru devoir me rendre avec empressement à l'invitation de M. le général Hogendorp pour vous conduire les troupes qui vous sont destinées. Je vous avoue que celle d'infanterie, telle qu'elle est, n'avait rien d'attrayant, mais le désir de contribuer aux opérations du VIe corps, et surtout de me procurer l'honneur d'être connu de vous ont fait taire toute autre considération naturelle dans la position où j'étais à Vilna.

J'ai l'honneur de vous adresser la situation des troupes que je commande. »

Oudinot à Victor

15 novembre [Doc. Lor.]

« Au moment où je rejoignis le IIe corps d'armée, je vous proposai de manœuvrer séparément, quoique de concert et dans le même but ; je voulais réunir mon corps à Kholopénitschi, et de là remonter par Krasnolouki sur Lépel, ce que je pouvais faire en deux marches, et nous en avons employé trois pour arriver de Tschércïa sur Tschachniki, position dont Votre Excellence connaissait tous les désavantages, puisqu'elle l'avait déjà jugée peu propre à recevoir ou à donner une bataille. Vous trouvâtes, monsieur le maréchal, le mouvement que je proposais trop large et par conséquent dangereux. Je me rangeai à votre opinion sans la partager et je vous ai suivi devant Tschachniki où, vos premiers motifs subsistant toujours, vous n'avez point voulu attaquer cette position, préférant manœuvrer par votre droite pour nous porter par Botschéïkovo sur Kamen, et de Kamen par Pouïchna sur Bérézino. Les inconvénients de ce mouvement de flanc à faire sous les yeux de l'ennemi pour tourner tout autour de lui sur des points où il pouvait toujours nous prévenir, me parurent si graves que je ne pus me dispenser de vous le faire observer.

Maintenant, Votre Excellence a bien voulu me faire demander mon avis sur notre position ; elle est si délicate que ce n'est pas sans défiance que je hasarderai mon opinion. Le bien des affaires de l'Empereur exigerait deux choses : la première de livrer bataille à Wittgenstein et de le contraindre à repasser la Dvina ; la seconde de maintenir nos communications avec la Grande Armée. Pouvons-nous atteindre à ce double but ? C'est ce que je ne crois pas.

Les troupes du IIe corps sont fatiguées, mourantes de faim, les corps désorganisés. Ce corps est peut-être réduit à moins de 5.000 combattants. Chaque marche, chaque nuit de bivouac nous en enlève un grand nombre. Je crois m'être aperçu que les troupes du IXe corps se répandent aussi dans les campagnes en quantités au moins proportionnées à celles du IIe. On ne peut donc pas se promettre de grands résultats avec de pareilles troupes, et si même vous obteniez quelque avantage, leur faiblesse vous mettrait dans l'impuissance d'en profiter ; or, dans les circonstances où se trouve l'armée, un succès ordinaire ne mènerait à rien, tandis que le moindre revers nous perd.

Il me semble que désormais le premier intérêt de l'Empereur est que vous conserviez cette armée aussi intacte que possible, parce qu'alors elle pourra protéger le flanc de la Grande Armée et contenir l'ennemi que rien n'arrêterait plus si elle était battue.

Il faudrait donc choisir une position qui la mît à même de maintenir sa communication avec la Grande Armée, en lui permettant de refuser une bataille qui n'offrirait pas des avantages certains. Peut-être obtiendrions-nous ce résultat en plaçant le IXe corps à Sienno et le IIe à Tschércïa. Je vous soumets cette idée, monsieur le maréchal, sans en être pour cela moins disposé à me conformer aux vôtres et à continuer d'agir suivant vos plans. Je vous prie de considérer que chaque marche vous coûte autant

qu'un grand combat et que, si nous allons à l'ennemi, il faut l'aborder franchement de tous nos moyens et sans hésitation. »

Lorencez à Doumerc

Position des troupes du IIe corps pour le 15 novembre [Doc. X.]

« 3e division de cuirassiers à Troukhanovitschi, où elle sera à la disposition
de M. le maréchal duc de Bellune.

6e division d'infanterie au village, en avant et sur la droite de Melech-
kovlsy.

8e division et 5e brigade de cavalerie légère au premier village sur la route
de Loukoml.

9e à Soboli. »

Bronikowski à Bassano

Minsk, 15 novembre, 9 heures du soir [A. G.]

« J'ai tenu Minsk autant que j'ai pu. J'y suis encore, mais demain, attaqué par 8.000 hommes, 12 pièces de canon, n'en ayant aucune, la lutte sera
difficile. Le général Dombrowski qui est venu aujourd'hui se concerter avec
moi, n'a pas jugé convenable avec 2.000 hommes et 200 chevaux qu'il a de
venir lutter contre ce corps ; il m'a dit de ramasser tout mon monde et de le
suivre à Smolevitschi, sur la route d'Ighoumen. Je trouve, monseigneur, qu'il
est pénible d'abandonner un poste dont je sens toute l'importance de conserver. Je resterai, malgré que je n'ai à ma disposition que 800 hommes, le
corps aux ordres du général Kossecki étant entièrement détruit. Je résisterai
autant qu'il me sera possible, et je ne quitterai qu'à la dernière extrémité.
Périr pour le service de Sa Majesté l'Empereur est toujours glorieux ; et tel
soit le sort qui m'est réservé, je supplie Votre Altesse Sérénissime de m'assurer sa bienveillance.

L'ennemi est dans ce moment aux portes de Minsk et j'attends les événements. »

De Wrède à Bassano

Danilowitschi, 15 novembre [A. N.]

« M. le major baron de Horn est arrivé porteur de la lettre que Votre
Excellence m'a fait l'honneur de m'adresser en date du 13. Je m'empresse de
lui communiquer copie du rapport que le général baron Corbineau m'a fait
ce matin, par lequel elle verra qu'un corps russe commandé par le général
Outchakof doit être arrivé à Ghloubokoé. C'est probablement le même corps
qui était en marche jeudi passé sur Loujki lorsque mon espion, qui devait
se rendre à Disna, a pris la fuite devant lui à Iazna. Le fait est que, de trois
émissaires que j'ai envoyés hier à Ghloubokoé, pas un seul n'est de retour
à l'heure qu'il est. Soixante cosaques se sont montrés à deux lieues et demie
d'ici à mes avant-postes, mais ils se sont repliés. Je viens d'envoyer des
détachements sur la route de Vidzoui pour voir si l'ennemi n'a pas fait un
nouveau mouvement de Drouïa sur ce point. J'attends avec impatience
l'arrivée des prisonniers cosaques que le général Corbineau a faits pour les
interroger. Il paraît que le général Wittgenstein a réparé la faute de ne pas
avoir laissé un corps entre la Disna et l'Ouchatsch, qui lui couvre ses derrières dans sa position sur Oula.

Comme Votre Excellence dans sa lettre du 13 m'a renvoyé, relativement
aux opérations qui peuvent particulièrement m'intéresser, à sa lettre précédente qu'elle m'a fait l'honneur de m'adresser, en date du 11, et dans
laquelle elle m'engage de ne pas m'éloigner de Vilna jusqu'à l'arrivée des

ordres positifs qu'elle attend de Sa Majesté l'Empereur et Roi à cet égard, je me vois les mains liées, ne pouvant pas, conformément à ces deux lettres, marcher sur l'ennemi, et devant me borner à la défensive. Il est vrai que, par l'arrivée du corps du général Oulassof, je ne peux plus manœuvrer sur les derrières de M. de Wittgenstein avant d'avoir repoussé le dit corps ; mais je pense qu'avec les forces que j'ai dans ce moment-ci, et avec le bon esprit qui règne dans la troupe, je pourrai, à moins que des forces supérieures n'arrivent encore à M. de Oulassoff, marcher à lui et le repousser vers la Disna. En tout cas, comme d'après la lettre de Votre Excellence datée du 8, Son Excellence M. le maréchal duc de Bellune a désiré que les troupes qui sont venues me renforcer, soient mises en mouvement pour opérer sous mes ordres selon les circonstances dans la direction d'Ouchatsch ou de Disna, ou de Polotsk, je supplie Votre Excellence de défendre ma cause auprès de M. le maréchal duc de Bellune qui s'attend peut-être que je sois déjà en mouvement, et je me flatte que Votre Excellence aura la bonté d'exposer à M. le maréchal que, conformément à sa lettre du 11 et du 13, je reste sur la défensive jusqu'à nouvel ordre.

Par ma lettre que j'ai écrite dans la journée au général Corbineau et dont je joins copie ici, Votre Excellence verra que je l'ai de nouveau engagé de faire sa jonction avec le II° corps, et qu'il pousse des partis aussi loin que possible. »

De Wrède à Corbineau

Danilovitchi, 15 novembre [A. N.]

« Un courrier qui m'arrive, porteur des dépêches de Son Excellence M. le duc de Bassano, m'apporte la nouvelle que, conformément à une lettre de M. le maréchal duc de Reggio, datée de Tscheréïa, le 10, on avait fait des dispositions pour que le 12 les II° et IX° corps reprennent l'offensive, et que M. le maréchal duc de Reggio insiste toujours au rappel de votre brigade.

Je vous engage donc, mon cher général, de faire votre possible pour vous rapprocher du II° corps et de faire votre jonction aussitôt que les circonstances le permettront. Je pousserai de mon côté des partis aussi loin que possible sur votre gauche pour faciliter votre mouvement. On m'a encore rendu compte ce matin qu'on avait entendu une canonnade du côté de Lépel. Il se peut que cela soit faux, mais le fait est que voilà deux jours de suite qu'on veut l'avoir entendue. Mes émissaires ne sont pas encore de retour de Ghloubokoé, de manière que je n'ai pas encore des nouvelles positives sur les forces avec lesquelles l'ennemi s'est placé là. A l'heure qu'il est, je n'ai pas encore un rapport que mes reconnaissances aient rencontré l'ennemi dans la journée. »

Corbineau à de Wrède

« En vertu de la lettre que vous m'avez fait l'honneur de m'écrire, je me suis rendu à Porplichtché et envoyé le 8° régiment de lanciers à Soroki ; il y a trouvé les avant postes ennemis auxquels il a fait deux prisonniers cosaques qui m'ont fait le rapport suivant : 1.000 cosaques, 6.000 hommes d'infanterie, 10 pièces de canon sont arrivés de Drouïa, aujourd'hui à Ghloubokoé, et se proposent de marcher demain sur Danilovitschi. Plusieurs partis ont intercepté aujourd'hui la route de Schitsé à Volkolatoui. Je me propose de m'approcher de vous, mon général, si je peux gagner cette ville. Le 8° de lanciers n'est pas arrivé, c'est ce qui m'inquiète beaucoup. On n'a point entendu à Dockchitsoui le canon de Lepel.

J'ai l'honneur de vous prier, mon général, de me faire parvenir vos ordres à Volkolatoui.

P.-S. — M. le colonel Lubienski a été chassé par trois escadrons qui heureusement ne l'ont pas suivi longtemps. Le général russe qui commande, s'appelle Wlastof. »

Oudinot (Ordre)

Tschéreïa 16 novembre [Doc. X.]

« La 6ᵉ division d'infanterie avec le 3ᵉ régiment de chevau-légers iront prendre position aujourd'hui à Biela-Tserka, près Tschéreïa.

La 8ᵉ division avec la 5ᵉ brigade de cavalerie légère se porteront à Loukoml ; M. le général Maison établira une brigade à Loukoml, avec la cavalerie légère ; l'autre brigade prendra position à mi-chemin de Tschéreïa.

La 9ᵉ division ira prendre position à Tschéreïa.

La 3ᵉ division de cuirassiers prendra position aujourd'hui à Antopol, occupant Tchémérino ou Tchemerice et Ghoroui.

Le quartier général sera aujourd'hui à Tschéreïa. »

Victor à Berthier

Melechkovtsy, 16 novembre [Reg. Victor]

« Je me suis mis en marche de Loukoml le 12 du courant avec le IIᵉ corps pour aller attaquer les ennemis à Tschachniki. J'étais instruit qu'ils avaient établi leur camp sur la rive droite de la Ousveïa en avant de Smolian, au débouché d'un bois qui offre une position défensive avantageuse. Je savais qu'en me dirigeant sur Tschachniki par la rive gauche, il me serait difficile de remplir l'objet que je me proposais, attendu que je me serais trouvé séparé des ennemis par la Ousveïa qu'il aurait fallu franchir pour aller à eux. Je me suis donc déterminé à marcher directement sur Smolian. Il s'agissait d'aborder les ennemis et de les combattre ; je ne me dissimulais pas qu'étant vivement pressés, ils trouveraient un refuge assuré en repassant la Ousveïa, mais j'avais un moyen de les obliger à abandonner cette nouvelle position en les menaçant par le pont de Botschéikovo qui est le point de leur retraite sur Béchenkovitschi, où ils ont un pont pour repasser la Dvina ; d'ailleurs je leur faisais craindre par ce mouvement d'être non seulement séparés de leur pont mais encore des secours qu'ils peuvent attendre de Vitebsk. Je voulais aussi, après avoir connu l'effet de mon mouvement sur Botschéikovo et détruit le pont de Béchenkovitschi, me diriger par Kamen sur Bérezino, afin de rallier à moi toutes les troupes impériales qui sont aux environs de Ghloubokoé pour remplir deux objets qui me paraissaient également importants, l'un de contenir Wittgenstein à Polotsk, l'autre d'être en mesure de communiquer avec Vilna et le prince Schwarzenberg pour marcher sur le flanc gauche de l'armée ennemie qui a pris la direction de Minsk. Ces projets auraient pu être exécutés, mais j'ai éprouvé des contrariétés auxquelles je ne devais pas m'attendre. Arrivé devant le camp ennemi le 13, vers 9 heures du matin, je l'ai fait attaquer, après l'avoir reconnu, par la 12ᵉ division d'infanterie, soutenue de la 28ᵉ et de la cavalerie légère aux ordres de M. le général Fournier. Ce camp était occupé par les deux divisions aux ordres du général Steingel. L'ennemi s'est d'abord défendu avec beaucoup de vigueur par un grand feu d'artillerie et de mousqueterie, mais M. le général Partouneaux ayant fait des dispositions aussi sages que vigoureuses l'a culbuté dans peu d'heures, après lui avoir tué et blessé beaucoup de monde. Steingel s'est alors replié en grand désordre en fuyant par les bois dans la direction de Smolian. La nuit approchait et j'ai jugé à propos de faire cesser le combat pour ne point engager nos troupes dans la forêt. La 12e division s'est établie sur le champ de bataille, la 26e était placée en seconde ligne, la 28e dans un village à l'extrémité gauche de la ligne et prête à manœuvrer le lendemain par une conversion à droite sur les derrières des nouvelles positions que les ennemis auraient pu prendre. La cavalerie légère couvrait le front du corps d'armée. Le IIe corps avait été placé par M. le duc de Reggio en 3e ligne. Le lendemain 14, je me suis porté à la 28e division pour la faire déboucher dans la direction du château de Potschavitschi, en même temps que j'ordonnai à la 12e division de marcher sur Smolian et à la 26e de suivre ce dernier mouvement. Les ennemis s'étaient ralliés pendant la nuit derrière les bois et ils y avaient pris d'assez fortes positions. La marche de la 28e division devait nécessairement les compromettre s'ils avaient voulu tenir devant la 12e, aussi dès qu'ils l'ont aperçue, ils ne se sont que faiblement défendus et se sont reployés en hâte et en désordre derrière la Ousveïa par Smolian, sous la protection des batteries qu'ils avaient établies derrière ce débouché. Notre canon leur a fait éprouver de grandes pertes dans leur retraite et notamment au passage du défilé où ils les prenaient à revers. Les choses étant en cet état, j'ai fait aussitôt occuper le village de Smolian par la division Girard, tandis que la 2e contiendrait les ennemis devant Smolian ; en même temps que j'ordonnais à M. le général Partouneaux de se porter rapidement sur le pont de Botschéikovo. M. le général Girard a repoussé pendant tout le jour avec beaucoup de succès les attaques multiples que l'ennemi a faites sur lui ; mon intention étant de suivre M. le général Partouneaux avec les deux autres divisions du IXe corps afin d'exécuter le projet d'obliger Steingel à abandonner Tschachniki et de le séparer de Béchenkovitschi. M. le duc de Reggio arrivait dans ce moment sur le champ de bataille, je me suis empressé de lui communiquer mes vues et de lui en expliquer les effets présumables, il n'a point écouté mes raisons et il m'a objecté que ce mouvement présentait de grands dangers pour le IIe corps et qu'il ne consentirait pas à rester seul devant Tschachniki. Je ne m'attendais point à ce contre-temps occasionné sans doute par des raisons justes, mais que je n'ai pas connues. Je lui ai fait dire que le IXe corps resterait à côté du IIe pendant la journée du 15 et que nous concerterions les moyens de continuer nos entreprises, mais dans la matinée du même jour j'ai appris avec étonnement que M. le duc de Reggio se reployait sur Troukhanovitschi.

La 12e division avait cependant continué son mouvement jusqu'à moitié chemin de Botschéikovo. Steingel l'ayant aperçue a aussitôt quitté Tschachniki, n'y laissant que quelques régiments et l'artillerie pour marcher sur Botschéikovo par la rive gauche de la Oula et tâcher d'y prévenir le général Partouneaux. Jusque-là mes projets se réalisaient, mais la retraite inattendue de M. le duc de Reggio ne m'a plus permis de les suivre.

Ce n'est plus la position de Tschachniki, ni la communication de Polotsk qui intéresse aujourd'hui les ennemis. Ils considèrent Béchenkovitschi comme le point central de leurs opérations sur la Dvina. C'est là qu'ils peuvent rassembler leurs forces venant de Vitebsk et de Polotsk pour prendre l'offensive sur nous, et il me semble que c'est sur ce point que nos efforts devraient être dirigés. Je vais en faire la proposition à M. le duc de Reggio.

Il serait bien à souhaiter pour nos troupes que la campagne finît bientôt. Les marches dans cette saison rigoureuse nous font perdre beaucoup de monde. L'ennemi paraît décidé à ne pas s'engager sérieusement ; il évite une bataille. Pour le suivre et le manœuvrer, je crois que nous laisserons beaucoup de soldats en arrière, nous n'avons rien pour les nourrir, les chevaux souffrent également, enfin nous sommes menacés de grands désastres si nous devons continuer encore quelque temps à faire la guerre dans une saison aussi rigoureuse.

Les troupes du IX° corps se sont très bien présentées à l'ennemi, avec le calme et l'ordre qui n'appartiennent qu'à d'anciens soldats aguerris. MM. les officiers généraux, supérieurs et particuliers, ont dignement rempli leur devoir. J'ai beaucoup à me louer de la conduite de MM. les généraux Partouneaux et Girard, de même que de MM. les généraux de brigade Camus, Blamont et Billiard. M. le colonel Sainte Suzanne s'est distingué dans cette occasion. Notre perte est d'environ 700 blessés et 150 tués, nous avons à regretter la perte de M. le major du 44° régiment, emporté d'un coup de canon, et de M. le colonel en second du régiment des hussards de Bade également tué de la même manière. Nos blessés sont transportés à Tolotschin sur des chariots des équipages militaires.

La misère qui nous tourmente m'oblige à chercher des villages qui présentent encore quelques ressources pour tâcher de soutenir le soldat. Je vais remplir cet objet commandé par la nécessité et le faire coïncider avec nos opérations militaires ; je marche aujourd'hui dans la direction de Béchenkovitschi par Kaniévo où se trouve une route qui conduit de Sienno à Béchenkovitschi, c'est de ce côté que Votre Altesse Sérénissime pourra m'adresser les ordres de Sa Majesté. »

Victor (Ordre)

Melechkovtsy, 16 novembre [Reg. Victor]

« M. le général Fournier se rendra avec trois régiments à Krasnogora, où il recevra de nouvelles instructions ; il laissera un régiment au village de Romanovka pour couvrir l'infanterie.

La 12° division d'infanterie suivra la route de Krasnogora pour aller s'établir à Altouki et villages voisins.

La 26° division suivra la 12° pour aller s'établir à Slobodka.

La 28° division suivra le mouvement de la 26° pour aller s'établir à Poutski.

La réserve d'artillerie marchera après la 28° division pour aller s'établir à Viadets près Krasnogora. »

Oudinot à Berthier

16 novembre [Min. Doc. H. et A. N.]

« Aussitôt que j'eus rejoint le II° corps, je proposai au duc de Bellune de manœuvrer séparément, quoique de concert et dans le même but. Je voulais d'abord me réunir à Kholopenitschi, me rapprocher de la Bérézina, et marcher sur Lépel. Je pensais que ce mouvement, appuyé par le IX° corps qui était sur Lonkoml, nous aurait mis à même de rejeter les ennemis au delà de la Oula, détruit tout espoir de jonction entre Wittgenstein et Tchitchagof, et donner la main au général de Wrède et à tout ce qui pouvait nous venir de Vilna. Ce mouvement fut jugé trop large par le duc de Bellune, et, quoiqu'il eût déjà trouvé la position de Tschachniki peu propre pour recevoir ou donner bataille, il résolut d'y marcher et je l'y ai suivi. Mon opinion a été d'y aborder l'ennemi ; mais les premiers motifs qui avaient empêché le duc de Bellune de l'y attaquer, subsistant toujours, il résolut de manœuvrer par sa droite pour aller s'emparer du pont de Botschéikovo, son plan était ensuite de se porter par Kamen et ensuite par Pouichna sur Bérézino ; j'avoue que ce mouvement circulaire autour de l'ennemi qui se trouvait placé de manière à nous prévenir sur tous les points, et qu'il fallait exécuter en sa présence, ayant sur moi deux débouchés sur la Loukomla, me parut tout à fait dangereux, outre que nous perdions absolûment toute communication avec la Grande Armée. Le duc de Bellune y a renoncé, et trouvant toujours le poste de Tschachniki inattaquable, il s'est décidé à porter aujourd'hui le IXe corps dans la direction de Béchenkovitschi, et je reste chargé de couvrir les communications de Tschéreïa et Loukoml en me liant avec le IXe corps par ma droite. M. le duc de Bellune est persuadé qu'en menaçant Béchenkovitschi, il obligera l'ennemi à abandonner ses positions sur la Oula et à se rapprocher de la Dvina.

J'ai dû faire observer au duc de Bellune qu'une guerre de mouvements ne nous convient pas ; les troupes sont dans un tel état de faiblesse que la moindre marche nous coûte plus d'hommes et de chevaux qu'un grand combat. Les régiments du IIe corps sont sans chefs et désorganisés ; les soldats périssent par le froid et par le défaut de nourriture ; j'ai en ce moment à peine (1) 5.000 combattants avec un matériel immense que je ne suis pas même en état de couvrir.

Quoi qu'il en soit, monseigneur, je n'ai pas cessé de m'en rapporter à l'expérience du duc de Bellune, et je viens de lui confirmer encore que j'agirai toujours selon ses vues, surtout si on veut aborder franchement l'ennemi. »

Dombrowski à Berthier

Smolévitschi, 16 novembre, à 5 milles de Minsk [A G.]

« L'ordre de Votre Altesse Sérénissime en date de Smolensk du 11 de ce mois, m'a trouvé le 14 à Ighoumen, en marche de Iakchitsouï à Minsk. Le 15, mes troupes marchèrent à Smelovitschi et moi je me rendis de ma personne à Minsk, pour avoir des renseignements sur l'ennemi qui s'avançait vers cette place en repoussant un petit corps de troupes de marche commandé par le général Kossecki. En arrivant à Minsk, j'y trouvai déjà l'alarme. Le général Kossecki, entouré de tous côtés, est parvenu à peine de se retirer de sa personne avec le colonel Lafitte et son aide de camp. Les divisions des généraux Lambert et Greko, fortes de 6.000 hommes d'infanterie, de 6.000 hommes de cavalerie et de douze pièces, forment le corps ennemi qui marche sur Minsk et qui n'en a été hier, le soir, éloigné que de deux milles. Comme ces forces de l'ennemi sont beaucoup plus supérieures aux miennes, n'ayant avec moi que 2.000 hommes d'infanterie, à peine 300 hommes de cavalerie et douze pièces, je me conformerai aux ordres précédents de Son Excellence le duc de Bellune en date des 8 et 12 de ce mois, et je manœuvrerai pour pouvoir me rejoindre à lui par la rive gauche de la Bérésina. Les généraux Bronikowski et Kossecki doivent réunir tout ce qu'ils pourront de troupes et se replier sur moi d'après les mêmes ordres du duc de Bellune. Selon ce que j'ai pu voir à Minsk, je ne crois pas qu'ils m'amènent 1.000 hommes armés.

Je laisserai encore à Svislotsch le même poste fort de 1.200 hommes d'infanterie, 100 chevaux et quatre pièces, qui y observait jusqu'à présent la forteresse de Bobrouisk tant qu'il pourra se tenir, et en cas de retraite il doit passer la Bérésina pour renforcer le corps qui est à Sta-Biekhov sur le Dniéper, fort de 1.500 hommes d'infanterie, 150 chevaux et quatre pièces et qui y observe le corps du général Hertel et couvre Mohilev. »

(1) Sur l'original, l'adjudant commandant Letellier en donnera verbalement le nombre.

Brosset (1)

Orcha, 16 novembre [A G.]

« J'ai l'honneur de prévenir Votre Altesse que j'ai arrêté 400 hommes environ de divers corps à la tête desquels j'ai mis des officiers ; de ce moment je suis sûr de la conservation des magasins et des fours, ayant tout près de ces établissements qui eux-mêmes sont propres à quelque défense, une grande maison percée de beaucoup de fenêtres. Je pourrai y mettre 150 hommes, 200 peut-être, en tenant en dehors l'élite de ces hommes qui s'adosseraient à la muraille.

Quant au parc d'artillerie, aux 4.000 fusils et pontons, que le commandant d'artillerie n'a pas voulu laisser sur la rive droite du Dniéper, à cause de l'apparition des Russes du côté de Krasnoé, mouvement qui pouvait menacer Doubrovna et Orcha, ainsi que celui de quelques cosaques vers Horki, les divers équipages d'artillerie, dis-je, sont sur la rive droite de l'Orcha, les pièces en batterie formant un carré, toutes liées les unes aux autres par des petites charrettes qui ferment les intervalles ; toutes les voitures de munitions, pontons, etc., sont parquées dans un grand ordre et au centre du carré. Les canonniers sont avant le jour tous les matins à leurs pièces, l'infanterie près des magasins et places commodes, et par toutes ces mesures nous sommes en état de parer un coup de main même forcé. M. le marquis d'Alorna est ici depuis deux jours et rectifie tout ce qui est susceptible de l'être.

L'Orcha et le Dniéper sont gelés et portent presque partout. »

Victor (Ordre)

Krasnogora, 17 novembre [Reg. Vict.]

« M. le général de division Fournier ayant sous ses ordres trois régiments de cavalerie, la 1re brigade de la 12e division et deux pièces de canon de la batterie légère de cette division, occupera Kaniévo aujourd'hui 17 novembre pour observer les mouvements des ennemis dans les directions de Boïaró, de Béchenkovitschi et de Pavlovitschi, villages situés sur la grande route d'Ostrovno. Il tâchera de se procurer des renseignements certains sur les forces ennemies qui sont à Boïaré, à Béchenkovitschi, Ostrovno et Vitebsk pour les faire connaître.

M. le général Partouneaux occupera aujourd'hui, avec les 2e et 3e brigades de sa division et le reste de son artillerie, le village de Privetki, situé à deux verstes de Krasnogora et à deux verstes de Kaniévo, route de Béchenkovitschi, pour soutenir au besoin l'avant-garde.

M. le général Daendels occupera également aujourd'hui, avec la 26e division, le village d'Oulianovitschi, situé à quatre verstes de Krasnogora sur la route de Sienno, à dix verstes de cette ville et à cinq verstes de Kaniévo.

M le général Girard occupera aussi aujourd'hui le village de Viadetz, situé à une verste de Krasnogora et par son autre brigade le village de Krasnogora. La réserve d'artillerie se dirige aujourd'hui sur Ousovo. Le quartier général sera aujourd'hui à Krasnogora. »

Victor à Oudinot

Krasnogora, 17 novembre [Reg. Vict.]

« J'ai reçu la lettre que vous m'avez fait l'honneur de m'écrire aujourd'hui. Les troupes du IXe corps sont établies dans quelques villages situés

(1) Commandant la place d'Orcha.

sur la route de Krasnogora à Béchenkovitschi, son avant-garde est à
Kaniévo. Elle a l'ordre de s'éclairer dans les directions de Boïaré, Béchenkovitschi et d'Ostrovno ; elles vont aussi faire en sorte d'obtenir des renseignements sur les forces que les ennemis peuvent avoir sur cette rive de la
Dvina jusqu'à Vitebsk. J'ignore absolument les mouvements des ennemis et
leur position. Je n'en sais pas davantage sur ceux de l'armée impériale. Il est
probable que l'aide de camp que j'ai envoyé au prince de Neuchâtel rappor-
tera des ordres de Sa Majesté. Je crois qu'il est bon de les attendre avant
d'agir. Les troupes s'affaiblissent d'une manière alarmante. La rigueur du
temps et les privations nous font beaucoup de mal.

Les partis ennemis se rencontrent jusqu'au château où nous étions hier.
Il me semble que si vos avant-postes y étaient placés, ils couvriraient à la
fois le flanc droit du général Maison et la route de Smolian à Sienno. J'ai si
peu de cavalerie que je suis obligé de l'employer toute dans la direction de
Béchenkovitschi. »

Bronikowski à Berthier

Smolévitschi, 17 novembre [A G.]

« La petite brigade du général Kossecki qui pendant vingt-cinq jours a
soutenu des combats opiniâtres contre l'avant-garde du général Tchitchagof
commandée par le général Grékov, a enfin succombé hier sous une forte
attaque que lui ont faite les généraux réunis Lambert, Grékov et Tchaplitz.
Le général Kossecki, après avoir défendu la position de Koidanov avec un
nombre de troupes trop inférieur, perdu nombre d'hommes, se décida à la
retraite. Derrière lui était une plaine de six lieues, il en traversa quatre, sans
être entamé, mais il fut accablé par quatre mille hommes de cavalerie, dix
bouches à feu dont deux obusiers et des têtes de colonnes d'infanterie dont
on n'a pu apprécier le nombre.

Le 22e régiment de nouvelle levée de Lithuanie qui avait été pris à Koidanov où il était cantonné, ayant été terrifié par une charge de cavalerie,
mit bas les armes.

Toutes les forces de l'ennemi tombèrent sur les carrés du 6e bataillon du
46e fort de deux cent cinquante hommes, sur le détachement du major Szy-
manovski réduit à deux cents hommes et sur les détachements de cavalerie
aux ordres du colonel Laffite qui ne faisaient pas trois cents chevaux. L'infanterie fut rompue, taillée en pièces ou prise ; la cavalerie qui fit des charges
répétées avec la plus grande vigueur, a perdu cent quatre-vingts hommes, le
reste est rentré.

Le général Kossecki a eu un cheval tué sous lui par un boulet, la chute
lui a fait une contusion forte. Le colonel Laffite a montré du sang-froid et
une grande fermeté.

Après cet événement que j'appris à 5 heures du soir, je vis le général
Dombrowski qui me dit obstinément qu'il ne pouvait défendre Minsk, vu les
forces de l'ennemi, et qu'il allait se retirer sur Ighoumen. Sur cela, je pris
d'abord la résolution de combattre et de m'enfermer dans la place ; mais, en
réfléchissant, je sentis que mon dévouement serait sans utilité pour Sa Majesté.

Mes forces sont réduites à presque rien. J'avais fait des détachements pour
renforcer le général Kossecki que je voulais faire tenir le plus longtemps possible pour donner à Sa Majesté le temps de jeter un regard sur la situation
de Minsk. Je n'avais donc à ma disposition que le 6e bataillon du 93e, fort de
trois cents hommes, et le 7e régiment de Wurtemberg, fort de six cents. La
cavalerie des dépôts, je ne la pouvais compter pour rien, vu son mauvais
état. La ville étant dominée par des montagnes, ayant un développement

immense, quatre mille blessés qui auraient brûlé si l'ennemi y avait mis le feu pendant ma résistance, toutes ces observations m'ont décidé à me retirer sur Borisov après avoir détruit ou enlevé les choses les plus utiles pour l'armée.

Votre Altesse Sérénissime verra que j'ai dû agir ainsi, surtout après le dernier mouvement du général Dombrowski, mouvement qui m'a enlevé jusqu'à l'avantage d'une menace. Je ne puis concevoir comment le prince Schwarzenberg, qui est à Volkovisk depuis le 9, n'ait rien entrepris sur le corps de Tchitchagof. Je ne dois pas oublier de dire que les troupes du général Dombrowski étaient déjà à Smélovitschi, cinq milles de Minsk, sur la route d'Ighoumen.

Cette position en imposait à l'ennemi, mais son départ ne l'a pas arrêté.

Je me rends à Borisov pour couvrir le pont qui est important et les convois que je fais partir pour la Grande Armée. L'ennemi pourrait s'y rendre sans passer par Minsk.

Il faut une bonne division pour faire face à l'ennemi qui, je crois, a l'intention de tomber sur les derrières du maréchal duc de Bellune.

Mon arrière-garde a quitté la ville le 16, à 2 heures après-midi.

Sur l'ennemi, voici les nouvelles que j'ai pu recueillir ; toute la division Hertel s'est jointe à celle de Tchitchagof ; leur plan est de nous gêner dans nos communications et de mettre beaucoup de troupes légères sur la route. »

Bronikowski à Berthier

« Témoin M. le maréchal Saint-Cyr que je voulais défendre Minsk. Mais le général Dombrowski avait dit qu'il était trop faible, car effectivement, il n'avait que deux mille hommes avec lui. Bien que je pense que la prudence est une bonne chose, pour moi, ne consultant que le désir d'être utile ou, agréable à Sa Majesté, j'aurais défendu Minsk et ne l'aurais quitté que par la force des armes. Le général Dombrowski ne voulant pas venir à mon secours, n'aurait-il pas pu rester à Smolévitschi ? Et de cette position, si je juge bien, il menaçait le flanc droit de l'ennemi ou il l'attirait sur lui. L'une et l'autre de ces choses pouvaient être utiles en faisant gagner du temps.

Monseigneur, tout, jusqu'à présent, m'annonce que l'ennemi a des forces considérables. J'espère que, d'ici à demain, je pourrai faire à Votre Altesse Sérénissime un rapport plus précisé sur ses forces. Je fais courir cette nuit des espions pour pouvoir éclairer Votre Altesse Sérénissime sur ses mouvements comme sur son nombre.

Viendra-t-il ici ? J'ai à le craindre, si son projet était de monter à Lépel, sa meilleure route est par Borisov. Nous avons laissé à Minsk des magasins immenses. C'est un malheur, il est vrai ; mais je réponds que Sa Majesté trouvera dans les ressources de ma province de quoi les remplacer et assurer les subsistances aux troupes qui pourraient être placées dans cette province.

J'envoie au général Dombrowski le troisième ordre. S'il fait son mouvement en avant, je le suivrai. »

De Wrède à Berthier

« Son Excellence M. le Ministre duc de Bassano ayant eu la bonté de mettre sous les yeux de Votre Altesse les lettres que je lui avais adressées sur ce qui s'est passé dans mes environs, je crois pouvoir me borner dans mon rapport présent de soumettre à Votre Altesse Sérénissime l'état de situation des troupes qui se trouvent réunies ici. Je n'ai pas besoin d'y ajouter que le meilleur esprit règne parmi les troupes, et qu'elles se rendront dignes de l'approbation de Sa Majesté l'Empereur et Roi, si elles reçoivent l'ordre de marcher à l'ennemi.

Quant aux troupes qui m'ont nouvellement rejoint : la cavalerie que le général Franceschi m'a amenée est dans le meilleur état et je tâcherai de la ménager et de la conserver dans cet état, son infanterie avait besoin de quelques changements dans sa formation. Sur la demande qu'il m'a adressée à cet égard, je l'ai autorisé à l'organiser en deux bataillons de guerre et un bataillon de dépôt qui a besoin d'être employé dans une ville pour y être exercé.

Le général Franceschi donne un si bel exemple de zèle et d'exactitude dans le service aux troupes qu'il a sous ses ordres, que je me félicite de l'avoir sous mon commandement, et je suis convaincu d'avance que Sa Majesté l'Empereur et Roi sera satisfait des services que le général Franceschi et ses troupes rendront.

La brigade du général baron Coutard, composée du 4e régiment de ligne westphalien et d'un régiment hessois, est dans un très bel état, et le général Coutard y maintient une discipline sévère et louable.

Votre Altesse Sérénissime verra dans l'état de situation que le nombre des baïonnettes de mon infanterie bavaroise s'est augmenté beaucoup depuis quinze jours, et il augmenterait de 2.000 hommes encore, si les armes ne manquaient pas. J'ai écrit à M. le gouverneur général comte de Hogendorp pour lui en demander, et si je ne peux pas en avoir à Vilna, je ferai tous les sacrifices pour en faire acheter là où j'en pourrai trouver. »

Jomini à Berthier

Orcha, 17 novembre [A. G.]

« Je suis arrivé à Orcha ce matin de bonne heure, j'ai marché depuis Krasnoï avec trois compagnies de sapeurs qui ont fait les réparations nécessaires aux ponts sur la route.

Je n'ai rencontré aucun détachement en route vers Smolensk, si ce n'est celui de la gendarmerie d'élite qui était à Liadouï et que j'ai ramené ce matin à Orcha. Il va travailler autant que possible à arrêter les hommes isolés. Mais, comme le Dniéper est gelé et qu'on ne peut le passer partout, on ne doit rien espérer de cette mesure.

Il eût été indispensable pour rassembler les hommes isolés par corps d'armée qu'il y eût ici au moins un officier général de chacun de ces différents corps.

Le commandant de place va faire son possible pour exécuter les ordres qu'il a reçus de Votre Altesse à ce sujet, et quoique je n'en aie point reçu l'ordre, je l'aiderai autant qu'il sera en mon pouvoir et surtout autant que le mauvais état de ma santé me le permettra.

J'ai trouvé à Liadouï un faible approvisionnement d'environ 30.000 rations de farine. Je n'ai pas cru devoir en faire suspendre les distributions, afin d'engager les hommes isolés de rentrer à leurs corps.

Le magasin qui est ici est plus considérable. Il est d'environ 90.000 rations et, d'après le rapport ci-joint du commissaire des guerres Mauny, qui me paraît être un homme fort entendu, on doit espérer de pouvoir former de grands approvisionnements, si on peut couvrir le point de Mohilev et assurer les convois contre les désordres de nos soldats.

Quant à l'état des routes, je n'ai aucune observation majeure à faire. Il y a deux ou trois rampes très fortes et très dangereuses pour les équipages.

Il me semble qu'il n'y a rien à faire, excepté la descente qui est à l'entrée de Liadouï, que l'on peut tourner par un chemin de gauche. J'ai engagé le commandant de place de le faire indiquer à tout le train.

Les deux rampes entre Doubrovna et Orcha, dont l'une monte et l'autre descend, sont également mauvaises et causeront un grand retard dans la marche.

M. le général Eblé a pris la précaution de faire jeter quelques fascines pour faciliter aux voitures le moyen de passer le ravin un peu plus loin à un talus moins raide.

J'attends ici les nouveaux ordres que Votre Altesse voudra bien me donner et suis, etc. »

De Wrède à Bassano

Danilovitschi, 17 novembre [A. N.].

« Le rapport du général baron Corbineau que j'ai eu l'honneur de communiquer avant-hier à Votre Excellence et dans lequel il était question de l'arrivée d'un corps russe à Ghloubokoé a besoin de quelques rectifications. Le fait est que l'ennemi occupe Ghloubokoé avec 300 cosaques et trois escadrons de dragons depuis vendredi au soir. Il a fait l'impossible pour réunir une quantité de paysans, pour faire briser la glace du lac et en retirer les canons qui s'y trouvent; les habitants à cette occasion ont été pillés et maltraités. L'infanterie de l'ennemi est restée en arrière, le gros à Loujki, sa gauche à Plissa. D'après les dépositions ci-jointes de deux cosaques qui ont été faits prisonniers, votre excellence verra que ce corps est celui qui a été précédemment près de Drouïa et avec lequel quelques troupes qui ont été à Disna paraissent être réunies. De tous mes émissaires envoyés à Ghloubokoé, un seul est revenu qui confirme exactement ce que je viens de communiquer à Votre Excellence sur la force et sur la position de ce corps. Les deux émissaires que j'ai envoyés il y a quatre jours à Disna et dont j'ai fait mention dans ma lettre du 13, ne me sont pas revenus encore. J'en ai fait partir aujourd'hui un troisième qui filera le long de la gauche de la Disna.

J'ai poussé hier et aujourd'hui de fortes reconnaissances de 100 chevaux jusqu'à Barilé, sans qu'on ait rencontré l'ennemi, et il se confirme de plus en plus qu'il se borne à occuper Ghloubokoé comme avant-poste.

Je joins ici copie d'une lettre du général baron Corbineau, datée de hier, d'après laquelle on ne veut pas avoir entendu une canonnade du côté de Lepel, et dans laquelle il m'informe qu'il espère, en partant demain par Dolghinov et Borisov, faire sa jonction avec le IIᵉ corps. J'ai des nouvelles des détachements que j'ai envoyés du côté de Vidzoui; l'ennemi n'a pas occupé cette ville; ils pousseront des reconnaissances jusqu'à Vidzoui et reviendront après. »

P.-S. — Le prince d'OEttingen m'arrive avec la lettre dont Votre Excellence a bien voulu le charger en date d'hier le 16, et par laquelle elle me fait connaître les instructions de M. le maréchal duc de Reggio à l'égard du mouvement que je dois faire pour seconder celui du IIᵉ et du IXᵉ corps qui a dû commencer le 14.

Votre Excellence a été juste dans sa lettre de reconnaître elle-même que les instructions, à l'égard de ce mouvement à faire, me parviendraient tard, mais elle sera plus juste encore de convenir que, depuis qu'un corps russe s'est approché de moi, je ne puis plus marcher sur Bérézino en laissant la route de Vilna libre, ce qui donnerait toute la facilité à l'ennemi de pousser des partis dans la direction de Vilna aussi loin qu'il le voudrait. Il me semble avant tout nécessaire et urgent de marcher sur Ghloubokoé pour bien connaître la force de l'ennemi qui s'est porté là, et qui paraît avoir pris position avec tout son corps entre Ghloubokoé et Loujki. Ce n'est qu'après avoir bien reconnu la force et la position du général Wlastov et après l'avoir ou repoussé ou pris des mesures pour le tenir en échec que je pense me porter, par ma droite, selon les circonstances, soit vers Pouïchna, soit par Koubloutschi dans la direction de Kamen.

Comme je ne veux pas perdre un moment pour opérer dans le sens des IIe et IXe corps, je me mettrai demain en mouvement, et ce ne sera qu'après demain, qu'arrivé à Ghloubokoé, je pourrai avoir l'honneur de communiquer à Votre Excellence la direction ultérieure des mouvements que les circonstances pourraient me dicter.

Votre Excellence a la bonté de croire que mon mouvement aurait pu empêcher un parti russe, qu'on dit fort d'un régiment, de dépasser la route de Vilna à Minsk entre Krasnoi et Rodochkowitschi ; si elle veut bien revenir sur ses lettres des 11 et du 13, elle trouvera qu'elle m'y engageait de suspendre tout mouvement jusqu'à l'arrivée des ordres positifs de Sa Majesté l'Empereur et Roi qu'elle attendait. Je joins ici sous cachet volant mon rapport et l'état de situation pour Son Altesse Sérénissime le prince major général. Je prie Votre Excellence d'en prendre connaissance et de les faire parvenir à leur destination, ainsi que de communiquer au prince major général les nouvelles que j'ai eu l'honneur de lui donner sur la position ennemie, et le mouvement que je vais faire. »

Dépositions de deux cosaques prisonniers

Danilovitschi, 16 novembre [A. N]

« *Premier prisonnier.* — L'endroit où il a été pris, de quelle division, de quel régiment ?

Il est cosaque, et a été pris à deux lieues de Ghloubokoé. Il appartient au régiment Lazsczili de la division Steingel.

Les cosaques arrivés à Ghloubokoé sont-ils forts et d'où viennent-ils ?

300 cosaques, trois escadrons de dragons et 6.000 hommes d'infanterie avec 16 canons après avoir couché à Loujki, la cavalerie se portait à Ghloubokoé, l'infanterie à Loujki.

Quel général commande le corps ?

Le général Wlastof, il a établi son quartier général à Loujki, près de son infanterie.

Depuis quand sont-ils partis de Drouïa ?

C'est depuis trois jours qu'ils sont en marche de Drouïa après avoir passé déjà depuis quelque temps la Dvina.

Le pont sur cette rivière à Drouïa a souffert par la glace, mais il a été raccommodé depuis.

S'il ne connaît pas la direction de marche du corps auquel il appartient ?

Il sait seulement qu'on a dû marcher à Ghloubokoé.

Si le corps ci-dessus mentionné compte parmi des milices ?

Les cosaques n'ont point de milices avec eux, l'infanterie en a, des recrues de la conscription de l'année passée.

Qu'est-ce qu'on raconte à l'armée russe ?

On dit que l'armée française a été battue, au reste on désire la paix.

Quel jour sont-ils arrivés à Ghloubokoé ? Quel chemin ont-ils pris venant de Drouïa ?

Ils sont arrivés le vendredi au soir à Ghloubokoé, venant de Drouïa, par Pérébrodé et Loujki.

Comment sont-ils armés ?

D'un sabre, d'une lance et d'une paire de pistolets.

Comment a-t-il été fait prisonnier ?

Il a été envoyé chercher des chevaux pour pouvoir tirer de l'eau les canons submergés.

Second prisonnier. — De quelle manière l'a-t-on pris ? de quelle division ? de quel régiment est-il ?

Il a été pris aux avant-postes près de Ghloubokoé. Il appartient au régiment Lazsczili de la division Steingel.

Sont-ils venus en force à Ghloubokoé, et avec de l'infanterie et de l'artillerie ?

Il n'y avait que 300 cosaques et trois escadrons de dragons, chaque escadron de 60 à 70 chevaux. L'infanterie forte de 6 000 hommes suivra.

D'où sait-il que 6.000 hommes d'infanterie et 16 canons suivront le mouvement de la cavalerie ?

Il les a vus à Drouïa ; l'infanterie était en marche ; cependant on prétendait qu'elle était restée jusqu'à nouvel ordre à Louki.

Est-ce que l'infanterie compte beaucoup de milices parmi elle ?

Il y a beaucoup de milices parmi l'infanterie et chaque bataillon en compte jusqu'à 100 hommes.

Où sont-ils restés pendant tout l'été passé ?

A Abo, une ville sur la frontière de la Suède et commandés par le général Steingel, qui vient d'être nommé comte.

S'ils n'ont jamais manqué de vivres ?

Ils ont été mieux à la frontière suédoise ; cependant leur corps reçoit tous les jours ou du pain ou du biscuit. »

De Wrède à Corbineau

Danilovitschi, 17 novembre.

« En vous envoyant la lettre qui m'a été adressée par M. le duc de Bassano pour vous, je m'empresse de vous prévenir, mon cher général, que les IIe et IXe corps ayant dû commencer leurs opérations le 14, je me mettrai demain en mouvement pour Ghloubokoé, où tout le VIe corps se réunira après demain. D'après ce que M. le duc de Bassano m'écrit, M. le duc de Reggio aurait désiré que je marchasse sur Bérézino. Cela ne me paraissant plus possible, parce que la route de Vilna pourrait être compromise par le corps du général Wlastof, je commence par marcher à lui, et ce n'est qu'après l'avoir ou repoussé, ou laissé un corps pour le tenir en échec, que je pourrai me porter par ma droite vers Pouichna ou dans une direction plus directe ou plus haute vers Kamen. En attendant, je pense que vous trouverez moyen, mon cher général, de vous approcher du IIe corps et de prévenir M. le duc de Reggio du mouvement que je me propose de faire. »

Victor à Berthier

Krasnogora, 17 novembre [A G.]

« M. le général Partouneaux est dans un état qui ne lui permet pas de continuer la guerre. Outre qu'il souffre beaucoup de ses anciennes blessures, il est atteint d'une maladie qui exige du repos et de prompts secours. M. le général Partouneaux est un officier très distingué ; il mérite à tous égards les bontés de l'Empereur. Sa Majesté n'a pas de sujet plus fidèle et plus dévoué.

Je saisis cette occasion pour recommander également aux bontés de l'Empereur M. l'adjudant commandant Boyer, chef d'état-major de la 12e division. Il y a 14 ans qu'il est colonel. Il avait été nommé provisoirement général de brigade à Saint-Domingue par le gouverneur général de cette colonie, mais le rapport de cette nomination ayant été intercepté par les Anglais, n'est point parvenu au gouvernement, et M. l'adjudant commandant Boyer ayant été depuis détenu prisonnier en Angleterre a été privé de l'avancement sur lequel il comptait et qu'il avait mérité par ses bons services. Je prie Votre Altesse Sérénissime de s'intéresser près de Sa Majesté en faveur de cet officier. »

Partouneaux à Berthier

Au bivouac près de Krasnogora, 17 novembre [A. G.]

« J'ai fait ce que j'ai pu pour rendre les troupes qui composent la division qui m'a été confiée dignes de mériter l'estime de l'Empereur, car elles étaient composées de jeunes soldats dont une grande partie conscrits réfractaires : cette division a répondu à mes soins, elle est excellente : elle a beaucoup souffert par les fatigues, les privations et par le feu, elle est digne que Sa Majesté la distingue ; mais elle a besoin de repos tant pour vivre, s'habiller que pour s'augmenter par les hommes qui pourront la rejoindre : elle a besoin des grâces de l'Empereur ; une foule d'officiers, de sous-officiers méritent de l'avancement ; une très grande quantités d'emplois sont vacants ; j'aurai l'honneur de transmettre à M. le maréchal duc de Bellune mon rapport à ce dernier sujet ; il m'a témoigné de l'estime et de la satisfaction.

Jusqu'à ce moment le courage et le zèle m'ont soutenu, mais les forces physiques m'ont abandonné : je ne puis plus résister aux douleurs que m'occasionnent la rigueur de la saison et mes blessures ; le service même de l'Empereur serait compromis, car je ne pourrais plus apporter la même activité.

Je prie, monseigneur, Votre Altesse Sérénissime de vouloir bien solliciter pour moi du repos et un commandement où je pourrais être encore utile à l'Empereur et me soigner. Pour commander ma division en mon absence j'ai particulièrement distingué MM. les généraux barons de Blamont et Billard qui servent avec moi et qui méritent de l'avancement.

Quant au général Camus, c'est un brave homme qui a bien fait la guerre, que l'âge accable, qui mérite les grâces de l'Empereur et qui a besoin de sa retraite. M. le colonel Sainte-Suzanne qui est un officier de beaucoup de mérite pourrait le remplacer, car il a toutes les qualités nécessaires pour faire un bon général. »

Victor (Circulaire)

Krasnogora, 18 novembre [Reg. Vict.]

« Il est essentiel que dans un moment où vos troupes se reposent, vous preniez toutes les précautions pour les mettre à l'abri d'une surprise des troupes légères de l'ennemi, des cosaques surtout. C'est lorsque l'on reste pendant quelques jours dans la même position que l'ennemi, bien informé de toutes les dispositions du placement des troupes, peut entreprendre avec plus d'audace et de succès, si elles ne se gardent pas avec beaucoup de vigilance et si on ne met pas leurs cantonnements ou bivouacs à l'abri d'une attaque de nuit. Il convient donc, monsieur le général, que vous fassiez barricader les avenues des villages si vos soldats sont dans les maisons ou que vous fassiez couvrir leurs flancs et même les fronts des bivouacs, si cela est possible, d'obstacles capables d'arrêter le premier choc de la cavalerie. Vous devez avoir de forts piquets de service toujours prêts à prendre les armes, de fréquentes rondes et des officiers généraux et supérieurs qui parcourent souvent la ligne pour s'assurer si le service se fait avec exactitude. Ce n'est qu'en

— 187 —

employant avec soin et constamment toutes ces précautions qui sont les premiers éléments de votre métier, et presque toujours trop négligées, que vous pouvez espérer d'éviter des surprises qui sont le résultat du genre de guerre de l'ennemi, principalement dans la saison où nous sommes. Il sait par expérience que nos soldats sont très bons aux jours de bataille et se gardent ordinairement très mal ; il doit agir en conséquence, ainsi je vous invite, monsieur le général, à surveiller attentivement la manière dont le service se fait dans votre division. Réunissez vos généraux et vos colonels ; parlez-leur de l'importance qu'il y a pour eux de bien faire servir leurs soldats, et faites-leur sentir combien seraient fâcheux les résultats de la plus légère négligence à cet égard. »

Victor (Instruction pour MM. les généraux de division)

Krasnogora, 18 novembre [Reg. Vict.]

« L'ennemi peut marcher sur le IXe corps par la route de Tschachniki, par celle de Boïaré aboutissant à Krasnogora et par celle de Béchenkovitschi à Krasnogora. Il peut simuler une attaque par une ou deux de ces routes et la réaliser par la 3e ; pour ne pas être trompé par ses démonstrations et ne pas prendre le change, le point de réunion des troupes en cas d'attaque va être indiqué et les divisions se conformeront aux ordres expliqués ci-après.

Si M. le général Fournier est attaqué par des forces supérieures aux siennes, il s'échelonne sur la 2e brigade de la 12e division, se reploie sur elle en bon ordre en se défendant. La 2e l'attend en ordre de bataille pour le soutenir. L'une et l'autre se reploient sur la 3e, toujours par échelons, et la 12e division ainsi réunie avec la cavalerie légère prend ses dispositions de défense par les soins de M. le général Partouneaux et attend des ordres

Si la 28e était attaquée, elle prendrait la position la plus avantageuse dans la direction de Krasnogora pour s'y défendre.

La 12e et la cavalerie légère dans ce cas se reploieraient sans attendre d'ordre sur Krasnogora pour soutenir la 28e division.

Si l'une et l'autre étaient attaquées en même temps, la 28e se soutiendrait dans sa position, la 12e et la cavalerie légère feraient le mouvement prescrit par le second paragraphe du présent ordre.

Dans l'un et l'autre cas la 26e division prendrait les armes et irait se mettre en bataille au village d'Ousovo, où elle attendrait des ordres.

M. le colonel Caron dans les cas prévus dirigerait sur-le-champ sa réserve sur Tolpin.

Il est expressément ordonné de renvoyer cette fois tous les bagages du corps d'armée sur Tolpin, MM. les généraux doivent en sentir la nécessité et qu'il est indispensable dans cette circonstance de ne voir sur les chemins et à la suite des colonnes que la troupe et l'artillerie. »

Oudinot à Berthier

18 novembre (1) [Doc. H. et A. G.].

« L'Empereur connaît maintenant l'issue de notre mouvement sur Tschachniki, quelques difficultés qu'offrit la position de l'ennemi, c'est là que j'avais pensé que nous devions l'attaquer puisque nous l'avions joint, et je me fondais sur ce que dans l'état d'inanition où sont les troupes, des marches nous coûtent autant que des combats.

Je crois qu'il n'y a sur la Oula que le corps de Steingel et une 28e division dont nous n'avions pas connaissance et qui est nouvellement arrivée et, si Wittgenstein n'y est pas, il faut en conclure qu'il manœuvre ailleurs et je crains que ce ne soit sur Vitebsk. J'ai, hier, fait part de cette conjecture au duc de Bellune en lui proposant d'agir en conséquence, à moins qu'il n'eût une connaissance plus exacte de la position et des desseins de l'ennemi ; mais sans doute qu'il croit sa position suffisamment bien établie pour le moment, puisqu'il m'a répondu qu'il voulait, avant de rien entreprendre, attendre les ordres de l'Empereur.

Il faut convenir d'un autre côté que si nous marchons dans la direction de Vitebsk sans contenir le corps qui est à Tschachniki, il lui sera facile de se porter sur Orcha ou bien sur Borisov ; il ne lui faut que trois marches pour arriver sur l'un ou l'autre point

L'artillerie ne marche qu'avec la plus grande difficulté et une extrême lenteur ; s'il faut agir un peu vivement elle n'est qu'un obstacle, je prends donc le parti de réduire mon équipage à 38 bouches à feu ; c'est-à-dire à l'artillerie à cheval et à quelques pièces de 12 bien attelées, c'est bien assez pour 5.000 hommes. Je fais filer le reste sur Bobr ou l'Empereur pourra en disposer si elles lui sont nécessaires ailleurs. Cette mesure, monseigneur, était indispensable dans tous les cas possibles.

La quantité d'hommes que nous perdons tous les jours, en se répandant çà et là dans les campagnes, au risque d'y trouver l'ennemi, est effrayant, surtout pour moi dont les moyens sont si courts. Au reste je ne serai pas en retard quand M. le duc de Bellune voudra se mettre en mouvement, je suis obligé d'attendre sa résolution puisque je ne suis en état de ne rien entreprendre seul. »

P.-S. — « Je n'ai pas fait faire aux troupes plus de 25 verstes en deux jours, et cependant Votre Altesse verra par le rapport ci-joint, du général Albert, combien nous avons eu de traîneurs et en quel état ils nous rentrent. A la vérité, il s'en trouve des deux corps, cette sorte d'hommes qui ne fait jamais la guerre se répand. »

Albert à Legrand (?)

Koudilova, 17 novembre [Doc. H.]

« Dans la persuasion de recevoir l'ordre de rejoindre aujourd'hui la division, je me réservais d'avoir l'honneur de vous faire verbalement mon rapport, mais puisque je dois rester dans la même position jusqu'à demain, j'ai l'honneur de vous rendre compte que cette nuit, vers les 10 heures du soir, un parti de cosaques hussards et paysans est venu au village de Sloboda où nous avons passé la nuit du 15, à une petite lieue de ma position. Ce parti, d'après les différents rapports qui m'ont été faits par plusieurs hommes restés en arrière, était d'abord d'une trentaine de chevaux. Le village de Sloboda étant rempli de soldats blessés ou malades et la plus grande partie des traînards des IIe et IXe corps, les uns ont été pris, d'autres battus et dévalisés et ensuite renvoyés. Plusieurs sacs ont été fouillés et rendus à nos soldats, je puis vous donner pour certain, mon général, et pour l'avoir vu moi-même, que depuis 6 heures du matin jusqu'à 9 il a passé au moins 1.500 hommes à Koudilova restés dans les villages à droite et à gauche dont une grande partie sans sacs, armes. Enfin l'ennemi les dédaigne assez pour ne vouloir pas les faire prisonniers, je n'ai d'ailleurs rien vu de plus pitoyable et de plus affligeant en même temps. J'ai envoyé ce matin à 6 heures une reconnaissance de chevau-légers sur Sloboda, elle y a trouvé l'ennemi et a estimé son nombre à deux escadrons, je fais soigneusement observer cette route, ma grand'garde de chevau-légers est établie au village intermédiaire entre Sloboda et Koudilova. J'ignore le nom de ce même village, je sais seulement que c'est celui où se trouvait le quartier général de M. le maréchal, dans la nuit du 15. Je suis militairement gardé sur tous les points et à l'abri de toute crainte. J'aurai soin, mon général, de vous faire part du moindre événement. »

Laffite à Berthier

Borisov, 18 novembre, 11 heures du matin [A G.]

« Le 11 de ce mois, je fus envoyé avec 300 chevaux à Sverjen pour être aux ordres du général Kossecki commandant une brigade. Je trouvai cet officier général en retraite.

Le 12, il se retira à Koidanov.

Le 13, nous nous battîmes avec l'avant-garde ennemie.

Le 14, nous nous battîmes encore.

Le 15, nous fûmes attaqués par des forces considérables. Le général se décida à se retirer sur Minsk. La retraite se fit en bon ordre pendant quatre heures. Mais assaillis par une cavalerie très nombreuse, eu égard à la nôtre, et par dix bouches à feu, toujours dans un pays découvert, nous finîmes par éprouver des pertes considérables. Deux bataillons de nouvelle levée de Lithuanie jetèrent bas les armes et ne voulurent pas tirer ou, pour mieux dire, ils se couchèrent la figure contre terre, sans que rien ne pût les tirer de cette position. Alors les ressources du général se trouvèrent renfermées dans un très petit bataillon du 46e et 250 chevaux à peu près qui me restaient encore.

L'ennemi entoura le petit carré que formait le 46e et le fit charger après l'avoir rompu par la mitraille. Je courus à son secours ; je chargeai pour la troisième fois ; la mêlée dura plus de dix minutes ; nous fimes éprouver des pertes à l'ennemi ; mais il fallut succomber sous le nombre. Il ne fut sauvé qu'une centaine d'hommes de ma cavalerie. Le général Bronikowski doit vous avoir donné de plus grands détails sur cette affaire.

Le 16, nous quittâmes Minsk pour venir à Smolévitschi.

Les cosaques entrèrent dans la ville à 3 heures de relevée.

Le 17, nous nous sommes retirés sur Borisov. Les cosaques entrèrent à Smolévitschi à 11 heures ; ils poursuivirent notre arrière-garde et tiraillèrent avec elle jusqu'à Jodin. J'ai été chargé de couvrir cette retraite avec le peu de cavalerie qui me restait. Hier, mon cheval, tombé sur la glace, m'a fait une contusion forte au genou où déjà j'étais blessé. Cet accident me désole vu la circonstance et l'impossibilité dans laquelle il me met d'être utile de quelques jours. »

Alorna à Berthier

Orcha, 18 novembre [A G.]

« Je n'ai rien de nouveau à communiquer à Votre Altesse Sérénissime.

A Mohilev, tout est tranquille : l'ennemi n'a point paru à Orcha ; on tâche de ramasser des vivres.

Quant aux démarches pour arrêter ici les hommes isolés de l'armée, j'emploie tous les moyens possibles, mais ils deviennent tous inutiles. L'esprit de ces gens est malade. Je bats la générale pour assembler ce qu'il y a dans la ville ; ils ne viennent pas. Je fais la visite domiciliaire ; je rassemble ; je mets tout ce que je trouve dans un endroit gardé ; les gardiens et les gardés se sauvent. Je continue à faire la même chose ; je crains que ce soit toujours sans succès. »

Bronikowski à Berthier

Borisov, 18 novembre [A G.]

« Je suis encore à Borisov.

J'ai différents rapports sur Minsk. On dit d'une part que l'ennemi a jeté 300 hommes dans la ville et qu'avec 5.000, de l'endroit où il a battu la brigade Kossecki, il s'est porté par Samokhvalovitschi, Volmahié, Smélovitschi, sur Borisov. De l'autre qu'il est entré à Minsk avec deux divisions et qu'il a marché avec sur Vilna.

Mes reconnaissances ont rencontré ce matin 200 hussards à quatre lieues d'ici sur la route de Lépel, une autre reconnaissance a rencontré des cosaques à Jodin.

Le général Dombrowski est aujourd'hui à Vérézino, trois marches d'ici. Je lui ai envoyé la lettre de Votre Altesse Sérénissime qui lui enjoint de marcher sur Minsk.

Conformément à l'ordre de Votre Altesse Sérénissime du 16 courant de Krasnoé, j'ai dirigé des convois de biscuits et de farine sur Orcha, où on a dû trouver de très grands magasins, car depuis trois mois j'y ai constamment fait des envois.

Il est arrivé ici plusieurs cadres du IIe corps et de la Grande Armée, comme les routes sont interceptées, je les ai réunis pour en former un bataillon dont le commandement a été confié au chef de bataillon Garcin du 19e régiment. Je les conserverai jusqu'à ce que les routes soient libres. Le colonel Lafitte qui m'était ici d'une grande utilité, vient de faire une chute qui a rouvert son ancienne blessure.

Il vient d'arriver ici une foule de monde de la Grande Armée, officiers généraux et autres blessés qui, voyant que je ne suis pas assez fort pour résister à l'ennemi, s'en retournent sur la Grande Armée.

Je n'ai point de nouvelles ni du prince Schwarzenberg ni du maréchal duc de Bellune, si ce dernier pouvait envoyer la division Partouneaux avec une bonne artillerie on aurait Minsk et on repousserait l'ennemi au delà de Nesvij, car il faut élargir les cantonnements du gouvernement de Minsk pour y trouver des subsistances.

J'attends vos ordres, monseigneur, pour savoir ce que j'ai à faire, si je dois tenir ou si je dois me replier sur Kokhanov et Tolotschin si l'ennemi m'attaque avec des forces supérieures.

Le courrier porteur du portemanteau s'est arrêté ici ne pouvant passer pour aller à Vilna. »

Pamplona à Oudinot

Obtschougha, 18 novembre, 9 heures du soir [A G.]

« J'ai l'honneur de transmettre à Votre Excellence les renseignements ci-joints qui m'ont été donnés par le propriétaire de ce château, qui est sous-préfet de Toldschin, par l'entremise du major du 4e régiment polonais, qui a été blessé dernièrement à Charniki.

Ne pouvant pas trouver des chevaux de poste ou autres, je fais rafraîchir ici les miens et je compte partir dans la nuit pour Bobr, où je prendrai des nouveaux renseignements que j'aurai soin de transmettre à Votre Excellence par un exprès.

Y a-t-il des Russes à Borisov ?

Il n'y a que 24 lieues de Minsk à Borisov, les nouvelles d'aujourd'hui portent que les cosaques formant la tête de colonne de Tchitchagof, marchent sur Borisov où se dirige leur armée.

Comment a-t-on pu savoir cette nouvelle ?

Une lettre de Bobr venue aujourd'hui marque que les officiers français blessés ou malades, sont dans la crainte d'y voir arriver l'avant-garde de l'armée russe, qui ne pouvait pas être loin.

Croit-on que les cosaques soient déjà à Borisov ?

Ils pourront y arriver demain 19, ou même aujourd'hui.

Quel corps de troupes françaises serait à portée Borisov ?

La division Dombrowski a marché de Sloutsk par Keydang et se dirige sur Ighoumen, où il n'est pas encore cependant arrivé.

Quelle distance y a-t-il d'Ighoumen à Borisov ?

Douze lieues.

Ne connaît-on pas d'autre corps français qui se rapproche de Borisov ?

On a appris que l'Empereur devait arriver après-demain à Tolotschin, qui en est à 80 verstes.

Sait-on si le commandement de la place de Borisov en est sorti ?

On l'ignore, on doit le savoir à Bobr. »

Neigre à Lariboisière

Orcha, 18 novembre [A. G.]

« Je vous ai adressé il y a six heures un maréchal des logis du train avec une dépêche portant la note du matériel de l'artillerie existant à Orcha. Comme le général comte Lauriston me demande par une estafette envoyée exprès ces mêmes renseignements, j'ai cru devoir vous les faire passer aussi par duplicata en profitant de la même voie.

Une partie de mes chevaux des cantonnements sont rentrés. J'attends le restant cette nuit. »

État sommaire du matériel de l'artillerie existant au dépôt d'Orcha à l'époque du 18 novembre

[A. G.]

Canons de 6	6 prussiens.	Artillerie régimentaire
— 4	2 —	des IIe et IXe corps
— 3	13 —	d'armée.

Canon russe de 12 . . . 1.
Coups de canons de 6 . . . 5.647
— de 4 . . . 650
— de 3 . . . 4.500
— d'obus de 24. 1.376
Cartouches d'infanterie . . . 200.000

Il existe 138 caissons français et étrangers dans lesquels ces munitions sont chargées.

Fusils français neufs 2.500
Bateaux de l'équipage de ponts . 63
Nacelles 4

Artillerie du Ve corps d'armée existant à Orcha :

Canons de 12 4
— 6 13
— 3 8
Obusiers de 24. 5
                        ——
                         30

Avec le personnel existant, on ne peut manœuvrer qu'une batterie de 12 bouches à feu qu'on organise dans ce moment.

Caissons chargés de 12 . . 2
— de 3. . . 8
— d'infanterie. 9

Lorencez à Doumerc

Tschéreïa, 19 novembre [Doc. X.]

« L'intention de M. le maréchal duc de Reggio, est qu'indépendamment de toutes les précautions qu'exigent les circonstances, vous preniez celle de faire seller chaque jour tous les chevaux de votre division dès la pointe du jour, afin d'être plus tôt prêt à exécuter les mouvements qui pourront vous être prescrits d'un moment à l'autre. »

Lorencez à Doumerc

Tschéreïa, 19 novembre [Doc. X.]

« L'intention de M. le maréchal duc de Reggio est que vous fassiez partir demain une brigade de votre division avec une demi-batterie d'artillerie à cheval, de manière à être rendue ici au point du jour et se rendre ensuite à Strajavitchi sur la route de Loukoml pour y appuyer les mouvements de la division du général Maison, dont elle recevra des ordres. Son Excellence désire qu'en même temps vous réunissiez à Ghorouï les deux autres brigades pour les tenir prêtes à marcher. Si vous entendiez qu'il s'engageât une affaire, comme il est probable, vous vous mettriez en marche, sans attendre de nouveaux ordres pour vous rendre ici. »

P.-S. — « Cette brigade restera à Strajavitchi jusqu'à nouvel ordre. »

Note du général Doumerc. — « Reçue le 19 à 10 heures du soir et donné de suite les ordres en conséquence au 4e régiment et à une demi-batterie de se rendre au point du jour à Tschéreïa et au reste d'être prêt à marcher au premier ordre. »

Victor à Berthier

Krasnogora, 19 novembre [Reg. Victor]

« Depuis le 15, le temps est si mauvais, le froid si rigoureux et les privations si grandes que nos soldats en sont accablés. Les plus forts y résistent avec peine et la majeure partie, jeune et faible, succombe sous le poids de la misère. Cet état déplorable des troupes que je commande, état qui empire tous les jours, ne m'a pas permis de faire de nouvelles tentatives sur l'ennemi, ç'eût été nous exposer à tout perdre et j'ai dû préférer la conservation des moyens que nous possédons encore pour les employer utilement selon les occasions qui se présenteront sans doute bientôt. Je sais que l'armée impériale se rapproche d'Orcha ; si elle continue son mouvement rétrograde et que l'ennemi la suive, il sera bien important que je connaisse sa marche afin que j'agisse de manière à la soutenir, de la couvrir même si j'en vois la possibilité. Des instructions à ce sujet me sont d'autant plus nécessaires qu'un corps ennemi pourrait, en partant de Vitebsk, marcher sur la grande communication d'Orcha à Koudilova et m'y devancer si je restais plus longtemps ici dans l'ignorance des mouvements des deux grandes armées. Je prie donc très instamment Votre Altesse Sérénissime de me faire parvenir les ordres de Sa Majesté.

Nous avons fait hier quelques prisonniers qui nous donnent les renseignements suivants, d'après lesquels il semble que Wittgenstein concentre ses forces entre la Oula et l'Ouchâtsch. Un sergent d'artillerie qui fait partie de ces prisonniers et qui paraît intelligent, a fait cette déclaration sur les demandes qui lui ont été faites.

Le corps de Wittgenstein est maintenant composé des 5e, 14e, 24e, 25e, 26e et 27e divisions, mais aucune n'est complète. Les unes sont de trois régiments, les autres de quatre. La cavalerie se compose du régiment de Jambourg, dragons de Riga, du régiment de Grodno-hussards, deux escadrons de chevaliers-gardes, cinq escadrons de cuirassiers, deux escadrons des hulans et de deux régiments de cosaques. Ce corps d'armée a 120 bouches à feu bien attelées et servies par sept compagnies d'artillerie à pied et trois compagnies à cheval. Les régiments d'infanterie sont de 1.000 à 800 hommes. Il y a en outre 8.000 hommes de milices Ces troupes sont réparties à Tschachniki, Lépel, Botschéikovo, Kamen et Ouchatsch. Il y a quelques corps à Bechenkovitschi et à Ostrovno. Il y a à Tschachniki un nombre considérable de blessés aux dernières affaires. Tels sont les renseignements donnés par ce sous-officier.

J'attends avec beaucoup d'impatience le retour de l'aide de camp que j'ai expédié le 16 à Votre Altesse Sérénissime avec mon rapport sur les combats des 13 et 14. Votre Altesse Sérénissime aura vu les dispositions que j'avais faites pour remplir les instructions de Sa Majesté et les contrariétés inattendues que j'ai éprouvées. Je désire vivement trouver l'occasion de réparer ce mal dont je ne suis pas l'auteur; j'en ai la volonté la plus décidée et j'y emploierai tous mes moyens. Je suppose toujours qu'un effort par Béchenkovitschi, Botschéikovo et Kamen remplirait les vues de l'Empereur. Ce mouvement était sans danger lorsque j'ai voulu le faire. Il n'y avait pas assez de troupes ennemies à Vitebsk pour s'y opposer ; peut-être qu'aujourd'hui, si le même mouvement devait avoir lieu, conviendrait-il qu'un corps de la Grande Armée le soutînt. »

Victor (Ordre)

Krasnogora, 19 novembre [Reg. Victor]

« Le dégel rendant les chemins difficiles, il ne convient pas que l'artillerie reste plus longtemps éloignée de nos grandes communications. MM. les généraux de division donneront en conséquence leurs ordres pour faire conduire demain matin, de très bonne heure, leur artillerie et leurs caissons d'infanterie au village d'Ousovo ; celle des 12e et 18e divisions passeront par Krasnogora, d'où elles seront dirigées sur Ousovo. Celle de la 26e division ira directement de Oulianovitschi à Ousovo.

M. le général Partouneaux gardera sa batterie d'artillerie légère seulement.

M. le général Girard gardera sa batterie de huit bouches à feu et dix caissons d'infanterie.

M. le général Daendels gardera sa batterie légère de Bade et enverra le reste de ses chariots à Ousovo.

M. le colonel Caron nommera des officiers pour diriger et faire parquer tous ces chariots à Ousovo. »

Victor à Partouneaux

Krasnogora, 19 novembre [Reg. Victor]

« L'ennemi paraît faire des démonstrations offensives sur notre gauche et du côté de Tschéréïa ; nous devons nous mettre en mesure de le recevoir s'il tentait des entreprises sérieuses. Quoique nos troupes ne soient pas très séparées, elles le sont cependant trop pour pouvoir être réunies à propos et aussitôt qu'il le faudrait. Rappelez en conséquence votre 1re brigade de manière qu'elle soit réunie à la seconde demain matin de très bonne heure. Réunissez aussi votre batterie d'artillerie légère, tenez enfin vos trois brigades et cette batterie prêtes à marcher. Je vous prie de faire exécuter de très bon matin l'ordre que j'ai donné concernant l'artillerie. M. le général

13

Fournier reçoit l'ordre de se rapprocher de nous et de se placer à Priveki. »

Victor (Ordre)

Krasnogora, 19 novembre [Reg. Victor]

« La 26ᵉ division d'infanterie partira demain 20 du courant au point du jour pour se rendre à Tschéréïa par Lipovitschi et Tolpin ; elle prendra position à Tschéréïa et attendra de nouveaux ordres.

La 12ᵉ division d'infanterie se réunira demain matin de très bonne heure à Krasnogora. Dès qu'elle sera réunie, elle se mettra en marche par Assavietz pour aller prendre position à Lipovitschi où elle attendra des ordres.

M. le général Fournier se reploiera sur Doldieva avec ses trois régiments. Il renverra à la 12ᵉ division, de très bon matin, sa première brigade et ses deux pièces d'artillerie légère. Arrivé à Doldieva, il attendra les ordres que M. le général Girard lui transmettra concernant le nouveau mouvement qu'il devra faire dans la journée.

M. le général Girard tiendra sa trouoe réunie pour marcher selon l'instruction particulière qui lui sera donnée. Il fera mettre en marche sa batterie de huit bouches à feu et la moitié de ses caissons d'infanterie pour suivre le parc.

M. le colonel Caron mettra le parc en mouvement ainsi que la batterie de huit bouches à feu de la 28ᵉ division dont il est parlé ci-dessus demain matin, au point du jour, et le dirigera par Tolpin sur Ghoroui où il s'établira et attendra de nouveaux ordres.

MM. les généraux auront l'attention de bien réunir tous leurs soldats et de faire marcher les chefs à l'arrière-garde pour ne laisser personne en arrière. Ils sont invités à faire fouiller avec soin les villages autour de leur position actuelle, tous les hommes qui y seraient laissés étant autant de soldats perdus. Cette précaution est particulièrement recommandée à M. le général Fournier.

Le quartier général sera demain 20 à Tschéréïa. »

Victor à Girard

Krasnogora, 19 novembre [Reg. Vict.]

« Le IXᵉ corps devant aller prendre position à Tschéréïa, M. le général Girard couvrira ce mouvement avec la 28ᵉ division et deux régiments de cavalerie légère aux ordres de M. le général Delaître. A cet effet, il fera porter en avant ce matin celui des régiments de cavalerie légère qui est près de lui à quelque distance de sa position sur la route de Troukhanovitschi, pour éloigner les postes ennemis qui s'y trouvent ; ce régiment manœuvrera pendant la journée pour tenir ces postes en respect et il suivra vers le soir le mouvement que M. le général Girard ordonnera à la 28ᵉ division.

M. le général Girard fera établir cette division dans la matinée au village situé en arrière de lui près de Krasnogora. Il y appellera M. le général Delaître avec l'autre régiment de cavalerie qui doit rester avec lui. Il passera ainsi une partie du jour à observer les ennemis et, vers le soir, il se mettra en marche avec son infanterie en laissant cependant un bataillon à M. le général Delaître pour se diriger par le chemin d'Assavietz, qui est à gauche de Krasnogora, jusqu'à l'embranchement de ce chemin et de celui de Lipovitschi, là il prendra celui-ci, le suivra et ira s'établir ce soir au village de Kamenchtchina près de Lipovitschi.

Demain il se dirigera sur Tschéreïa par Tolpin où il recevra de nouveaux ordres.

M. le général Fournier donnera le commandement de deux de ses régiments à M. le général Delaître et l'enverra de suite près de M. le général Girard pour recevoir ses ordres et faire le service indiqué plus haut.

M. le général Delaître, avec ces deux régiments et un bataillon de la 28ᵉ division, couvrira la marche de cette division. Il se reploiera vers le soir à Assavietz (direction de Lipovitschi), ayant l'intention de laisser des postes de cavalerie au loin sur la route de Tschachniki. Il enverra demain matin un de ses régiments de cavalerie à Tschéreïa et il continuera à observer avec l'autre régiment et son bataillon la grande route de Tschachniki à Sienno. S'il reçoit l'ordre de se reployer ou qu'il y soit obligé par des forces majeures, il le fera par le chemin de Lipovitschi sur Tolpin, prendra position et fera rompre entièrement le pont lorsque sa troupe l'aura passé.

M. le général Fournier restera aujourd'hui avec deux régiments de cavalerie à Krasnogora pour soutenir au besoin MM. les généraux Girard et Delaître. Il en repartira à la nuit tombante pour se rendre à Ghorouï par Lipovitschi et Tolpin et attendra des ordres. »

Hogendorp à de Wrède

Vilna, 19 novembre.

« Aussitôt que j'ai reçu la lettre que vous m'avez fait l'honneur de m'écrire le 17 de ce mois, j'ai donné l'ordre au commandant de l'artillerie de la Lithuanie de faire mettre à votre disposition les armes qu'il avait de disponibles, et il vous fera délivrer pour vos troupes 1.000 fusils dont M. le major Gumpenberg a donné un bon.

Les troupes qui se trouvent à Swentsianouï ont reçu l'ordre de se porter à Vidzouï. Le colonel Bonin, qui les commande, exécutera le mouvement que vous lui ordonnerez.

Partie de la route de la Grande Armée est interceptée dans ce moment ; il parait que l'armée de l'amiral Tchitchagof s'est portée sur ce point. Le prince de Schwarzenberg le suit d'après les nouvelles que j'ai reçues à l'instant. Le général Mohr me marque que le général Reynier a battu le corps russe qui était resté sur les derrières de nos corps d'armée et qu'il lui a fait deux mille prisonniers.

J'ai envoyé sur la route de Minsk une colonne composée de trois régiments de marche d'infanterie et de quelque cavalerie, pour aller rétablir la communication si l'ennemi n'a occupé Minsk qu'avec de la cavalerie. »

Legrand à Berthier

Biala-Tserka, 19 novembre [Doc. H.]

« J'ai l'honneur d'adresser à Votre Altesse Sérénissime les états des emplois vacants dans les différents corps de ma division, ainsi que les demandes pour les décorations. J'y joins deux états séparés pour les officiers généraux et d'état-major.

J'ai déjà eu l'honneur d'envoyer à Votre Altesse, le 21 août dernier, divers états et demandes, tant pour l'avancement que pour les décorations.

Pareil travail a été remis par moi le 9 octobre à M. le comte Gouvion Saint-Cyr.

Les nouveaux états ci-joints n'ayant pu partir avec ceux qui viennent de vous être adressés par le chef de l'état-major général, à cause de l'éloignement où se trouve ma division du quartier général ; je prends la liberté de les faire parvenir directement à Votre Altesse Sérénissime, d'après l'autorisation de Son Excellence M. le maréchal duc de Reggio.

Il est d'autant plus urgent que les nominations aux emplois vacants soient faites de suite que les corps de ma division qui, depuis le commencement de la campagne, ont été engagés dans quinze combats ou affaires, n'ont qu'un très petit nombre d'officiers. Le 26e régiment surtout se trouve par cette cause dans l'impossibilité d'exécuter les dispositions du décret impérial du 2 octobre concernant la formation des cadres qui doivent être renvoyés aux dépôts, attendu que les officiers qui avaient amené des détachements à ce corps se sont trouvés à une affaire qui a eu lieu le lendemain de leur arrivée et dans laquelle plusieurs d'entre eux ont été tués ou blessés.

Je compte sur les bontés de Votre Altesse pour faire valoir auprès de Sa Majesté les demandes que je forme en faveur des régiments et des officiers sous mes ordres. »

Oudinot à Berthier

Obtschougha, 20 novembre [A. G.]

« Ainsi que j'ai eu l'honneur de l'annoncer à Votre Altesse Sérénissime, les troupes du IIe corps arriveront demain et seront disposées entre Kroupki et Bobr ; je ferai en sorte que ma tête de colonne arrive le 22 à Borisov ou que du moins elle se rapproche le plus possible de manière à être entièrement rallié à Borisov le 23. Je pense que ce sera entrer dans les intentions de l'Empereur que de poursuivre aussitôt mon mouvement sur Minsk ; s'il était nécessaire que j'attendisse à Borisov de nouveaux ordres, je prie Votre Altesse Sérénissime de me le faire savoir. J'ai envoyé un de mes aides de camp pour avoir des nouvelles du général Dombrowski. »

Bronikowski à Berthier

Borisov, 20 novembre [A. G.]

« Dans ce moment je viens d'attraper un espion qui m'a avoué avoir été envoyé de Minsk par l'ennemi pour savoir ce qui se passe à Borisov, il m'a dit que les divisions Langeron et Lambert marchent sur Borisov, et que je dois être attaqué aujourd'hui ; j'ai en tout 800 hommes pour défendre cette position, sans canons.

Il a avoué que les divisions Sacken, Bulatow, Essen 3 sont placées contre les Autrichiens qu'on dit être à Zelva, que les divisions de Tschaplitz et Woinov se sont portées de Slonim sur Nowogorodeck, que celle de Libertow est à Pinsk.

L'intention de Lambert et de Langeron est de se joindre à Steingel qui est à Lépel, et ils prennent la route par Borisov.

Sur Mohilev marche la division Gudowiez ; sur Igboumen, Hertel ; il est entré à Minsk trois divisions, celles de Langeron, Lambert, Grekow, qui commande l'avant-garde.

Les divisions Lambert et Langeron ont, outre les pièces qui sont attachées aux régiments, deux batteries d'artillerie.

Tchitchagof est venu de sa personne à Minsk, il a logé dans ma maison. J'ai prévenu les maréchaux Victor et Reggio de ces nouvelles.

Le général Dombrowski doit arriver aujourd'hui ici, s'il renonce à son séjour. »

Victor (Ordre)

Tschéreïa, 20 novembre [Reg. Vict.]

« D'après les ordres de l'Empereur énoncés par une lettre de Son Altesse Sérénissime le prince de Neufchâtel en date du 18 du courant, la cavalerie légère du IIe corps doit servir momentanément avec celle du IXe.

Il est en conséquence ordonné aux 23e et 24e régiments de chasseurs de se conformer désormais, et jusqu'à ce que Sa Majesté en ait autrement décidé, aux dispositions que je leur prescrirai. »

Victor (Ordre)

Tschéreïa, 20 novembre [Reg. Vict.]

« M. le colonel Caron organisera sur-le-champ l'artillerie du IXe corps de la manière suivante :

Il attachera à l'avant-garde commandée par M. le général Fournier l'artillerie légère de la 12e division ;

A la 12e division, huit bouches à feu servies par l'artillerie à pied ;

A la 26e, huit bouches à feu servies par l'artillerie à cheval et à pied de la brigade de Bade ;

A la 28e, huit bouches à feu servies par l'artillerie à pied.

Toutes ces batteries seront pourvues d'un approvisionnement et demi, bien complet, et servies par les meilleurs attelages.

Il sera affecté à chaque division d'infanterie douze caissons de cartouches qui suivront toujours l'artillerie.

M. le colonel Caron, après avoir fait compléter les cartouches à raison de cinquante par homme, en fera une réserve de vingt-quatre caissons d'infanterie à laquelle il ajoutera les forges et autres chariots nécessaires à l'entretien de l'artillerie.

Tout ce qui restera de l'artillerie du IXe corps sera réuni cette nuit ou demain de très grand matin sous le commandement d'un officier supérieur nommé par M. le colonel Caron pour marcher de suite et être dirigé sur Bobr par Obtschougha, et mis à son arrivée dans cette ville à la disposition de M. l'inspecteur en chef de l'artillerie.

M. le colonel Caron me fournira au plus tôt l'état de la composition de ce convoi.

MM. les généraux de division donneront des ordres pour faire compléter sur-le-champ les cinquante cartouches par homme et le nombre de pièces à feu nécessaire. »

Victor à Oudinot

Krasnogora, 20 novembre [Reg. Victor]

« J'ai l'honneur de vous adresser ci-joint copie d'une lettre de Son Altesse Sérénissime dont le contenu concerne les IIe et IXe corps. Celui-ci se met en mouvement ce matin de bonne heure pour se diriger sur Tschéreïa. Je pense qu'il convient qu'une de ses divisions soit rendue dans cette ville avant que la dernière du IIe corps en sorte, afin de ne pas laisser ce poste découvert et de dérober nos mouvements à l'ennemi. J'espère que Votre Excellence voudra bien donner des ordres à cet égard.

Vous remarquerez dans la lettre du prince de Neufchâtel qu'il n'y a que l'infanterie et les cuirassiers du IIe corps qui doivent marcher sur Minsk et que par conséquent sa cavalerie légère doit rester avec le IXe. Je prie Votre Excellence de lui donner cet ordre. Vous en serez amplement dédommagé par la cavalerie du général Dombrowski qui est nombreuse et bonne. Le IXe corps, devant faire l'arrière-garde de l'armée, n'aurait pas assez de cavalerie si vous ne lui laissiez pas celle dont il s'agit et le service de l'Empereur pourrait en souffrir. »

Victor à Dombrowski

Tschéreïa, 20 novembre [Reg. Victor].

« M. le maréchal duc de Reggio est en marche avec le II° corps pour se porter par (en blanc) sur Minsk et en chasser l'ennemi. Votre division fait partie de son commandement d'après l'ordre de l'Empereur. Il est inutile aujourd'hui de laisser des détachements de cette division pour couvrir Mohilev ou tout autre point, il faut la réunir tout entière le plus promptement possible pour marcher avec le duc de Reggio. »

Lorencez à Doumerc

Obtschougha, 20 novembre [Doc. X.]

« J'ai l'honneur de vous prévenir que jusqu'à nouvel ordre M. le maréchal duc de Reggio, laissant une partie de l'artillerie à Bobr pour y être à la disposition de l'Empereur, a décidé qu'une de vos compagnies serait attachée à la division du général Maison. Veuillez donner ordre à cette compagnie d'attendre demain cette division à son passage. »

Oudinot (Ordre)

Tschéreïa, 20 novembre [Doc. X.]

« Le II° corps se mettra aujourd'hui en marche pour se porter sur Obtschouga dans l'ordre suivant :

La 6e division d'infanterie se rendra d'abord à Tschéreïa ; aussitôt que la tête de cette division paraîtra, M. le général Merle se mettra en marche avec la 9e.

La 3e division de cuirassiers suivra la 9e division.

Aussitôt que la tête de la 8e division venant de Loukoml se fera apercevoir, M. le général Legrand mettra sa division en mouvement.

La 8e division fermera la marche et ira prendre position ce soir à Zaboré.

Toutes les autres troupes se porteront jusqu'à Obtschougha où elles recevront de nouveaux ordres.

Le quartier général sera ce soir à Obtschougha.

MM. les généraux sont invités à employer tous leurs moyens pour rallier tous les soldats et ne point laisser de traîneurs. »

Oudinot (Ordre)

Obtschougha, 20 novembre [Doc. X.]

« Demain 21 du courant, les troupes du IIe corps continueront leur mouvement dans la direction de Borisov ; en conséquence, la 9e division d'infanterie se mettra en marche au point du jour pour aller prendre position demain au soir à Kroupki et aux environs.

La 6e division d'infanterie suivra ce mouvement et aura une brigade à Panskoé, l'autre à Gapanovitchi.

La 8e division d'infanterie prendra demain position à Bobr.

Le parc et la réserve d'artillerie s'établiront demain dans les villages entre Bobr et Kroupki.

Le quartier général sera demain à Pauskoé ; à moins d'ordres contraires, toutes les troupes se mettront en marche le 22 au point du jour dans la direction de Borisov. »

Berthier (Ordre du jour)

Orcha, 20 novembre [Doc. X.]

« Le mouvement de l'armée, la rigueur de la saison exigent impérieusement que les colonnes d'équipage soient réduites autant que possible et au plus strict nécessaire : les commandants en chef d'artillerie sont autorisés à saisir tous les chevaux des soldats et autres individus qui n'ont pas droit d'en avoir d'après les règlements militaires ; on aura cependant l'attention de ne pas prendre ceux des réfugiés de Moscou.

Il est ordonné à MM. les généraux, officiers, administrateurs, etc., de se défaire de leurs voitures et d'adopter le transport de leurs effets sur des chevaux de bât.

L'Empereur ordonne que dans la journée les équipages soient réduits au strict nécessaire pour le service de sa maison.

Il en sera de même pour le major général, MM. les maréchaux et M. le ministre secrétaire d'Etat.

Les généraux et officiers supérieurs qui ont droit par les règlements militaires à avoir une voiture se réduiront strictement à ce qui est prescrit par les règlements de campagne, ils sentiront la nécessité de cette disposition.

On arrêtera et on fera brûler toutes voitures qui appartiendraient à des individus qui n'ont pas droit d'en avoir.

Aucun soldat ne peut avoir ni voiture ni cheval de bât ; enfin dans la circonstance actuelle, il ne faut de voitures que pour l'artillerie, le transport des vivres et des blessés. Sa Majesté s'en rapporte à l'honneur des individus qui composent l'armée pour faire tous les sacrifices qu'exigent les circonstances.

Cet ordre du jour sera lu plusieurs jours dans tous les corps.

Lorencez. — M. le maréchal duc de Reggio ordonne, pour que l'ordre de Sa Majesté soit promptement rempli, que MM. les généraux de division commandant d'artillerie, du génie, cavalerie légère, cuirassiers, feront aujourd'hui brûler dans leurs bivouacs toutes voitures non autorisées, et d'envoyer les chevaux au parc, la gendarmerie a l'ordre de saisir tous les contrevenants, et les colonels répondront devant l'Empereur des infractions à cette mesure. »

Zayonchek à Berthier

Près de Baran, 20 novembre [A G.]

« J'ai eu l'honneur de recevoir les lettres que Votre Altesse Sérénissime a bien voulu m'adresser en date du 19 et du 20 d'Orcha et dont la teneur sera le plus strictement observée.

Pour ce qui concerne la réunion de tous les canonniers, soldats du train et chevaux hauts-le-pied qui se trouvent isolés à la suite du corps, le V⁵ corps ayant dans ce moment-ci tous les moyens réunis, il ne se trouve pas dans le cas de faire un renvoi au parc d'artillerie.

La situation du personnel et du matériel présent au V⁵ corps sera remise incessamment à M. le général Lariboisière premier inspecteur d'artillerie de la Grande Armée. Nous ne laisserons aucune pièce et nous ferons tout notre possible pour la conservation du personnel et du matériel d'artillerie ordonnée en date d'hier par le général Lariboisière premier inspecteur d'artillerie de la Grande Armée. »

De Wrède à Bassano

Ghloubokoé, 20 novembre [A N.]

« En communiquant à Votre Excellence les dernières nouvelles que m'a adressées le général baron Corbineau et dont une grande partie, contenant le rapport du colonel Lubienski, est certainement bien outrée, j'ai l'honneur de la prévenir que je suis arrivé hier ici vers midi, et que l'ennemi, qui avait occupé cette ville pendant plusieurs jours avec trois cents cosaques, autant de dragons et mille hommes d'infanterie sous les ordres du colonel Andropov, l'a quittée avant-hier dans la nuit à la hâte ; soit qu'il ait été prévenu de ma marche, soit en conséquence d'autres ordres qu'il avait reçus. Pendant son séjour ici il a assez maltraité les habitants, et les a employés, ainsi que son infanterie, pour mettre à sec l'étang, dont il a retiré quatre pièces de canon.

Avant leur départ d'ici les officiers ennemis ne parlaient que de leur marche sur Vilna, et menaçaient de ne pas laisser pierre sur pierre dans cette capitale. Le soir avant la retraite, ils se disaient qu'ils allaient marcher par Porplichtché pour me tourner dans la position de Danilovitschi, mais le fait est qu'au lieu de s'avancer ils se sont retirés et même à la hâte sur Loujki, où le général Wlastof a réuni son corps, et s'est porté probablement pour me tromper, espérant que je le croirais retiré sur Disna, dans la nuit, par Prozowki à Koubloutschi, pour renforcer le général Wittgenstein. Cette manœuvre n'est pas bête, mais, heureusement, je n'en serai pas la dupe. Arrivé hier ici j'ai naturellement dû poursuivre l'ennemi par la route où il s'est retiré. Mon avant-garde s'est encore portée hier jusqu'en avant de Zaboré, et aujourd'hui jusqu'à Loujki par la gauche ; par le centre jusqu'à Plissa, et par ma droite jusqu'en avant de Kowali.

Ayant obtenu par ces mesures des nouvelles positives sur la direction que l'ennemi a prise, je me vois, dès ce moment, maître de mon mouvement, et je marche demain par ma droite sur Gholoubitschi, d'où j'arriverai après-demain à Koublitschi pour le trouver et me mesurer avec lui.

Lorsqu'il aura filé de là par sa gauche pour passer l'Ouchatsch à Zvonia et renforcer le général Wittgenstein, je le suivrai en prolongeant ma droite aussi loin que possible, pour enfin obtenir des nouvelles directes du IIe corps, et y faire ma jonction. Il est bien pénible pour moi que de ce côté-là aucune nouvelle ne me soit arrivée, ni aucun ordre parvenu, soit par Son Excellence M. le maréchal duc de Bellune, soit par M. le maréchal duc de Reggio.

Son Altesse Sérénissime le prince major général m'a fait connaître dans une lettre, datée du 11, que Sa Majesté l'Empereur et Roi a donné les ordres à Leurs Excellences messieurs les maréchaux d'attaquer vigoureusement l'ennemi, et que je dois recevoir leurs ordres ; mais à l'heure qu'il est je n'ai pas reçu un mot, à l'exception de ce que Votre Excellence m'a fait l'honneur de m'écrire en date du 16. Dans ma réponse du 17, Votre Excellence a vu que dans la disposition de me porter avant le 14 à Bérézino, où l'attaque des IIe et IXe corps devait commencer, ces ordres m'étaient arrivés sous deux points de vue trop tard : 1o parce que si cette attaque a réussi, comme il est à espérer, je serais, en partant le 18 de Danilovitschi, arrivé beaucoup trop tard à Bérézino ; et 2o parce que ce mouvement ne pouvait plus se faire, l'ennemi ayant porté pendant ce temps-là des forces sur ce point.

Enfin voyant clair dans ce moment-ci, ma gauche ne courant plus de danger, et n'ayant pas à craindre que l'ennemi puisse détacher des nouvelles forces sur mes derrières, avant que je me sois rapproché du IIe corps, rien ne peut retarder ma marche par ma droite.

Il me semble que pour le moment même, m'éloignant d'ici, Vilna n'a plus rien à craindre ; et je laisse, pour assurer ce point, le plus qu'il est dans mon devoir de le faire, 600 hommes bavarois à Danilovitschi, qui correspondront par leur gauche avec les postes de Vidzouï, et qui par leur droite seront en quelques correspondances avec le mouvement que je dois faire demain.

Je désire vivement de me trouver en état de pouvoir communiquer après demain à Votre Excellence quelques nouvelles qui pourraient l'intéresser. »

Corbineau à de Wrède

Wolkolatoui, 18 novembre.

« Malgré que je ne crois pas un seul mot du rapport de M. Lubienski, cependant j'ai cru devoir vous l'envoyer. Il me semble même que chacun qui lui a donné ces nouvelles est un espion russe.

Si je peux passer par Bérézino, Pouichna et Lépel, je le ferai, mais j'en doute J'ai reçu enfin un ordre positif de M. le duc de Reggio, que vous avez eu la bonté de m'envoyer, il est du 9 novembre. Si l'armée française a repris l'offensive le 14, déjà nous aurions su le résultat de l'attaque ; cependant, d'après l'occupation de Minsk par les Russes, cela ne peut plus tarder.

J'ai l'honneur de vous prier, mon général, de recevoir de nouveau l'expression de mon respect. »

Lubienski à Corbineau

Sititso, 17 novembre.

« Je puis vous satisfaire complètement tant sur la marche de l'ennemi que sur sa position, en ayant les détails les plus sûrs. Ayant parlé avec un homme venant de Lépel qui est très porté pour nous ; l'armée russe est dans des camps aux environs de Lépel ; elle est composée du corps de Wittgenstein, renforcé par le corps du général Steingel et de 30.000 à 40.000 hommes de milices qui sont venus le joindre. Elle est forte de 70.000 hommes ; maintenant encore Disna, Drouïa et les bords de la Dvina étant occupés par les milices russes, qui doivent être au nombre de 120.000 hommes, dont 30.000 ont joint Wittgenstein et 90.000 sont de l'autre côté de la Dvina ou en marche ; ce sont les milices des gouvernements de Pskow ou Pleskow, de celui de Pétersbourg et de celui de Moscou. Le 25 ou le 26, le IIe corps a eu une affaire assez vive avec les Russes, il avait fait embusquer de l'artillerie et de la cavalerie, et on leur a tué plus de 1.000 hommes. Arrivé à Lepel, le commandant du IIe corps fit placer plus de 100 canons au débouché et fit cantonner les troupes dans des baraques, le passage était impossible à forcer ; le général Wittgenstein laissa une partie de son corps, commandé par le général Steingel devant le débouché, et avec l'autre il marcha sur Kamen pour tourner la position, ce qui força le général commandant le IIe corps d'évacuer Lépel, il n'y eut qu'un petit engagement qui n'eut aucune conséquence.

Le 29, 30 ou 31, l'ennemi attaqua le IIe corps près de Tschachniki. Les Français avaient mis des canons au nombre de 25 dans le château de Smolian qui firent un terrible dégât dans les milices que le général Wittgenstein avait envoyés pour attaquer ces batteries. Mais l'artillerie russe alluma le château et les Français, en l'évacuant, n'ont pas eu le temps de prendre leurs pièces de canon. Le IIe corps après cette affaire se retira à Sienno, où il se réunit au IXe corps. La dernière bataille qui a eu lieu n'a été décisive pour aucun parti, les Russes sont campés près de Lépel, où ils ont fait des baraques ; ils annoncent qu'ils vont y prendre leurs quartiers d'hiver, les Français ont 10.000 hommes à Tschachniki et 20.000 hommes à Kholopénitschi ou Kolopiéniczi et le quartier général des deux maréchaux est à Lukoml. Il paraît d'après cette position qui est celle qu'occupe actuellement l'armée, que les Russes se sont retirés après la bataille dans leurs camps près de Lépel. L'Empereur était en marche avec 20.000 hommes de Vitebsk ; les généraux Hertel, Zapolski et Schnatiov, qui sont à Bobruisk, sont entrés en liaison avec le général Tormasof sur la rivière Pina.

Il a couché hier à 4 milles d'ici à Chkliantsouï, deux de Dockchitsouï, 1.000 cosaques venant de Bobruisk, pour rejoindre le corps de Wittgenstein à Bérézino, où il a toujours 300 à 400 chevaux dont les patrouilles viennent tous les jours aux environs de Dockchitsouï. Les 1.000 cosaques marchent toujours la nuit, ils sont suivis d'une journée par trois escadrons de cavalerie. Ils ont pris en route un courrier qui allait à l'Empereur et une vingtaine de prisonniers ; ils ont repris deux généraux russes prisonniers ; ils annoncent le passage de 30.000 hommes, ce qui est pourtant difficile à croire.

Il est arrivé hier à Ghloubokoé beaucoup d'infanterie ; les vedettes de cavalerie étant à Ghloubokoé ne sont qu'à trois petites lieues d'ici. Ils établissent de grands magasins à Ghloubokoé et en ont de fort considérables à Zaboré et à Plissa ; ils semblent vouloir établir leurs quartiers d'hiver.

Je reçois dans ce moment votre lettre mon général avec l'ordre de partir demain pour Dolghinov à 7 heures ; si vous ne trouviez pas mauvais, je partirai plus matin ayant l'ennemi fort nombreux tout à l'entour de moi, il serait très possible qu'il veuille tenter quelque chose demain matin ; cette nuit encore je redoublerai la surveillance. La route qu'ont prise les 1.000 cosaques et ceux qui les suivent, passe à trois lieues de Dolghinov à la même distance de Boudslav : ils marchaient avec un si grand mystère, qu'à une lieue de là, à Sititso, le 17 novembre 1812, 5 heures 30 du matin, personne n'en savait rien. »

Jomini à Berthier,

Orcha, 20 novembre [A G.]

« J'ai appris hier que l'ennemi occupait Minsk avec un corps régulier. Cela me détermine à rappeler à Votre Altesse qui n'a pas suivi cette route, que depuis Bobr jusqu'à Minsk il y a trente-quatre lieues de forêts continuelles, formant un défilé où une petite troupe d'infanterie, avec du canon, arrêterait la marche d'une armée. Il est presque dans toute l'étendue de cette route impossible de passer ni à droite ni à gauche. J'ose espérer que Votre Altesse daignera accueillir mon observation qui n'est dictée que par l'intérêt du service de Sa Majesté.

Il y a aussi une erreur dans les distances de la carte. Smolévitschi est à onze lieues de Minsk et à dix de Borisov ; la route porte cinq à six lieues de moins.

La route est dénuée de tout, que de bois et de marais. »

Victor (Ordre)

Tschéréïa, 21 novembre [Reg. Victor]

« M. le général Delaitre se repliera aujourd'hui sur Tolpin avec son régiment de cavalerie et son bataillon d'infanterie ; après avoir détruit le pont de Tolpin, il enverra à Tschéréïa son bataillon pour rejoindre la 28e division. Il restera avec son régiment de cavalerie à Tolpin pour observer ce débouché et enverra un de ses officiers au quartier général à Tschéréïa pour recevoir des ordres. »

Lorencez à Doumerc

Bobr, 21 novembre, 10 heures du soir [Doc. X.]

« M. le maréchal duc de Reggio partira d'ici demain au matin de manière à arriver de bonne heure à Natscha, d'où il se propose de pousser jusqu'à Borisov, où il espère que votre division pourra arriver aussi demain et que l'infanterie s'en approchera beaucoup. »

Oudinot à Berthier

Bobr, 21 novembre [A G. et Doc. Lor.]

« J'ai l'honneur de rendre compte à Votre Altesse Sérénissime que le IIe corps est aujourd'hui en échelon depuis Bobr jusqu'à Kroupki.

J'ai rencontré ici M. Delaies, officier d'ordonnance de l'Empereur qui m'a remis la note ci-jointe, qu'il tient du général Bronikowski, lequel a arraché ces aveux d'un espion russe. Ce général a de plus écrit au prince Sulkowski qui se trouvait ici qu'il s'attendait à être attaqué aujourd'hui.

Je presserai demain ma marche le plus possible et si je n'arrive point avec mes troupes jusqu'à Borisov, ce qui est difficile, j'y serai du moins de ma personne. »

Oudinot à Berthier

Bobr, 21 novembre [A G.]

« D'après le rapport verbal d'un de mes aides de camp qui revient de Borisov, le général Dombrowski s'est battu aujourd'hui pour défendre la tête de pont contre une avant-garde de l'ennemi, composée de cosaques et de deux régiments d'infanterie ; cette attaque a été repoussée. J'ai l'honneur de remettre ci-joint à Votre Altesse la copie de l'ordre que j'ai adressé ce soir au général Dombrowski, demain je serai de ma personne à Borisov, et je ferai en sorte que la division de cuirassiers puisse s'y montrer.

Si j'apprends dans la nuit quelque chose de particulier je m'empresserai d'en informer Votre Altesse. »

Oudinot à Dombrowski

Bobr, 21 novembre, 4 heures du soir [A G. et Doc. Lor.]

« Le mouvement de l'ennemi sur Borisov ne me paraît pas tellement un mouvement d'armée que vous ne puissiez le tenir en échec jusqu'à l'arrivée du IIe corps qui, demain 22, pourra avoir sa tête de colonne à Borisov même si vous étiez pressé. Mais quelles que soient les forces qui vous menacent, vous ne pouvez abandonner la tête du pont. Je vous engage donc, et au besoin je vous somme, d'y tenir jusqu'à extinction de vos troupes afin d'attendre l'arrivée du IIe corps qui pourra entrer à Borisov demain par sa cavalerie.

Songez, monsieur le général, que ce poste capital à garder devient une chose considérable pour le salut de l'armée, et qu'aucune considération ne pourrait vous affranchir d'avoir cédé devant l'ennemi dans une circonstance aussi majeure.

Je compte au reste être de ma personne au milieu de vous avant l'arrivée de mes troupes, et, ce qui doit vous affermir, c'est que je suis suivi d'un gros d'armée qui décidera définitivement à l'avantage de nos armes la position difficile dans laquelle vous vous serez soutenu.

L'Empereur, monsieur le général, saura applaudir à la conduite que j'attends de vous et de vos troupes.

J'espère que vous n'aurez pas abandonné le poste important de Zembin que je vous engage à faire tenir. »

Victor (Ordre)

Tschéreïa, 21 novembre [Reg. Victor]

« M. le général Fournier établira un régiment de cavalerie et un bataillon d'infanterie de la 26e division à Strajavitchi, village sur la route de Tschéreïa à Loukoml pour garder cette route.

Il établira un autre régiment de cavalerie et un bataillon de la même division à l'abbaye de Biala-Tserka, sur la route de Tschéreïa à Tschachniki par Mélechkovtsy, pour garder également cette route.

Il établira aussi un régiment de cavalerie et un bataillon d'infanterie à Kholnevitschi, village situé à la tête du lac sur la route de Tschéreïa à Kolopénitschi.

M. le général Fournier s'établira de sa personne au village de Strajavitchi pour diriger ses trois colonnes.

MM. les généraux Partouneaux et Daendels lui fourniront les bataillons dont il est question dans le présent ordre. »

Victor (Ordre)

Tschéreia, 21 novembre [Reg. Victor]

« Il n'y aura jusqu'à nouvel ordre que deux caissons d'ambulance par division qui suivront l'artillerie divisionnaire. Les caisses d'amputation des régiments seront placées dans ces caissons.

Huit autres caissons d'ambulance suivront la réserve d'artillerie.

Toutes les autres voitures d'ambulance seront parquées avec celles des équipages militaires pour les suivre.

MM. les généraux de division et M. l'ordonnateur sont chargés, chacun en ce qui le concerne, de l'exécution du présent ordre. »

Victor à Berthier

Tschéreïa, 21 novembre [Reg. Vict.]

« D'après les ordres de Votre Altesse Sérénissime en date du 18 du courant, M. le maréchal duc de Reggio s'est mis en marche hier 20 pour se porter sur Minsk par Borisov avec le IIe corps et la division Dombrowski. Il aura dû dépasser Bobr aujourd'hui. J'avais donné l'ordre au général Dombrowski de réunir toute sa division sur la Bérézina, dans le cas où des forces supérieures aux siennes l'obligeraient à évacuer la province de Minsk, mais il paraît qu'il ne s'y est pas conformé et qu'il n'a avec lui dans ce moment que le tiers de sa division et qu'il a laissé les deux autres du côté de Bobruisk et de Mohilev. Je lui enjoins de nouveau de presser la réunion de toutes ses troupes pour marcher avec M. le duc de Reggio.

Selon la même lettre de Votre Altesse Sérénissime du 18 et conformément à celle du 19, j'ai fait marcher les troupes du IXe corps sur Tschéreïa, pour dérober à l'ennemi le mouvement de M. le duc de Reggio et pour être en mesure de couvrir l'armée pendant sa marche sur Borisov. Je tâcherai d'être toujours à hauteur de son arrière-garde en manœuvrant dans la direction de Kolopénitschi par la rive droite du lac Dolghoé et de là, s'il est possible, par Baran pour aller passer la Bérézina à Véselovo et m'établir à Zembin. Si je trouvais trop d'obstacles dans ce mouvement depuis Baran, je le dirigerais sur Borisov.

M. le général Bronikowski me mande que les divisions ennemies de Langeron et de Lambert sont en marche sur Borisov ; que celles de Tschapliz et Woynof se sont portées sur Novogrodek et que celle de Lubersov est à Pinsk, et qu'enfin celles d'Essen, de Sacken, de Bulatow et d'Essen sont restées en

présence du prince Schwarzenberg. Il ajoute qu'une autre division commandée par le général Gudovitch marche sur Mohilew et le général Hertel sur
Ighoumen. Le général Bronikowski prétend, d'après le dire d'un émissaire
qu'il a arrêté, que les divisions Langeron et Lambert doivent se joindre à
Wittgenstein sur la Bérésina.

J'ai l'honneur d'adresser ci-joint à Votre Altesse Sérénissime l'état des bouches à feu et des munitions de guerre que je fais partir aujourd'hui pour Bobr
où elles seront à la disposition de M. l'inspecteur général d'artillerie. Votre
Altesse Sérénissime trouvera également ci-joint l'état des bouches à feu et
des munitions de guerre que j'ai réservées pour le IXᵉ corps.

Le convoi qui va à Bobr y sera rendu demain 22 du courant.

Le IXᵉ corps perd beaucoup de monde par les maladies ; les soldats affai-
blis marchent avec peine. La 12ᵉ division qui est celle qui a le plus de jeunes gens a perdu, à elle seule, plus de 2.000 hommes depuis huit jours. Il
n'est pas de précautions qu'on ne prenne pour tâcher de tenir les soldats
réunis, notamment quand ils sont en marche, et cependant il s'en égare beaucoup qui ne reparaissent plus. »

Victor (Ordre)

Tschéreïa, 21 novembre [Reg. Vict.]

« Toutes les troupes du IXᵉ corps prendront les armes et s'assembleront
demain 22 du courant au point du jour. MM. les généraux et colonels ordonneront des recherches exactes dans toutes les maisons pour faire rentrer tous
les soldats dans les rangs. Ils s'assureront que tous soient présents. Le mouvement que nous allons faire exige plus de précautions que jamais pour contenir les troupes et les faire marcher dans le meilleur ordre possible. MM. les
généraux sont instamment invités à y porter toute leur attention et à prendre
des mesures telles que leurs colonnes soient toujours prêtes à combattre pendant la marche.

La 12ᵉ division d'infanterie précédée des lanciers de Berg se mettra en
marche à 8 heures précises du matin pour se diriger par la rive gauche du
lac Dolghoï sur le village de Dokuczyn, à 18 verstes de Tschéreïa, par Kholnevitchi, Klitchin et Starojichtché M. le général Partouneaux laissera le bataillon du 10ᵉ régiment à Kholnevitschi pour garder ce point et attendre les
ordres de M. le général Fournier. La 12ᵉ division prendra position à
Dokuczyn. M. le général Partouneaux enverra un parti de cavalerie sur Kholopénitschi pour savoir ce qui se passe dans cette ville et avoir des nouvelles
des ennemis.

La 26ᵉ division d'infanterie partira également demain 22 du courant à
9 heures précises du matin pour suivre le mouvement de la 12ᵉ division et
aller s'établir près du château de Starozyszcze, à quatre verstes de Tschéreïa
et trois de Dokuczyn où sera M. le général Partouneaux. M. le général Daendels laissera à la disposition de M. le général Fournier les deux bataillons
qu'il lui a fournis aujourd'hui.

La 28ᵉ division d'infanterie partira aussi demain de Tschéreïa, à 11 heures
précises du matin, pour suivre les mêmes routes que les 12ᵉ et 26ᵉ divisions
et aller prendre position au village de Kholnevitschi à sept verstes de
Tschéreïa.

Le lendemain 23, M. le général Girard continuera son mouvement par la
même route en passant conséquemment par les villages indiqués à la 12ᵉ division et viendra s'établir à Dokuczyn à onze verstes de Kholnevitschi. Il recevra de nouveaux ordres à Dokuczyn.

M. le général Fournier ayant sous ses ordres les chevau-légers de Hesse qui sont à Kholnevitschi avec le 4e bataillon du 10e régiment, les dragons saxons qui sont à Strajavitchi avec un bataillon de Berg et le régiment de hussards de Bade qui est à Biala-Tserka avec un bataillon d'infanterie légère de Bade et la batterie d'artillerie légère de la 12e division, gardera ses positions demain 22 courant. Le 23 au matin il dirigera les bataillons de Biala-Tserka et de Strajavitchi sur Kholnevitschi pour les réunir au bataillon du 10e régiment et aux chevau-légers de Hesse. Il y enverra également la batterie d'artillerie et il donnera le commandement de toutes ces troupes à M. le général Delaître, en lui prescrivant de les tenir bien réunies et de s'éclairer dans les directions de la Oula et de Krasnolouki. Ces troupes formeront l'échelon sur lequel M. le général Fournier s'appuiera. Il restera de sa personne, pendant toute la journée du 23, avec ses deux régiments de Bade et du prince Jean à Strajavitchi, ayant des partis du côté de Loukoml et de Biala-Tserka, pour observer. Il se reploiera vers le soir sur M. le général Delaître à Kholnevitschi, où il passera la nuit du 23 au 24. Le 24 au matin, il se mettra en marche avec toute sa colonne pour se rendre à Dokuczyn où il recevra de nouveaux ordres. Il lui est particulièrement recommandé de faire fouiller les villages et les maisons pour ramasser et faire suivre tous les traîneurs qui s'y seraient retirés. S'il était vivement attaqué avant le moment prescrit pour sa retraite, il l'opérerait par la route indiquée en défendant le terrain lorsqu'il en trouvera l'occasion favorable, et il se rappellerait que la 28e division le précède et qu'elle pourrait en ce cas lui servir d'appui.

M. le colonel Caron fera arriver sa réserve de manière qu'elle puisse suivre immédiatement la 26e division dont le départ est fixé à 9 heures précises. Cette réserve fera le même chemin que la division et se parquera à côté d'elle. Il ordonnera à l'officier commandant la batterie légère de la 12e division de se rendre de sa personne près de M. le général Fournier à Strajavitchi pour prendre ses ordres concernant sa batterie.

Il est recommandé à MM. les généraux de division de faire choix de bons guides, de bien faire reconnaître la direction indiquée afin de ne pas s'en détourner un instant.

Le quartier général sera le 22 à Starojichtché »

Oudinot à Berthier

Behr, 22 novembre, 3 heures du matin [Doc. Lor. et A G.]

« J'ai le regret d'informer Votre Altesse Sérénissime que la tête de pont de Borisov a été abandonnée hier dans l'après-midi par les troupes du général Dombrowski qui y ont laissé cinq pièces de canon.

Le général Dombrowski ne m'a point rendu compte de cet événement, mais j'ai su que ce qui lui reste de troupes se retirait en désordre et qu'il était arrivé lui-même dans la nuit à Kroupki.

Le général Bronikowski est venu jusqu'ici m'annoncer ces fâcheuses nouvelles. Ils assurent avoir été attaqués par 14.000 hommes tandis que leurs forces réunies n'en formaient que 4.000.

Je vais rallier ce que je pourrai de ces fuyards et poursuivre ma marche sur Borisov où je ne pourrai pas arriver aujourd'hui, mais dont je m'approcherai autant que possible même en combattant. »

Oudinot à Berthier

Natscha, 22 novembre [Doc. Lor. et A G.]

« Le général Dombrowski s'est retiré en désordre pendant la nuit jusqu'à Kroupki où il n'a pu me présenter ce matin que 300 hommes d'infanterie et 500 chevaux ; je lui ai témoigné un vif mécontentement, mais malheureusement cela ne change rien à l'événement et ne me rend pas un homme. Cette fatale circonstance m'oblige de me masser et ne me permettra pas de pousser aussi loin que j'en avais le projet; j'arriverai pourtant aujourd'hui à Lochnitsa. Le parc et la 8e division d'infanterie prendront position à Natscha.

A moins d'ordre contraire j'attaquerai demain l'ennemi à Borisov; je dois toutefois faire observer à Votre Altesse qu'en supposant que je parvienne à le chasser de la ville, il est probable qu'il brûlera le pont dont le rétablissement serait absolument impraticable. Ceci vous sera confirmé, monseigneur, par tous ceux qui connaissent les bords marécageux de la Bérézina et la position formidable de Borisov. Pour trouver un gué, il faut remonter à quatre lieues à hauteur de Zembin. S'il entrait dans les intentions de l'Empereur de manœuvrer pour s'emparer de ce gué, peut-être conviendrait-il que le IXe corps appuyât de suite par sa gauche à la Bérézina, car Votre Altesse qui connaît mes forces juge bien que je ne serai guère en état de faire des détachements, et comme je sens combien les conjonctures sont délicates, je voudrais ne point faire de fausses démarches.

J'attendrai donc avec une extrême impatience de nouvelles instructions. Je pousserai de la cavalerie sur le gué et même de l'infanterie si le pont est brûlé.

Du reste la route de Zembin à Pléchtchénitsouï et Vileïka ou Smorgoni même est très bonne. J'en parle comme l'ayant parcourue deux fois. »

Corbineau à Oudinot

Moskova, 22 septembre [A. G.]

« Monsieur le maréchal, j'ai l'honneur de rendre compte à Votre Excellence de mon arrivée au village près de Ratoulitschi.

Je suis parti hier à 7 heures du village de Plechtchénitsouï. Quelques cosaques y sont entrés à 8, venant, je crois, de Bérézino.

J'ai voulu passer par la tête du pont de Borisov, mais j'ai appris à trois lieues de Zembin que la tête du pont et la ville étaient évacuées.

Alors j'ai cherché à vous rejoindre en passant la Bérézina au village de Studianka. J'ai été assez heureux pour cacher ma marche à l'ennemi qui déjà s'était porté sur Sloboda. D'ailleurs le pays est très favorable pour cacher sa marche.

J'ai laissé le général de Wrède marchant sur Ghloubokoé avec un corps d'armée fort de 10 000 hommes et 2.000 chevaux, à peu près 40 pièces de canon. L'ennemi occupe par des partis de cavalerie Bérézino et Dockchitsouï. Le général de Wrède a devant lui le corps du général Outchakov arrivé le 19 de ce mois de Finlande et fort de 9.000 hommes et de 1.000 cosaques. J'ai eu affaire à eux le 19 de ce mois près de Ghloubokoé le jour de leur arrivée et leur ai fait quelques prisonniers. »

Victor (Ordre)

22 novembre [Reg. Vict.]

« M. le général Fournier passera demain à la tête de la colonne avec deux régiments pour se réunir aux lanciers de Berg. Il fera suivre son artillerie légère derrière la 28e division et pourra laisser deux pièces à M. le général Delaître. M. le général Delaître suivra de près la 28e division avec un régiment de cavalerie, les trois bataillons d'arrière-garde et deux pièces de canon.

La 28e division sera demain sur la 26e division jusqu'à son arrivée à Dokuczyn où elle recevra des ordres. »

Victor à Delaître

22 novembre [A. G.]

« M. le général Delaître se rendra de Tschéreïa immédiatement après son arrivée dans cette ville, au village de Kholnevitschi avec son régiment ; il trouvera dans ce village le 4ᵉ bataillon du 10ᵉ régiment d'infanterie légère qui fait partie de l'avant-garde aux ordres de M. le général Fournier ; il prendra le commandement de ce bataillon ; il enverra un de ses officiers à M. le général Fournier à Strajavitchi, village situé à mi-chemin de Loukoml, pour le prévenir de son arrivée à Tschéreïa et de son établissement à Kholnevitschi. M. le général Delaître prendra un guide au château de Tschéreïa pour le conduire à Kholnevitschi ; il est très important qu'il s'y rende sans détour et s'éclairera dans les directions de la Oula et de Krasnolouki. Il tiendra ses troupes réunies et en ordre et attendra ainsi les instructions de M. le général Fournier.

A son passage à Tschéreïa, il prendra du pain pour trois jours. »

Victor (Ordre)

Batourouï, 22 novembre [Reg. Vict.]

« L'ennemi est en marche à côté de nous. Il est possible qu'il nous devance à Kolopénitschi, mais notre direction est sur Batourouï. Pour le déjouer et le combattre avec avantage, il ne faut que de l'ordre dans les colonnes, qu'elles soient toujours serrées et que les bagages ne les embarrassent pas. J'ai fait diverses recommandations à ce sujet qu'une aveugle sécurité a fait négliger. Il s'agit dans ce moment du salut et de l'honneur du IXᵉ corps, et cette raison commande qu'aujourd'hui même et au reçu du présent MM. les généraux mettent la plus sévère attention à l'exécution de ces mesures.

Le IXᵉ corps doit donc être toujours serré, en bon ordre, prêt à combattre, et pour cela n'être composé que de ses troupes et de son artillerie. Il faut en conséquence qu'il ne soit suivi que par les voitures désignées ci-après :

Trois voitures pour le maréchal.

Deux voitures pour le général de division.

Une voiture pour le général de brigade.

Une voiture pour l'ordonnateur.

Deux chevaux de bât pour le colonel.

Un cheval de bât pour le chef de bataillon.

Deux chevaux pour chaque compagnie.

Deux caissons d'ambulance par division.

Les huit caissons d'ambulance de réserve.

Tout l'excédent doit être détruit ce soir sans esclandre.

Telle est la volonté de l'Empereur exprimée dans son ordre du 22 du courant. »

Jomini à Berthier

Bobr, 22 novembre [A. G.]

« J'ai l'honneur de rendre compte à Votre Altesse que, d'après les renseignements que j'ai pris ici, il existe une route de traverse pour aller à Borisov, qui longe la grande route à une ou deux lieues sur la droite en sortant de Bobr. Cette route est beaucoup plus suivie que la grande route, et si les équipages ne peuvent pas y passer, elle pourrait au moins servir pour y diriger une partie des troupes à pied et à cheval.

Le pays, d'ici au premier gîte de cette traverse, est très boisé ; là à Borisov il l'est un peu moins ; il est cependant de nature à être à l'abri des cosaques.

Mon aide de camp qui a parcouru lui-même cette route, m'assure qu'on y trouverait encore d'assez grandes ressources en fourrages, en grains et même en bestiaux, si les traînards n'y ont pas mis l'épouvante.

Indépendamment de cette route, il en existe une très praticable pour l'artillerie qui mène sur la Bérézina, au-dessus de Borisov ; il y a un pont qu'on assure être très neuf à Vésélovo, et on peut y aller directement de Bobr.

Le pays, jusqu'à Zembin, est entrecoupé de bois et de champs cultivés. Les environs de Zembin même sont fertiles.

L'homme qui m'a donné ces renseignements n'a pas été plus loin que Zembin. Mais il assure que de là on peut trouver une route praticable sur Minsk ou Ghorodok. Il assure même qu'en hiver tout le monde préférerait laisser Minsk à gauche pour s'en aller par Ilïa sur Smorgoni, ce qui abrège de deux marches au moins.

Votre Altesse fera de ces renseignements l'usage qu'elle jugera convenable ; j'ai cru de mon devoir de les lui donner. »

Davout à Berthier

Au bivouac, 22 novembre, 8 heures du matin [A G.]

« J'ai reçu votre lettre de ce jour et son duplicata, une partie de l'arrière-garde est restée en position cette nuit au deuxième ravin, à une lieue trois quarts d'Orcha ; le reste échelonné à une lieue et demie au delà ; ainsi la tête de l'arrière-garde n'était qu'à deux lieues et demie d'Orcha que je n'ai évacué qu'hier à 2 heures après-midi.

L'ennemi a beaucoup canonné des rives gauches du Dniéper et de l'Orchitsa et a montré beaucoup de cavalerie. Le soir, au premier ravin, il a amené quelques pièces et tiré quelques coups de canon.

Les colonnes de traînards de tous les corps d'armée sont toujours très nombreuses, il est impossible de remédier à cet embarras, attendu qu'ils se jettent dans les villages à droite et à gauche de la route et viennent ensuite nous rejoindre par toutes les directions. Toute l'artillerie qui nous a été remise à Orcha est entièrement réunie au corps d'armée ; si quelques pièces se trouvent en avant, elles ne nous appartiennent pas, ce sont vraisemblablement des pièces de 3 sans munitions.

Il y a du désordre, j'ai trouvé des détachements de la Vistule, et en ce moment on me rend compte que la division Pino se trouve établie à deux lieues d'ici du côté d'Orcha où elle se trouve sans ordre. J'en donne avis à Son Altesse Impériale le prince vice-roi. »

Bronikowski à Berthier

Kroupki, 22 novembre au matin [A G.]

« Comme j'avais l'honneur de rendre compte à Votre Altesse Sérénissime dans ma dernière dépêche que je serais attaqué le 21 au matin, j'ai pressé le général Dombrowski d'arriver le soir du 20. Le général Dombrowski, sur les renseignements positifs que je lui ai donnés que, avant le jour, l'attaque commencera, prit et fît ses dispositions, mais après un combat des plus opiniâtres qui dura jusqu'à 3 heures après dîner, l'ennemi s'est rendu maître de la position, du pont et de la ville.

On dit la division Lambert forte de 15.000 hommes.

14

Les magasins que j'ai fait ramasser sont perdus à Borisov, nul moyen dans ce moment n'existe pour les faire arriver.

Je n'ai reçu aucun agent du duc de Bassano. J'en ai envoyé plusieurs, aucun n'est revenu. L'ennemi a jeté partout des troupes légères sur toutes les routes.

Je sais de Minsk que l'ennemi n'a rien brûlé et que les hôpitaux sont respectés.

Le duc de Reggio a rejoint la division Dombrowski qui est ici et de laquelle il reste à peine 1.000 hommes. Il n'avait emmené avec lui que 2.500 hommes et 400 chevaux.

P. S. — Le général Dombrowski se prépare à rendre compte à Votre Altesse Sérénissime sur cette fâcheuse affaire.

Etat de ses forces : ·

Cadres des régiments	51	officiers	246	hommes
7e wurtembergeois	10	—	450	—
93e régiment, 6e bataillon	12	—	320	—
Infanterie.	73	—	1.016	—
Cavalerie	8	—	150	—
Total. . . .	81	—	1.166	—

Oudinot (Ordre)

Lochnitsa, 23 novembre [Doc. X.]

« Les troupes du IIe corps marcheront aujourd'hui dans l'ordre suivant :

La 5e brigade de cavalerie légère,

Les 2e et 9e de hulans polonais, avec un ou deux bataillons d'infanterie légère formeront l'avant-garde qui recevra des ordres de M. le général de division comte Legrand.

La 6e division d'infanterie suivra l'avant-garde.

La 9e division suivra la 6e.

La 3e division de cuirassiers suivra immédiatement la 9e division d'Infanterie.

Le mouvement commencera au reçu du présent ordre et on se dirigera sur Borisov.

La réserve marchera entre les cuirassiers et l'infanterie. »

Oudinot à Berthier

Lochnitsa, 23 novembre [Doc. Lor. et A G.]

« J'ai été rejoint hier par la brigade Corbineau qui a passé la Bérézina au gué, à hauteur du village de Studianka, situé à deux lieues au-dessus de Borisov. Votre Altesse Sérénissime trouvera ci-joint le rapport de ce général. Il y a trois pieds et demi d'eau, le chemin sur cette rive est assez bon, on pourra, avec des fascines. le rendre praticable sur la rive droite et on trouve la route de Zembin à Borisov à moins d'une demi-lieue du point de passage. Le grand gué de Vésélovo paraît bien moins précieux, attendu qu'il y a plus d'eau et que, d'ailleurs, il est connu de l'ennemi et probablement déjà occupé par lui.

D'un autre côté, le 6e régiment d'infanterie polonais qui, dans la retraite précipitée du général Dombrowski, avait été abandonné sur l'autre rive, a trouvé moyen de nous joindre avec 450 hommes, ce qui, joint aux fuyards, portera cette troupe à 1.000 ou 1.200. Le colonel de ce régiment, qui est fort intelligent, déclare avoir fait passer sa troupe.

D'après ces détails, il est clair qu'il existe des passages ; il est vraisemblable qu'ils seront maintenant gardés par l'ennemi, mais cela n'offrira sans doute pas plus de difficultés que nous n'en rencontrerions à Lépel.

Je vais donc marcher aujourd'hui sur la ville et, si l'ennemi brûle le pont, je manœuvrerai de suite pour m'emparer des gués et faire reconnaître exactement la rivière sur toute la ligne.

On assure que Wittgenstein était à Lépel et occupait Bérézino, et il est à croire qu'il aura marché. Il me semble donc bien nécessaire de l'occuper en faisant menacer Lépel par le duc de Bellune et de presser en même temps la marche de la Grande Armée pour m'appuyer au besoin, car je pourrais avoir sur les bras des forces considérables.

J'écris au général de Wrède pour l'engager à serrer aussi son mouvement sur la Bérézina et, s'il ne peut occuper Bérézino, de marcher au moins sur Dolghinov, mais il est douteux que ce général marche ainsi, car par suite de son opiniâtre amour pour la gauche, il n'a jamais voulu appuyer ni seconder les opérations de la droite. »

Oudinot à Berthier

Borisov, 23 novembre [Doc. Lor et A. G.]

« J'avais composé ce matin mon avant-garde de la brigade Castex, de la brigade Corbineau, formant ensemble à peu près 800 chevaux, des 2e et 7e régiments de lanciers polonais et deux bataillons du 26e régiment d'infanterie légère. J'ai mis cette avant-garde sous les ordres du général de division comte Legrand, de qui la division suivait immédiatement. Nous avons rencontré l'ennemi à trois quarts de lieue de Lochnitsa, où nous avions passé la nuit. Il a été attaqué aussitôt et poussé de position en position jusque sous Borisov, où notre cavalerie légère, appuyée d'un régiment de cuirassiers, a fait une charge extrêmement brillante. Il s'est alors retiré en désordre dans la ville où nous serions entrés avec lui s'il n'eût mis le feu à un pont qui existe à l'entrée. Ce contretemps nous a empêchés de sauver le grand pont sur la Bérézina où le feu avait été mis en trois endroits à la fois. Cependant nos voltigeurs qui avaient traversé le ruisseau à la gauche sont arrivés au pont assez à temps pour arrêter 300 ou 400 voitures de bagages où les troupes ont trouvé d'abondantes provisions ; on a pris plusieurs caissons d'artillerie et on est à la recherche de six pièces de canon qu'on assure que l'ennemi a abandonnées. Nous avons déjà à peu près 800 ou 900 prisonniers dont plusieurs officiers supérieurs et on en ramasse encore beaucoup dans la ville.

La nuit tombait au moment où nous y sommes entrés. Je n'ai pas perdu un moment pour envoyer le général Corbineau avec un régiment d'infanterie, une compagnie de pontonniers, pour aller s'emparer du gué de Studianka, situé à un mille et demi d'ici en remontant la Bérézina. J'en aurai des nouvelles dans la nuit que je m'empresserai de transmettre à Votre Altesse. J'ai bonne espérance que nous assurerons ce passage.

Lorsque l'ennemi a eu repassé la Bérézina, il s'est mis en ligne sur les hauteurs de la rive opposée ; on a cru cependant s'apercevoir qu'il filait ce soir par sa droite par la route de Bérézino.

La brigade Castex, la brigade Corbineau, les 2e et 7e régiments de lanciers polonais, le 4e cuirassiers, toute l'infanterie de la division Legrand, l'artillerie de cette division se sont conduits de la manière la plus brillante. Cette action fait le plus grand honneur au général Legrand, aux généraux Albert, Berckheim, Castex, Corbineau et Aubry, de l'artillerie. J'aurai l'honneur de réclamer des témoignages de satisfaction à Sa Majesté quand le moment sera opportun.

C'est le comte Pahlen qui commande maintenant à la place du général Lambert qui a été blessé au pied.

Comme toutes les attaques ont été poussées très vivement sans tâtonner, notre perte est très peu de chose. »

Victor (Placement des troupes du IXe corps)

23 novembre [Reg. Victor]

« La 12e division d'infanterie s'établit à Batourouï et s'éclaire dans la direction de cet endroit à Kholopenitschi.

La 28e division d'infanterie dépasse Dokuczyn et va s'établir à Peresielka, à quatre verstes plus loin sur la route de Batourouï et se garde comme le 12e dans la direction de Kholopenitschi.

La 26e division d'infanterie prend position à Dokuczyn pour garder et défendre la route de Kholopenitschi.

M. le général Fournier s'établit également à Dokuczyn pour couvrir la 26e division et l'éclairer sur Kholopenitschi.

M. le général Delaître reste aujourd'hui avec l'arrière-garde au château de Strajavitchi pour arrêter l'ennemi qui viendrait de ce côté et couvrir le flanc droit de la 26e division. Il se reploiera demain matin sur Dokuczyn où il recevra des ordres. Il aura toujours l'attention de faire fouiller les villages et les maisons pour en chasser les traînards qu'il fera marcher devant lui.

M. le colonel Caron enverra sa réserve d'artillerie à Batourouï.

Le quartier général ira aujourd'hui à Peresielka. »

Victor (Ordre)

Peresielka, 23 novembre [Reg. Victor]

La 12e division est en présence de quelques forces ennemies à Batourouï. C'est sur ce point que toutes les forces du IXe corps doivent se réunir demain matin. Elles se mettront en conséquence en marche pour y arriver de bonne heure. Leur mouvement est réglé de la manière suivante :

M. le général Delaître tâchera d'être rendu avec toutes ses troupes à Dokuczyn au point du jour pour remplacer instantanément la 26e division sur ce débouché. Lorsque cette division se sera mise en marche pour Batourouï, M. le général Delaître en fera l'arrière-garde et la suivra jusqu'à Batourouï.

La 26e division se rassemblera au point du jour demain 24 du courant et se mettra en marche pour se rendre en bon ordre à Batourouï.

La 28e division se mettra également en marche au point du jour pour rejoindre la 12e. M. le général Fournier précédera la 26e division pour se rendre à Peresielka avec ses deux régiments et ses trois bouches à feu pour couvrir momentanément le débouché de Kholopenitschi et, dès que la 26e division approchera de Peresielka, il se rendra sans perdre de temps à Batourouï.

MM. les généraux Daendels, Girard, Fournier et Delaître sont priés de mettre autant d'ordre que de célérité dans ce mouvement. M. le général Delaître se rappellera qu'il doit faire suivre tous les hommes restés en arrière. La 12e division fera ses dispositions de défense et attendra la réunion du corps d'armée. »

Victor à Delaître

Strajavitchi, 23 novembre [A G.]

« M. le général Delaître prendra position à Strajavitchi avec ses trois bataillons et son régiment de cavalerie ; il s'éclairera dans la direction de Kholopenitschi qui se trouve sur son flanc gauche, en même temps qu'il fera observer la route de Kosnowicze. Il recevra de nouveaux ordres à Strajavitchi. Il est particulièrement recommandé à M. le général Delaître de faire filer tous les traînards sur Dokuczyn où sera établi le quartier général aujourd'hui. »

Victor à Delaître

23 novembre [A G.]

« MM. les généraux Girard et Delaître sont invités à donner des ordres pour faire respecter et protéger les propriétaires du château de Strajavitchi. A cet effet, le général Delaître fera établir dans ce château une sauvegarde qui aura la consigne de ne le quitter que lorsque les troupes du IXe corps seront entièrement passées. »

Davout à Berthier

Lochnitsa, 23 novembre [A G.]

« L'ennemi nous a suivi aujourd'hui avec une grande quantité de cosaques, et, sur le soir, il a montré une pièce de canon et un obusier dont il a tiré une vingtaine de coups sur nos bivouacs.

Nous sommes toujours encombrés par un nombre infini de traînards de tous les corps de l'armée qui s'arrêtent à proximité de nous lorsque nous prenons position et à la moindre alerte, jettent l'alarme et entraînent les combattants.

Le commandant de cette place est venu prendre mes ordres d'après les instructions qu'il dit avoir reçues de Votre Altesse, pour une soixantaine de prisonniers de guerre qui se trouvaient dans la place. Je présume qu'il y a erreur, car il y a de très graves inconvénients à les laisser à l'arrière-garde. »

De Wrède à Bassano

Dockchitsoui, 23 novembre [A N.]

« En accusant la réception de la lettre que Votre Excellence m'a fait l'honneur de m'adresser, en date du 19, par M. le major baron de Gumpenberg, j'espère qu'elle aura reçu la dépêche que je lui ai expédiée de Ghloubokoé, en date du 20, et par laquelle je lui ai annoncé que j'allais me porter le 21 par ma droite sur Gholoubitschi. Arrivé là et ayant poussé le même jour mon avant-garde jusqu'à Zvonia, j'ai appris que l'ennemi avait filé par Ouchatsch, ce qui était conforme aux dépositions de six prisonniers de différentes armes que mes reconnaissances avaient ramassés la veille. De mes espions, je n'ai pas pu avoir des nouvelles, parce que l'ennemi m'en avait arrêté trois les jours précédents dans les environs de Ghloubokoé et de Loujki, et en avait pendu un à ce dernier endroit. Ayant enfin des éclaircissements sur la marche de l'ennemi, elle se trouve justement telle que j'ai dû le désirer. Car si j'avais eu les mains libres, j'aurais pu marcher sur ses derrières ou bien j'aurais pu lui rompre le pont sur l'Ouchatsch et me porter avec rapidité sur Disna, où il y a des ponts, et faire une expédition sur son grand parc, qu'il a faiblement gardé près de Valeintsoui, et porter la terreur sur la rive droite de la Dvina, mais j'ai dû renoncer à ce beau projet, devant craindre que M. le maréchal duc de Reggio, qui, conformément à la lettre du 16, a désiré que je m'approche de Bérézino pour attendre son coup de canon qui devait commencer le 14, ne puisse me reprocher de n'avoir pas suivi cette instruction et d'avoir préféré agir d'après d'autres vues que j'ai cru exécutables. J'ai donc fait hier un mouvement par mon flanc et je suis arrivé à l'aide d'une marche forcée ici L'ennemi qui avait occupé à différentes reprises cette ville, l'a abandonnée hier matin, après avoir évacué et conduit à Lépel le magasin qui se trouvait ici. J'espérais trouver quelques renseignements sur les mouvements des IIe et IXe corps, mais à en juger d'après les dépositions ci-jointes d'un paysan qui est revenu vendredi passé de Lépel, il paraît que l'attaque générale projetée pour le 14 n'a pas encore eu lieu, ou qu'elle n'a eu pas de suites prononcées.

Enfin le général Franceschi attaquera demain le poste que l'ennemi doit avoir à Bérézino, et y tirera dans tous les cas quelques coups de canon, pour donner connaissance au IIe corps que je suis à la hauteur qui me fut désignée. Ayant trouvé un homme qui s'est offert de porter de mes nouvelles au maréchal duc de Reggio, je l'ai chargé du billet dont je joins copie ici :

Copie du billet envoyé par le paysan Jacques Klinski au maréchal duc de Reggio, expédié de Dockchitsouï le 23 novembre 1812

« Je suis arrivé hier à la hauteur qui m'a été indiquée par M. le duc
« de Bassano dans une lettre datée du 16 novembre, et qui ne m'est parve-
« nue que le 17, d'après laquelle les IXe et IIe corps auraient dû commencer
« leur attaque le 14.

« Les motifs qui ont dû m'engager de commencer par faire une marche
« sur Ghloubokoé avant de me porter ici, seront connus à Votre Excellence
« par M. le duc de Bassano. Demain je ferai attaquer le poste de Bérézino,
« espérant que vous entendrez le canon qu'on va tirer. Si d'ici au 25 au soir
« je ne reçois pas des nouvelles de Votre Excellence ou des ordres positifs,
« je ferai un autre mouvement, pour marcher sur les derrières de l'en-
« nemi. »

Il est bien pénible et désagréable pour moi, après tant d'efforts que j'ai déjà faits de mon côté, pour avoir des nouvelles du IIe corps, que je ne peux recevoir aucune instruction positive de Leurs Excellences MM. les ducs de Bellune et de Reggio. Si d'ici au 25 au soir, l'émissaire que j'ai envoyé aujourd'hui à Tschéréïa ne m'apporte aucun ordre, je crois mieux faire de manœuvrer sur les derrières de l'ennemi. Par les marches et contremarches beaucoup de temps se perd, les maladies affaiblissent tous les jours le nombre des combattants et aucun mouvement sérieux et décisif n'en résulte. Si par hasard Votre Excellence, à l'arrivée du prince de la Tour, aurait quelques nouvelles des IIe ou IXe corps, je la prie de le réexpédier le plus tôt que possible, ainsi que je la supplie de communiquer la présente à son Altesse Sérénissime le prince major général ».

Dépositions du paysan Jean Katschau, natif de Borsukow, conduisant un chariot chargé de légumes secs au magasin russe à Lépel.

Dockchitsouï, 23 novembre [A N.]

« Quand est-il parti d'ici et quel jour est-il revenu ?

Il est parti d'ici pour Lépel le 17, et reparti dans la nuit du 19 au 20 du dernier endroit par Pouichna, Doltsouï.

Combien de chariots les cosaques ont-ils emmenés avec eux ?

Les cosaques ont enmené trente et un chariots, mais la plus grande partie des paysans qui les conduisaient ont pris la fuite, en laissant chevaux et chariots.

Quel chemin le convoi a-t-il pris pour aller à Lépel ?

Il a passé sous l'escorte d'un détachement de cosaques par Tscharnitzé, Waschilewski et Doltsouï.

A quel endroit à Lépel a-t-on déchargé les chariots ?

On les a déchargés près de l'église et près du logement du général russe.

A-t-il vu des troupes russes à Lépel, et en quelle force ?

Le paysan a vu 10.000 hommes d'infanterie, la plus grande partie des milices à Lépel, les derniers avaient l'air de paysans. Il y avait aussi de la cavalerie, savoir des dragons, des cuirassiers et des cosaques, mais il ignore leur force.

A-t-il vu de l'artillerie à Lépel ?

Dans la partie de la ville au delà de l'Oula, il a vu seize canons qu'il a bien comptés.

Quel général commande les Russes à Lépel ?

Le paysan ignore son nom, cependant il l'a vu à cheval.

A-t-il trouvé beaucoup de Russes faisant chemin de Lépel à Dockchitsouï ?

Chemin faisant de Lepel à Dockchitsouï, le dernier piquet russe se trouve à Pouïchna : sans cela on ne voit plus de Russes sur la route.

Est-ce qu'il a resté longtemps à Lépel ?

Il est arrivé jeudi, le 19 novembre, à Lépel, et il est reparti pour Dockchitsouï la même jour au soir.

Les troupes russes à Lépel ont-elles été en cantonnement au bivouac ?

L'infanterie russe est au bivouac, la cavalerie en cantonnements dans les villages voisins.

Ne sait-il pas s'il y a des troupes russes à Tschachniki ?

N'ayant pas été à Tschachniki, il ignore absolument s'il y a des troupes russes à Tschachniki.

N'a-t-il rien entendu de l'armée française, et à Lépel, ou chemin faisant d'ici à cette ville, ou en retournant à Dockschitsouï, n'a-t-il pas entendu une canonnade ?

Il ne sait rien de l'armée française. A Lépel on l'a questionné, au contraire, pour en avoir des nouvelles, et ne sachant répondre d'une manière satisfaisante, on l'a maltraité. Quant à la canonnade, il n'a rien entendu, un paysan de Zamocha au contraire, chez lequel il a passé la nuit, prétend avoir entendu une canonnade il y a samedi huit jours mais ne sachant où.

Les paysans de tout le voisinage se plaignent généralement de la mauvaise conduite des cosaques, qui pillent et dévastent tout. »

De Wrède à Bonin (1)

Dockchitsouï, 23 novembre.

« M. le gouverneur général de la Lithuanie comte de Hogendorp m'écrit en date du 19, que vous avez reçu l'ordre de vous établir à Vidzouï, et d'exécuter les mouvements que je vous ordonnerai.

Je vous préviens que la direction d'un corps ennemi qui se trouva, il y a quatre jours entre Ghloubokoé et Loujki, et qui lorsque je m'approchai de lui pour l'attaquer s'est retiré par sa gauche sur Ouchatsch, pour renforcer le général Wittgenstein, m'a engagé de me porter hier avec le VIᵉ corps ici, pour faire attaquer demain le poste que l'ennemi occupe à Bérézino et

____

(1) Commandant à Vidzouï.

l'inquiéter sur ce point-là, et en même temps, s'il est possible, établir une communication avec le IIe corps.

Cette expédition faite, je remonterai soit vers la ville d'Ouchatsch, soit vers la Dvina. Il est donc sous tous les rapports nécessaire que vous tâchiez de vous maintenir à Vidzouï à moins que des forces supérieures ne vous forcent d'abandonner cette ville. Toutes les nouvelles que j'ai, portent que l'ennemi a très peu de forces dans ce moment-ci du côté de Droufa. Si vous en avez des nouvelles contraires, communiquez-les moi par M. le lieutenant baron de Menzing, porteur de celle-ci, par lequel vous voudrez bien en même temps m'envoyer l'état de situation des troupes que vous avez sous vos ordres.

Jusqu'à nouvel ordre, vous m'enverrez, monsieur le colonel, vos rapports par Ghloubokoé. »

De Wrède à Coudras (1)

Dockchitsouï, 23 novembre.

« Je vous préviens que je fais attaquer demain le poste que l'ennemi occupe à Bérézino, pour lui donner des inquiétudes de ce côté-là, et pour établir s'il est possible une communication avec le IIe corps. Cette expédition faite, je remonterai avec tout le VIe corps, soit vers Ouchatsch. soit vers la Disna. Il est donc urgent que dès ce moment-là vous vous occupiez à réunir de l'eau-de-vie et de l'avoine à Ghloubokoé, et des farines pour en faire du pain au reçu de mes nouvelles.

Le poste de Vidzouï est occupé par M. le colonel Bonin, et je lui expédie dans ce moment-ci un courrier avec l'ordre de s'y maintenir et de m'envoyer à l'avenir ses rapports par Ghloubokoé.

Sa Majesté l'Empereur fait dans ce moment-ci un grand mouvement, sa droite à Vitebsk, sa gauche sur Orcha. Tout annonce que dans peu de jours, je pourrai vous communiquer des nouvelles très agréables. »

De Wrède à Franceschi

Dockchitsouï, 23 novembre.

. « Je trouve nécessaire de faire faire une forte reconnaissance sur Bérézino pour chasser l'ennemi s'il y est. Je vous engage donc, mon cher général, de réunir demain à la pointe du jour votre cavalerie ici, et de vous diriger sur la route de Bérézino. Vous laisserez à quelques lieues d'ici la cavalerie du major Contant pour soutenir votre mouvement ; avec celle du major Frin et une demi-batterie bavaroise, que je mettrai encore aujourd'hui en mouvement ou à votre disposition, vous vous porterez jusqu'à Bérézino pour y chasser l'ennemi et vous vous replierez ici vers le soir.

En cas même que vous ne trouviez pas l'ennemi à Bérézino, je trouve bon et nécessaire que vous fassiez tirer douze coups de canon dans la direction de Tschéreïa, qui serviront de signal au IIe corps que je viens de prévenir tout à l'heure de notre position par une lettre expédiée par un émissaire sûr. »

Oudinot à Berthier

Borisov, 24 novembre, 5 heures 30 du matin [A G.]

« Ainsi que j'ai eu l'honneur de l'annoncer à Votre Altesse Sérénissime, j'ai envoyé reconnaître le gué de Studianka qui était occupé par l'ennemi ainsi qu'elle le verra par le rapport du général Corbineau.

(1) Commandant supérieur à Ghloubokoé.

Il existe encore deux passages, l'un à Stadhof à un mille au-dessus, l'autre
à Oukholoda à deux milles au-dessus de Borisov ; les mouvements qu'on a
remarqués hier au soir sur les deux flancs de l'ennemi avaient pour objet
l'occupation de ces passages qui sont tous gardés.

Il a été impossible de faire durant la nuit des reconnaissances assez exactes
pour s'assurer quel est le point le plus favorable pour jeter un pont. Je me
propose de faire aujourd'hui des démonstrations sur tous les points indiqués
ci-dessus et de tenter le passage et de jeter mon pont dans la nuit sur celui
que j'aurai choisi.

J'ai 20.000 hommes devant moi qui se porteront sans doute sur le point
où je chercherai à effectuer mon passage ; je n'ose donc garantir le succès de
cette entreprise, quoique bien résolu à tout tenter pour la faire réussir.
D'après les renseignements qu'on a recueillis ici, il paraît que les Russes sont
persuadés que l'Empereur veut passer ici la Bérézina, qu'hier l'avant-garde
de Langeron était arrivée, et qu'on annonçait aussi l'arrivée de l'amiral
Tchitchagof, que Wittgenstein a fait annoncer sa prochaine jonction, que le
prince de Schwarzenberg suit d'assez près le général Muller qui commande
les trois divisions que l'ennemi a laissées devant lui, que cette poursuite
inquiète les Russes. On ajoute enfin que les troupes qui avaient d'abord été
dirigées sur Vilna ont été rappelées. »

Berthier (Note)

24 novembre [A G.]

« Demander au colonel Sulkowski qu'il donne par écrit les détails de la
route de Bobr à Bérézino d'en bas, village par village : distance, qualité du
terrain, marais, ponts.

Réponse. — De Bobr à Sokolovitschi : douze verstes, la plus grande partie
de bois et de petits ponts.

De Sokolovitschi à Biélavitschi : dix-huit verstes, la plupart de bois et de
petits ponts.

De Biélavitschi à Bérézino : 36 verstes, tout de bois et point de marais.

Demander au général Bordesoulle si l'armée russe avec son artillerie pourrait côtoyer la rive gauche de la Bérézina d'en bas, comme il l'a fait avec sa
cavalerie légère.

Réponse. — Le général Bordesoulle a éprouvé beaucoup de difficultés à
travers les bois et les marais ; il a fallu construire à la hâte beaucoup de
ponts de rondins. L'infanterie et la cavalerie ne pourraient faire ce trajet
dans ce moment que très lentement avec d'extrêmes fatigues et précédés de
sapeurs. L'artillerie ne pourrait passer.

P.-S. — Le général Bordesoulle n'a été que jusqu'à moitié chemin de
Bérézino ; il s'est dirigé sur Esmonouï. »

Itinéraires

Classe au 24 novembre [A G.]

Doubrovna. A sept verstes une grande montagne au bout de laquelle il
y a un pont sur une petite rivière. Peu de villages sur la route, fort peu à
portée.

Orcha. Ville de district. Plusieurs villages à portée. Plaine continuelle,
17 v.

Kolchanov. Village de 30 maisons. La route bonne. Plusieurs villages à
portée. 28 v.

Tolotschin. Bourg de 250 maisons en bois, sur une petite rivière qu'on passe sur un pont en bois. Plaine continuelle. Quelques villages sur la route et plusieurs à portée, 18 v.

Bobr. Ville de district, de 300 maisons en bois. Une rivière à passer sur un pont, deux moulins. Plaine continuelle, 30 v.

Kroupki. Petit bourg de 50 maisons en bois. Un château en bois. La route bonne, un bois continuel, 9 v.

Natscha. Village de 20 maisons. Forêt continuelle. Plaine, 13 v.

Lochnitsa. Village de 20 maisons, forêt continuelle, 12 v.

Borisov. Ville de district, de 350 maisons en bois. On y passe la rivière Bérézina sur un pont en bois. La route n'est pas trop large. Quelques ponts à passer. Avant d'arriver à Draben, il y a un pont de trois verstes sur des marais. Il y a beaucoup de foin. Des bois sur la route, 18 v.

Dinbin. Village de 30 maisons en bois. Un moulin, une petite rivière à passer sur un pont, forêt continuelle, quelques petits ponts étroits en bois. La route n'est pas trop large, 11 v.

Plechtchénitsouï. Village de 30 maisons en bois, la route bonne, 28 v.

Khotavitschi. Village de 20 maisons avec une métairie en bois. On passe par quelques villages. La route montueuse et pierreuse, bois continuel, 8 v.

Kamen. Village de 50 maisons en bois. La route bonne, bois continuel, quelques petits villages à portée, 28 v.

Stacki. Village de 15 maisons. Plusieurs villages à portée. La route bonne, forêt continuelle, 14 v.

Zachkévitschi. Petit bourg de 40 maisons en bois. C'est ici qu'on rejoint la route de poste qui conduit de Minsk à Vilna. La route bonne. Plaine, 28 v.

Smorgoni. Bourg de 200 maisons en bois. Plusieurs villages sur la route et à portée. La route bonne, 21 v.

Ochmïana. Ville de district de 250 maisons en bois. On passe par plusieurs villages. La route bonne, 24 v.

Miedniki. Village de 40 maisons avec un château en briques. La route montueuse, 21 v.

Vilna, 28 v.

Total : 377 verstes.

2e itinéraire. — *De Zembin à Kamen*, village assez fort, un petit château, 2 milles, 14 verstes.

De Kamen à Plechtchénitsouï, un grand château, 60 maisons, 2 milles.

De Plechtchénitsouï à Khotavitschi, un couvent, 1 mille.

Nestanovitschi, un petit château, 1 mille.

Iliïa, village de 50 maisons, un château, 4 milles.

Molodetschno, cinq forts milles, bon chemin.

Lorencez à Doumerc

Borisov, 24 novembre [Doc. X.]

« M. le maréchal duc de Reggio désire qu'à 6 heures précises, ce soir, toute votre division soit réunie à Borisov ; elle suivra immédiatement sur Studianka, la marche de la 9e division d'infanterie. Vous mettrez le 3e régiment de chevau-légers à la disposition de M. le général Maison qui doit fermer la marche. M le maréchal pense que le 14e de cuirassiers sera rentré à 6 heures, s'il ne l'était pas encore, vous lui laisseriez des ordres pour vous suivre. Exigez beaucoup d'ordre et le plus grand silence durant cette marche de nuit. »

Victor à Berthier

Chtchavroui, 24 novembre [Reg. Victor]

« Ce matin à 4 heures les avant-postes d'infanterie de l'arrière-garde du IXᵉ corps commandée par M. le général Delaître ont été chargés par 600 chevaux ennemis ; cette attaque à laquelle ils ne s'attendaient pas malgré toutes les recommandations qu'on ne cesse de faire d'être toujours vigilant, nous a fait perdre une cinquantaine d'hommes. Heureusement que les troupes de M. le général Delaître se trouvaient en bon ordre, sans cela elles auraient couru des dangers. Mais elles ont su contenir l'ennemi. Cette arrière-garde était à quelques verstes de Dokuczyn sur l'embranchement de la route de Kolopenitschi à Duby, près du lac de Dolghoé ; elle couvrait dans cette position la 26ᵉ division établie à Dokuczyn. La 28ᵉ était à Peresieka entre Dokuczyn et Batourouï, la 12ᵉ était dans ce dernier village en présence de huit ou dix escadrons russes venant de Kholopenitschi.

Le mouvement du IXᵉ corps dans la direction de la route de Lépel par Chtchavrouï et Kostritsa a été continué dans la journée, pendant que MM. les généraux Fournier et Delaître couvraient les débouchés de Kolopenitschi sur Batourouï avec leur cavalerie et un peu d'infanterie. Les 12ᵉ et 28ᵉ divisions sont établies au village de Selon sur la Natscha, à onze verstes de Batourouï et à quinze de Kostritsa. La 26ᵉ division arrive maintenant à Chvtcharouï. L'arrière-garde passera la nuit à Batourouï, nous passerons une partie de la journée de demain dans cette position pour donner le temps à l'arrière-garde de la Grande Armée de dépasser Kroupki. Je pense néanmoins que les 12ᵉ et 28ᵉ divisions pourront être demain 25 à Kostritsa, la 26ᵉ à Selon et l'arrière-garde à Chtchavrouï.

MM. les généraux de division se plaignent beaucoup de leurs troupes, elles servent généralement mal. Il est difficile de les contenir. Ils attribuent cela à la misère qu'elles éprouvent, et moi je crois qu'il est plus raisonnable de l'attribuer à leur mauvaise composition. Les régiments hollandais surtout sont absolument nuls. La seule troupe d'infanterie qui se soutienne et qui ait toujours marché en bon ordre dans le IXᵉ corps est la brigade badoise.

Je dois à ce sujet des éloges à M. le comte de Hochberg qui la commande. Quant à la cavalerie elle sert bien, mais le mauvais temps et les fatigues l'ont considérablement réduite. Elle ne compte pas aujourd'hui plus de 800 chevaux. »

Lorencez à Doumerc

Borisov, 24 novembre [Doc. X]

« D'après l'intention de M. le maréchal duc de Reggio, j'ai l'honneur de vous prier d'envoyer sur-le-champ le commissaire des guerres de votre division chez M. l'ordonnateur en chef, logé chez le juif Israël Dinken, nº 10 Grande-Rue, pour s'entendre avec lui sur la distribution des vivres qui se trouvent ici. »

Oudinot (Ordre)

Borisov, 24 novembre, midi [Doc. X.]

« Les troupes du IIᵉ corps d'armée exécuteront ce soir les mouvements ci-après :

La 5ᵉ brigade de cavalerie légère.

Les 2ᵉ et 7ᵉ régiments de chevau-légers polonais.

La 6ᵉ division d'infanterie.

Le tout sous les ordres de M. le général de division comte Legrand ouvrira la marche à 6 heures précises du soir pour se diriger sur Studianka.

La 9e division d'infanterie suivra ce mouvement.

La réserve d'artillerie suivra la 9e division.

La 8e division d'infanterie suivra la réserve d'artillerie.

Le parc d'artillerie suivra la 8e division d'infanterie.

Le 3e régiment de chevau-légers marchera en queue de la 8e division et sera aux ordres de M. le général Maison.

La division Dombrowski fermera la marche et protégera celle du parc d'artillerie.

Les troupes qui appartiennent à M. le général Bronikowski, seront dès avant la nuit réunies par les soins de ce général à la division de M. le général Maison.

Les bagages suivront la queue de la colonne mais à deux lieues de distance, la gendarmerie sera chargée de leur police, de les faire marcher en bon ordre et de brûler toutes les voitures non autorisées.

La colonne des prisonniers marchera en tête de la cavalerie légère et marchera à 5 heures. Les postes qui sont au pont de Borisov, y resteront jusqu'au jour.

MM. les généraux feront prendre les armes aux troupes à la nuit tombante, et on fera des patrouilles pour faire rentrer tous les soldats au drapeau ; on prendra toutes les précautions possibles pour que le feu ne prenne point aux baraques des bivouacs, ni aux maisons, on exigera le plus grand ordre et le plus profond silence, et il sera fait défense aux soldats du train et aux conducteurs de voitures de crier pour exciter leurs chevaux.

Tous les soldats valides devront être dans les rangs, il n'en sera point souffert conduisant des chevaux.

Les chevaux de main ne pourront être conduits que par des cavaliers démontés ou montés sur des chevaux du pays. »

Oudinot à Berthier

Borisov, 24 novembre [Doc. Lor. et A G.]

« Je me suis fixé pour le point de Studianka où je compte effectuer mon passage dans la nuit suivante et demain matin. Je multiplie les démonstrations à Stakhof et surtout à Oukholoda afin de donner le change à l'ennemi qui ne les ménage pas de son côté ; ses troupes sont devant nous dans un mouvement continuel ; il a même eu l'air de faire apporter des matériaux pour rétablir le pont de Borisov ; mais celui de ses mouvements qui paraît être le plus prononcé est celui qu'il fait par sa droite, dans la direction de Vérézino. Je le fais suivre et ne le perds pas de vue. Mais nous pensons tous ici que ce mouvement, fait sous nos yeux avec affectation, cache quelque autre projet, et qu'il est toujours convenable d'en donner avis à Votre Altesse.

Quoi qu'il en soit, j'espère être demain sur l'autre rive, et je compte y tenir assez pour assurer le passage de ce que Sa Majesté jugera à propos de faire passer à ma suite ; il n'est pourtant pas permis de douter que Wittgenstein et Steingel qui ont l'éveil, ne fassent tous leurs efforts pour nous contrarier. J'ai envoyé des officiers au duc de Bellune pour en avoir des nouvelles et l'informer de mes opérations. Je n'en ai point encore obtenu de réponse ; je viens encore de lui envoyer un parti sur Baran pour lui faire connaître la marche que je me propose d'exécuter cette nuit. »

Victor à Berthier

Peresleka, 24 novembre, 1 heure du matin [Reg. Victor]

« Le IXe corps a quitté Tschéreïa le 22 et a pris le chemin de Batouroui par la rive gauche du lac Dolghoé ; mon intention était de le diriger sur

Kholopenitschi, mais la route n'est pas dans ce moment praticable pour les voitures. Jusqu'à présent l'ennemi n'a montré que de la cavalerie. 900 cosaques et Baschkirs ont été attaqués hier et culbutés à Duby, village situé à la tête du lac, par les hussards de Bade qui ont ramené quelques prisonniers. La 12e division a trouvé à son arrivée à Batourouï plusieurs escadrons de cavalerie régulière venant de Kholopenitschi. Je suis informé qu'une colonne d'infanterie a dû les suivre à Krasnolouki. C'est sans doute sur Batourouï qu'elle doit déboucher. Toutes les troupes du IXe corps y seront réunies pour la recevoir ce matin à midi. Il est vraisemblable qu'une autre colonne marche par la route de Baran sur Borisov et que la première ne doit se montrer à Batourouï que pour retarder notre marche. Je ne m'y méprendrai pas et tout en combattant celle-ci, je tâcherai d'arriver à propos sur l'autre. La route que je tiendrai est par Chtchavrouï et Soukhokarma. Je compte pouvoir prendre position aujourd'hui à Chavroï. C'est de cet endroit que j'aurai l'honneur d'écrire à Votre Altesse Sérénissime.

L'Empereur voit le temps qu'il fait et Sa Majesté peut juger de l'état des soldats. Nous en perdons beaucoup. Le IXe corps ne compte pas aujourd'hui plus de 12.000 hommes d'infanterie. Les chevaux souffrent également, il en meurt un grand nombre tous les jours. »

Oudinot (1) (Ordre)

[Doc. Lor.]

« La division Legrand avec les brigades Castex, Corbineau et les chevau-légers polonais

La 9e division du général Merle ;

La réserve d'artillerie ;

La 8e division du général Maison ;

Le parc.

La division Dombrowski avec ordre de suivre et de protéger le parc.

On mettra aux ordres du général Maison les troupes qui appartenaient au général Bronikowski et on ordonnera à ce dernier général de les remettre lui-même, et, s'il le juge bon, de marcher à leur tête.

Les bagages suivront immédiatement, mais à deux heures de distance. La gendarmerie fera la police de tout ceci.

On préviendra les généraux Legrand et Merle qu'ils doivent avoir leurs troupes sous les armes à 4 heures et qu'on ne doit laisser personne en ville et surtout conduisant des chevaux ou voitures ; tous les valides doivent avoir des baïonnettes.

Les chevaux de main ne peuvent être conduits que par des cavaliers démontés ou montés sur des chevaux du pays. »

Oudinot à Berthier

Borisov, 25 novembre, 2 heures 30 du matin [A. C.]

« Le colonel Hulot était porteur d'une lettre par laquelle je rendais compte à Votre Altesse Sérénissime des motifs qui me déterminaient à suspendre la marche du IIe corps d'armée et à attendre vos ordres. Ce colonel m'avait donné l'espoir qu'il serait de retour vers 1 heure ce matin, mais ne le voyant pas paraître, cela me donne de l'inquiétude.

Je prends le parti d'envoyer de nouveau prendre les ordres de Votre Altesse ; en attendant les troupes se tiennent toujours prêtes à marcher. »

(1) Brouillon entièrement écrit de la main du duc de Reggio.

Oudinot à Berthier

Borisov, 25 novembre [A. G.]

« J'ai fait essayer la glace et elle porte de petits chevaux, par conséquent nul doute que l'infanterie ne puisse agir et se développer sur les marais qui règnent sur les deux côtés du chemin.

Je souhaiterais donc que les troupes destinées à m'appuyer fussent à portée de déboucher en même temps que moi au moment où les ponts seront construits, de manière à couvrir ma droite pendant que je ferais attaquer le plateau qui est à la gauche de la chaussée. Je prie Votre Altesse Sérénissime de donner des ordres en conséquence.

J'ai l'honneur de lui adresser ci-joint l'itinéraire des routes qui conduisent au point de passage.

Le général Corbineau qui a ordre de se rendre diligemment près de Sa Majesté, ne pourra, je crois, indiquer d'autre chemin que celui qu'il a tenu, mais qui doit prendre aux environs de la poste Natscha, si ce n'est cependant celui indiqué dans l'état ci-joint ; du reste si la Grande Armée prend le mien et que sa marche se fasse de nuit elle arrivera sans éveil.

J'ai ordonné des démonstrations sur Oukholoda et sur la tête de pont de Borisov où je laisse seulement 100 hommes de la division Maison.

Les prisonniers seront escortés par 100 Wurtembergeois qui appartiennent à Bronikowski et qui ne peuvent être mieux employés.

L'ordonnateur du IIᵉ corps a ordre de mettre 60 bœufs à la disposition de la garde impériale. »

Oudinot à Berthier

Borisov, 25 novembre, 4 heures 45 du soir [A G.]

« Votre Altesse Sérénissime verra par le rapport ci-joint de M. le général Aubry qui revenait de Studianka, au moment où j'ai reçu sa dernière dépêche, que le passage est encore loin d'être assuré. L'ennemi paraît ne point prendre le change, et il est certain que ce sont maintenant les troupes de Steingel venues par Bérézino qui sont devant ce gué. Ceci explique le mouvement vers la droite que l'ennemi a fait aujourd'hui. Un paysan qui avait servi hier de guide à une colonne d'environ 6.000 Russes qui s'était portée vers leur gauche et qui s'est échappé d'entre leurs mains, a déclaré que cette colonne avait fait aujourd'hui un mouvement inverse ; mais malgré les obstacles que présente le passage à Studianka, je pense que nous parviendrons à les surmonter, si j'étais promptement soutenu ; car en peu d'heures je puis me trouver entre deux corps ennemis. J'avais ordonné mon mouvement et il devait commencer à 6 heures, mais ceci me paraît d'une conséquence trop sérieuse pour ne pas le différer et attendre les ordres de Sa Majesté, d'autant qu'ils peuvent m'arriver encore à temps pour qu'il s'opère dans la nuit, puisque nous n'avons que trois lieues d'ici au point de passage.

Je joins ici un croquis de la reconnaissance qui a été faite à Oukholoda, village situé sur la route de Vérézino à deux milles d'ici, et que j'ai occupé jusqu'à présent. J'ai fait reconnaître par un parti le gué de Véselovo et on l'a trouvé également gardé par de la cavalerie et de l'infanterie. Ce gué n'est qu'à une lieue au-dessus de celui de Studianka. »

Aubry à Oudinot

25 novembre [A. G.]

« J'ai tout disposé à Studianka pour l'établissement du pont proposé. Ce soir, à 9 heures, douze chevalets seront prêts et des bois rassemblés pour former le tablier.

La rivière a 35 à 40 toises de largeur au gué qui avait trois pieds 1/2 au plus de profondeur il y a trois jours ; mais qui est plus profond, si l'on s'en rapporte aux habitants qui assurent que les eaux ont cru : l'abord de ce côté-ci n'en sera pas difficile ; on débarque à l'autre rive sur une chaussée étroite où se trouve un marais impraticable hors le temps des fortes gelées ; encore est-elle rompue en quelques endroits à cause de la nature même du terrain, ce qui nécessitera l'emploi de quelques fascines qu'on préparera d'avance.

J'ai trouvé ce gué gardé par quatre cosaques en vedette. J'ai vu des mouvements de cavalerie et d'infanterie, dans le village qui est à mi-côte sur l'autre rive, et enfin j'ai vu établir du canon sur la chaussée même ou du moins dans sa direction et sur les flancs du village pour battre le pont. La rive droite domine un peu celle-ci et a surtout l'avantage de bien découvrir nos travaux lorsqu'on les commencera ; il n'y a pas de doute qu'elle ne soit dans la journée couverte d'une nombreuse artillerie qui rendra le passage très difficile à cause de l'impossibilité de se développer avant d'avoir franchi tous les défilés, puisque je suis assuré par les rapports de gens dignes de foi et ensuite par celui du général Corbineau que 8.000 à 9.000 hommes sont venus de Lépel, hier soir, faire leur jonction avec le corps qui est en face de Borisov. Le général Corbineau les a vu arriver et allumer leurs feux. »

P.-S. — « Je n'ai pas pu juger de la direction que prend la chaussée, mais il y a du canon au bois dans le bas de la côte. Il y a aussi du canon à droite de la chaussée et à mi-côte dans une éclaircie du bois entre la chaussée et le village ; à gauche de la chaussée est un plateau bien découvert qui sera sûrement couvert d'artillerie et qui aura un peu d'avantage sur la position que nous serons obligés de prendre dans Studianka même. »

Oudinot (Ordre)

Borisov, 25 novembre [Doc. X.]

« Les troupes du IIe corps se mettront ce soir en marche dans l'ordre ci-après :

La 6e division d'infanterie avec la 5e brigade de cavalerie légère, les 2e et 7e de lanciers polonais, partiront à 6 heures précises du soir pour se rendre par Sta Borisov et Vouitsché à Studianka ; en arrivant, ces troupes prendront position en arrière du village, et se tiendront prêtes à déboucher au premier ordre.

L'artillerie et équipages des 6e et 9e divisions suivront la route par Dubeni et partiront de manière à précéder d'une demi-heure la réserve d'artillerie.

La 9e division d'infanterie suivra le même mouvement.

La réserve d'artillerie se mettra également en marche à 5 heures précises ce soir et se dirigera par Borisov, Dubeni, Vouitsché, à Studianka ; on enverra à l'avance pour reconnaître son emplacement afin d'éviter toutes espèces de confusion.

La 8e division d'infanterie suivra immédiatement la réserve d'artillerie.

La division Dombrowski suivra la 8e division d'infanterie.

La 3e division de cuirassiers marchera à la suite de la division Dombrowski.

Le parc d'artillerie, les équipages militaires, ambulances, et bagages, marcheront après la 3e division de cuirassiers et ne dépasseront pas Vouitsché, en ayant soin de parquer hors la route.

Les précautions d'ordre et de silence prescrites par l'ordre d'hier 24, sont de nouveau expressément recommandées. »

P.-S. — « On trouvera des guides chez M. le général chef de l'état-major. »

Victor à Berthier

Ratoulitschi, 25 novembre, 10 heures du matin [Doc. X.]

« Mon aide de camp vient de me remettre la lettre que Votre Altesse Sérénissime m'a fait l'honneur de m'écrire ce matin à 5 heures. Si je n'ai pas fait mention dans mon rapport de la canonnade d'hier sur notre arrière-garde, c'est qu'au moment où elle s'est fait entendre ma dépêche était fermée et que j'ai préféré charger mon aide de camp d'en rendre compte verbalement à retarder son départ. L'ennemi s'est présenté hier devant le général Fournier avec une force de 15 escadrons, de 4.000 ou 5.000 hommes d'infanterie et de 5 pièces de canon, outre 3 ou 4 pièces pour forcer le débouché de Batourouï. Le général Fournier soutenu d'une partie de la brigade de Bade a conservé sa position en répondant vivement à l'attaque dirigée sur lui. Le feu de l'artillerie et de l'infanterie a été très vif de part et d'autre pendant deux heures. L'ennemi qui marchait en masse a dû perdre beaucoup de monde. Notre perte est de quelques hommes tués et d'une cinquantaine de blessés. Nous avons passé la nuit dernière à portée de fusil des ennemis. Nous pouvions avoir ce matin un autre engagement et j'aurais pu le désirer, si je n'avais pas apprécié l'importance de marcher promptement sur les routes de Lépel. J'ai en conséquence mis en marche le IXᵉ corps ce matin deux heures avant le jour pour effectuer ce mouvement que je croyais sans obstacle, mais à mon arrivée ici, j'apprends que les chemins qui mènent à Kostritsa sont impraticables pour l'artillerie. Il faudrait passer un marais dangereux. Je me trouve donc par ce contre-temps obligé de descendre sur Lochnitsa. Les trois divisions d'infanterie du IXᵉ y arriveront ce soir ; l'arrière-garde restera à Ratoulitschi. Nous pourrons être demain 26 de bonne heure à Borisov, à moins que l'ennemi ne continue à nous suivre ce que je ne saurai que dans quelques heures.

Votre Altesse Sérénissime me reproche d'avoir retardé mon mouvement sur Baran ; si elle connaissait les difficultés que j'ai eues à surmonter, elle trouverait que j'ai rempli mon devoir et que je ne pouvais pas faire mieux. J'ai même lieu de croire que la lenteur de ma marche depuis Tschéreïa a été avantageuse aux troupes de la Grande Armée qui marchent sur la route de Borisov. Il est évident que si je ne l'eusse pas couverte, ce corps qui me suit s'y serait et aurait pu faire beaucoup de mal. D'ailleurs quelle que soit la diligence que j'eusse pu faire à me porter vers la Bérézina, je n'aurais pas pu empêcher le général Steingel de se joindre à l'armée de Tormasof. Le dessein en était formé depuis longtemps et le chemin qu'il avait à parcourir pour l'exécuter était beaucoup plus court que celui que j'avais à faire pour l'empêcher.

Les obstacles que je rencontre aujourd'hui pour aller à Kostritsa nous seront peut-être favorables, car en prenant cette direction si elle eut été praticable, je n'aurai pas pu arriver demain sur la Bérézina comme l'Empereur le désire. »

Victor à Berthier

Lochnitsa, 25 novembre, 5 heures du soir [Reg. Vict.]

« Ainsi que j'ai eu l'honneur de le mander ce matin à Votre Altesse Sérénissime, les trois divisions d'infanterie du IXᵉ corps couchent ce soir à Lochnitsa et la cavalerie à Ratoulitschi ; je les ferai mettre en marche demain avant le jour pour se rendre à Borisov. Il conviendrait peut-être que la cavalerie gardât sa position pour couvrir l'arrière-garde de l'armée, mais dans ce cas l'Empereur serait privé d'un secours important pour la bataille que

Sa Majesté se propose de livrer aux ennemis. Si je ne reçois pas l'ordre de laisser cette cavalerie où elle est, je la dirigerai demain sur Borisov.

M. le général Fournier a été suivi ce matin par 500 cosaques, un escadron de chevau-légers du prince Jean les a chargés et en a sabré un grand nombre. On n'avait pas encore vu d'infanterie à 3 heures après-midi. »

Victor à Fournier

Lochnitsa, 25 novembre, 9 heures du soir [Reg. Vict.]

« La position de l'arrière-garde de l'armée à Natscha, position qu'elle ne quittera que demain 26 du courant, ne permet pas que vous quittiez la vôtre avant d'être instruit qu'elle a dépassé la route qui conduit de Ratoulitschi à Lotchnitsa. D'après cette considération, vous devez vous porter demain matin avec vos quatre régiments de cavalerie sur les hauteurs de Ratoulitschi, non seulement pour observer les ennemis, mais encore pour leur en imposer et les empêcher d'insulter l'arrière-garde de l'armée ; mettez-vous en communication avec elle et opérez de manière à la soutenir jusqu'à Borisov. »

Victor à Berthier

Lochnitsa, 25 novembre, 10 heures du soir [Reg. Vict.]

« Du moment où le IIᵉ corps a reçu l'ordre de quitter ses positions près du IXᵉ corps, celui-ci s'est vu seul pour résister aux forces de Wittgenstein. Si M. le duc de Reggio n'eût pas fait précipitamment son mouvement, le IXᵉ corps aurait pu arriver à temps à Loukoml pour le remplacer, et M. le duc de Reggio, se dirigeant sur Krasnolouki, aurait pu faire croire à l'ennemi qu'on voulait l'attaquer par sa droite sur Lépel. M. le duc de Reggio serait ensuite descendu par Baran sur Borisov pour exécuter l'ordre de l'Empereur, de marcher sur Minsk. Le IXᵉ corps aurait masqué ce mouvement et l'ennemi eût été trompé au moins pendant deux ou trois jours. Le IXᵉ corps se serait ensuite porté sur Vésélovo par Baran et Iantschin sans que l'ennemi eût osé l'inquiéter dans cette marche dans le doute où il eût été que les deux corps se seraient arrêtés assez longtemps dans la position intermédiaire de Krasnolouki pour donner le temps à la Grande Armée de faire son mouvement sur Borisov. Les projets de l'Empereur auraient pu être remplis par là ; au lieu de cela le IIᵉ corps a quitté Loukoml sans même attendre l'arrivée du IXᵉ corps à Tschéréïa. Il a marché en arrière sur Bobr. L'ennemi a eu une connaissance entière de ce mouvement. Depuis ce moment, j'ai dû manœuvrer seul pour contenir Wittgenstein. De Tschéréïa, je me serais porté à Kholopénitschi si les routes n'eussent été tout à coup rendues impraticables pour l'artillerie par un fort dégel. Cette route traverse des bois marécageux. J'ai pris, pour remplir de mon mieux les desseins de l'Empereur, la route qui mène à Chvtchavrouï, en cotoyant le lac Dolghoé. Je ne me suis pas caché que Chvtchavrouï n'offrait pas le même avantage que Kholopenitschi pour arrêter l'ennemi. Celui-ci avait l'avantage d'une bonne route pour aller de Loukoml à Kholopenitschi. Il était le maître de la plus courte et de la meilleure communication sur la Bérézina, chose qu'il n'a pas été en mon pouvoir d'empêcher, parce que, je le répète à Votre Altesse Sérénissime, le mouvement du IIᵉ corps par Bobr a fait connaître de suite à Wittgenstein notre projet de marcher sur Borisov et non plus de l'attaquer. J'ai eu l'honneur de faire connaître à Votre Altesse Sérénissime mon projet de marcher sur Baran si les routes me le permettaient ; j'ai senti l'avantage de cette nouvelle position pour contenir un moment les ennemis, mais les mauvais chemins m'ont empêché de le faire. J'y aurais laissé l'artillerie du IXᵉ corps.

J'ai donc cru devoir me borner à cotoyer pour ainsi dire la grande route de Minsk et à empêcher Wittgenstein de rien entreprendre sur le flanc de l'armée et sur son arrière-garde ; je croyais avoir rempli ce but et, je dois l'avouer à Votre Altesse Sérénissime, il m'est bien pénible de voir par les lettres qu'elle m'a écrites que je n'ai point entièrement agi dans les vues de l'Empereur. Je pensais l'avoir fait...

Par la lettre de Votre Altesse du 29 à 5 heures du matin, il m'est ordonné de me porter rapidement sur Borisov avec le IXᶜ corps pour concourir au passage de la Bérézina et de laisser une arrière-garde pour maintenir l'ennemi sur Ratoulitschi. Est-ce assez pour cette opération d'amener à l'Empereur deux divisions qui n'offrent pas huit mille hommes ? J'ai cru par ma marche d'aujourd'hui mettre à même Sa Majesté d'attirer à elle à Borisov tout le IXᶜ corps.

Le chemin de Kostritsa est impraticable. J'ai pensé qu'il valait mieux venir à Lochnitsa et de là à Borisov. J'ai laissé le général Fournier à Novosiolki, village situé à l'embranchement des routes de Baran et de Ratoulitschi. L'ennemi ne peut agir sur Natscha que par la rive gauche de la rivière de ce nom que j'ai passée à Selon et dont j'ai fait détruire le pont, l'arrière-garde de l'armée qui est à Natscha aujourd'hui n'a pas à craindre de fortes entreprises de la part de l'ennemi par la rive droite de la Natscha ; en laissant le général Fournier à Novosiolki, je l'empêchais de se porter par Ratoulitschi sur la grande route entre Natscha et Lochnitsa, ainsi j'ai cru que je couvrais entièrement l'arrière-garde et que l'Empereur pouvait, s'il le voulait, se servir du IXᵉ corps en entier sans compromettre l'arrière-garde de son armée.

Maintenant que j'ai exposé à Votre Altesse Sérénissime les motifs qui m'ont fait agir, je demande ses ordres pour savoir si c'est seulement avec deux divisions que je dois marcher sur Borisov. Je pense que M. le prince d'Eckmühl étant demain à Lochnitsa n'aura plus rien à craindre des entreprises des ennemis qui n'ont pas beaucoup d'infanterie. Leurs projets, j'en suis persuadé, en attaquant le général Fournier à Batourouï était seulement de ralentir mon mouvement sur Borisov, et je n'ai pas dû perdre un temps que je croyais précieux, à repousser l'ennemi dans un pays couvert et où une affaire de ce genre n'eût offert aucun résultat avantageux pour le service de l'Empereur. »

Victor

Lochnitsa, 26 novembre, 3 heures du matin [Reg. Vict.]

« J'ai l'honneur de prévenir Votre Excellence que M. le général Fournier, commandant quatre régiments de cavalerie légère du IXᵉ corps, a l'ordre de suivre votre arrière-garde jusqu'à Borisov et que la 12ᵉ division d'infanterie est établie à Lochnitsa pour le même objet. »

Bonin à de Wrède

Vidzouï, 25 novembre [A. N.]

« Très honoré de me trouver sous vos ordres, M. le général, j'ai l'honneur de vous remettre, ci-joint, la situation des troupes sous mes ordres à l'époque d'aujourd'hui.

Je suis rentré avant-hier à Vidzouï, et certainement je ferai mon possible pour maintenir ma position, mais j'ose vous représenter, monsieur le général, que je suis réellement très peu en force, surtout en égard de cavalerie. Je ne tiens que trente gendarmes, mal montés, plus mal armés, encore, et proprement bons à rien ; j'en ai fait l'expérience le 31 d'octobre. Je ne puis absolument m'en servir que pour les mettre en piquet tout près de la ville, il n'y a pas à s'y fier, pour les envoyer en découverte, de sorte que, pour m'éclairer, il ne me reste d'autres moyens que de me servir d'espions et de correspondance.

Le bataillon du 19e régiment polonais que je tiens n'est pas du tout instruit encore, et non uniformé ; cependant je crois être persuadé qu'il fera son devoir en cas d'événement, d'autant plus que son commandant est un officier de mérite et fort instruit. Les deux autres bataillons de ce régiment se trouvent à quatorze lieues d'ici, à Swentsianouï.

Si le poste de Vidzouï devient de quelque conséquence, il serait à souhaiter qu'on me fournisse au moins cent hommes de bonne cavalerie, pour pouvoir me mettre à l'abri de toute surprise ; il n'y a qu'une surprise que je craigne, et pourtant dans ma situation présente il est fort difficile de l'éviter, en cas que l'ennemi voudrait tenter un second Hurrah sur Vidzouï. J'en ai fait les représentations à M. le gouverneur général, mais en vain. C'est à présent à Votre Excellence que j'adresse mes réclamations.

Veuillez, mon général, s'il est possible, me faire parvenir les moyens nécessaires, et je ne négligerai certainement rien pour maintenir ma position et pour me rendre digne de l'honneur de me trouver sous vos ordres. Mais j'ose réitérer l'observation que, pour le moment, je ne me trouve réellement pas en mesures de pouvoir garantir tout événement.

Selon mes nouvelles, il y a à Drouïa pour le moment tout au plus 70 hommes de cavalerie qui poussent leurs patrouilles jusqu'à Braslaw, Jacoubowo, et même, le 18, il en est passé, et bientôt repassé une, fort tranquillement et sans arrêter à Opsa ; mais depuis ce temps l'on n'a pas vu d'ennemi à ce dernier endroit.

Le prince Radziwil a quitté, il y a à peu près douze jours, Dinabourg, pour se rendre à Illoukst, d'où le général Grandjean est parti pour se porter vers Riga. Le 28, un corps russe, dont on ne connaît pas les forces, doit être entré à Dinabourg ; une patrouille venant apparemment de ce dernier endroit s'est présentée le 23 à Drisviati.

C'est en attendant les ordres ultérieurs de Votre Excellence que j'ai l'honneur d'être avec le plus profond respect. »

Chapelle et Chapuis

Relation du passage de la Bérésina, 26, 27, 28, 29 novembre 1812 (1)
(janvier 1844) [A G.]

« La division du général russe Lambert qui faisait partie de l'armée de Moldavie commandée par l'amiral Tchitchagof, s'était emparée le 21 novembre du pont de Borisov et de cette ville située sur la rive gauche de la Bérésina.

Le 23, le IIe corps commandé par le général Oudinot duc de Reggio attaqua et battit cette division russe qui repassa sur la rive droite de la Bérésina et coupa, en se retirant, le pont de Borisov.

25 novembre. — Le 25, M. le général comte Eblé, commandant les équipages des ponts de l'armée, et M. le général comte Chasseloup, commandant du génie, qui avaient été chargés de se concerter ensemble pour construire des ponts sur la Bérésina, arrivèrent vers 4 à 5 heures du matin à Borisov.

M. le général Eblé avait avec lui sept compagnies de pontonniers fortes d'environ 400 hommes en bon ordre et ayant tous conservé leurs fusils.

Le matériel consistait en : 1° six caissons renfermant des outils d'ouvriers

____

(1) Cette relation a déjà été imprimée isolément, mais elle est introuvable.

en bois ou en fer, des clameaux, des clous, des haches, des pioches et du fer ;

2° Deux forges de campagne ;

3° Deux voitures chargées de charbon.

Ce matériel, indispensable pour une opération de laquelle dépendait le salut de l'armée, avait été amené entièrement par les soins de M. le général Eblé qui avait eu aussi la précaution de faire prendre à Smolensk à chaque pontonnier un outil, 15 à 20 grands clous et quelques clameaux que tous déposèrent fidèlement au lieu choisi pour faire les préparatifs du passage.

M. le général comte Chasseloup avait sous ses ordres plusieurs compagnies de sapeurs et les restes du bataillon du Danube, ouvriers de la marine.

On laissa deux compagnies de pontonniers et une ou deux compagnies de sapeurs à Borisov, pour y attendre de nouveaux ordres et faire auprès du pont rompu et au-dessous des démonstrations de passage.

Le restant de la troupe partit vers midi avec les caissons d'outils et les forges, pour se rendre au village de Vésélovo où le passage avait été résolu.

Ce village est situé à quatre lieues environ au-dessus de Borisov, on y arriva entre 4 et 5 heures du soir.

Le roi de Naples, le duc de Reggio, le général comte Eblé et le général comte Chasseloup s'étaient aussi rendus sur ce point.

Il fut convenu que l'on construirait trois ponts de chevalets, dont deux seraient exécutés par l'artillerie et un par le génie.

Le IIe corps occupant le village de Vésélovo depuis deux jours, on avait construit près de ce village une vingtaine de chevalets avec des bois beaucoup trop faibles, de sorte que ces préparatifs, sur lesquels on avait compté, ne furent d'aucune utilité. Napoléon qui n'avait pu être informé de ce contretemps, ordonna de jeter un pont à 10 heures du soir ; mais il y avait impossibilité absolue de mettre cet ordre à exécution.

A 5 heures du soir, rien n'était donc encore commencé et il n'y avait pas un moment à perdre.

On se mit à l'ouvrage, on abattit des maisons, on en rassembla les bois, pour servir les uns à la construction des chevalets, les autres pour tenir lieu de poutrelles et madriers, ou forger des clous, des clameaux ou crampons ; enfin on travailla sans relâche et avec une grande activité toute la nuit.

Afin de suppléer aux bateaux ou nacelles dont on manquait, on construisit trois petits radeaux, mais les bois que l'on fut forcé, faute d'autres, d'y employer, étaient de dimensions si faibles que chaque radeau ne pouvait porter au plus que dix hommes.

26 novembre. — Le 26 à 8 heures du matin, Napoléon donna l'ordre de jeter les ponts ; on en commença aussitôt deux éloignés l'un de l'autre d'environ 100 toises.

En même temps quelques cavaliers passèrent la rivière à la nage ayant chacun un voltigeur en croupe, et l'on passa successivement 300 à 400 hommes d'infanterie sur les radeaux.

On s'attendait à une forte résistance de la part de l'ennemi dont les feux avaient été très nombreux pendant la nuit. Cependant les Russes ne firent aucune disposition sérieuse pour s'opposer à la construction des ponts. Il n'y eut qu'une vive fusillade qui dura pendant trois à quatre heures. Des cosaques se présentèrent en assez grand nombre, mais ils furent contenus par nos tirailleurs à pied et à cheval et par le feu de l'artillerie qui était en batterie sur la rive gauche.

Le général Eblé n'avait pu vérifier dans la nuit la largeur de la rivière qu'on lui avait assurée être de 40 toises. Il reconnut au jour qu'on travaillait à l'établissement des deux ponts, que cette largeur était de plus de 50 toises.

Alors M. le général Chasseloup qui avait déjà déclaré le matin qu'il était dans l'impossibilité de faire construire un troisième pont par le génie, mit à la disposition du général Eblé les sapeurs ainsi que les chevalets qu'il avait construits.

Le nombre des chevalets ne suffisant pas encore pour les deux ponts et, pour remédier aux accidents, on en continua la construction pendant toute la journée.

A 1 heure de l'après-midi, le pont de droite fut achevé, il était destiné pour l'infanterie et la cavalerie seulement, parce qu'on n'avait pu employer pour le couvrir que de mauvaises planches de quatre à cinq lignes d'épaisseur.

Le IIᵉ corps commandé par le maréchal Oudinot, duc de Reggio, passa le premier.

Napoléon qui, depuis le matin, n'avait pas quitté les bords de la Bérésina, se plaça à l'entrée du pont pour voir défiler le IIᵉ corps dont tous les régiments étaient parfaitement en ordre et montraient beaucoup d'ardeur. En prenant des précautions, on parvint à faire passer sur le pont une pièce de 8 et un obusier avec leurs caissons, ainsi que plusieurs caissons de cartouches.

Le duc de Reggio marcha droit au camp de la division russe ; cette division vivement attaquée ne tint qu'un moment sa position formidable. L'ennemi qui paraît avoir été une partie de la journée incertain de notre véritable passage, à cause des mouvements de troupes et des démonstrations faites auprès du pont de Borisov et au-dessous, reprit l'offensive dans la soirée, mais le IIᵉ corps le battit et, malgré tous les efforts que firent les Russes les deux jours suivants, nos troupes conservèrent la position qui couvrait entièrement le défilé des ponts.

Le pont de gauche destiné spécialement pour les voitures et dont on avait été obligé de suspendre la construction pendant deux heures afin de pousser avec plus de vigueur celle du pont de droite, fut terminé à 4 heures. Aussitôt l'artillerie du IIᵉ corps défila sur ce pont. Elle fut suivie par celle de la garde, par le grand parc et successivement par l'artillerie des autres corps et par les diverses voitures de l'armée.

Au lieu de madriers ou fortes planches dont on manquait entièrement, on avait employé pour le tablier de ce pont des rondins de quinze à seize pieds de longueur sur trois à quatre pouces de diamètre.

Les voitures, en passant sur ce tablier raboteux, faisaient éprouver au pont des secousses d'autant plus violentes que toutes les recommandations étaient le plus souvent inutiles pour empêcher beaucoup de conducteurs de voitures de faire trotter leurs chevaux ; les chevalets s'enfonçant inégalement sur un sol vaseux, il en résultait des ondulations et des inclinaisons qui augmentaient les secousses et faisaient écarter les pieds des chevalets. Ces graves inconvénients que l'on n'avait eu ni le temps ni le moyen de prévenir, causèrent les trois ruptures dont il va être question.

A 8 heures, trois chevalets du pont de gauche s'écrasaient. Ce funeste événement consterna le général Eblé qui, sachant combien les pontonniers étaient fatigués, désespérait presque de réunir sur-le-champ le nombre d'hommes nécessaires pour travailler avec promptitude à des réparations si urgentes. L'ordre s'était heureusement maintenu. Les officiers étaient établis à des bivouacs avec leurs compagnies. On ne demanda que la moitié de la troupe, mais ce ne fut pas sans peine que l'on parvint à tirer d'auprès du feu où ils étaient endormis, des hommes harrassés de fatigue. Des menaces eussent été bien infructueuses. *La voix seule de l'honneur et de la patrie* pouvait se faire entendre à ces braves gens qui étaient aussi fortement stimulés par l'attachement et le respect qu'ils portaient au général Eblé.

Après trois heures de travail le pont fut réparé et les voitures reprirent leur marche à 11 heures.

27 novembre. — Le 27, à 2 heures du matin, trois chevalets du même pont se rompirent dans l'endroit le plus profond de la rivière, la seconde moitié des pontonniers que le général Eblé avait eu la sage précaution de laisser reposer, fut employée à réparer ce nouvel accident. On y travaillait avec ardeur, lorsque M. le général comte de Lauriston arriva sur le pont. Montrant une impatience bien naturelle, il se plaignait de la lenteur d'un travail qu'on ne pouvait cependant pousser avec plus d'activité et peignait vivement les inquiétudes de Napoléon. Pendant qu'on était occupé à déblayer les bois à l'endroit de la rupture, le général Eblé faisait construire sous ses yeux des chevalets dont il avait lui-même choisi les bois. M. le général Lauriston se fit conduire près de lui, il y resta jusqu'à ce que les trois chevalets dont on avait besoin fussent prêts, et tous deux les précédèrent faisant faire place à la foule qui devenait déjà très grande.

Après quatre heures de travail le plus pénible, la communication fut rétablie à 6 heures du matin.

A 4 heures du soir, le passage fut encore suspendu pendant deux heures au pont de gauche par la rupture de deux chevalets, ce troisième accident fut heureusement le dernier.

Au pont de droite sur lequel il ne passait que des hommes et des chevaux, les chevalets ne se rompirent pas, mais on fut constamment occupé à réparer le tablier formé par un triple lit de vieilles planches ayant servi à la couverture des maisons du village et qui, n'ayant pu être fixées solidement, se dérangeaient à chaque instant ; les pieds des chevaux les brisaient et passaient quelquefois à travers, en sorte qu'on était obligé de les remplacer souvent.

Pour diminuer les fatigues des ponts, on avait couvert leurs tabliers avec du chanvre et du foin qu'il fallait renouveler fréquemment.

Malgré ces fâcheux contretemps, le passage s'effectua avec assez de promptitude par les troupes qui avaient conservé de l'ordre et marchaient réunies.

Jusqu'au 27 au soir, il n'y avait pas encore d'encombrement, parce que les hommes isolés ne s'étaient pas encore présentés qu'en petit nombre. Ils arrivèrent en foule pendant la nuit du 27 au 28, amenant avec eux, une grande quantité de voitures et de chevaux. Leur marche tumultueuse et confuse causa un tel encombrement que ce n'était qu'avec des peines infinies et après avoir couru de grands dangers que l'on pouvait arriver jusqu'aux ponts.

Le général Eblé, ainsi que d'autres généraux et officiers, tentèrent vainement à plusieurs reprises de rétablir l'ordre. Ils ne pouvaient se faire écouter par des hommes qui, ayant depuis plus d'un mois secoué le joug de toute discipline, étaient dominés par l'égoïsme et livrés pour la plupart à un profond abrutissement.

Les voitures arrivant aux ponts sur 30 à 40 colonnes, il s'établissait aux culées des discussions et des rixes pendant lesquelles le passage était interrompu.

28 novembre. — Le 28 au matin, lors des attaques combinées des armées russes sur les deux rives de la Bérésina, le désordre fut porté à son comble près des ponts, et continua pendant toute la journée. Chacun voulait passer le premier et personne ne voulait céder ; le passage, interrompu pendant de longs intervalles, n'eut bientôt plus lieu qu'avec une extrême difficulté.

Les hommes, les chevaux et les voitures de la queue des colonnes sur lesquels tombèrent les boulets et les obus dès le commencement de la bataille serrèrent sur la tête et vinrent former près des ponts une masse de 600 à 700 toises de front, sur 150 à 200 toises de profondeur ; de sorte que la plaine entre les ponts et le village de Vésélovo était couverte par une multitude d'hommes à pied et à cheval, de chevaux et de voitures qui, tournés dans tous les sens, ne pouvaient faire aucun mouvement.

Le IXᵉ corps qui soutenait la retraite, combattait depuis le matin avec une valeur admirable contre des forces bien supérieures aux siennes ; mais son front n'ayant pas assez d'étendue, l'ennemi parvint, vers 1 heure de l'après-midi, à placer plusieurs batteries qui découvraient les ponts. Les boulets et les obus tombant alors au milieu d'une foule serrée d'hommes et de chevaux y firent un ravage épouvantable. L'action de cette masse se portant elle-même vers la rivière, produisit de grands malheurs ; des officiers, des soldats furent étouffés ou écrasés sous les pieds des hommes et des chevaux. Un grand nombre d'hommes jetés dans la Bérésina y périrent, d'autres se sauvèrent à la nage, ou atteignirent les ponts sur lesquels ils montèrent, en se cramponnant aux chevalets. Une grande quantité de chevaux furent poussés dans la rivière et restèrent pris dans les glaces. Des conducteurs de voitures et de chevaux les ayant abandonnés, la confusion fut sans remède ; les chevaux errant sans guide se réunirent et, en se serrant, formèrent une masse presque impénétrable.

Le feu cessa de part et d'autre vers 5 heures, à l'entrée de la nuit, mais le passage retardé par une succession continuelle d'obstacles ne s'effectuait plus qu'avec une lenteur désolante. Dans cette situation vraiment désespérante, le général Eblé fit faire un grand effort pour débarrasser les avenues des ponts et faciliter la marche du IXᵉ corps qui devait se retirer pendant la nuit. 150 pontonniers furent employés à cette opération. Il fallut faire une espèce de tranchée à travers un encombrement de cadavres d'hommes et de chevaux, de voitures brisées et renversées, on y procéda de la manière suivante :

Les voitures abandonnées qui se trouvaient dans le chemin qne l'on pratiquait étaient conduites sur le pont par les pontonniers qui les culbutaient dans la rivière. Les chevaux que l'on ne pouvait contenir sur le nouveau chemin, étaient chassés sur le pont avec la précaution de n'en faire passer qu'un petit nombre à la fois pour éviter les accidents. On pratiqua à droite et à gauche de la grande tranchée des ouvertures pour faciliter l'écoulement des hommes à pied et des voitures qui restaient encore attelées. Il ne fut pas possible de détourner les cadavres des chevaux, le nombre en était trop grand, et les hommes et les voitures qui devaient nécessairement passer par dessus avant d'arriver au pont, éprouvèrent de grandes difficultés.

Le IXᵉ corps quitta sa position vers 9 heures du soir, après avoir laissé sur la rive gauche des postes et une arrière-garde pour observer l'ennemi. Il défila sur les ponts en très bon ordre, emmenant avec lui toute son artillerie.

29 novembre. — Le 29, à 1 heure du matin, tout le IXᵉ corps, à l'exception d'une faible arrière-garde, était passé sur la rive droite, et personne ne passait plus sur les ponts.

Deux batteries de six pièces de canon, commandées chacune par un colonel, MM. Chopin et Serruzier, passèrent également la rivière avec leurs caissons dans la nuit du 28 au 29.

Cependant, il restait encore sur la rive gauche des officiers et autres mili-

taires blessés ou malades, des employés, des femmes, des enfants, des offi-
ciers-payeurs avec leurs fourgons, des vivandiers, quelques soldats armés,
mais fatigués ; enfin une foule d'isolés avec leurs provisions et leurs
chevaux.

Tout ce monde, hormis les blessés et les malades, pouvait facilement, en
abandonnant chevaux et voitures, passer les ponts pendant la nuit, mais
lorsque le feu de l'ennemi eut cessé, les bivouacs se formèrent avec la plus
incroyable sécurité. Le général Eblé envoya plusieurs fois dire, autour de
ces bivouacs, que les ponts allaient être brûlés. Officiers, employés, soldats, etc., étaient sourds aux plus pressantes sollicitations et attendaient
sans inquiétude, près du feu ou dans les voitures, qu'il fît jour pour se disposer à partir.

M. le maréchal Victor, duc de Bellune, qui resta pendant une grande partie de la nuit au bivouac du général Eblé, fit lui-même des efforts inutiles
pour mettre en mouvement une foule indifférente et obstinée.

A 5 heures du matin, le général Eblé fit mettre le feu à plusieurs voitures,
afin de décider au départ les hommes qui les entouraient : cette mesure
produisit quelque effet.

Vers 6 heures 1/2, le maréchal Victor retira ses avant-postes et leur fit
passer les ponts : ce mouvement réveilla les insouciants ; convaincus enfin
qu'ils allaient tomber entre les mains de l'ennemi, ils se précipitèrent sur les
ponts avec leurs voitures et leurs chevaux et y produisirent un nouvel et
dernier encombrement.

Le général Eblé qui avait reçu l'ordre de détruire les ponts à 7 heures du
matin, attendit le plus longtemps qu'il lui fut possible pour commencer une
opération dont il avait assuré le succès, par les préparatifs auxquels il avait
donné tous les soins pendant la nuit. Son cœur sensible combattit longtemps
avant de prendre la résolution d'abandonner à l'ennemi un aussi grand
nombre de Français. Ce ne fut donc qu'à 8 heures 1/2, lorsqu'il n'y avait
plus un moment à perdre, qu'il ordonna de couper les ponts et d'y mettre le
feu.

La rive gauche de la Bérésina offrit alors le plus douloureux spectacle :
hommes, femmes, enfants, poussaient des cris de désespoir. Plusieurs tentèrent de passer, en se précipitant à travers les flammes des ponts ou en se
jetant à la nage dans la rivière qui chariait de gros glaçons. D'autres se
hasardèrent sur la glace qui s'était arrêtée entre les deux ponts, et qui,
n'étant pas encore assez consolidée, céda sous leurs pieds et les engloutit.

Enfin, vers 9 heures, les cosaques arrivèrent et firent prisonnière cette
multitude, en grande partie victime de son aveuglement.

Le travail de la destruction des ponts dura une heure. Il fut entièrement
achevé à 9 heures 1/2, alors le général Eblé fit réunir la troupe et se retira
sur la route de Zembin que suivait l'armée.

L'artillerie russe ne commença que dans ce moment à faire feu, mais on
fut bientôt à l'abri de ses coups.

La timidité avec laquelle l'armée russe s'approcha des ponts dans la
matinée du 29, prouve combien elle avait été maltraitée la veille par
le IXᵉ corps. Ainsi qu'on l'a dit, le feu avait cessé de part et d'autre le 28,
à 5 heures du soir. Depuis cet instant jusqu'au lendemain à 9 heures 1/2,
lorsque les ponts ont été détruits et que les pontonniers se retiraient, il ne
s'est pas tiré un seul coup de canon ni un coup de fusil. Les cosaques qui
firent les premières reconnaissances hésitèrent longtemps avant de s'approcher, malgré qu'on ne fît pas feu sur eux ; enhardis enfin, ils vinrent se
mêler parmi des gens sans défense qu'ils n'eurent aucune peine à faire prisonniers. Le nombre de ces derniers est de 4.000 à 5.000, y compris femmes

et enfants. On laissa sur la rive gauche de la Bérésina 3.000 à 4.000 chevaux de toute taille, 600 à 700 voitures de diverses espèces, mais toute l'artillerie passa, hormis quelques caissons isolés ou brisés et trois ou quatre canons qui se trouvèrent embarrassés au loin dans les autres voitures.

L'arrière-garde de l'armée avait pris position à une lieue environ de la Bérésina pour couvrir un défilé de deux lieues de long dans une forêt marécageuse traversée par une chaussée étroite, sur laquelle il ne pouvait passer qu'une voiture de front.

Ce défilé dont les côtés étaient presque impraticables pour les gens à pied et à cheval était terminé par trois grands ponts, en bois de sapin, établis à la suite l'un de l'autre sur des ruisseaux et des marais qui n'étaient pas entièrement gelés. Ces ponts avaient ensemble plus de 300 toises de longueur. Les deux intervalles d'environ 100 toises chacun qui les séparaient, étaient remplis par une chaussée construite en fascines et en terre.

Le maréchal Ney, prince de la Moskowa, qui avait pris le commandement de l'arrière-garde, attendait à l'entrée de la forêt le général Eblé, à qui il donna l'ordre, de la part de Napoléon, de brûler les trois ponts dont on vient de parler en lui disant que leur parfaite destruction était de la plus haute importance.

Le général Eblé, étant arrivé près des ponts, fit tout disposer pour leur embrasement. Les pontonniers furent employés le restant de la journée du 29 aux préparatifs de cette opération qui commença à 10 heures du soir, aussitôt après le passage des troupes de l'arrière-garde. Quelques cosaques et tirailleurs se présentèrent à la culée du premier pont, mais ils furent éloignés par la fusillade d'un bataillon d'arrière-garde.

30 novembre. — Les pontonniers se retirèrent le 30 à 4 heures du matin, après avoir détruit les trois ponts, de manière à ne pouvoir être réparés par les Russes.

On conçoit que si le général russe dont la division avait occupé Zembin pendant les trois ou quatre jours qui ont précédé notre passage de la Bérésina, eût fait détruire les trois ponts en question, l'armée française se fût trouvée dans un embarras pire que le premier.

Observations. — La largeur de la Bérésina sur le point de Vésélovo, où s'est effectué le passage est de cinquante-quatre toises. Sa plus grande profondeur était de six à sept pieds. Elle chariait des glaces.

Cette rivière est peu rapide. Son fond est vaseux et inégal. A l'endroit du passage, la rive droite est très marécageuse, mais le froid avait durci le terrain ; autrement les voitures n'auraient pu être conduites à 100 pas des bords de la rivière.

Les bois que l'on employa pour la construction des ponts provenaient, ainsi qu'on l'a fait observer, des maisons qui furent démolies dans le passage de Vésélovo, pendant la nuit du 25 au 26 novembre.

La hauteur des chevalets était de trois jusqu'à huit à neuf pieds, et la longueur des chapeaux de quatorze pieds.

Il y avait vingt-trois chevalets à chacun des deux ponts et par conséquent vingt-quatre travées.

La longueur d'une travée, c'est-à-dire la distance d'un chapeau de chevalet à l'autre, était de treize à quatorze pieds.

Les bois qui servirent, en guise de poutrelles, pour former les travées, avaient seize à dix-sept pieds de longueur et cinq à six pouces de diamètre. On n'avait pas eu le temps de les équarrir, non plus que ceux des chapeaux et des pieds de chevalets.

On a fait remarquer qu'on avait fait usage, pour le tablier du pont de gauche, de rondins de quinze à seize pieds de longueur sur trois à quatre pouces de diamètre et que celui du pont de droite était composé d'un triple lit de vieilles planches ayant servi à la couverture des maisons du village. Ces planches avaient sept à huit pieds de longueur, cinq à six pouces de largeur et quatre à cinq lignes d'épaisseur, on en mit deux longueurs qui se croisaient sur le milieu du pont.

Les détails dans lesquels on est entré donnent une idée des difficultés qu'on eut à surmonter pour, *dans une seule nuit*, et avec une troupe fatiguée par de longues marches de jour et de nuit et privée de subsistances, abattre des maisons, en rassembler et choisir les bois, construire les chevalets, puis, avec la même troupe, jeter les ponts, ensuite les entretenir et les réparer pendant trois jours et trois nuits.

Les pontonniers et les sapeurs ont travaillé à la construction des ponts avec un zèle et un courage au-dessus de tout éloge.

Les pontonniers ont seuls travaillé dans l'eau ; malgré les glaces que chariait la rivière, ils y entraient souvent jusqu'aux aisselles, pour placer les chevalets qu'ils contenaient de cette manière jusqu'au moment où les bois qui servaient de poutrelles, étaient fixés sur les chapeaux.

Animés et soutenus par la présence du général Eblé, les pontonniers ont montré une persévérance et un dévouement sans bornes, dans les pénibles réparations des ponts dont ils furent seuls chargés. Sur plus de cent qui se sont mis dans l'eau soit pour construire, soit pour réparer les ponts, on n'en a conservé qu'un très petit nombre ; les autres sont restés sur les bords de la Bérésina, ou ne suivaient plus deux jours après le départ, et on ne les a plus revus.

Tant de peines, de fatigues, d'inquiétudes et de malheurs eussent été évités, si on avait eu les moyens de jeter un pont de bateaux. Ces moyens, on les possédait quelques jours avant d'arriver à la Bérésina, et on les a détruits.

En effet il y avait à Orcha un équipage de pont de soixante bateaux muni de tous ses agrès ; on y mit le feu le 20 novembre, six jours avant d'arriver à la Bérésina.

Il ne fallait que quinze de ces bateaux, pour construire en une heure un pont à côté duquel on aurait pu en établir un autre en chevalets pour rendre le passage plus prompt.

Cet équipage de quinze bateaux eût été rendu très mobile, en l'allégeant de moitié ; c'est-à-dire, en mettant deux voitures par bateau ; savoir : une pour le bateau, et une pour les poutrelles et les madriers.

Ces trente voitures eussent été lestement transportées avec moins de trois cents chevaux qu'on eût trouvés facilement, en laissant ou en brûlant à Orcha quelques-unes de ces innombrables voitures qu'il fallut bien abandonner peu de jours après.

Si la proposition qu'avait faite le général Eblé d'emmener d'Orcha une portion de l'équipage de pont eût été acceptée, le passage de la Bérésina aurait été sous le rapport de la construction des ponts, une opération ordinaire dont le succès n'eut pas été un moment douteux, et des malheurs qu'on ne saurait trop déplorer, mais qui auraient pu être bien plus grands, ne seraient pas arrivés.

On a dit qu'il n'était resté sur la rive gauche de la Bérésina que trois ou quatre pièces de canon qui auront été embarrassées dans les autres voitures. Cette assertion dément ce que des ouvrages sur la campagne de 1812 en Russie rapportent d'une nombreuse artillerie abandonnée à la Bérésina. Il est aisé de prouver que nous n'avons rien avancé que de vrai. En effet, il est incontestable que toute l'artillerie de la garde ainsi que celle des IIe et IXe corps et le grand parc composé de près de trois cents voitures dont quarante à cinquante pièces de canon ont passé la rivière, qu'il en a été de même du peu qui restait aux autres corps, enfin que douze pièces avec leurs caissons appartenant à ces derniers corps ont encore passé dans la nuit du 28 au 29.

Au surplus les auteurs qui ont écrit l'histoire de la campagne de 1812 en Russie ont tous donné, sur le passage de la Bérésina, des détails inexacts et incomplets.

Les erreurs de dates qu'ils ont commises et leur silence à l'égard du général Eblé prouvent assez qu'ils ne se sont pas arrêtés auprès des ponts, où ils n'avaient d'ailleurs rien à faire. Ils n'ont donc pu voir qu'une faible partie des événements qui se sont succédés sur les bords de la Bérésina, depuis le 25 novembre à 5 heures du soir jusqu'au 29 à 9 heures et demie du matin.

N'ayant pas vu les choses en passant, et la nature de nos fonctions nous ayant fixés auprès de feu M. le général Eblé, nous avons pensé qu'il était de notre devoir de suppléer, autant que cela dépendait de nous, à la relation que cet officier général eût faite d'une opération qu'il a dirigée seul depuis le commencement du passage jusqu'à la fin, et dont le succès, en ce qui concerne la construction des ponts et leur conservation pendant tout le temps qu'ils ont été nécessaires, est dû à son active prévoyance, à son sang-froid et à son esprit d'ordre qui le distinguait éminemment.

M. le général comte Chasseloup a rendu à cet égard toute la justice due à M. le général Eblé, au chef de l'état-major duquel il dit au moment où on commençait à construire les ponts :

« Je reconnais que c'est l'artillerie qui doit être chargée des ponts à la
« guerre, parce qu'elle a, par son personnel, ses chevaux et son matériel de si
« grandes ressources qu'il lui en reste encore quand celles des autres servi-
« ces sont épuisées. Le génie et le bataillon du Danube, ouvriers militaires
« de la marine, sont entrés en campagne avec un parc considérable d'outils
« de toutes espèces, et cependant nous sommes arrivés ici sans une seule
« forge, sans un clou, sans un marteau. Si l'opération réussit, ce sera au
« général Eblé qu'on en aura l'obligation, puisque lui seul avait les moyens
« de l'entreprendre. Je le lui ai déjà dit et je vous le dis aussi, afin que vous
« le lui répétiez, quelque chose qu'il arrive. »

M. le général Eblé mettait la construction des ponts de la Bérésina au premier rang des nombreux services qu'il avait rendus dans le cours de sa longue et glorieuse carrière militaire. Pendant et après le passage, il nous a fait plusieurs fois cette déclaration qui est d'un grand poids de la part d'un général dont la modestie égalait les lumières.

Le général comte de Lariboisière étant tombé dangereusement malade, le général Eblé qui était aussi très souffrant, le remplaça le 9 décembre à Vilna dans le commandement de l'artillerie de l'armée ; faisant, comme à son ordinaire, abnégation de lui-même, il remplit les fonctions importantes dont on le chargeait dans un moment bien critique avec l'ardeur et l'activité qui ne l'avaient jamais abandonné.

Succombant à tant de fatigues, il mourut à Kœnigsberg, le 30 décembre, peu de jours après M. le général Lariboisière.

Les grands talents, les vertus et l'austère probité de feu le général comte Eblé sont connus de l'armée de la France. Son nom est révéré à l'étranger.

Il commanda l'artillerie de plusieurs grandes armées, notamment de celles du Nord, du Rhin, du Danube et du Portugal.

Il a été ministre de la Guerre en Westphalie et gouverneur à Magdebourg où sa mémoire sera toujours chérie et respectée.

Le général Eblé avait été nommé premier inspecteur général de l'artillerie après le décès du général Lariboisière. Il n'a pas connu cette nomination qui avait cependant eu lieu avant sa mort.

Indépendamment des deux rédacteurs de la présente relation, les officiers d'artillerie employés à l'état-major de feu M. le général comte Eblé ou commandant les compagnies de pontonniers étaient :

MM. Zabern et Delarue, chefs de bataillon ; Joffre et Boulanger, aides de camp du général ; Preuthin et Drieux, capitaines-adjoints ; Braun, Busch et Baillot, capitaines-commandants au 1er bataillon de pontonniers ; Gauthier, Dorimon, Pichon et Andrieux, capitaines au 2e bataillon de pontonniers.

<table>
<tr><td>Le colonel d'artillerie ayant été chef de l'état-major des équipages de ponts pendant la campagne de 1812 en Russie,

A. Chapelle.</td><td>Le chef de bataillon d'artillerie ayant commandé le 2e équipage de ponts et le 2e bataillon de pontonniers pendant la campagne de 1812 en Russie,

Chapuis.</td></tr>
</table>

Oudinot à Berthier (1)

Borisov, 26 novembre [A. G.]

« Nous avons poursuivi l'ennemi jusqu'auprès du village qui, à ce que je pense, doit être Stakhov ; il n'a pas été possible d'en chasser l'ennemi qui est en position derrière un ravin où il a placé ce soir quelques pièces de plus qu'il n'en avait dans la journée. Si j'avais eu des cuirassiers nous aurions fait quelque chose de brillant. Je prie Votre Altesse Sérénissime de me faire savoir, s'il entre dans les intentions de l'Empereur que j'attaque demain l'ennemi et, en cas de succès, jusqu'à quel point Sa Majesté souhaite que je le suive. J'observerai à cet égard à Votre Altesse que si nous nous engageons dans la route de Minsk qui est un défilé continuel dans les bois, nous manquerons absolument de tout et que l'ennemi pourra retarder notre marche et nous arrêter à chaque pas. J'observerai encore que, si je dois attaquer, il est indispensable de me faire soutenir.

Je regrette, monseigneur, d'avoir à vous annoncer que M. le général Legrand a été blessé. J'espère que sa blessure ne sera point dangereuse, mais comme il est nécessaire de donner un chef à cette division, je prie l'Empereur d'y nommer le général Albert que je regarde comme le plus capable des officiers de son grade, et pour lequel j'ai déjà d'ailleurs plusieurs fois demandé le grade de division, et qui est très digne de cet avancement. Nous avons eu peu de tués, mais considérablement de blessés. On dit qu'on me retire les Polonais, mais je pense que ne sont pas compris les lanciers polonais, car j'en ai besoin. Je réclame aussi 100 hommes du 124e que j'ai laissés au pont de Borisov et même les 150 Wurtembergois chargés de la conduite des prisonniers de guerre. »

Junot à Berthier

Borisov, 26 novembre [A. G.]

« Nous voyons toujours devant nous, sur la position qu'occupe l'ennemi de l'autre côté du pont, plusieurs bataillons d'infanterie, de la cavalerie et j'ai compté huit pièces de canon. Le pont est brûlé, mais la rivière est gelée et assez étroite et l'ennemi aurait bientôt fait un passage. Je le ferai

---

(1) Voir sur les charges des cuirassiers Doumerc son rapport du 14 mai 1813 *publié pour la première fois par moi. « Rapports de Berthier à l'Empereur pendant la campagne de 1813 ».* Tome I, page 494.

bien surveiller cette nuit par des postes multiples. Il ne nous a pas tiré un
coup de fusil, mais il a remué ses troupes. »

Junot à Berthier

Borisov, 26 novembre, 6 heures du soir [A G.]

« C'est en ce moment que mon officier d'ordonnance m'arrive et me dit
que Votre Altésse avait donné l'ordre que je suivisse le IIe corps. Il a passé
ici entre 3 et 4 heures, et personne ne m'a parlé d'aucun mouvement. Dans
ce moment-ci tous mes chevaux sont au fourrage, et le soldat qui a été toute
la journée sous les armes fait la soupe. J'ignore encore où est le IXe corps.
Je vais envoyer le reconnaître, et demain, à 3 heures du matin, je me mettrai
en route et je l'aurai rejoint au jour.

Sa Majesté se plaint de voir de la cavalerie à pied en avant. Elle a bien
raison ; mais il est impossible de rallier tous ces hommes qui, la nuit, quittent le camp et vont marauder. Il y en a aussi beaucoup provenant des
dépôts de Gorki qui ne se sont jamais présentés. Chaque fois qu'on en rencontre on les fait rentrer dans leur régiment, aussi nous évitent-ils autant
qu'ils peuvent. Il y a, outre cela, beaucoup de cavaliers suivant les officiers
généraux, les officiers supérieurs et autres, des compagnies d'officiers. Il y
a un grand vice qui empêche d'avoir de l'ordre dans cette masse. On n'a
laissé qu'un général par corps, point d'officiers supérieurs et la plupart des
régiments ont des lieutenants à leur tête.

C'est vraiment, monseigneur, une cruelle corvée que de mener ces gens-là.
Que serait-ce que de les faire battre.

Je prie Votre Altesse de m'indiquer comment je dois marcher par rapport
au IXe corps pour que je ne puisse jamais gêner. »

Pzebendowski à Ney

Zembin, 26 novembre, minuit [A G.]

« J'ai l'honneur de vous rendre compte que, d'après vos ordres, je viens
d'arriver à Zembin sans avoir rencontré personne. Les cosaques sont tous
partis hier avec le général Mudren. Tout le monde assure que d'ici à Vilna
il n'y a point d'ennemis sur la route. Quand il fera jour, je me procurerai
des renseignements plus amples. Les ponts et digues sur la route sont en
très bon état. »

Davout à Berthier

Lochnitsa, 26 novembre [A G.]

« Je présume que Votre Altesse aura communication de la lettre que j'ai
écrite hier au prince vice-roi sur la marche du Ier corps pendant la journée.
J'avais établi sur la route de Borisov, pour me servir d'intermédiaire avec le
corps de Son Altesse le prince vice-roi, la brigade polonaise, elle a été attaquée à minuit par de l'artillerie et de l'infanterie. L'ennemi avait établi ses
batteries sur la route, six coups de canon de la brigade polonaise l'ont obligé
de rétrograder.

Aujourd'hui le Ier corps est parti à 6 heures du matin, il a rencontré dans
toutes les directions une quantité considérable de cavalerie ennemie qui
cependant n'a osé rien entreprendre.

J'ai trouvé avant d'arriver à Lochnitsa une reconnaissance de la division
Fournier, et ensuite cette division et celle de Partouneaux en arrivant ici.
Cette dernière est partie de suite sur la route de Borisov, la division Fournier suivra demain le mouvement du Ier corps d'après les ordres que je serai
dans le cas de recevoir.

Nous avons été faiblement suivis, ce que j'attribue à la précaution que nous avions prise de faire rompre tous les ponts.

Il paraît qu'une lettre qui m'a été adressée par le prince vice-roi a été prise par les cosaques. »

Oudinot à Berthier

Au bivouac dans le bois, à 1 heure du matin, 27 novembre [A G.]

« M. le général Moreau vient de rendre compte qu'il n'y a que peu d'instants que l'ennemi a placé six pièces de canon devant sa position. Il m'a déjà mandé qu'il manquait de cartouches et, comme le pont principal n'est pas réparé, on ne peut pas faire passer de caissons, j'en dis autant du reste de l'artillerie.

Le bois dans lequel nous sommes postés est très clair, ce qui m'oblige à m'étendre beaucoup à droite et à gauche, et je dois répéter à Votre Altesse combien il est nécessaire que je sois appuyé dans le cas d'une attaque que les dispositions offensives de l'ennemi rendent très vraisemblables.

Le général Merle m'a fait savoir que, d'après la perte que le régiment des Croates a essuyé hier, sa division n'a pas maintenant au delà de 800 hommes sous les armes.

D'après le rapport des prisonniers, c'est à la division Tschaplitz et 1.000 chevaux que nous avons eu affaire. Elle fut renforcée vers le soir par la division Woinof. Ils ajoutent que le reste de l'armée dont ils évaluent toujours les forces réunies à 40.000 hommes.

J'ai oublié dans mon premier rapport de rendre compte à Votre Altesse que j'envoyai un parti sur Zembin qui ne fut trouvé occupé que par quelques cosaques. »

Victor (Ordre)

Borisov, 27 novembre, 5 heures du matin [Reg. Victor]

« Les 26e et 28e divisions d'infanterie se mettront sur-le-champ en marche pour se rendre à Studianka où elles recevront de nouveaux ordres. Elles y prendront position, en les attendant (*sic*) MM. les généraux Daendels et Girard prendront les précautions nécessaires pour ne pas se laisser encombrer et pour se conserver libre le passage.

La 12e division fera l'arrière-garde. M. le général Partouneaux contiendra les ennemis qui suivraient et, pour cet effet il emploiera deux de ses brigades, deux régiments du général Fournier et quatre pièces de canon ; il établira une autre brigade à Borisov pour y faire la police, faire filer sur le pont de Studianka tout ce qui appartient à l'armée et faire quelques démonstrations offensives devant les ennemis. Lorsque tout aura filé et que M. le général Partouneaux aura passé le pont de Skha près de Borisov, il le fera détruire et se retirera sur Studianka. S'il trouve d'autres ponts sur son passage, il les fera également détruire après avoir passé.

M. le général Fournier laissera deux régiments de cavalerie commandés par M. le général Delaitre et M. le général Partouneaux et se réunira avec les deux autres aux 26e et 28e divisions à Studianka.

M. le colonel Caron ne laissera que quatre pièces de canon et quelques caissons d'infanterie à la 12e division, et il réunira l'excédent à sa réserve. Cette réserve marchera après la 28e division. »

De Wrède à Bassano

Dockchitsoui, 27 novembre [A N.]

« A peine M. le major prince de Tour et Taxis fut-il parti, le 23, avec la dernière dépêche que j'ai eu l'honneur d'adresser à Votre Excellence, que j'ai appris ce qui s'est passé les 20 et 21 à Borisov. Comme l'on m'avait prévenu que le général russe Lambert marchait par Zembin pour se diriger sur ce point-ci, j'ai donné l'ordre au général Franceschi qui a marché le 24 sur Bérézino, de bien s'éclairer sur sa droite, et de revenir le soir sur la grand'-route jusqu'au point où la route de Borisov et de Zembin aboutit auprès de Rachkova.

L'ennemi, qui n'avait que des postes faibles, s'était retiré de Bérézino à l'approche du général Franceschi par la route de Pouïchna. Douze coups de canon furent tirés dans la direction de Tschéreïa pour servir de signal au IIe corps, que le VIe était à la hauteur que Son Excellence lui avait indiquée dans sa lettre du 16.

Ce ne fut qu'hier, que, par deux de mes émissaires revenant de l'armée de Wittgenstein, et dont je joins la déposition ici, sous les nos 1 et 2, j'ai appris que le IIe corps doit avoir évacué Tschéreïa, ce qui me paraît d'autant plus probable, parce que l'émissaire que j'ai envoyé le 23 d'ici à Son Excellence M. le maréchal duc de Reggio, n'est point encore de retour à l'heure qu'il est, ce qui pourrait pourtant être s'il avait trouvé le corps dans les environs de Tschéreïa. Le 24 au matin, j'ai expédié un émissaire à Borisov, avec l'ordre de crever tous les chevaux, pour m'apporter des nouvelles si l'ennemi allait diriger des forces vers Vileika parce que, dans ce cas-là, j'aurais marché à lui. Cet émissaire n'est également pas de retour à l'heure qu'il est, ce qui m'a engagé à le faire suivre par deux autres dans la journée d'hier.

Depuis que j'ai eu la nouvelle que l'ennemi occupait Borisov, je ne puis plus marcher sur les derrières du général Wittgenstein, à moins que quelques nouvelles des IIe et IXe corps ou de la Grande Armée ne me parviennent et que je puisse juger où mon corps pourra rendre des services. En attendant il se fond par les maladies qui font des progrès : la brigade du général Coutard s'est diminuée d'un quart dans l'espace de huit jours et la cavalerie française a plus de 300 malades. La physionomie des soldats westphaliens et hessois a tellement changé depuis huit jours, quoique tout le corps reçoive régulièrement les rations, qu'il est à craindre que le nombre des présents sous les armes ne se diminue sensiblement sous peu de temps.

Depuis hier l'ennemi nous approche par la route de Lépel et de Tscharnitsé ; il occupe ce dernier endroit et envoie des patrouilles à Bérézino, mais rien n'annonce encore qu'il fasse marcher des forces, ce que je voudrais, pour qu'il détachât de ses forces qu'il a contre les IIe et IXe corps. Un de mes officiers d'ordonnance que j'ai expédié en courrier au colonel Bonin à Vidzoui, m'a rapporté la lettre dont je joins copie ici, sous le no 3 (1). Votre Excellence y verra ce qu'elle saura peut-être déjà, que Dinabourg a été évacué par le Xe corps. Il paraît donc qu'on renonce à se maintenir sur la Dvina.

Le colonel Bonin paraît inquiet sur son poste à Vidzoui ; aussi longtemps que l'ennemi ne réunira pas de nouvelles forces près de Drouïa, il n'a rien à craindre et il est essentiel qu'il y soit maintenu le plus longtemps possible, du moins aussi longtemps que nous occuperons Ghloubokoé et Danilovitschi.

Votre Excellence conviendra avec moi que ma position devient de jour en jour plus pénible et plus désagréable, parce que je ne puis obtenir aucune nouvelle des IIe et IXe corps, et que je ne peux pas manœuvrer en l'air pour ne pas compromettre un corps qui, quoique peu nombreux et se fondant tous

(1) Voir page 226.

les jours par les maladies, peut cependant rendre de grands services dans un jour de combat ou de bataille générale.

J'expédie avec ma présente dépêche, M. le capitaine prince d'Œttingen, et supplie Votre Excellence de vouloir bien me donner le plus tôt possible, des nouvelles qui puissent m'intéresser et régler les mouvements que je dois faire. »

P.-S. — « Dans ce moment-ci arrivent deux commissaires polonais, ci-devant préposés aux vivres à Borisov qui donnent les nouvelles ci-jointes sous le n° 4.

En même temps l'officier qui commande mes avant-postes à Rachkova, me rend compte que l'ennemi a poussé hier des reconnaissances de Zembin jusqu'au delà de Zamostotsché. Je ferai partir demain une forte reconnaissance sur la même route. »

P.-S. — A 4 heures après midi :

« Le premier émissaire expédié le 23 sur Borisov vient de rentrer ; moins courageux qu'il aurait dû l'être, il n'a pas été plus loin que Zembin, où il a trouvé l'ennemi et il donne les dépositions que Votre Excellence trouvera sous le n° 5.

Comme il me parait plus que jamais urgent d'avoir des nouvelles de la Grande Armée ou des IIe et IXe corps, il partira cette nuit un émissaire qui se rendra d'abord chez le général Dombrowski à Borisov et de là au grand quartier impérial porteur de billets pour moi.

Je joins en même temps sous le n° 6, copie d'un rapport qui vient de m'arriver de M. le major Coudras, de Ghloubokoé, d'après lequel 8.000 à 10.000 Russes doivent avoir passé avant-hier la Dvina à Drouïa, pour se porter à Lépel. Supposé que cette nouvelle soit vraie, ce ne peuvent être que des milices. »

Coudras à de Wrède

Ghloubokoé, 27 novembre [A N.]

« L'ordre que vous m'avez donné pour l'évacuation des malades a été exécuté dans la matinée du 24, le nombre était de 110 ; je les ai fait diriger sur Danilovitschi ; il en est arrivé dans les journées du 24, 25 et 26, 104, non compris 60 convalescents qui se trouvent chez les habitants.

Le grand hôpital sera en état pour le 1er novembre de recevoir 450 malades, on y travaille tous les jours.

J'ai l'honneur de faire la demande à Votre Excellence de 50 à 60 hommes d'infanterie, en état de faire le service ; il est impossible que je puisse le faire avec 25 hommes, obligés d'accompagner les militaires évacués.

Des 18 gendarmes que vous avez laissés à Ghloubokoé, deux se sont laissé prendre hier en allant à la découverte sur Koublitschi, six sont malades et les autres sont employés à faire rentrer les réquisitions et les voitures pour l'évacuation des malades qui, j'espère, aura lieu le 28 ou 29. Vous voyez monseigneur que 50 à 60 hommes deviennent absolument indispensables pour mettre Ghloubokoé à l'abri d'une patrouille de 25 à 30 cosaques. Ce nombre suffirait pour donner l'épouvante surtout de nuit, et faire prisonnier le major commandant d'armes et le conduire en Sibérie.

Une lettre venant de Drouïa, adressée à M. le sous-préfet, sous la date du 25, annonce que 8.000 à 10.000 Russes doivent passer la Dvina le 26 pour se porter sur Lépel.

Je supplie Votre Excellence d'avoir la bonté de me faire une réponse et de se servir du retour de celui qui vous remettra la présente. »

Déposition de X... émissaire parti le 17 novembre
de Danilovitschi

Dockchitsouï, 26 novembre [A. N.]

Quel chemin ce X... a-t-il poursuivi en partant de Danilovitschi?

Il a passé par Darewo, Dockchitsouï, Nebouïchin, Skmati Juchnowie, Terespol, Berezino, Pouïchna, Dolve, Lepel, Tschachniki.

Ou et quand a-t-il trouvé le premier poste russe?

C'était vendredi passé le 20 qu'il a trouvé cinq cents cosaques à Bérézino, mais qui étaient sur le point de partir pour Lépel.

Est-ce qu'il a eu à Bérézino quelques renseignements sur les mouvements russes?

Rien que quelques contes des cosaques ivres, de l'anéantissement total de l'armée française, etc.

Est-ce qu'il a trouvé des troupes russes à Pouïchna?

Rien que les cinq cents cosaques susmentionnés.

Quel jour est-il arrivé à Lépel?

Samedi passé le 21.

Qu'est-ce qu'il a vu à Lépel?

Quelques cosaques et quelque infanterie pour couvrir le magasin peu considérable qui s'y trouve. Le magasin principal est établi à Tschachniki, cependant il n'y a dans cette ville que cent hommes de cavalerie et tout au plus cinq cents hommes d'infanterie, dont la plus grande partie des milices.

Est-ce qu'il a été à même de se procurer plus de nouvelles à Tschachniki de la position de l'armée russe?

Un homme de confiance et qu'il connaît beaucoup lui disait que le corps principal russe occupe les deux points de Loukoml et Tschereïa sur la grande route de Mohilev. Le quartier général du comte Wittgenstein est établi à Loukoml. Plusieurs détachements parcourent le pays pour lever des réquisitions.

Quelle force l'ennemi peut-il avoir près de Loukoml?

A peu près trente mille hommes d'infanterie et de cavalerie et quarante pièces de canon. Cette masse a été encore augmentée par deux mille hommes et quinze canons, qui ont passé la nuit du 19 à Koubloutschi et en sont repartis le lendemain.

Quant à sa personne n'a-t-il pas dépassé Tschachniki?

Il n'est allé que jusqu'à Tschachniki, de manière que toutes les nouvelles qu'il dépose ne lui arrivent que de ses amis, cependant il en garantit l'authenticité.

Que sait-il de la position et des mouvements des deux armées?

En arrivant à Tschachniki on chanta un *Te Deum* pour la victoire remportée sur l'armée française à Trochinowitz près de Tschéreïa le 13 et le 14 de novembre, Trochinowitz est à dix lieues de Tschachniki sur la grande route à Mohilev. Après la bataille, les Français se sont retirés à Tschéreïa et puis à Siennuo, les Russes se sont avancés à Tschéreïa et à Loukoml, depuis ce temps-là tout est resté tranquille, cependant on s'attend à une nouvelle bataille.

Qu'est-ce qu'on disait encore à Tschachniki?

Que l'empereur Napoléon s'était retiré jusqu'à Vilna. Que l'empereur Alexandre avait fait répandre une proclamation d'amnistie complète pour la noblesse de la Lithuanie. Une armée nouvelle sous les ordres du grand-duc Constantin doit être arrivée à Polotsk dont dix mille hommes sont logés dans la ville, quarante mille hommes au bivouac près de la ville au commencement d'un bois. Cette armée a dû faire un mouvement près de Kraiblix Glouboko é sur Vilna; mais tout d'un coup elle a reçu contre-ordre, sans qu'on en sache le motif.

Ne sait-il rien du IIe et du IXe corps?

Rien du tout, car généralement on ne parle pas de la retraite de l'armée française.

Ne sait-il rien de la position russe près de la Disna ou de Drouïa?

N'a-t-il pas pu puiser d'autres nouvelles?

Il ne sait que par des ouï-dire qu'à Disna il n'y a que quelques cosaques.

Kamen doit être garni de cinq cents hommes d'infanterie, de quelque cavalerie et de quinze pièces de canon. Le point de Kamen doit être le point de retraite pour les Russes dans un cas malheureux.

Les cinq cents cosaques sus-mentionnés, qui se sont passés de suite à Lepel et à Loukoml, arrivent de la Moldavie et cherchent à ouvrir une communication avec le corps du général Wittgenstein.

Quel jour le nommé X... est-il arrivé à Tschachniki et combien de temps y est-il resté?

Il est arrivé dimanche le 22 matin à Tschachniki et en est reparti le 23 matin.

Quel chemin a-t-il pris en retournant vers Dockchitsouï?

Il passa par Lepel, Koublitschi, Ostrovo, Predolouï, Svila, Woron, Sloboda.

Sur ce chemin n'a-t-il vu aucun parti russe? aucun mouvement ennemi?

Il n'a vu que des cosaques qui frappaient des réquisitions, mais ni infanterie, ni cavalerie. A Koublitschi il a cependant vu des hulans.

Na-t-il plus rien à dire?

D'après des nouvelles puisées en route, cinq cents cosaques et cent hussards ont été envoyés en découverte à Borisov. De ces six cents hommes il n'y a que quarante hussards qui en sont revenus, les autres ont été pris par des Français qui occupent la position de Borisov.

Dix lieues derrière Minsk; mais, ne sachant positivement ni sur quelle route, ni quand les cosaques ont pris un général français blessé, seize gendarmes et deux généraux russes prisonniers.

Ne sait-il rien de ce qui se passe sur la route de Zembin à Borisov?

Il n'en sait rien du tout. Comme la communication même entre les nobles est entièrement interceptée, il faut s'y rendre en personne pour s'informer de ce qui se passe. »

Dépositions d'un émissaire arrivé le 26 novembre à Dockchitsouï

Quel chemin a-t-il pris?

Il a pris le chemin de Dockchitsouï à Tschachniki par Tscharnitsé, Dolstouï, Ouchatsch, Voron et Lépel.

Ce qu'il a vu et appris sur ce chemin?

Il trouva à Sudzilewie près Dolstouï quatre cosaques qui y sont en sauvegarde. A Koubloutschi il y a un poste de vingt cosaques. Il rencontra à Ouchatsch deux escadrons de hussards à peu près forts de deux cents hommes, qui étaient en marche sur Lépel.

Il a parlé à deux juifs de Disna nommés X... et S... qui ont entrepris de fournir des vivres à l'armée russe, avec le bourgmestre de Disna, Z... qui lui ont dit que l'armée russe s'était concentrée aux environs de Sienno. Le quartier général du comte Wittgenstein est dans un château à deux lieues de la ville. C'était après la bataille qui a eu lieu il y a huit jours près de Tschachniki que les Russes ont occupé cette position. On dit que l'armée du comte Wittgenstein est forte de quarante mille à cinquante mille hommes.

Les mêmes juifs lui ont assuré que la Grande Armée est près d'Orcha, et le quartier général impérial à Doubrowna. »

Déposition de deux commissaires de la Préfecture de Borisov X... et Y...

[A N.]

« Ils viennent de Borisov, quelle ville ils ont quittée depuis quatorze jours, lever des réquisitions pour l'armée française. En s'y approchant, pour y verser tout ce qu'on leur a demandé, ils ont trouvé des cosaques à Zembin, et en même temps la nouvelle d'une bataille d'après laquelle le général Dombrowski, attaqué d'un corps russe de dix mille hommes, a dû se retirer. Ayant tiré à lui des renforts considérables, il a repris Borisov et les Russes se sont retirés derrière la ville. Le corps russe qui vient d'attaquer le général Dombrowski, a été commandé par le général Lambert, qui a été blessé à cette affaire et en est mort. Le corps russe arrivant à Minsk a été fort à peu près de dix mille hommes. Quant à la position du général Wittgenstein, ils n'en savent rien de positif.

Ils n'ont rien à ajouter n'ayant plus des nouvelles positives ; excepté une lettre datée d'hier du sous-préfet de Borisov, d'après laquelle les Polonais sont à Borisov, et les Russes derrière la Bérésina. D'après la même lettre, le quartier général de l'Empereur se trouve à quatorze lieues de Borisov, mais sans qu'ils sachent indiquer l'endroit. Ayant auparavant l'ordre de verser dans le magasin de Borisov, cet ordre a été révoqué, et on doit attendre de nouveaux ordres à cet égard.

Ne sachant plus rien, ils provoquent sur le commissaire Krosowsky, aide commissaire du commissaire Kletschewsky à six lieues d'ici à Nikolaiewo, qui ont été tous à Borisov le jour de la bataille. »

Déposition d'un paysan parti d'hier de Dockchitsouï mardi passé le 24 novembre

[A N.]

Quel chemin a-t-il pris ?

Il a passé par Zamosche, Klinicki, Korilla, Zembin, de quel endroit il a rebroussé chemin.

Où a-t-il vu les premiers postes russes ?

A dix lieues d'ici, mais ne sachant le nom de l'endroit, il a trouvé vingt cosaques. A Zamosche il n'y avait personne.

Est-ce qu'il a vu des troupes russes à Zembin ?

Il n'a rien vu que cent hommes de hussards. Cependant le commissaire lui a dit qu'à deux lieues de Kosozuai il y avait de l'artillerie et de l'infanterie, savoir huit canons et six régiments d'infanterie.

Qu'est-ce qu'on racontait à Zembin ?

On disait à Zembin qu'on démolissait les maisons de Kosozuai, pour rétablir le pont de la Bérésina près de cette ville. Les Russes eux-mêmes ont brûlé ce pont, en faisant leur retraite de Borisov, après avoir perdu l'affaire contre les Français. Cette bataille doit avoir coûté aux Russes deux généraux de tués, un général blessé à mort et douze pièces de canon.

Ne sait-on rien du corps du général Wittgenstein ?

Rien du tout.

Rien des mouvements russes ?

Bien que les Russes après des ouï-dire veulent filer tous vers Lépel, et passer la Bérésina à Kosozuai.

A son retour de Zembin à Dockchitsouï a-t-il pris le même chemin ?

Il a pris le même chemin et il est reparti hier à midi.

N'a-t-il rien vu sur son chemin ?

Rien que des bruits; que dans les environs de Bérésino il y a des cosaques qui font de fréquentes patrouilles, et lèvent des réquisitions. »

Victor à Berthier

Studianka, 28 novembre, minuit [Reg. Vict.]

« Hier matin, 27 du courant, d'après l'intention de l'Empereur, j'avais ordonné à M. le général de division Partouneaux de former l'arrière-garde de toute l'armée avec la 12e division, deux régiments de cavalerie de la division Fournier et quatre pièces d'artillerie. Il devait établir une de ses brigades à Borisov pour faire filer sur Studianka tous les traîneurs et les équipages restés en arrière et faire quelques démonstrations offensives devant l'ennemi. Cette brigade avant de quitter Borisov, devait faire brûler le pont de la Skha, se retirer après s'être assurée que la ville était entièrement évacuée, et suivre le mouvement de la division sur Studianka.

Ayant reçu hier au soir de Votre Altesse Sérénissime l'ordre de faire occuper de nouveau Borisov par la 12e division, j'expédiai de nouveau un de mes officiers pour le lui porter. Cet officier revint quelques heures après me dire qu'il avait trouvé des postes russes au vieux Borisov et qu'il n'avait pas pu pousser plus avant. Je renvoyai sur-le-champ le même officier avec 50 chevaux pour chasser les cosaques que, d'après son rapport, je croyais établis au vieux Borisov et le mettre à même de parvenir jusqu'au général Partouneaux. Cet officier rencontra tout près du vieux Borisov le chef de bataillon du 55e régiment qui avait été laissé à Borisov pour mettre le feu au pont de la Skha et qui, après avoir exécuté cet ordre, se retirait pour rejoindre sa division. Ce chef de bataillon dit avoir quitté Borisov à la nuit tombante, qu'un quart d'heure après s'être mis en marche, il avait entendu sur sa droite un feu de mousqueterie très nourri qui s'était bientôt éteint et que, continuant sa route par le chemin qui longe la Bérézina, il était arrivé au vieux Borisov sans avoir eu connaissance de sa division. C'est là où, rencontrant l'officier que j'envoyais au général Partouneaux avec 50 chevaux, il l'avait engagé à revenir à Studianka en lui assurant qu'il ne trouverait pas la 12e division sur la route de Borisov. Ce chef de bataillon, après avoir établi son bataillon au village situé à une lieue de Studianka, sur la route de Borisov, est venu de sa personne à Studianka pour me rendre compte de ce qu'il avait fait et me dire qu'il n'avait pas retrouvé sa division. Immédiatement après son arrivée, j'ai envoyé un de mes officiers avec le premier ordre au général Partouneaux de réoccuper la position de Borisov et une lettre dans laquelle je lui disais qu'il ne devait exécuter cet ordre qu'autant qu'il aurait la conviction que des forces supérieures venant dans la direction de Lépel ne le menaçaient pas de couper sa communication avec la Grande Armée, et qu'il devait même, par précaution, dans le cas où il n'aurait pas cette crainte, laisser quelques bataillons au vieux Borisov pour lui servir d'échelon avec nous. Ce second officier, sur l'intelligence et le zèle duquel je devais compter, n'a pu parvenir au général Partouneaux. Il est revenu en me disant que de nombreux partis de cosaques l'avaient empêché de passer ; quelques instants après son retour, trois officiers envoyés par le général Camus m'ont fait le rapport suivant : la 12e division, partie à 5 heures du soir, le 27, de Borisov, avait rencontré l'ennemi à une lieue de cette ville, à la nuit tombante, qu'un feu très vif de mousqueterie s'était engagé, que l'ennemi avait attaqué la division en tête et sur son flanc droit, qu'après une heure de combat on s'était aperçu que le général Partouneaux ne paraissait plus ainsi que le général Billiard, commandant la 2e brigade, et les croyant tués ou pris, le général Blamont, commandant la 3e brigade, étant blessé, le général Camus avait pris le commandement de la division. Le général Partouneaux n'ayant pas donné connaissance à ses généraux de brigade des ordres qu'il avait reçus et de la direction que sa division devait suivre pour rejoindre l'armée, le général Camus s'était cru coupé en disant que le pont sur lequel il devait passer pour venir à nous venait d'être brûlé par l'ennemi, que lui général Camus avait demandé trois officiers de bonne volonté pour passer la Bérésina à la nage et venir chercher des ordres et des secours.

Votre Altesse Sérénissime observera que dans ce moment la 12e division occupait les plateaux à une grande lieue de Borisov que traverse la route de droite qui mène au vieux Borisov. Dans cette position, le général Camus indiquait les feux qu'il voyait à sa gauche comme les nôtres et c'était ceux de l'ennemi en face de Borisov. Les officiers ont tenté le passage de la Bérésina, n'ont osé l'exécuter et, guidés comme malgré eux par les traîneurs qui couvraient même à cette heure — il était 10 heures du soir — la route de Borisov à Studianka, ils l'ont suivie et sont arrivés près de moi au point du jour.

D'après leurs rapports et ceux que les officiers que j'avais envoyés m'avaient précédemment faits, craignant que la 12e division ne fût compromise, je donnai l'ordre à M. le général Fournier de partir sur-le-champ avec un de ses régiments de cavalerie et à M. le général Damas avec la brigade de Berg pour se porter au secours de la 12e division et nous rouvrir la communication avec cette division. Cet ordre s'exécutait, les généraux Damas et Fournier étaient en marche, lorsqu'ils ont été rencontrés par le corps de Wittgenstein. Une fusillade très vive fut engagée, le général Damas a bien et longtemps défendu le terrain, mais obligé de céder à des forces très supérieures, il s'est replié après avoir fait éprouver une grande perte à l'ennemi. Depuis hier au soir, la division Girard était en position et la division Daendels s'y était mise aujourd'hui au point du jour.

En sortant de Studianka pour aller à Borisov est un vallon dans lequel coule un ruisseau qui se jette dans la Bérésina. Ce vallon se perd insensiblement par la gauche et forme un plateau uni sur lequel il était à présumer que l'ennemi chercherait à manœuvrer avec sa cavalerie pour inquiéter notre gauche, surtout lorsqu'il se serait aperçu que nous en avions très peu à lui offrir. La gauche de sa division, vis-à-vis Studianka, était appuyée à un bois qui se prolonge par une pente insensible jusqu'à la Bérézina. Le centre était entrecoupé de petits bois derrière lesquels il masquait ses colonnes. Notre position, à peu près à la même hauteur que la sienne, était entièrement découverte et il pouvait apercevoir toutes nos forces. L'ennemi avait déjà établi ses batteries ; ses colonnes, en obligeant le général Daendels à lui céder le terrain, descendaient dans le vallon pour marcher à nous par le centre de sa position. Sentant alors l'importance de faire occuper le bois auquel l'ennemi appuyait sa gauche, j'ai donné l'ordre au général Daendels d'y envoyer deux bataillons de la brigade de Borg sous le commandement du général Lingg.

Ces deux bataillons, en traversant rapidement le vallon et en se portant sur la lisière de ce bois, ont obligé les batteries ennemies à se retirer et à perdre la position avantageuse qu'elles avaient prise et qu'elles n'ont pas osé reprendre pendant toute la durée de l'action. Le reste de la brigade de Bade était établi à la droite du plateau de Studianka, près des premières maisons de ce village. Les 7e, 9e et 4e régiments polonais, formant la 1re brigade de la division Girard, occupaient le centre du plateau et la gauche était gardée par la brigade saxonne. L'ennemi a couvert son front d'une grande quantité de tirailleurs, il a montré de l'audace. Ses colonnes ont traversé le ravin et ont marché à nous en repoussant devant elles la brigade de Berg qui avait déjà perdu la plus grande partie de son monde. Les 7e et 9e régiments polonais se sont portés aussitôt au devant de l'ennemi ; après une courte et vive fusillade, ils ont marché à la baïonnette en même temps que les hussards de Bade et les chevau-légers de Hesse ont chargé en flanc cette colonne qui a été culbutée et entièrement prise ou tuée. M. le général Girard qui a dirigé lui-même le mouvement de cette brigade avec audace et vigueur, a été blessé d'une balle dans le bas-ventre. On espère que sa blessure, quoique grave, ne sera pas dangereuse.

L'ennemi, quoique repoussé avec beaucoup de pertes, a tenté de nouvelles attaques qui toutes ont été infructueuses et lui ont coûté beaucoup de monde. La brigade saxonne et le 4e régiment de Polonais étaient formés en colonne pour s'opposer à la nombreuse cavalerie qu'il déployait sur sa droite. La bonne contenance de ces troupes a fait échouer diverses charges qu'il a voulu exécuter. Je sentais, monseigneur, toute l'importance de la position que j'avais à défendre et à conserver. Les troupes ont mérité par leur valeur et leur bonne conduite de fixer l'attention de l'Empereur. J'ose espérer que Sa Majesté sera contente d'elles. MM. les généraux Girard et Fournier ont été blessés, le général Devilliers a reçu deux fortes contusions et le général Lingg, de la brigade Berg, a eu le bras traversé d'une balle. Le colonel du 7e régiment polonais a eu la cuisse traversée aussi d'une balle, mon aide de camp, M. le chef d'escadron Brun et M. Alexandre Duverger, capitaine adjoint à mon état-major, ont été blessés, le premier très grièvement.

Nous avons perdu peu d'hommes tués, mais aussi le tiers au moins de nos soldats a été blessé.

M. le général Fournier a exécuté une charge brillante sur l'infanterie et la cavalerie. M. le colonel Laroche, commandant les hussards de Bade, s'est aussi particulièrement distingué dans cette charge où il a été blessé

L'ennemi a déployé devant nous 12.000 à 15.000 hommes d'infanterie, 20 escadrons de cavalerie et environ 50 pièces de canon. Je n'avais à lui opposer que deux divisions fortes au plus de 7.000 hommes, 400 chevaux et 15 bouches à feu. Beaucoup d'officiers supérieurs et un grand nombre d'officiers particuliers ont été tués ou blessés. J'aurai l'honneur d'en adresser l'état nominatif à Votre Altesse Sérénissime ainsi que l'état sommaire des soldats tués et blessés.

La perte de l'ennemi a été considérable. Les nombreuses colonnes qu'il a envoyées à différentes reprises contre nous s'en retournaient par lambeaux, écrasées par le feu bien dirigé de notre artillerie et de notre infanterie. Nous lui avons fait de 400 à 500 prisonniers.

En ce moment, on me rend compte que l'artillerie commence son mouvement pour passer la Bérésina. Le colonel Caron a fait reconnaître d'avance le chemin qui traverse le marais pour arriver sans obstacle au village qui est vis-à-vis Studianka ; aussitôt après le passage de l'artillerie, l'infanterie se mettra en marche pour passer le pont. »

Ney (Ordre)

Au bivouac, 28 novembre [Doc. X]

« Les troupes sous les ordres de M. le maréchal duc d'Elchingen, prendront les armes demain à 4 heures précises du matin.

Le général Aubry, commandant l'artillerie du IIe corps, gardera toutes les pièces d'artillerie en état de servir avec un approvisionnement simple. Il renverra toutes les autres sur la route de Zembin.

Les troupes devront se compléter cette nuit en cartouches.

Le général Doumerc prendra le commandement de toute la cavalerie des IIe, IIIe et V^e corps. Cette cavalerie se réunira dans la plaine en arrière du bois.

M. le maréchal donnera des ordres ultérieurs pour les dispositions à exécuter pour la retraite. »

Gouré à Doumerc

Au bivouac, 29 novembre [Doc. X].

« J'ai l'honneur de vous prévenir que M. le maréchal duc d'Elchingen est chargé, avec les troupes sous ses ordres, de soutenir la marche rétrograde de l'armée, et que Son Excellence a réglé les dispositions suivantes :

Le mouvement commencera ce matin à 7 heures. Les troupes du IIIe corps avec la division Claparède et la division de cavalerie du général Doumerc, formant le premier échelon sous les ordres du général Marchand, ouvriront la marche. Le Ve corps, aux ordres du général Krasinski, formera le deuxième échelon. Le IIe corps commandé par le général Merle, avec la cavalerie légère du général Corbineau, formera le troisième et dernier échelon. »

De Wrède à Bassano

Dockchitsoui, 29 novembre [A N.]

« Le prince de la Tour et Taxis m'a apporté cette nuit la lettre que Votre Excellence m'a fait l'honneur de m'adresser, en date du 27 au soir.

Hier le matin, vers les 10 heures, arriva chez moi M. le lieutenant Stenofsi du 8e de lanciers, porteur de dépêches pour Sa Majesté l'Empereur et Roi dont Votre Excellence l'avait chargé. Je lui ai donné un homme sûr pour l'accompagner et le conduire, s'il est possible, par des chemins de traverse, au quartier général de Sa Majesté.

Je lui ai donné en même temps de ma part pour Son Altesse Sérénissime, le prince major général, le billet dont voici la teneur :

Dockchitsouï, 28 novembre.

« Je profite de l'occasion du porteur pour rendre compte à Votre Altesse Sérénissime que je suis, depuis le 23, à la hauteur qui m'a été indiquée, pour seconder les opérations des IIe et IXe corps. J'ai fait tirer le canon à Bérézino pour annoncer mon arrivée, mais aucune nouvelle ni aucun ordre ne me parvient de Leurs Excellences les maréchaux commandants les IIe et IXe corps.

J'ai chargé le porteur de rendre compte verbalement à Votre Altesse Sérénissime de ma position et de celle de l'ennemi. Pour le cas que ce rapport ne parvienne pas à Votre Altesse Sérénissime, j'en expédierai aujourd'hui, dans l'après-dîner, un second par un homme sûr qui prendra une autre route que le premier. »

P.-S. — « Une heure après son départ, j'ai fait partir un homme sûr, en lui donnant d'avance une grande récompense et lui en promettant une seconde à son retour, s'il passait avec le billet pour Son Altesse Sérénissime le prince major général et m'en rapportait une réponse. Copie du billet que voici. »

Dockchitsoui, 28 novembre.

« Dans l'incertitude si l'officier qui est parti d'ici, il y a une heure, avec une petite dépêche de moi pour Votre Altesse Sérénissime et une de Son Excellence M. le duc de Bassano pour Sa Majesté l'Empereur et Roi, arrive à sa destination, je lui expédie le porteur de celle-ci, un homme sûr, pour lui dire que, depuis le 23, je suis à la hauteur qui m'a été désignée par M. le duc de Bassano ; en vertu d'une lettre que M. le maréchal duc de Reggio lui avait écrite.

Tous les efforts que j'ai faits depuis, pour recevoir des ordres de MM. les maréchaux duc de Bellune et de Reggio, ont été vains.

Je m'étais proposé de marcher sur les derrières de l'ennemi ; mais depuis qu'il a occupé en force Zembin et Borisov, sur la rive droite de la Bérésina, je crois mieux faire d'observer ses mouvements et de marcher à lui, s'il se porte sur Vileïka, ou s'il veut faire sa jonction avec Wittgenstein, en longeant la droite de la Bérésina.

Je désire vivement d'obtenir des ordres positifs, soit de Son Altesse Sérénissime, soit de MM. les maréchaux ducs de Bellune et de Reggio.

Vidzouï et Ghloubokoé sont toujours occupés par des troupes sous mes ordres.

Le maréchal duc de Tarente a évacué Dinaburg. »

P.-S. — « La 34ᵉ division et 800 hommes de cavalerie napolitaine sont arrivés à Vilna.

Sous les numéros 1 et 2 je joins deux dépositions peu importantes qui me sont arrivées hier d'un émissaire et de l'économe du sous-préfet de Lépel.

Sous le numéro 3 je joins les dépositions d'un soldat lithuanien qui fut pris à Koïdanow, Votre Excellence a sûrement connaissance de la malheureuse affaire qui y a eu lieu.

Sous le numéro 4 je joins les dépositions d'un émissaire, que j'avais expédié d'ici le 23 avec le billet pour M. le maréchal duc de Reggio, dont j'ai donné copie à Votre Excellence, dans ma dépêche du même jour.

A en juger par les dispositions de cet émissaire qui n'a pu percer jusqu'au lieu de sa destination, il paraît que je doive renoncer à l'espérance de faire ma jonction avec les IIᵉ et IXᵉ corps sur ce point-ci.

Les affaires ont tellement changé depuis, que je commence à croire que ma position ici ne peut plus être utile ni aux IIᵉ et IXᵉ corps ni pour la Grande Armée, et qu'il faut songer à porter sans retard toutes les forces qui peuvent être réunies pour faciliter et rétablir les communications avec Sa Majesté l'Empereur et Roi.

Je me permets donc d'exposer à Votre Excellence mon opinion suivante.

Les mouvements de l'armée du général russe Tchitchagof ne laissent plus douter du but de son attaque sur Borisov. Le prince de Schwarzenberg, s'étant depuis longtemps arrêté dans sa poursuite pour marcher de nouveau sur le corps du général de Sacken, il me semble plus qu'urgent que Votre Excellence fasse réunir toutes les forces qui se trouvent à Vilna et dans les environs, pour marcher contre le corps du général Tchitchagof et l'attaquer vigoureusement pour le forcer, s'il est possible, de renoncer au projet de faire une jonction complète avec les armées de Kutusow et de Wittgenstein. Je pourrai, de mon côté, faire la jonction avec les troupes destinées à cet effet, soit à Dolghinow soit à Vileïka. La droite des troupes partant de Vilna, ou celles qui se trouvent déjà en avant de Smorgoni, pourraient tâcher d'établir une communication avec la gauche du prince de Schwarzenberg ; enfin établissant le principe de rétablir la communication avec la Grande Armée, si ces troupes se trouvent réunies pour le même but, je pense que le premier comme le dernier soldat, devant être d'accord sur la nécessité de battre l'ennemi, les résultats ne pourraient manquer d'être heureux.

Votre Excellence peut être convaincue que MM. les généraux qui se trouvent momentanément attachés au VIe corps sont du même avis ; mais il faut qu'on se décide promptement à prendre un parti, pour ne pas perdre de temps dans des circonstances aussi pressantes.

J'expédie M. le major baron de Gumpenberg pour remettre la présente à Votre Excellence et l'assurer de ma part, que quel que soit le parti sur lequel on conviendra à Vilna, pour agir dans ce moment urgent, je suis prêt d'y contribuer de mon mieux ; et dans le cas que Votre Excellence, ou M. le gouverneur général, ou M. le général comte de Loison, croiriez que l'opinion que j'ai eu l'honneur de vous soumettre, ne fût pas admissible et que d'après ses lumières, ou d'après les vues du général comte de Loison, un autre plan lui paraîtrait préférable, je suis également prêt à contribuer à son exécution dans tout ce qui dépendra de moi ; mais je conjure Votre Excellence de profiter sans délai des forces et des moyens que nous avons, en les réunissant, pour exécuter un mouvement décisif. »

De Wrède à Bassano

Dockchitsouï, 29 novembre.

« Je me félicite de pouvoir enfin donner une nouvelle agréable à Votre Excellence en lui communiquant copie d'un ordre que je viens de recevoir de Son Altesse Sérénissime le prince major général, par un de mes émissaires que j'avais envoyé du côté de Borisov et de Zembin. Il repart cette nuit pour porter au prince major général l'accusé de réception de son ordre et lui annoncer que je marche demain par Boudslaw sur Vileïka, point que j'ai eu l'honneur de proposer à Votre Excellence, dans ma lettre d'aujourd'hui.

Mon émissaire m'assure qu'il y a eu hier une forte affaire près de Borisov et qu'on a fait 3.000 prisonniers. Quelles que soient les nouvelles intéressantes que je pourrai recevoir ou me procurer dans la journée de demain ou d'après-demain, je me ferai une fête de les communiquer à Votre Excellence. »

Gouré à Doumerc

Kamen, 30 novembre [Doc. X]

« J'ai l'honneur de vous prévenir, qu'en conséquence des dispositions arrêtées par M. le maréchal duc d'Elchingen, la division de cuirassiers sous vos ordres, formera avec la 17e division (polonaise), 4 pièces de 12, 2 obusiers, la réserve de l'arrière-garde que commande le général Maison, et qui est formée par les troupes du IIe corps.

L'intention de M. le maréchal est que demain vous soyez réuni à 6 heures du matin sur la route de Pléchtchénitsouï, à une lieue de Kamen, avec les troupes dont il vient d'être fait mention ; le général Krasinski reçoit des ordres pour ce qui le concerne. »

P.-S. — « La brigade du général Castex fait partie de l'arrière-garde ; celle du général Corbineau marchera avec le général Bertrand qui ouvrira la marche avec la légion de la Vistule et les 16e et 18e divisions (polonaise). »

Victor à Berthier

30 novembre [Reg. Vict.]

« Je n'ai rien appris concernant la 12e division d'infanterie depuis mon rapport du 28. Je fais chercher les trois officiers de cette division qui l'ont quittée dans la nuit du 27 au 28.

La brigade de cavalerie légère que l'Empereur demande a tellement souffert le 28 par le feu de l'ennemi qu'il ne lui reste pas plus de 60 chevaux en état de servir ; je les enverrai demain au quartier impérial.

La situation approximative des 26e et 28e divisions d'infanterie présente environ 4.000 combattants dont 1.400 Badois, 600 hommes de Berg, 1.200 Polonais et 800 Saxons. Ces troupes ont perdu la moitié de leurs soldats le 28. J'en ai demandé un état plus détaillé, j'aurai l'honneur de l'adresser demain à Votre Altesse Sérénissime (1).

J'ai l'honneur de la prévenir que, conformément à ses ordres datés d'aujourd'hui à 4 heures du matin, je suis venu m'établir au village de Sokoli à peu près à moitié chemin de Kamen à Plechtchénitsouï avec les 26e et 28e divisions et l'artillerie du IXe corps. »

Sokolnicki à l'Empereur

Plectchénitsoui, 30 novembre [A G.]

« Le juif Peisach Smolevitschi, habitant de ce bourg, envoyé d'ici à 1 heure après midi, est revenu dans ce moment et rapporte qu'il a été à quatre lieues d'ici dans le village Ghouba où trois régiments de cosaques avaient passé la nuit dernière et se sont dirigés ce matin par Loghoïsk à Ghaïna, village situé à six lieues d'ici à la droite de la route qui conduit à Minsk.

Il a appris en même temps que le corps d'armée russe qui se trouvait dans les batteries de Borisov, de ce côté de la Bérésina, passait en ce moment par le village Jourévo, situé à quatre lieues au delà de Loghoïsk et d'où ces routes se partagent à Minsk, à Iliia, à Radochkovitschi et à Plechtchénitsouï. »

Turckheim à l'Empereur

Kamen, 30 novembre [A G.]

« D'après les ordres qui m'ont été transmis de la part de Votre Majesté, j'ai attendu à Zembin l'arrivée de l'arrière-garde commandée par M. le duc d'Elchingen. M. le maréchal y est arrivé à 6 heures. Il n'avait pu se mettre en route jusqu'à midi, vu le prodigieux encombrement de voitures. M. le maréchal se plaint surtout de l'immense quantité de voitures du IXe corps. Cependant toute l'artillerie et les bagages ont heureusement passé tous les défilés, à l'exception d'une pièce qui a été démontée dans la journée par le feu de l'ennemi, que l'on a enclouée et culbutée dans le fossé. M. le maréchal, étant suivi par de la cavalerie et de l'artillerie, se détermina vers 2 heures à repousser l'ennemi. Il le ramena avec avantage, et en peu de temps toute la route fut balayée. M. le maréchal pense que l'ennemi doit avoir souffert prodigieusement dans les combats précédents, à en juger par le peu d'audace qu'il montrait.

Vers les midi, il a entendu vingt-cinq coups de canon qu'il croit être des

---

(1) Situation approximative de la 28e division d'infanterie au 30 novembre.

<pre>
        4e Polonais   7 officiers   438 sous-officiers et soldats.
        7e Polonais   9   »   224   »   »
        9e Polonais   18   »   420   »   »
                      ———   ————
                       34   1.082
Brigade saxonne : régiment de Rechten   115 sous-officiers et soldats.
                  régiment de Low   137   »   »
                                         ————
                                         252
</pre>

coups de canon de détresse de la division Partouneaux. Il était allé voir les
ponts de la Bérésina à midi. Le général Eblé les avait déjà fait brûler. Le
grand pont dans le marais a dû être brûlé à 6 heures du soir. La division
Maison était postée en deçà de ce pont, à la maison isolée, à une lieue au delà
de Zembin. M. le maréchal paraissait désirer vivement que Sa Majesté voulût bien fixer l'heure de départ pour les échelons, ayant eu plusieurs fois de
la peine à empêcher la confusion entre les échelons du IXe corps et les troupes sous ses ordres. Il pense que, d'après la direction des coups de canon de
détresse, la division Partouneaux devait se trouver à une lieue et demie
au-dessous du pont. »

Ney à Berthier (Rapport du 30 novembre)

Kamen, 1er décembre [A. G.]

« Conformément aux ordres de Votre Altesse Sérénissime, les troupes
réunies sous mon commandement pour former l'arrière-garde devaient partir
à 7 heures du matin des positions qu'elles occupaient sur la route de Minsk
en avant du village de Brichel. Cependant, à 9 heures, l'artillerie du IXe corps
passait encore par le pont de chevalets de la rive gauche sur la rive droite
de la Bérésina, près du village de Studianka. Vers 11 heures, l'ennemi a vivement canonné le point de ce passage et, le feu ayant été mal mis aux deux
ponts de chevalets, l'ennemi est arrivé assez à temps pour l'éteindre, et
quelques heures après, l'avant-garde de Wittgenstein était en présence du
général Maison qui commande mon arrière-garde. Une heure avant les
troupes du corps Toutchkov se sont présentées sur la route de Minsk, mais
une légère canonnade a suffi pour les contenir. Vers 2 heures de l'après-midi,
mon arrière-garde arrivait à la tête du défilé de la Gouïa qui était encombré
d'artillerie et de voitures, et, enfin, ce n'est qu'à 8 heures du soir que le
général Maison, combattant toujours, est arrivé à Zembin, après avoir détruit
tous les ponts qui existaient derrière lui. »

Victor à Berthier

Nestanovitschi, 1er décembre, 5 heures du soir [Reg. Victor]

« J'ai l'honneur d'informer Votre Altesse Sérénissime que, conformément
à ses ordres datés de ce jour à 2 heures du matin, je suis venu m'établir à
Nestanovitschi avec les troupes du IXe corps. Je n'ai rien entendu du côté
de l'arrière-garde et M. le maréchal duc d'Elchingen ne m'a rien fait dire, ce
qui me fait croire qu'il n'a pas été vivement suivi. Le rapport que ce maréchal a fait à Votre Altesse, par lequel il s'est plaint de la lenteur de la marche
du IXe corps, est d'autant moins fondé que c'est l'artillerie des corps commandés par lui qui a constamment obstrué le passage et m'a empêché de
marcher ; au lieu de passer celle du IXe corps, l'autre l'a toujours voulu précéder, et comme il y a de nombreux défilés sur cette route, il est facile de
concevoir que je n'ai pas pu marcher aussi promptement qu'il le fallait et
que je le désirais. C'est donc à tort que M. le duc d'Elchingen a porté une
semblable plainte. »

Pzebendowski au prince Eugène

Osienkowicze, 1er décembre [A. G.]

« J'ai l'honneur de rendre compte à Votre Altesse Impériale que l'officier
chargé de faire la reconnaissance sur Vileïka m'a envoyé son rapport. Il n'a
trouvé aucune troupe dans cet endroit. Les cosaques n'y ont point paru
depuis longtemps.

J'ai envoyé à Votre Altesse Impériale un officier de la gendarmerie lithuanienne qui m'a dit que les cosaques, au nombre de cinquante, avec des lanciers, ont brûlé les magasins à Molodetschno il y a quatre jours et en sont repartis. Il assure qu'aucun parti ennemi n'a dépassé ce dernier endroit. Il dit que le général d'Albignac avec neuf mille hommes a pris position derrière Molodetschno à deux lieues.

Les reconnaissances envoyées à droite et à gauche de la route n'ont rencontré personne et les cosaques n'ont point paru dans ces endroits.

Je suis bivouaqué sur la route de Molodetschno à une petite lieue d'Ilïa où j'ai trouvé du fourrage et de quoi vivre. Je garde la route qui conduit de Molodetschno à Vileïka ; elles se partagent à Czechy. »

Ney à Berthier

Kamen, 1er décembre [A G.]

« J'ai l'honneur de rendre compte à Votre Altesse Sérénissime que l'arrière-garde, toujours à cause de l'encombrement des voitures, n'a pu se mettre en marche de Zembin qu'à 10 heures du matin. L'ennemi ne l'a d'abord fait suivre que par quelques escadrons de cosaques ; mais vers la chute du jour ses forces se sont accrues en infanterie et en cavalerie régulière et il a entrepris de l'attaquer vivement, quoique sans aucun succès. Le général Maison qui est établi en avant de Kamen, pense que l'avant-garde du corps de Wittgenstein est en présence et que demain matin nous ne manquerons pas d'avoir une affaire sérieuse. Cependant, tout Kamen est encombré de l'artillerie de la garde impériale et de celle des Ier, IIe, IIIe et Ve corps d'armée. Je viens d'ordonner que toute cette artillerie marche pendant la nuit ; mais, malgré cela, je ne sais si on pourra tout sauver. Je partirai demain à 5 heures du matin pour me diriger sur Plechtchenitsouï ; j'ai prévenu de cette disposition M. le duc de Bellune qui est sur cette route à une lieue et demie en arrière de moi, afin qu'on réglât la marche de ses troupes sur le départ des miennes et qu'il prît des mesures pour éviter l'affreux encombrement que j'éprouve depuis deux jours. Si, malgré toutes les remontrances que j'ai faites à ce sujet à ce maréchal, il n'y faisait aucune attention, je me verrais forcé, pour préserver d'une ruine totale les troupes dont le commandement m'est confié, de passer outre et de lui laisser faire l'arrière-garde. Mes troupes qui sont sous les armes jour et nuit depuis trois jours consécutifs, combattant sans cesse et n'ayant pas le temps de manger, sont harrassées, tandis que celles du IXe corps s'arrêtent tout à leur aise et je rafraichissent quand il leur convient. »

P. S. — « J'aurai l'honneur d'envoyer demain à Votre Altesse Sérénissime l'état dont elle m'a fait la demande aujourd'hui. »

Ney à Berthier

Zavichino, 2 décembre [A G.]

« Les troupes réunies sous mon commandement se sont mises en marche ce matin à 5 heures de la position qu'elles occupaient en avant de Kamen. Mais leur mouvement a été arrêté jusqu'à neuf heures par l'encombrement des voitures d'artillerie des divers corps d'armée. Cependant, dès 7 heures du matin, l'ennemi a attaqué avec deux bataillons de chasseurs à pied, six pièces d'artillerie et une nombreuse cavalerie. Le général Maison qui commandait l'arrière-garde, s'est conduit avec prudence et a défendu avec opiniâtreté tous les défilés et les positions qui pouvaient retarder l'ennemi. Arrivé à Plechtchenitsouï, l'ennemi a fait une charge générale pour enlever l'artillerie et les troupes du IIe corps. La cavalerie légère des généraux

Castex et Corbineau et la division de cuirassiers du général Doumerc ont été successivement engagées sous la protection du feu de l'infanterie et de l'artillerie. Cette détermination a sauvé l'artillerie et fait perdre deux heures à l'ennemi qui, après, a renouvelé ses attaques avec la même vigueur. On a été obligé de quitter la position de Khotavitschi, dominée par l'artillerie ennemie. Il s'y est engagé une vive canonnade et une légère fusillade d'infanterie qui a duré jusqu'à la nuit close, époque à laquelle toutes les voitures avaient passé le défilé de la forêt et le pont en arrière de Zavichino.

Après quelques heures de repos, les troupes se dirigeront sur Kraïsk et y prendront position. J'ai prévenu le maréchal duc de Bellune que l'extrême fatigue des troupes sous mes ordres ainsi que le mauvais état des fusils m'obligent à me placer derrière lui et à le prévenir de faire l'arrière-garde demain. Je laisse à la disposition de ce maréchal les deux brigades de cavalerie légère des généraux Castex et Corbineau.

La perte d'aujourd'hui, tant de l'infanterie que de la cavalerie, a été sensible. Il est cependant probable que celle de l'ennemi a été plus considérable.

Il est positif que le corps que nous avons eu à combattre est l'avant-garde du général Wittgenstein qui marche à notre poursuite. Ce fait a été constaté par la déclaration des prisonniers et par le rapport d'un détachement polonais qui avait été envoyé en maraude et qui est rentré hier après avoir traversé le camp ennemi en arrière de Kamen où il a vu l'infanterie qui paraissait très fatiguée et dont le nombre s'élevait à plusieurs régiments. »

P. S. — On remarque très distinctement des feux d'un camp nombreux à la hauteur de Plechtchénitsoui ; c'est l'avant-garde ennemie qui s'est établie sur les hauteurs qui dominent Khotavitschi.

Je mets sous les yeux de Votre Altesse Sérénissime, l'état de situation des troupes sous mes ordres :

1er, 2e et 3e régiments de la légion de la Vistule .	200	hommes
16e division polonaise	190	—
17e —	800	—
18e —	133	—
Les trois divisions du IIIe corps.	500	—
	1.823	—

Ney à Berthier

Bialuze, 2 decembre.

« Je reçois à l'instant la lettre que Votre Altesse Sérénissime m'a fait l'honneur de m'écrire ce matin à 1 heure pour me prévenir que le maréchal duc de Bellune est chargé de faire l'arrière-garde. J'ai réuni ici tout ce qui reste de l'infanterie des IIe et Ve corps ainsi que les brigades de cavalerie légère des généraux Castex et Corbineau et la division des cuirassiers du général Doumerc.

Je laisse au duc de Bellune la cavalerie, une batterie de quatre pièces de 12 et deux obusiers. Je marcherai en arrière de l'infanterie en l'échelonnant, de manière à pouvoir garder les ponts et les défilés, car ce n'est pas avec 1.000 hommes au plus qui me restent qu'on peut espérer de former une réserve.

J'ai renvoyé à la suite de la jeune garde les cadres des troupes du IIIe corps avec les aigles. Je pense que ma présence ici n'est pas très nécessaire et que je pourrai sans inconvénient laisser le commandement au général Maison.

Je ne puis procurer à Votre Altesse Sérénissime des renseignement tirés des prisonniers de guerre parce que ces prisonniers ont été sur-le-champ envoyés au quartier général. »

Gouré à Doumerc

2 décembre [Doc. X.]

« J'ai l'honneur de vous prévenir que les troupes aux ordres de M. le maréchal duc d'Elchingen se dirigent sur Kraïsk, où elles prendront cette nuit position. M. le maréchal donnera des ordres ultérieurs pour la marche de demain.

Les brigades Castex et Corbineau seront mises à la disposition du maréchal duc de Bellune, qui est invité à faire l'arrière-garde. »

Victor (Ordre)

Molodetschno, 4 décembre [Doc. X.]

« Les troupes de l'arrière-garde commenceront leur mouvement rétrograde demain à 3 heures précises du matin pour se diriger sur Biénitsa par Markovo.

La 3e division de cuirassiers ouvrira la marche.

Les troupes de M. le général Maison suivront cette division.

Celles du IXe corps marcheront après le général Maison.

Deux pièces d'artillerie légère de Bade marcheront après les Polonais.

La cavalerie légère fermera la marche et fera l'arrière-garde. »

De Wrède à Bassano

Narotsch, 4 décembre, 11 heures 1/2 du soir [A N.]

« Votre Excellence saura que, quoique éloigné de six à huit lieues de la Grande-Armée, ma jonction avec elle s'est opérée depuis trois jours par des courriers et des patrouilles.

J'ai été assez vivement attaqué dans la position de Vileïka depuis 7 heures du matin jusqu'à 5 heures du soir ; cependant je suis resté maître de ma position et ce n'a été qu'à 6 heures du soir que j'ai fait sur Narotsch le mouvement qui m'avait été ordonné par Sa Majesté l'Empereur.

L'ennemi m'ayant déployé aujourd'hui des forces supérieures aux miennes, je m'attends à être vivement attaqué demain. »

Victor à Berthier

Au bivouac, 5 décembre, 4 heures du matin [A G.]

« Le combat que l'arrière-garde a soutenu le 3 est le dernier effort qu'elle pouvait faire contre les ennemis. Les troupes qui la composent sont aujourd'hui tellement réduites et le peu qui en reste est si misérable que je suis obligé de les soustraire aux poursuites des ennemis et d'éviter toute espèce d'engagement. Le rapport que mon premier aide de camp a dû faire à Votre Altesse Sérénissime sur l'état et la situation de ces troupes est de la plus exacte vérité.

L'avant-garde du corps qui nous suit, est arrivée hier à Bienitsa aussitôt que nous, quoique nous ayons fait une marche de nuit et que les ponts de Molodetschno aient été détruits. Il était 11 heures. Si j'avais voulu me maintenir à Bienitsa, il aurait fallu livrer ou soutenir un nouveau combat à notre désavantage, vu la disproportion qui existe entre mes forces et celles de l'ennemi. J'ai en conséquence pris le seul parti convenable, celui de continuer ma marche rétrograde et de venir coucher à ce village, distant de deux, lieues de Bienitsa et de quatre de Smorgoni. Les vedettes des ennemis et les nôtres se voient. Je serai vraisemblablement suivi aussi vivement aujourd'hui qu'hier et je crois qu'il convient que Sa Majesté s'éloigne un peu de nous.

Les traîneurs nous pressent toujours. Ils sont en très grand nombre. L'habitude qu'ils ont contractée de ne marcher qu'au jour permet à l'ennemi d'en prendre beaucoup. Mais, soit qu'il ne s'en source guère, ou qu'il prenne leur colonne pour des troupes réglées, il ne les suit qu'avec circonspection. Je crois, néanmoins, qu'il en a pris quelques-uns.

Je dois instruire Votre Altesse Sérénissime que l'artillerie est sans directeur depuis le passage de la Bérézina, que personne ne s'en occupe, et qu'il y règne un désordre qui a dû nécessairement causer la perte de plusieurs pièces de canon et de caissons. Les soldats du train, livrés à eux-mêmes, abandonnent leurs chariots, et, si nous en ramenons la plus grande partie, nous le devons aux soins que nos officiers ne cessent de prendre pour les faire marcher.

Je compte arriver à Smorgoni ce matin vers 9 heures. Je serai sans doute obligé d'aller plus loin, à moins que je ne trouve quelques troupes pour nous soutenir. Celles de M. le général de Wrède seraient très utiles dans cette circonstance et je pense que l'Empereur doit lui donner l'ordre de nous remplacer ou de marcher avec nous. »

SUPPLÉMENT

Lorencez à Oudinot

5 septembre [Doc. H.]

« Delamarre est arrivé ce soir, et m'a remis votre aimable lettre du 2 de
ce mois. C'est bien bon à vous de m'avoir envoyé celle de Caroline ; avouez
que cette petite dame n'écrit pas mal, et qu'elle exprime avec élégance des
sentiments vrais. Le dévouement de ma vie entière ne m'acquittera jamais
du cadeau que vous m'avez fait en me la donnant. Je sais que vous allez vous
moquer de moi, mais au fond vous seriez fâché qu'elle fût moins aimable et
médiocrement aimée. Je vous assure que j'aurais une très haute opinion de
moi-même, si je me flattais d'être digne d'elle.

Je n'ai rien vu de ce qu'on a écrit ici à l'Empereur, je n'entre point dans
le secret du cabinet ; mais le caractère connu de l'homme, me ferait presque
gager, qu'il n'a point employé les termes qu'on lui prête ; il a trop de circonspection pour s'être aventuré à ce point ; au surplus il ne faut jurer de
rien, il y a pour les hommes les plus réservés des moments d'ivresse. Je
pense au reste, et je crois vous l'avoir déjà dit, que Wittgenstein est un peu
en désarroi aussi bien que nous, et que, de part et d'autre, on se félicite d'un
calme nécessaire.

Les troupes mangent parce que nous faisons faire des vivres dans le pays
situé entre Polotsk et Vitebsk ; nos partis vont jusqu'aux portes de Nevel.

Le maréchal Victor n'aurait pas besoin de descendre jusqu'à Dinabourg, je
suis persuadé que s'il passait à Drouïa la moindre démonstration obligerait
de suite Wittgenstein à s'élever jusqu'à Sebej. Ce mouvement nous ferait
grand bien ; et il est grand dommage que nous laissions aux Russes le loisir
de manger tout ce qui est devant nous ; ils font fourrager dans les villages
tout comme nous, et travaillent à une levée d'un homme sur cent.

Massillon est depuis longtemps parti pour le quartier impérial.

Il est étrange qu'on ne fasse pas marcher les détachements du IIe et du
VIe corps directement sur Polotsk, puisque le major général a prévenu qu'il
en avait donné l'ordre au général Hogendorp ; je lui adresse copie de la
lettre de ce prince.

Je vous en demande pardon, mon cher maréchal, mais je ne comprends
pas pourquoi vous refusez d'aller à Vilna, vous y seriez mieux, plus tranquille, et votre présence y serait utile à votre corps d'armée.

Le maréchal Saint-Cyr me répète souvent, qu'il espère vous rendre bientôt
votre IIe corps ; quant à lui, on pourra lui en chercher un autre, car son VIe
est bientôt tout entier dans la Dvina. Ceci n'est point une figure, le fait est
qu'ils ont tant de morts, qu'ils ne se donnent plus la peine de les enterrer,
ils les font rouler dans la rivière, et elle les rejette sur les bords ; il y en a
bien deux mille d'ici à la hauteur à peu près de Ghmzéléva ; rien n'est plus

17

déplorable, et ce qui n'est guère moins triste, c'est qu'il n'est pas permis d'avertir M. de Wrède du désordre de ses hôpitaux, sans qu'il se cabre.

Il n'y avait pas une heure, que ce bon Legrand était venu m'apporter une lettre pour vous, lorsque Delamarre est arrivé ; je lui montrerai demain matin l'article qui le concerne, et qui est fait pour lui faire plaisir. Castex, Lhéritier, Dubois, Ameil, Merle, etc., etc., toute l'armée vient chez moi aux nouvelles de votre santé. Lebrun est un peu fâché, il n'y a rien eu pour son régiment qui a maintenant quatre cents chevaux. Du reste si l'on accorde ici ce qu'on doit aux bienséances, personne ne cherche à se mettre sous l'égide du nouveau venu, et tout le monde au contraire aspire assez hautement après votre retour. Je sais bien que ce ne serait pas moi qu'on choisirait pour confident d'un sentiment contraire ; mais je crois voir assez clair pour assurer que, s'il y a des ingrats, ils seraient bien faciles à compter, au fond je n'en connais pas.

M. le chef d'état-major des IIe et VIe corps, n'est nullement flatté de ses nouvelles attributions ; il ne veut appartenir qu'à votre IIe, et si ce n'est pas pour vous qu'il doive remplir les fonctions de chef d'état-major, il n'en veut pas ; une bonne brigade conviendrait beaucoup mieux à ses goûts et à ses moyens, et il a été plus d'une fois sur le point de la demander. Je n'ai assurément pas à me plaindre, et on me traite avec autant d'égards que de bonté ; mais je ne sais pourquoi l'Empereur a de l'aversion pour les chefs d'état-major, et je ne voudrais pas qu'il se persuadât que je ne suis bon qu'à tenir la plume.

Vous saurez avant nous l'arrivée de la Grande Armée à Moscou, si elle a lieu. Je pense qu'alors, si l'Empereur n'avait pas besoin de Victor, qui dit-on, va se porter sur Smolensk, on le ferait marcher dans la direction de Twer ou de Novogorod, et qu'alors nous pourrions aller prendre nos quartiers vers Pskow. Il me semble que si nous pouvions atteindre cette position, la campagne prochaine serait courte ; mais il est probable qu'alors il serait question de paix. Il faut au surplus que l'on se hâte la saison avance et la faim nous talonne. »

Chasseloup-Laubat à Berthier

(Rapport sur le personnel et le matériel du grand parc du génie
à l'époque du 11 novembre 1812)

Smolensk, 12 novembre [A. G.]

« Le parc du génie est arrivé à quatre lieues de Smolensk sans avoir souffert beaucoup. Là ont commencé ses pertes et dans ces deux jours de froid il a perdu près de cent chevaux et laissé en arrière vingt-deux voitures dont treize ont été brûlées et neuf sont restées à quatre lieues de la ville. En partant de Smolensk, il emmène huit voitures au parc et une est détachée à l'avant-garde. Il en laisse trois à Smolensk qui avec quatre qu'il y avait précédemment font sept.

Il laisse pour les travaux de la place de Smolensk et pour en donner trois cents au Ier corps qui n'a plus ni voiture, ni outils, cinq cents outils et en emporte six cents dont cent cinquante à l'avant-garde.

Son matériel partant se compose de : deux caissons d'outils ; deux prolonges d'outils ; deux prolonges d'agrès ; une prolonge des caisses et effets des compagnies ; deux forges.

Ces voitures sont attelées de soixante et onze chevaux et de quelques cognats dont la majeure partie est en mauvais état. Cependant chaque voiture est attelée de six à huit chevaux tirants. En voitures particulières au parc, il y a le caisson du directeur général attelé de quatre chevaux faisant partie des soixante et onze. Sa voiture attelée de quatre chevaux à lui, trois voitures de cantinières, une voiture de bourrelier. Ces quatre voitures ont chacune deux ou trois cognats.

Il y a au personnel :

Un colonel directeur ; un capitaine ; deux lieutenants adjoints ; trois gardes ; un chirurgien ; un secrétaire caissier. Ces officiers ont ensemble quatorze chevaux de selle ou des portemanteaux.

Les deux compagnies du train nos 5 et 6 sont composées : la première, de trois officiers et soixante-dix hommes. La deuxième, de trois officiers et quatre-vingts hommes. Il y a attaché au parc la quatrième du 1er bataillon de sapeurs forte de trois officiers et soixante-quinze hommes dont quarante seulement sont présents et de la quatrième du Danube ayant deux officiers et cinquante hommes.

La compagnie de sapeurs n'a point de caissons. Elle porte dans une caisse sur un traîneau soixante outils ; la compagnie du Danube escorte trois caissons dont deux d'outils d'art, un des papiers du corps et une forge.

On a laissé à Vilna, après le mauvais temps que l'on eût pour venir de Kovno à Vilna, vingt-deux voitures, caissons ou prolonges avec 7.500 outils dont partie ont servi pour les ouvrages du camp. De vingt-sept chevaux qu'on y avait fait mettre au dépôt pour les refaire il en reste douze qui ont servi à conduire des caissons à Riga. On ne sait pas s'ils sont rentrés. »

Neigre

(Composition du parc général d'artillerie partant le 12 novembre de Smolensk)
Smolensk, 12 novembre [A G.]

Matériel

Canons de 6 montés.	3
Caissons de 12	5
— de 6	24
— d'obusiers { de 6, 4 g	1
{ de 5, 6 g	10
— d'infanterie	2
— d'artifices et d'outils	1
Forges roulantes	1
Total des voitures d'artillerie.	50
Fourgons et voitures de vivres aux corps.	10
Total général des voitures	60

Personnel

	Hommes	Chevaux
Compagnies de canonniers ouvriers et pontonniers de divers régiments	260	»
Train d'artillerie de divers bataillons	250	350

Le parc est escorté par le 2e régiment de la Vistule fort environ de trois cents hommes. »

Victor (Ordre)

Devant Tschachniki, 13 novembre [Doc. X.]

« Toutes les troupes qui sont en ligne seront sous les armes au point du jour demain 14 du courant, aucun soldat ne sera hors de son rang. MM. les officiers généraux et supérieurs seront à la tête de leurs troupes et attendront des ordres. Chaque division aura son artillerie et ses munitions derrière elle. M. le colonel Caron fera approcher ses réserves pour pouvoir en disposer au besoin.

M. le général Fournier et M. le général Doumerc ordonneront des reconnaissances dans les diverses directions avec peu de chevaux chacun de leur côté, mais ils couvriront le front de l'armée de vedettes. »

Itinéraires divers pour arriver sur Studianka (1)

25 novembre [A G.]

« *De Borisov à Studianka.* — Borisov, Dubeni, un mille et demi ; Vouitsché, demi-mille ; Studianka, demi-mille. Hors de la vue de la rivière.

Borisov, Sta Borisov, Vouitsché, Studianka. Le long de la rivière.

De Nemonitsa à Studianka. — Nemonitsa, Kostritsa, deux milles ; Giezkova, demi-mille ; Dubeni, un mille et demi ; Vouitsché, demi-mille ; Studianka, demi-mille.

De Lochnitsa à Studianka. — Lochnitsa, Vorosiolki, Kostritsa, Giezkova, Dubeni, Vouitsché, Studianka.

De Borisov à Vésélovo. — Sta Borisov, un mille et demi ; Voiutsché, trois quarts ; Trosténitsa, trois quarts ; Vésélovo, un quart. »

____

(1) Voir page 222.

LAVAL. — IMPRIMERIE L. BARNÉOUD ET Cⁱᵉ.

EN VENTE A LA LIBRAIRIE CHAPELOT

Campagne de Russie (1812). — Paris, 5 vol. in-18, par le capitaine
Fabry, du 101e régiment d'infanterie.

Tome I. *Opérations militaires.* 24 juin-19 juillet.
1 vol. gr. in-8 . . . . **12** fr.

Tome II. *Vitebsk*, 20-31 juillet. 1 vol. gr. in-8 . . . **10** fr.

Section historique de l'État-Major de l'Armée. — Tome III : *Smolensk*,
1er août-10 août. 1 vol. gr. in-8 . . . . **18** fr.

Section historique de l'État-Major de l'Armée. — Tome IV : *Smolensk*.
11 août-19 août. 1 vol. gr. in-8 . . . . **25** fr.

Section historique de l'État-Major de l'Armée. — Tome V : Supplément,
24 juin-10 août . . . . **20** fr.

**Correspondance inédite de l'Empereur Alexandre et de Berna-
dotte pendant l'année 1812.** Publiée par X... . . **2** fr. **50**

Section historique de l'État-Major de l'Armée. — **Rapports histori-
ques des régiments de l'armée d'Italie pendant la campagne
de 1796 1797.** Publiés par le capitaine Fabry, du 101e régiment
d'infanterie . . . . **12** fr.

Section historique de l'État-Major de l'Armée. — **Mémoires sur la
campagne de 1796 en Italie.** Publiés par le capitaine Fabry, du
101e régiment d'infanterie. . . . . **10** fr.

Campagne d'Italie (1796 1797). — Tomes I et II. Paris, 2 vol. in-8,
par le capitaine Fabry, du 101e régiment d'infanterie . . **15** fr.

Section historique de l'État-Major de l'Armée : **Campagne de l'armée
d'Italie (1796-1797).** Tome III. Paris, 1901, 1 fort vol. in-8. **15** fr

Section historique de l'État-Major de l'Armée. — **Histoire de la campagne de 1794 en Italie,** par le capitaine Fabry, du 101e régiment
d'infanterie. Tome I . . . . **35** fr.

> 1re partie, texte.
> 2e partie, documents.
> Supplément des documents.

Section historique de l'État-Major de l'Armée. — **Mémoires sur la
campagne de 1794 en Italie.** Publiés par le capitaine Fabry, du
101e régiment d'infanterie . . . . **5** fr.

Section historique de l'État-Major de l'Armée. — **Journal des opérations du IIIe et du Ve corps en 1813.** Publié par le capitaine Fabry
du 101e régiment d'infanterie . . . . **4** fr

Société d'histoire contemporaine. — **Mémoires de Langeron (1812-
1814).** Publiés par L. G. F. *(épuisé)* . . . . . . **8** fr

Journal des campagnes du Prince de Wurtemberg (1812-1814,
avec une introduction, des notes et des pièces justificatives, par C. G. F.
Paris, 1 vol. in-8 raisin . . . . **15** fr.

Lettres de l'Empereur Napoléon. Du 1er août au 18 octobre 1813,
non insérées dans la correspondance. Publiées par X... . **12** fr.

**Registre d'ordres du maréchal Berthier pendant la campagne
de 1813,** publié par X... 2 volumes. . . . . . . **20** fr.

Rapport du maréchal Berthier pendant la campagne de 1813,
publiés par X .., 2 volumes. . . . . **20** fr

Étude sur les opérations du maréchal Macdonald. Du 22 août au
4 septembre 1813, la Katzbach. par X... . . . . . **10** fr.

Étude sur les opérations du maréchal Oudinot Du 15 août au
4 septembre 1813 (Gross-Beeren), par X... . . . . . **8** fr.

Étude sur les opérations de l'Empereur. 28 août-4 septembre,
publiée par G. Fabry, capitaine au 101e régiment d'infanterie. **4** fr.